OEUVRES COMPLÈTES

DE

W. SHAKESPEARE

TOME IX

LA FAMILLE

CORBEIL. — TYP. ET STÉR. DE CRÉTÉ FILS.

FRANÇOIS-VICTOR HUGO

TRADUCTEUR

ŒUVRES COMPLÈTES

DE

W. SHAKESPEARE

TOME IX

LA FAMILLE

CORIOLAN. — LE ROI LEAR

PARIS
LIBRAIRIE PAGNERRE
RUE DE SEINE, 18

1872

Reproduction et traduction réservées.

A ALEXANDRE DUMAS

INTRODUCTION

Le 11 août 1596, le glas funèbre tintait à l'église de la Sainte-Trinité, dans le bourg de Stratford-sur-Avon. La porte d'une modeste maison, située dans Henley Street, venait de s'ouvrir pour laisser passer un petit cercueil, orné de feuillage et de fleurs, que deux porteurs avaient aisément soulevé. Quelques personnes vêtues de noir, peut-être des amis, peut-être des parents, marchaient derrière ce cercueil. Le convoi descendit la rue qui est perpendiculaire à l'Avon, puis, ayant atteint la rive, tourna à droite, suivit la berge le long d'une haie de saules, pénétra dans le cimetière paroissial par une allée pavée de pierres tumulaires, et s'arrêta devant une fosse fraîchement creusée à l'ombre de l'abside gothique. Là la bière fut déposée. Le ministre, vêtu de son blanc surplis, récita le service des morts; les assistants, selon le rite antique, jetèrent dans la tombe des branches d'immortelle et de romarin, et le fossoyeur refoula la terre sur le corps. La cérémonie terminée, le sacristain ouvrit le registre des sépultures, déposé dans une des ailes de l'église, et y écrivit au hasard de sa plume rustique le nom du nouveau venu. Voici cette inscription que j'ai moi-même pieusement recueillie:

1596, August. 17, Hamnet, filius William Shakspere.

Celui qu'on venait d'enterrer ainsi obscurément, dans cet humble cimetière de campagne, portait un nom plus que royal, un nom à rendre les princes jaloux et à faire envie aux livres d'or les plus hautains, un nom dont l'éclat impérissable fait pâlir les titres les plus splendides des généalogies dynastiques : il s'appelait Hamlet Shakespeare ! Cet enfant auguste, baptisé le 2 février 1584, en même temps que Judith, sa sœur jumelle, avait vécu onze ans à peine.

Quel deuil pour l'auteur de *Roméo et Juliette* que la perte de ce fils unique, héritier présomptif de sa gloire ! Ce qu'a souffert Shakespeare en cette journée fatale du 11 août 1596, Shakespeare seul pouvait le dire : il ne l'a pas voulu. William a préféré cacher ses larmes au public et garder pour lui toute sa douleur. Mais, si discrète que soit l'âme du poëte, il faut bien que tôt ou tard elle laisse échapper ses secrets : un jour arrive où l'inspiration même la trahit et l'entraîne brusquement à des confidences involontaires. — Encore sous le coup du lamentable événement qui vient de le frapper, Shakespeare reprend son travail interrompu et refait, pour la scène du *Globe*, un drame historique, appartenant depuis plusieurs années au répertoire du théâtre anglais, le *Roi Jean*. Justement, parmi les personnages de ce drame, une figure d'enfant se présente à lui, la douce et touchante figure du jeune Arthur mort avant l'âge. Devant ce spectre imaginaire, l'âme du poëte est prise d'une émotion irrésistible. La vision que lui présente l'histoire semble lui rappeler le bien-aimé qui dort dans le cimetière. Les traits du petit prince se confondent pour lui avec les traits de son propre fils. Alors le poëte oublie le froid scénario qu'il a cru prendre pour guide, et, en introduisant Constance, il laisse entrer sur la scène la sublime apparition de sa douleur échevelée ; « Je ne suis
» pas en démence ! les cheveux que j'arrache sont à moi !
» j'ai perdu mon fils. Je ne suis pas en démence. Plût au
» ciel que j'y fusse ! Si j'étais en démence, j'oublierais

» mon fils... Prêtre, je t'ai ouï dire que nous reverrons
» dans le ciel les êtres aimés. Si cela est vrai, je reverrai
» mon fils ; car, depuis Caïn, le premier enfant mâle, jus-
» qu'à celui qui ne respire que d'hier, il n'est jamais né
» d'aussi gracieuse créature ; mais maintenant le ver va
» me le ronger en bouton, et il aura la mine creusée d'un
» spectre et la livide maigreur de la fièvre : mort ainsi, il
» ressuscitera ainsi, et quand je le rencontrerai dans la
» cour des cieux, je ne le reconnaîtrai plus. Ainsi, jamais,
» jamais je ne dois revoir mon joli enfant... Ne me parle
» pas, toi qui n'as jamais eu de fils !... La douleur occupe
» la place de mon fils absent, elle couche dans son lit,
» elle va et vient avec moi, elle prend ses jolis regards,
» me répète ses mots, me rappelle toutes ses grâces et ha-
» bille de sa forme ses vêtements vides... O Seigneur !
» mon fils ! mon bel enfant ! ma vie ! ma joie ! ma nour-
» riture ! tout mon monde ! [1] »

A peine l'auteur du *Roi Jean* avait-il jeté ce cri de détresse paternelle qu'une seconde catastrophe l'atteignait. — Le 6 septembre 1601, il dut suivre son père, John Shakespeare, au même champ funèbre où cinq ans auparavant il avait porté son enfant. Cette fois encore, l'œuvre du poëte subit, pour ainsi dire, le contre-coup du malheur qui venait de l'accabler. Quiconque a comparé l'ébauche première d'*Hamlet* à l'œuvre définitive, a dû être frappé de la transformation qu'a subie, grâce à de nombreuses retouches, le principal personnage. La figure du prince de Danemark a contracté je ne sais quoi de plus solennel et de plus sombre. Ce n'est plus un chagrin théâtral, c'est une souffrance réelle et profonde qui plisse ce front soucieux. La douleur naguère un peu superficielle d'Hamlet a pris l'accent convaincu d'une tristesse superbe

---

[1] *Le Roi Jean*, scène v, tome III, p. 223 et suiv.

qui, du haut de l'expérience, jette l'anathème à la vie : « O Dieu ! O Dieu ! combien pesantes, usées, plates et stériles me semblent toutes les jouissances de ce monde ! Fi de la vie ! ah ! fi ! c'est un jardin de mauvaises herbes qui montent en graine : une végétation grossière et fétide est tout ce qui l'occupe. » Et plus loin : « J'ai *depuis peu* perdu toute ma gaîté : vraiment tout pèse si lourdement à mon humeur que la terre, cette belle création, me semble un promontoire stérile ; le ciel, ce dais splendide, regardez ! ce magnifique plafond, ce toit mystérieux constellé de flammes d'or, eh bien, il ne m'apparaît plus que comme un noir amas de vapeurs pestilentielles ! [1] » Est-ce Hamlet qui parle ? est-ce William ? Ne croirait-on pas entendre la plainte même de l'auteur dans l'ennui de ce fils qui « depuis peu a perdu toute sa gaîté ? » C'est depuis peu en effet que John Shakespeare est mort. Avant l'année 1601, le poëte ne pouvait que deviner la douleur filiale du prince de Danemark. Maintenant il l'éprouve et il la souffre. L'auteur porte désormais le même deuil que son personnage. Et voilà sans doute pourquoi l'affliction d'Hamlet est devenue si poignante et si vraie. La mélancolie du héros a acquis toute l'amertume des larmes versées par le poëte. Le culte si religieux et si tendre qu'Hamlet a pour le spectre d'Elseneur, Shakespeare l'a voué, lui aussi, à l'ombre de son père !

Aucun commentateur n'a remarqué jusqu'ici cette double coïncidence entre la mort d'Hamlet Shakespeare et la révision du *Roi Jean*, entre la mort de John Shakespeare et la transfiguration d'*Hamlet*. Pour ma part, j'ai cru découvrir dans la biographie du poëte le lugubre commentaire de son œuvre. Il semble qu'en vertu d'un arrêt mystérieux l'auteur soit condamné à subir successivement

---

[1] *Le Second Hamlet,* tome I, p. 183 et 224.

chacune des souffrances qu'il doit mettre en scène. Faut-il que cette mère en détresse sanglote plus pathétiquement? Vite un événement retire au poëte son enfant. Faut-il que ce fils en deuil soit plus désespéré? Soudain un autre événement enlève au poëte son père. On dirait que le destin, mécontent des premiers essais du maître, fait du malheur une condition nécessaire au perfectionnement de son génie : il le met lui-même à la torture, afin de lui arracher des cris plus humains et plus déchirants. Pour que le poëte rugisse mieux à travers son drame, le tout-puissant Phalaris l'enferme vivant dans la douleur ardente.

Ainsi interprétée par sa vie même, l'œuvre de Shakespeare acquiert un nouveau titre à la vénération et à l'enthousiasme des âges. Les souffrances qu'il a produites sur le théâtre nous deviennent d'autant plus sympathiques et plus sacrées qu'il a dû lui-même les ressentir. Nous apprécions mieux encore les merveilles qu'il nous a léguées, en nous rappelant que de peines intimes elles lui ont coûtées! Hélas! les plus belles émotions de ce monde n'ont guère été pour William que des désenchantements. Nous l'avons déjà vu, — ami, il fut trompé par son ami; amant, il fut éconduit par sa bien-aimée : il subit lui-même tour à tour les déceptions de Valentin trahi par Protée et les déboires de Troylus renié par Cressida. Le sort ne lui fut pas moins hostile que l'humanité. Fils, il eut le triste devoir d'ensevelir son père. Père, il eut la pénible mission d'enterrer son fils.

Shakespeare a été cruellement éprouvé par l'existence : il n'a cessé de faire à ses dépens l'expérience des passions humaines. C'est à l'intensité de ses douleurs personnelles qu'il a dû mesurer la puissance de ces affections essentielles à l'âme, l'amour filial et l'amour paternel. Est-il étonnant que, frappé par une double catastrophe, il n'ait vu dans ces deux sentiments si doux que des agents implacables d'expiation tragique, et qu'il ait montré coup sur coup l'un si funeste à Coriolan, l'autre si fatal au roi Lear?

I

La famille est l'élément primordial de la société. Antérieure à l'État qui, dans son expression la plus haute, n'est qu'un concours facultatif de volontés libres, la famille est une communauté nécessaire d'affections prédestinées. Le choix n'est pour rien dans la formation de cette communauté : le mystère de la conception l'enveloppe de toutes parts. Elle est immémoriale comme le passé, inévitable comme l'avenir. Perpétuée par des générations successives qui la renouvellent sans cesse, elle est vieille comme le monde et jeune comme lui. L'État est soumis à des lois discutables; la famille est assujettie à des règles invariables. Respect du descendant pour l'ascendant, sollicitude de l'ascendant pour le descendant, dévouement de l'un pour l'autre, tel est ce droit rudimentaire dont les dispositions éternelles peuvent être obscurcies parfois, jamais modifiées. L'amour maternel n'a pas grandi depuis Hécube; la piété filiale ne s'est pas accrue depuis Énée; l'affection fraternelle ne dépassera jamais Antigone. L'État subit toutes les vicissitudes du progrès; la famille est immuable comme l'instinct. — En vain les cataclysmes et les fléaux se ligueraient contre elle : elle survit à tout. Le déluge a beau accumuler ses torrents pour l'engloutir : elle sort de l'arche saine et sauve.

Qu'importe que l'adversité l'arrache au sol natal! La famille se fait à l'existence nomade comme à la vie sédentaire, elle bâtit partout sa tente, elle porte partout son feu sacré. Plus l'orage gronde autour d'elle, plus étroitement et plus tendrement elle resserre son groupe fidèle autour de l'âtre flamboyant. Déchaînez-vous, tyrannies d'un jour. Acharnez-vous, pouvoirs impuissants. Vous n'éteindrez pas le doux sourire de cette jeune fille inclinée devant son père ; vous ne dissoudrez pas ce faisceau de cœurs ! La famille expatriée est devenue patrie.

La famille est un sanctuaire inaccessible. Elle interdit son seuil vénéré à tous les despotismes extérieurs. Elle recueille dans son hospice inviolable les blessés du dehors, elle les console, elle les ranime ; elle panse leurs plaies et les ferme sous les baisers. Elle offre aux âmes fatiguées son repos salutaire, elle prodigue aux cœurs brisés ses caresses souveraines. La vie privée est sa sphère légale et légitime. Elle a pour domaine propre l'ombre du toit domestique. C'est dans cette ombre discrète qu'elle cache ses archives de courage, ses traditions de vertu, ses trésors d'émotions ineffables. Cette ombre est à la fois sa force et sa pudeur. C'est à cette ombre qu'elle renouvelle et perpétue le type divin qui lui a été transmis dès l'origine. C'est dans cette ombre qu'elle doit vivre et se renfermer. Pour peu qu'elle en veuille sortir, elle altère son caractère et ment à sa mission.

Oui, c'est à la condition de ne pas quitter le toit domestique que la famille garde son essence. Dès qu'au lieu de concentrer son énergie en elle-même, elle prétend l'épancher à l'extérieur, dès qu'abusant de son antique majesté et de son prestige héréditaire, elle envahit la cité, dès ce moment elle cesse d'être une puissance tutélaire pour devenir un danger social. Cette communauté, si admirable et si sainte dans la vie privée, n'est plus qu'une faction dans la vie publique. Aussitôt qu'elle empiète sur l'État, la famille se dégrade et dégénère en aristocratie. Elle transforme en bastille despotique son asile providentiel, elle se met un blason à la place du cœur, elle ravale au patriciat l'auguste paternité, elle échange l'auréole pour la couronne.

Dès lors l'autorité de la famille n'apparaît plus que comme

une odieuse usurpation. L'humanité regarde et ne reconnaît plus ce père devenu prince, ce fils devenu baron. Le sentiment inné de l'égalité proteste du fond de tous les cœurs contre les prétentions étranges de cette hautaine maison. La raison se refuse à confesser une supériorité que rien ne justifie : de quel droit ces hommes se croient-ils au-dessus des autres? De quel droit se déclarent-ils seuls gentilshommes? De quel droit réclament-ils à jamais pour eux et pour leurs successeurs l'apanage de tous les biens de ce monde, noblesse, dignité, excellence, richesse, liberté, pouvoir? Admettons qu'ils aient d'illustres aïeux : s'ensuit-il que les descendants valent les ancêtres? Ils prétendent léguer toute puissance à leurs enfants : peuvent-ils leur léguer tout mérite? Ont-ils des codicilles pour transmettre le talent? Est-ce que la vertu est un fief? Est-ce que le génie est un majorat?

Ainsi, quand la famille, méconnaissant l'origine commune du genre humain, ose se constituer en caste, elle soulève contre elle les murmures du bon sens. Elle ne peut établir sa prépondérance politique que par un outrage continuel à la raison et à l'indépendance de tous. Elle s'attire nécessairement les colères de la cité qu'elle veut régir. Elle révolte les esprits, et tôt ou tard la rébellion des esprits entraîne l'insurrection des bras. Alors les déshérités se liguent contre les privilégiés, les manants contre les seigneurs, les travailleurs contre les oisifs, les prolétaires contre les richesses, et la guerre civile s'allume.

C'est cette situation violente que nous offre la première scène de *Coriolan*. Une émeute formidable vient d'éclater dans la ville de Rome. Les plébéiens remplissent le Forum, armés de piques, de bâtons et de massues. Un orateur de carrefour énonce avec une éloquence farouche les griefs des révoltés. Il faut mettre un terme à la tyrannie de la famille patricienne qui opprime et affame le peuple. « Le superflu

» de nos gouvernants suffirait à nous soulager. Mais ils nous
» trouvent déjà trop coûteux. La maigreur qui nous afflige,
» effet de notre misère, est comme un inventaire détaillé
» de leur abondance : notre détresse est profit pour eux.
» Vengeons-nous avec nos piques, avant de devenir des
» squelettes. Les dieux le savent, ce qui me fait parler,
» c'est la faim du pain, et non la soif de la vengeance. »

Les paroles du harangueur sont accueillies par les acclamations de la foule. En même temps des imprécations sinistres retentissent :

— Mort à Caïus Marcius ! s'écrie-t-on de toutes parts.

— C'est notre grand ennemi, exclame celui-ci.

— C'est le limier du peuple, vocifère celui-là.

— Tuons-le, reprend l'orateur populaire, et nous aurons le blé au prix que nous voulons. Est-ce décidé?

— Oui ! oui! n'en parlons plus. Mort à Caïus Marcius ! Vite à l'œuvre ! Courons.

Caïus Marcius ! Quel est ce personnage que dénonce ainsi la colère du peuple? Comment cet homme a-t-il pu susciter contre lui tant de haines? Ici une explication est nécessaire.

Petit-fils du vieux roi Ancus Marcius, Caïus appartient à l'une des plus grandes familles sénatoriales. Ce n'est pas seulement cette haute naissance, c'est son mérite personnel qui le désigne comme le chef naturel du parti patricien. Tout jeune encore, il a figuré dans dix-sept combats. Un jour, sur le champ de bataille, il a d'un coup d'épée fait tomber à genoux Tarquin le Superbe, et il est rentré dans Rome couronné de chêne. — Marcius est la personnification éclatante de l'aristocratie. — Si jamais les prétentions à la suprématie ont été justifiées, c'est chez cet homme extraordinaire. Le poëte, renchérissant sur l'histoire, l'a doué de toutes les vertus publiques et privées. Marius est aussi désintéressé que vaillant, aussi loyal que généreux, aussi franc que magnanime. « Il ne flatterait pas Neptune sous la menace du trident, ni Jupiter sous le coup de la foudre. Sa bouche, c'est son cœur. » Il n'a pas plus d'ambition que de cupidité : « Il convoite moins que l'avarice ne donnerait, et trouve la récompense de ses actes dans leur accomplissement. » — Cet homme, indomptable sous l'armure, est doux comme un enfant dans la vie privée. En dépit des assertions de Plutarque qui représente Marcius *comme mal accointable et malpropre pour vivre et converser entre les hommes*, et qui déclare expressément qu'*on ne pouvait le fréquenter, tant ses façons de faire étaient odieuses*, Shakespeare a voulu que son héros eût toutes les qualités mondaines et sociables. Marcius est aussi affable pour ses familiers que respectueux envers les femmes et déférent envers les vieillards. Voyez avec quel empressement il cède le pas au vénérable dictateur Titus Lartius ! Avec quelle courtoisie charmante il salue Valérie, la noble sœur de Publicola, la Diane de Rome ! Quelle cordiale poignée de main il offre à son cher Ménénius, ce joyeux compagnon, ce patricien de belle humeur, si connu dans les ruelles pour apprécier « le vin capiteux que n'a pas refroidi une goutte du Tibre ! » Avec quelle conjugale tendresse il étreint sa femme Virgilie, « cette grâce silencieuse ! » Avec quelle effusion paternelle il embrasse son enfant, ce *garnement* de Marcius ! Mais remarquez surtout avec quelle filiale dévotion il s'agenouille devant sa mère. Comme ami, comme époux, comme père, comme fils, Marcius est le modèle des hommes. A-t-il donc atteint la perfection ? Non, vous le savez, Shakespeare n'accorde la perfection à personne : il y a une tache à ce beau caractère, il y a un trait fatal à cette grandiose figure.

Marcius est miné intérieurement par cette infirmité originelle qui fit la chute du premier homme : il est orgueilleux !

Sa personnalité est dominée par un orgueil excessif, intraitable, inexorable, qui, à la moindre contradiction, l'égare dans tous les emportements de la colère et doit un jour l'entraîner aux abîmes. L'éducation tout aristocratique qu'a reçue le jeune sénateur n'a fait que développer en lui cette funeste passion. La hautaine Volumnie[1], cette grande dame à qui Shakespeare a prêté à la fois la magnanimité de la matrone antique et l'arrogance d'une duchesse féodale, a inculqué à son fils tous les préjugés de caste ; elle a fortifié sa fierté native de toute la vanité patricienne. Par de déplorables préceptes, elle a dénaturé en lui l'amour de la famille et l'a fait tourner en morgue seigneuriale. Elle l'a élevé à voir dans les plébéiens non des hommes comme lui, mais des êtres hors l'humanité, « des serfs à laine, des créatures » bonnes à vendre et à acheter pour quelques oboles, fai- » tes pour paraître tête nue dans les réunions et rester bou- » che béante, immobiles de surprise, quand un patricien » se lève. » Marcius n'a que trop profité de ces détestables leçons. Lui, si affable pour les privilégiés de la classe patricienne, il n'a que de l'aversion pour les innombrables déshérités de la race plébéienne. Figurez-vous, réunis dans la même hauteur, le dédain du baron pour le vassal, l'impertinence du lord envers ses tenants, la dureté du boyard envers le moujick, la répulsion du brahmine pour le paria, et vous aurez une idée du mépris que le peuple inspire à Marcius. Tous ces hommes qui travaillent et qui souffrent, sont, selon lui, au niveau de la brute ; il ne leur accorde pas plus « une âme élevée, apte aux choses de ce » monde, qu'à ces chameaux de guerre qui reçoivent leur

---

[1] Shakespeare s'est fié au témoignage de Plutarque, qui donne à la mère de Coriolan le nom de *Volumnie* et à sa femme le nom de *Virgilie*. Mais le biographe grec aurait induit le poëte en erreur, s'il faut en croire Tite-Live, Denys d'Halicarnasse, Valère Maxime et tous les autres historiens, qui appellent la première *Véturie* et la seconde *Volumnie*.

» pitance pour porter des fardeaux et une volée de coups
» pour avoir plié sous le faix. » A l'entendre, toutes les prérogatives, tous les emplois, tous les honneurs, tous les pouvoirs appartiennent exclusivement et pour toujours à l'oligarchie de quelques familles nobles. Quant à l'immense multitude, c'est pour lui « le monstre à mille têtes, » la tourbe sans nom, la canaille sans âme et sans droit.

Vous comprenez maintenant pourquoi les plébéiens insurgés qui occupent le Forum concentrent toutes leurs fureurs contre Marcius. Avec l'instinct infaillible de la foule, ils dénoncent dans le jeune Caïus leur plus grand ennemi ; ils pressentent en lui leur oppresseur, et ils prennent les armes contre ce tyran à venir. « A mort Caïus Marcius ! » hurlent ces milliers de bouches. En vain une voix timide essaie de rappeler les services qu'il a rendus au pays. « Il s'est payé lui-même en orgueil, réplique un
» insurgé. Les gens de conscience timorée prétendent
» qu'il a tout fait pour la patrie, je dis, moi, qu'il a tout
» fait pour plaire à sa mère, ensuite pour servir son or-
» gueil. » Et tous d'acclamer cette réponse péremptoire !
Et tous de brandir leurs piques en criant : Au Capitole !

Cependant, au moment où toutes ces bandes armées s'ébranlent, survient l'aimable sénateur Ménénius que sa bonhomie proverbiale désignait d'avance comme médiateur entre le pouvoir et l'émeute. A l'aspect de cette figure sympathique, la multitude s'arrête. On veut savoir ce qu'a à dire ce digne patricien « qui a toujours aimé le peuple. » Ménénius prend vite la parole, et, d'un ton paterne, récite aux insurgés la fameuse fable que la Fontaine a rendue familière à tous nos écoliers. Cet apologue tout spécieux, qui compare le gouvernement à l'estomac et le peuple aux membres du corps humain, apaise comme par enchantement la fureur des émeutiers. Admirable mansuétude du peuple ! il suffit de ce chétif argument pour calmer tous ses ressentiments et faire prendre patience à sa détresse. De tout temps le peuple a eu trois mois de misère au service de la République. Les plébéiens viennent d'être complétement pacifiés par la fable de Ménénius, quand apparaît Marcius, le mépris dans le regard, l'insulte sur les lèvres. Ces furieux qui naguère voulaient assommer sous leurs bâtons l'arrogant patricien, se laissent maintenant outrager par lui sans mot dire. Marcius peut impunément les traiter de galeux, de couards, de gibier de potence. « Manants, vous prétendez que le blé ne manque pas... Ah ! » si la noblesse mettait de côté ses scrupules et me laissait tirer le glaive, je ferais de vous une hécatombe de » cadavres aussi haute que ma lance ! » En vain Marcius provoque de son épée la forêt de piques qui l'environne : les piques ne bougent pas. En vain irrite-t-il de ses bravades odieuses toutes ces rancunes ameutées autour de lui : la parole d'un rhéteur les tient à ses pieds muselées.

Caïus est impitoyable : il accumule injure sur injure. Il proteste avec indignation contre la faiblesse du sénat qui vient de donner raison à la révolte en concédant au peuple l'institution du tribunat. « Désormais les manants auront » cinq tribuns de leur choix pour soutenir leur politique » vulgaire. Ils ont nommé Junius Brutus ; Sicinius Velu- » tus en est un autre : le reste m'est inconnu. Sangdieu ! » la populace aurait démoli toutes les maisons de Rome » avant d'obtenir cela de moi. » Heureusement pour la patience du peuple, un message important fait diversion à l'insolence de Marcius : les Volsques ont pris les armes. Caïus salue d'un cri de joie cet événement « qui va purger Rome d'un superflu infect. » A défaut de l'épée patricienne, le fer des Volsques immolera les plébéiens. C'est sur le champ de bataille que Marcius compte vaincre l'émeute aujourd'hui triomphante. Cette guerre, entreprise pour le salut du peuple, il compte la faire servir à la perte du peuple.

Aussi avec quelle ardeur et quelle vaillance il se met en campagne ! Il faut être témoin de ces exploits pour y croire. Il faut assister à ces prodiges pour les trouver possibles. Shakespeare nous montre en de dramatiques tableaux ces prouesses inouïes. Non content du procédé de la tragédie classique qui les eût résumés dans un récit fastidieux, le poëte anglais développe sur le théâtre les hauts faits de Marcius. Dans une série de scènes émouvantes, nous voyons Caïus rallier devant Corioles les centuries, d'abord repoussées, ensuite s'élancer seul dans la cité ennemie et s'en emparer, puis, laissant aux soudards la facile besogne de ramasser le butin, courir dans la plaine au secours du consul Cominius et mettre en fuite de sa main le général ennemi Tullus Aufidius. — Shakespeare a compris qu'une grandeur démesurée pouvait seule étayer la hauteur démesurée de Marcius. Aussi, dans cette lutte épique, a-t-il donné à son personnage la taille gigantesque des héros fabuleux. Entre Caïus et ses compagnons d'armes, toute proportion a disparu. Marcius devant Corioles, ce n'est plus un général romain à la tête de ses légions, c'est Antée traînant après lui son armée de pygmées, c'est Achille jetant à l'assaut de Troie ses bandes de Myrmidons.

Marcius a reçu par acclamation le surnom de Coriolan ; il entre triomphalement dans Rome : — « Entendez-vous ces trompettes ? s'écrie Ménénius qui reconnaît la fanfare du victorieux. — Oui, réplique Volumnie, ce sont les émissaires de Marcius ; devant lui il porte le fracas, et derrière lui il laisse les larmes. La mort, ce sombre esprit, réside dans son bras nerveux : il s'élève, retombe, et alors des hommes meurent. » Dès que Coriolan paraît, il fléchit le genou devant sa mère, comme pour lui faire hommage de sa victoire. « Relève-toi, dit Volumnie, relève-toi, mon brave soldat, relève-toi, Marcius, relève-toi, Coriolan !... J'ai assez vécu pour voir mettre le comble à mes vœux et à l'édifice de mes rêves : une seule chose te manque, et je ne doute pas que Rome ne te la confère. » Cette chose unique qui manque à Coriolan, c'est la toge de consul. La mère ambitieuse est pressée de tirer du triomphe de Marcius toutes ses conséquences politiques : elle sait que ses désirs sont des ordres pour son fils, et déjà elle lui impose la splendide servitude du pouvoir. Vainement le caractère indépendant de Coriolan voudrait se dérober à ces exigences maternelles : «Ah ! sachez-le, bonne mère, j'aime mieux servir les Romains à ma guise que les commander à la leur. » Marcius a beau dire : il faut qu'il obéisse. Toute parole de Volumnie est pour lui une consigne. Il se rend donc au sénat. Les pères conscrits le proclament consul à l'unanimité. Coriolan accepte avec une respectueuse déférence le mandat de la noble assemblée à laquelle « il doit pour toujours ses services et sa vie. » Mais il supplie qu'on le dispense de se présenter comme candidat devant le peuple. Lui, Coriolan, implorer les suffrages de la plèbe ! Jamais il ne pourra se plier à ce dégradant usage. Pourtant la loi est formelle : le choix des patriciens, pour être valide, doit être confirmé par les plébéiens. Les tribuns, présents à la séance, réclament avec une légitime insistance la stricte observation de la constitution républicaine. Bon gré mal gré, Marcius doit se soumettre à toutes les formalités légales.

Par une inexactitude magistrale, l'auteur s'est départi ici du scénario que lui indiquait l'histoire. Plutarque dit expressément que Marcius se conforma sans résistance à toutes les prescriptions de la loi : « Marcius, suivant la cou-
» tume, montrait plusieurs cicatrices, sur sa personne,
» de blessures reçues en plusieurs batailles par l'espace
» de dix-sept ans, tellement qu'il n'y avait celui du peuple
» qui n'eût en soi-même honte de refuser à un si ver-
» tueux homme, et s'entre-disaient les uns aux autres qu'il

» fallait, comment que ce fût, l'élire consul [1]. » Le Coriolan tragique n'a pas cette facile souplesse du Coriolan historique. Son inflexible fierté ne saurait condescendre ainsi à aduler la multitude. Imaginez le plus altier des lords daignant s'offrir comme candidat aux manants de quelque bourg pourri : ce n'est que du bout des lèvres que le grand seigneur féodal murmure les compliments exigés. Plus hautain encore, Coriolan ne sollicite pas les suffrages du peuple, il les réclame :

— Vous savez pourquoi je suis ici debout ?

— Oui, nous le savons. Dites-nous pourtant ce qui vous y amène.

— Mon mérite.

— Votre mérite ?

— Oui, et non pas ma volonté.

— Pourquoi pas votre volonté ?

— Ce n'a jamais été ma volonté de demander l'aumône aux pauvres.

C'est ainsi que Marcius revendique les voix du peuple souverain. — Admirable scène tout entière imaginée par Shakespeare ! Quel supplice pour l'arrogant patricien que d'avoir à solliciter cette foule tant méprisée de lui ! Ces meurt-de-faim, ces va-nu-pieds, ces gagne-petit qu'il voulait décimer naguère, ces gueux dont il eût souhaité entasser les cadavres dans une hécatombe haute comme sa lance, il est donc condamné par la loi à les implorer ! Il est obligé d'être le mendiant de ces mendiants ! Pour haranguer cette tourbe, le guerrier a dû mettre bas les armes, rejeter sa lance, dépouiller sa cuirasse, abdiquer son épée et s'affubler de la robe de bure du suppliant ! Pour prier toutes ces détresses, cet orgueil surhumain a dû revêtir le sordide haillon de la misère ! Ah ! c'en est trop ! Shakes-

[1] Traduction d'Amyot.

peare a bien vu que son personnage ne pouvait en conscience jouer un pareil rôle. Voilà pourquoi Marcius prend pour solliciter le peuple l'accent de la dérision. Sans cesse il dément par l'impertinence de son ton l'humilité de sa requête ; sans cesse il met à ses paroles la sourdine de l'ironie.

— J'ai des blessures à vous montrer, mais vous les verrez en particulier... Votre bonne voix, monsieur ? Que dites-vous ?

— Vous l'aurez, digne Sire.

— Marché conclu, monsieur. Voilà en tout deux nobles voix de mendiées... J'ai vos aumônes, adieu !

Et Marcius congédie les deux électeurs. Que d'arrogance dans son geste ! Que de morgue dans son attitude ! Le patricien donne à la prière même l'insolence du sarcasme.

Peut-on dire, après cette candidature dérisoire, que Coriolan ait réellement observé les prescriptions légales ? Non. Ce n'est que par une supercherie qu'il a obtenu le consentement du peuple. Il n'a pas violé la loi, il l'a éludée.

Cette modification apportée par le poëte au récit de l'historien était dramatiquement nécessaire, d'abord pour conserver au caractère de Coriolan, tel que Shakespeare l'avait conçu, son unité logique, ensuite pour expliquer le revirement populaire qui va avoir lieu tout à l'heure. Plutarque, très-favorable à Coriolan et fort hostile au peuple, attribue uniquement à un caprice de la multitude la révocation de Marcius : « Adonc l'amour et la bien-
» veillance de la commune commença à se tourner en en-
» vie avec ce qu'ils craignaient de mettre ce magistrat de
» souveraine puissance entre les mains d'un personnage
» si partial pour la noblesse : pour lesquelles considéra-
» tions ils refusèrent à la fin Marcius et furent deux autres
» poursuivants déclarés consuls. » Contrairement à cette assertion du biographe, c'est par les torts de Coriolan que Shakespeare explique son échec final. Si le peuple,

mieux avisé, finit par retirer à Marcius les suffrages qu'il lui avait accordés, il faut reconnaître que Marcius a provoqué cette décision par son insolente candidature. Pourquoi n'a-t-il cessé de railler et de persifler les électeurs? Pourquoi, en dépit de la coutume, ne leur a-t-il pas effectivement montré ses cicatrices? Les tribuns n'ont pas de peine à prouver aux plébéiens que Marcius s'est joué d'eux, et les plébéiens, légitimement irrités, n'ont plus qu'à révoquer un consentement trop légèrement octroyé.

Dès lors le drame suit sa marche fatidique. Le conflit entre la démocratie, représentée par les tribuns et par les plébéiens, et l'aristocratie, incarnée dans Marcius, aboutit à une crise. — Outré de l'humiliation qu'il vient de subir, Coriolan réclame du sénat l'abolition du tribunat : « Qu'a besoin le peuple de ces chauves tribuns ? Il s'appuie sur eux pour manquer d'obéissance au tribunal suprême. C'est dans une rébellion, où la nécessité et non l'équité fit loi, qu'ils ont été choisis ; à une meilleure heure, déclarons nécessaire ce qui est équitable et renversons leur pouvoir dans la poussière. » Sur cette proposition factieuse qui attaque dans son essence la constitution républicaine, les tribuns déclarent Coriolan traître à la patrie, et, au nom du peuple, le condamnent à être précipité de la roche Tarpéienne. Par leur ordre, les édiles s'avancent pour arrêter Marcius, mais les sénateurs s'interposent et font autour de leur collègue un rempart impénétrable. Les tribuns appellent le peuple au secours des édiles. Confusion inexprimable! Un pugilat furieux s'engage entre plébéiens et patriciens. Enfin les plébéiens sont repoussés, et Marcius peut rentrer chez lui sain et sauf. Mais cet échec n'a fait qu'exaspérer le peuple qui menace le sénat d'une insurrection formidable, si le coupable reste impuni. Le bonhomme Ménénius, fidèle à son rôle de médiateur, fait tous ses efforts pour calmer la foule, mais il n'y parvient qu'en promettant solennellement que Marcius comparaîtra sur la place publique pour justifier sa conduite. Ménénius a pris là, sans l'aveu de son ami, un engagement bien grave. Cet engagement, Coriolan voudra-t-il le tenir?

Ici se place une scène de famille, tout entière ajoutée par le poëte à l'histoire. Dans le récit de Plutarque, Coriolan s'offre spontanément à faire des excuses au peuple : « Marcius adonc se levant en pieds dit qu'il s'en allait de » ce pas présenter *volontairement* au peuple pour se jus- » tifier de cette imputation, et s'il était prouvé qu'il y eût » seulement pensé, qu'il ne refusait aucune sorte de puni- » tion. » Le Coriolan de Shakespeare est bien trop superbe pour se soumettre si aisément à la juridiction populaire. Il rentre chez lui, exaspéré par les violences de la multitude : son ressentiment contre les plébéiens est devenu de la frénésie. Que vient-on lui parler de faire amende honorable à cette canaille ? Coriolan « ne changerait pas de conduite, quand tous ces furieux s'acharneraient contre lui, quand ils lui présenteraient la mort sur la roue, ou à la queue des chevaux indomptés, quand, pour l'en précipiter, ils entasseraient dix collines sur la roche Tarpéienne. » En vain les *politiques* du parti patricien insistent pour que Marcius fasse une démarche auprès du peuple : il reste sourd aux avis des sénateurs, aux sollicitations du consul, aux prières du cher Ménénius. C'est alors que Volumnie intervient pour le décider. Marcius s'étonne hautement d'entendre sa mère lui conseiller une rétractation ; n'est-ce pas Volumnie qui, dès l'enfance, lui a inculqué l'horreur et le mépris du *monstre à mille têtes ?* N'est-ce pas elle qui lui a prêché la dureté envers le peuple ? Pourquoi aujourd'hui lui conseille-t-elle la douceur ? Elle veut donc qu'il soit traître à son caractère ! — Volumnie ne saurait réfuter cette éloquente argumentation. C'est bien elle, en effet, qui a inspiré à Marcius toutes ses antipathies patriciennes.

Aussi, ce qu'elle reproche à son fils, ce n'est pas de haïr le peuple, c'est d'avoir trop tôt affiché cette haine. Que n'attendait-il, pour manifester ses vrais sentiments, que son pouvoir fût consolidé ! « Vous auriez été suffisamment l'homme que vous êtes en vous efforçant moins de l'être. Vos desseins auraient rencontré moins d'obstacles, si vous aviez attendu, pour les révéler, que le peuple fût impuissant à les déjouer ! »

Le vice de l'éducation donnée par Volumnie à son fils s'étale ici dans un odieux cynisme. Que manque-t-il à Marcius, de l'aveu de cette patricienne, pour être un homme d'État accompli ? La dissimulation. Pour que Marcius puisse mettre à profit les leçons de sa mère, il lui faudrait cette qualité suprême : l'hypocrisie. Que Marcius soit hypocrite, et il réussira. Que Marcius fasse semblant d'aimer cette foule qu'il hait, qu'il la flatte, qu'il la flagorne, qu'il la leurre de faux serments, et qu'il se parjure ensuite, tout est sauvé. Ainsi parle Volumnie, et les plus sages, les plus vénérables entre les pères conscrits consacrent par leur approbation cette apologie maternelle de la fourberie : « Il s'agit de parler au peuple, non d'après votre inspiration réelle, ni selon les sentiments que vous souffle votre cœur, mais en phrases dites du bout des lèvres, syllabes bâtardes désavouées par votre conscience... Ah ! je t'en prie, mon fils, va te présenter devant eux ton bonnet à la main, et, le tendant ainsi, effleurant du genou les pierres, secouant la tête et frappant fréquemment ta poitrine superbe, sois humble comme la mûre qui cède au moindre attouchement. »

Quelque autorité qu'il reconnaisse à sa mère, Marcius répugne à jouer cette indigne comédie politique. Partagé entre sa fierté et la déférence filiale, il révèle son irrésolution avec une magnifique éloquence : « Faut-il donc que j'aille leur montrer ma grimace échevelée ? Faut-il donc que ma langue infâme donne à mon noble cœur un démenti qu'il devra endurer? Soit. J'y consens... Arrière, ma nature! A moi, ardeur de la prostituée! Que ma voix martiale, qui faisait chœur avec les tambours, devienne grêle comme un fausset d'eunuque ou comme la voix de la servante qui endort l'enfant au berceau. Que le sourire du fourbe se fixe sur ma joue et que les larmes de l'écolier couvrent mon regard de cristal. Qu'une langue de mendiant se meuve entre mes lèvres et que mes genoux armés, qui ne se pliaient qu'à l'étrier, fléchissent comme pour une aumône reçue... Non! je n'en ferai rien! Je ne puis cesser d'honorer ma conscience ni enseigner à mon âme, par l'attitude de mon corps, une ineffaçable bassesse. » — « A ton gré, réplique sèchement Volumnie. Il est plus humiliant pour moi de t'implorer que pour toi de les supplier. Que tout tombe en ruine. Sacrifie ta mère à ton orgueil. » Et elle fait mine de se retirer, bien sûre que Coriolan va se jeter à ses pieds pour la retenir. « De grâce, calmez-vous, ma mère, je me rends à la place publique. Ne me grondez plus. Je vais escamoter leurs sympathies, escroquer leurs cœurs et revenir adoré de tous les ateliers de Rome! » Enfin Volumnie triomphe : Marcius obéissant va se présenter au peuple.

Entraîné par une logique plus forte que la vérité historique elle-même, Shakespeare a modifié ici encore le récit de Plutarque. Selon le biographe de Chéronée, Coriolan, après s'être volontairement offert au jugement du peuple, essaie timidement de réfuter les accusations lancées contre lui; mais à peine a-t-il pu parler, que les plébéiens couvrent sa voix de leurs imprécations : « Ils crièrent tant et firent tant de bruit, qu'il ne put être ouï. » Marcius est ainsi jugé et condamné à l'exil, sans même avoir pu achever son plaidoyer. Malgré ce formel déni de justice, il reçoit avec une résignation exemplaire

la sentence qui le frappe. « Marcius seul, ni en sa con-
» tenance, ni en son marcher, ni en son visage, ne se
» montra étonné ni ravalé de courage; mais, entre tous
» les autres gentilshommes qui se tourmentaient de sa
» fortune, lui seul montrait au dehors n'en sentir passion
» aucune, ni avoir compassion quelconque de soi-même. »

Le caractère si hautain et si irascible du personnage tragique ne pouvait sans contradiction évidente assumer cette humble attitude. De là un changement radical dans la marche des choses. — Chez Plutarque, c'est le peuple qui est coupable de violence envers Coriolan. Chez Shakespeare, c'est Coriolan qui est coupable de violence envers le peuple. Dans l'histoire, le peuple interrompt par des huées le plaidoyer de Marcius. Dans le drame, c'est Marcius qui interrompt par ses injures le réquisitoire des tribuns. Dès que Sicinius veut énoncer les chefs de l'accusation, le patricien s'emporte et lui coupe la parole. En vain Ménénius conjure son ami de se modérer et lui rappelle la promesse solennelle qu'il vient de faire à sa mère. Trahi par sa nature même, Marcius ne se possède plus assez pour tenir cet engagement; il succombe à la colère : « M'appeler traître au peuple! s'écrie-t-il. Que les flammes des gouffres les plus profonds de l'enfer enveloppent le peuple !... Insolent tribun, quand ta langue lancerait contre moi dix mille morts, je te dirais que tu mens. »

Ainsi, bien loin de se justifier, Coriolan se fait l'insulteur de ses juges. Les magistrats l'accusent de trahison; il les taxe de mensonge. Lui, s'excuser! Lui, faire amende honorable ! fi donc ! « Dussent-ils le condamner aux abîmes de la mort tarpéienne, à l'exil du vagabond, aux langueurs du prisonnier lentement affamé, il n'achètera pas leur merci au prix d'un mot complaisant. » Certes, après un tel défi jeté à la magistrature suprême, après de tels outrages, devant ce flagrant délit de récidive, la sentence prononcée par les tribuns ne peut plus paraître exorbitante. Le peuple n'est que trop fondé à proscrire cet adversaire endurci de sa légitime souveraineté. Mais Marcius n'accepte pas le jugement du peuple plus docilement qu'il n'a écouté ses accusations. Bien différent du Coriolan légendaire, le Coriolan dramatique méconnaît jusqu'au bout la juridiction des plébéiens. Sublime d'arrogance, il leur renvoie leur propre sentence dans un formidable anathème : « Vile meute d'aboyeurs ! vous dont j'abhorre l'haleine autant que l'émanation des marais empestés et dont j'estime les sympathies autant que les cadavres sans sépulture qui infectent l'air, c'est moi qui vous bannis ! Restez ici dans votre inquiétude. Que la plus faible rumeur mette vos cœurs en émoi. Que vos ennemis, du mouvement de leurs panaches, éventent votre lâcheté jusqu'au désespoir ! Gardez le pouvoir de bannir vos défenseurs jusqu'à ce qu'enfin votre ineptie, qui ne comprend que ce qu'elle sent, se tourne contre vous-mêmes et vous livre, captifs humiliés, à quelque nation qui vous aura vaincus sans coup férir. C'est par mépris pour vous que je tourne le dos à votre cité. Il est un monde ailleurs ! » *Votre* cité ! c'est ainsi que Coriolan parle de sa ville natale. Monstrueuses représailles d'une implacable rancune ! Ses concitoyens l'ont proscrit, il proscrit ses concitoyens. Rome l'a mis hors la loi ; il répond à cet arrêt en mettant Rome hors la loi. La patrie l'a condamné à l'exil ; lui, il condamne sa patrie à mort.

C'est par cette magnifique scène, inventée en dépit de l'histoire, que Shakespeare prépare et amène le dénoûment de son drame. Coriolan n'a plus désormais qu'à exécuter la sentence qu'il vient de prononcer contre son pays. Escorté par sa famille et par les patriciens consternés, le proscrit quitte Rome.

Sombre et hagard, Marcius se dirige vers Antium, la ville des Volsques. Que va-t-il faire là ? Le téméraire ! par quel excès d'audace s'aventure-t-il, seul et désarmé, dans cette cité qu'il a remplie de veuves ? Est-il donc las de l'existence qu'il se hasarde ainsi au milieu de tant de haines ? Ah ! qu'il prenne garde d'être reconnu, lui qui a mis toutes ces familles en deuil. Armés de pierres et de broches, les femmes et les enfants le tueraient sur la place comme un chien. — Le visage caché dans son manteau, Marcius entre furtivement dans la maison de Tullus Aufidius, de Tullus, son plus mortel ennemi, de ce Tullus qu'il a tant humilié sur tant de champs de bataille et qui ne rêve que de se venger. Marcius a mal choisi son moment : le général, attablé avec ses lieutenants, boit dans une orgie à la ruine de Rome. De l'antichambre où il vient de pénétrer, Coriolan peut entendre ces cris de joie, sinistres à des oreilles romaines. Il se cache dans un coin pour épier la fête, mais un laquais l'a aperçu : « Quel est cet intrus ? le portier a-t-il des yeux dans la tête pour laisser entrer de pareilles gens ? » Et le laquais veut expulser cet étranger de mauvaise mine. Coriolan repousse le laquais ; celui-ci appelle ses camarades au secours. Une lutte s'engage. Le héros qui naguère faisait trembler le monde est réduit à se colleter avec la valetaille [1]. Tullus accourt au bruit de cette rixe : « D'où viens-tu ? dit-il à l'inconnu. Que veux-tu ? ton nom ? » L'inconnu reste muet. — « Pourquoi ne réponds-tu pas ?

---

[1] Ici encore le poëte a modifié la légende. Selon Plutarque, Marcius reçut un accueil tout différent : « Ainsi s'en alla-t-il droit à la maison de Tullus, et il s'assit sans dire mot à personne, ayant le visage couvert et la tête affublée : de quoi ceux de la maison furent bien ébahis, et néanmoins *ne l'osèrent faire lever*, car encore qu'il se cachât, si reconnaissait-on ne sais quoi de dignité en sa contenance. » Shakespeare s'est départi de la tradition historique pour infliger au héros transfuge l'humiliation suprême d'une querelle avec des laquais.

parle. Quel est ton nom ? » A cette seconde sommation, l'inconnu relève le capuchon qui lui couvre le visage et se nomme. : « Je suis Caïus Marcius ! » Les deux rivaux sont face à face, le Volsque et le Romain. A quel étrange duel allons-nous assister ? Coriolan vient-il défier Aufidius, l'outrager, le braver jusque chez lui ? Non. Ce n'est pas un combat que Marcius vient offrir à Tullus, c'est une ligue. Ce n'est pas un duel, c'est une coalition. A la rancune du Volsque contre Rome, le Romain offre l'alliance de sa trahison : « O Tullus, si tu veux réparer les dommages qui t'ont été faits, n'hésite pas à te servir de mes calamités et fais en sorte que mon zèle vengeur aide à ta prospérité, car je veux faire la guerre à ma patrie avec l'acharnement de tous les démons de l'enfer. »

C'en est fait : le pacte *infernal* est conclu. Tullus a pressé la main que lui tendait Marcius. Les ennemis se sont réconciliés dans la communauté de la haine. Le Romain a pris le commandement des troupes volsques. Il s'avance à leur tête avec l'impassibilité farouche d'un être « créé par quelque autre divinité que la nature. » L'humanité a cessé de battre sous sa cuirasse : « son injure est désormais la geôlière de sa pitié ; »

His injury
The gaoler to his pity.

Quand on l'appelle Coriolan, il refuse de répondre : « Il n'est plus qu'une espèce de néant, et il veut rester sans nom jusqu'à ce qu'il s'en soit forgé un dans l'incendie de Rome. » Cet homme a voué son pays à l'extermination : toutes les générations, depuis l'enfance jusqu'à la vieillesse, doivent disparaître dans sa vengeance. Il a rompu tous les liens qui l'attachaient au monde : il ne connaît plus ni concitoyens ni amis. Jamais fierté terrestre n'exigea pareil holocauste. Il va sacrifier à son ressentiment toute une cité, toute une société, toute une patrie. Et quelle cité! la cité par excellence! la capitale promise à l'univers! le chef-lieu espéré de la civilisation! Ce qu'il faut à cette colère immense, c'est l'embrasement de la ville éternelle!

Plus d'obstacles. Le voilà sous les murs de Rome. Demain il franchira ces murs, et, foi de Marcius, Rome ne sera plus demain qu'un monceau de cendres. Il a repoussé toutes les intercessions, toutes les prières. En vain le vénérable Cominius s'est traîné à ses genoux: il l'a congédié d'un geste. Inflexible, il a laissé chasser par les sentinelles Ménénius, son ancien, son meilleur ami. Tout est donc désespéré. Rome est perdue. — Cette ville superbe, qui déjà fait l'étonnement et l'envie des peuples, est sur le point de subir le sort de Troie son aïeule. Demain toutes les matrones romaines se tordront les bras comme des Hécubes. Semblable à l'homme qui enlève dans le creux de sa main la source du plus grand fleuve, Marcius va d'un geste détourner le cours de l'histoire. La voyez-vous qui disparaît dans ce chaos précoce, cette métropole adolescente des nations, la rivale imminente de Carthage, le berceau des Gracques et des Scipions, l'aire où déjà l'avenir couve les aiglons de César? Marcius va jeter dans la fournaise les germes des événements. Entendez-vous les cris du peuple-roi à l'agonie? Dans un moment, l'incendie niveleur aura atteint le sanctuaire même du triomphe, l'acropole sublime où s'était réfugiée la Victoire. Dans un moment, le Capitole va s'écrouler.

Mais non, craintes chimériques! alarmes imaginaires! Ce spectacle de Rome embrasée n'est que la vision folle d'un orgueilleux délire. L'arrogance d'une créature ne saurait prévaloir contre la marche providentielle des choses. La destinée a fait son plan, et il ne dépend pas d'une volonté de la déranger. Une moralité toute-puissante oppose son veto à cette conclusion monstrueuse : l'égorgement de la cité par le citoyen. Si Rome est condamnée à périr, ce n'est pas de la main d'un Romain, c'est par le fer d'un barbare. La Providence défend à Coriolan ce qu'elle permettra à Alaric.

Comment donc Rome peut-elle être sauvée? Pour combattre l'ennemi, elle n'a pas un soldat. De quel rempart va-t-elle donc se couvrir? Quel miraculeux boulevard va-t-elle opposer à l'envahisseur? Eh bien, regardez ces femmes et cet enfant qui viennent de pénétrer dans le camp des Volsques. En les reconnaissant, Coriolan a tressailli sur son trône d'airain.

— Tenterait-on, murmure-t-il, de me faire enfreindre mon vœu?... Non, je ne l'enfreindrai pas... Ma femme vient la première, puis ma mère, tenant par la main le petit-fils de sa race... Pourquoi cet humble salut? Pourquoi ces regards de colombe qui rendraient les dieux parjures?... Je m'attendris : je ne suis pas d'une argile plus ferme que les autres!... Ma mère s'incline. Comme si devant une taupinière l'Olympe devait s'humilier!... Non. Que les Volsques traînent la charrue sur Rome et la herse sur l'Italie. Je ne serai jamais de ces oisons qui obéissent à l'instinct : je résisterai comme un homme qui serait né de lui-même et ne connaîtrait pas de parents.

— Mon seigneur! mon mari!

— O toi, le plus pur de ma chair, pardonne à ma rigueur, mais ne me dis pas pourtant de pardonner aux Romains. Oh! un baiser long comme mon exil, doux comme ma vengeance! Par la jalouse reine des cieux, c'est le même baiser, ma Virgilie, que j'ai emporté en te quittant : ma lèvre fidèle l'a gardé vierge... Grands dieux! je babille, et la plus noble des mères n'a pas reçu mon salut.

Coriolan, emporté par le respect, va tomber à genoux,

mais Volumnie le prévient en se jetant elle-même aux pieds de son fils.

— Oh! reste debout, s'écrie-t-elle, tandis que sur ce dur coussin de cailloux je me prosterne devant toi, et que, par cette preuve inouïe de respect, je bouleverse la hiérarchie entre l'enfant et la mère.

— Que vois-je? vous à genoux devant moi, devant ce fils que vous corrigiez! Alors, que les galets de la plage affamée aillent lapider les astres! que les vents mutinés lancent les cèdres altiers contre l'ardent soleil! Vous égorgez l'impossible en rendant possible ce qui ne peut être.

Volumnie se redresse, mais c'est pour présenter à Marcius son petit enfant : — Voici un pauvre abrégé de vous-même qui, développé par l'avenir, pourra devenir un autre vous-même... A genoux; garnement!

— Voilà bien mon bel enfant, dit Coriolan, en serrant son jeune fils contre son cœur avec la tendresse ineffable d'Hector étreignant Astyanax.

Cependant, la figure radieuse de Marcius s'assombrit tout à coup. Au milieu de ses effusions paternelles, il s'est rappelé le terrible engagement qui le lie : il a juré d'anéantir Rome! En ce moment toute l'armée volsque a les yeux fixés sur lui et considère cet étrange attendrissement avec une menaçante inquiétude. Coriolan fait un effort suprême : il rappelle à lui toute son énergie, tout son sang-froid, toute son impassibilité. Il s'arrache au groupe de famille qui croyait l'avoir reconquis, rend l'enfant à la mère, et se rassoit, pâle et farouche, sur sa chaise de bronze. Ce n'est plus le Romain qui parle, c'est le général des Volsques :

— Aufidius et vous, Volsques, soyez témoins : car nous ne devons rien écouter de Rome en secret.

Puis, s'adressant à Volumnie d'une voix impérieuse : « Que demandez-vous? » Volumnie ne se laisse pas déconcerter par ce brusque changement. Dans une harangue solennelle dont Shakespeare a emprunté l'exorde à Plutarque, elle expose la détresse à laquelle son fils l'a désormais réduite. Si grand est son malheur, qu'elle n'a même plus la consolation de la prière : « Comment pouvons-nous prier pour notre pays, comme c'est notre devoir, et pour ton triomphe, comme c'est notre devoir ? Hélas ! il nous faut sacrifier ou la patrie, notre chère nourrice, ou ta personne, notre joie dans la patrie ! » Effrayante alternative dans laquelle Marcius a enfermé sa famille ! Pour échapper à ce dilemme, il n'y a qu'une issue, une seule : c'est que Marcius lève le siége de Rome : « Tu sais, mon auguste fils, que le résultat de la guerre est incertain ; mais ceci est bien certain que, si tu es le vainqueur de Rome, tout le profit qui t'en restera sera un nom traqué par d'infatigables malédictions. La chronique écrira : Cet homme avait de la noblesse, mais il l'a raturée par sa dernière action. Il a ruiné son pays, et son nom subsistera abhorré dans les âges futurs ! »

Après cette véhémente apostrophe, Volumnie s'arrête un moment comme pour laisser la parole à son fils. Mais le général ne semble pas ému : il garde un impénétrable silence. Volumnie a beau lui crier : « Pourquoi ne parles-tu pas ? » il se tait, il se tait toujours. Alors, inspirée non plus par Plutarque, mais par Shakespeare, Volumnie change d'accent : elle quitte le ton d'une femme suppliante pour celui d'une femme outragée ; elle laisse là les raisonnements et les lamentations, et a recours à ce moyen extrême de l'éloquence aux abois, — l'invective. Elle n'argumente plus, elle gronde. Elle n'implore plus, elle foudroie : « Il n'est pas au monde de fils plus redevable à sa mère, et pourtant il me laisse pérorer comme une infâme aux ceps ! Si ma requête est injuste, dis-le et chasse-moi ; mais si elle ne l'est pas, tu manques à l'honneur, et les dieux te châtieront de m'avoir refusé l'obéissance due à une mère... Il se détourne... A genoux, femmes ! humilions-le de nos génuflexions. A genoux, à genoux ! finissons-en. Après quoi nous retournerons dans Rome mourir au milieu de nos voisins... Maintenant, partons. Ce compagnon eut une Volsque pour mère : sa femme est de Corioles et cet enfant lui ressemble par hasard ! Va, débarrasse-toi de nous... Je veux me taire jusqu'à ce que notre ville soit en flammes, et alors on entendra ma voix ! »

Ah ! comment résister à cette menace suprême du désespoir ? Quoi ! cela serait possible ! Quoi ! Marcius, le plus respectueux, le plus tendre, le plus dévoué des fils, entendrait râler au milieu des flammes la créature auguste qui l'a mis au monde ! Il laisserait s'éteindre dans les hurlements d'une indicible agonie cette voix vénérable qui lui apprit à bégayer les mots les plus doux ! Non, cela ne se peut pas. Arrière, Volsques ! Arrière, légions hideuses des représailles contre nature ! Arrière, soldats barbares d'une rancune monstrueuse ! Marcius aurait pu incendier sa patrie, mais est-il possible qu'il brûle vive sa mère ? Il a juré de commettre un parricide, mais il n'est pas tenu d'en commettre deux !

— O mère ! mère ! qu'avez-vous fait ? Voyez, les cieux s'entr'ouvrent, les dieux abaissent leurs regards et rient de cette scène surnaturelle. O ma mère ! ma mère ! vous avez remporté une victoire bienheureuse pour Rome, mais bien funeste pour votre fils. Advienne que pourra !

Désormais la fierté de Marcius est vaincue. L'immensité de cet orgueil qui prétendait immoler un peuple entier à ses fureurs recule devant l'immensité du respect filial. Dompté par sa mère, Coriolan donne à ses troupes l'ordre de la retraite. Tout est fini. En signant sa paix avec Rome, Marcius a signé son propre arrêt. Traître aux Volsques, il va subir à Antium la peine de sa trahison et mourir, exécuté par ses alliés, devenus ses bourreaux.

Shakespeare a consacré dans son drame le dénoûment fatal indiqué par Plutarque. Selon une version toute différente rapportée par Tite-Live, d'après Fabius Pictor, Marcius, retiré à Antium, aurait été épargné par les Volsques, et, grâce à leur indulgence, aurait vécu dans un paisible exil jusqu'à une extrême vieillesse. Je ne sais si le poëte anglais avait lu le récit de l'historien latin, que, dès l'année 1600, la traduction de Philémond Holland avait pu lui rendre familier. A supposer qu'il l'ait connu, je ne doute pas qu'il n'ait systématiquement rejeté la conclusion clémente mentionnée par Tite-Live. Si jamais, en effet, la providence shakespearienne a dû infliger un châtiment exemplaire, c'est dans le cas actuel. Si jamais expiation tragique a été méritée, c'est par Coriolan.

Au moment où Marcius tombe sous le fer des Volsques, rappelons-nous tous les attentats commis par le condamné. Sa vie n'a été qu'une longue conspiration contre les lois divines et humaines. En dépit du droit éternel sur lequel est fondée l'égalité entre les hommes, au mépris de la constitution sociale qui la proclame, il a voulu asservir la cité à une oligarchie de famille et assujettir l'immense majorité de ses semblables à une caste privilégiée. Pour établir l'autorité de cette caste, il a conseillé, employé tous les moyens, la violence, la ruse, le guet-apens, le coup d'État, le massacre! Souvenons-nous de l'horrible menace qu'il adressait naguère au peuple affamé: « Ah! si la noblesse mettait de côté ses scrupules et me laissait tirer le glaive, je ferais de vous une hétacombe de cadavres aussi haute que ma lance! » Marcius a abusé des prérogatives qu'il tenait de sa naissance; il a exploité pour le mal les qualités splendides qu'il avait reçues pour le bien: il a employé la vertu à l'injustice, prostitué la magnanimité à l'orgueil, et fait de l'héroïsme le souteneur de la tyrannie.

Et dès que le peuple, mis en garde par ses tribuns, a déjoué le complot ourdi contre ses libertés, dès que, par un arrêt nécessaire, il a banni ce dangereux citoyen, comment agit Marcius ? De l'arrêt si juste prononcé contre lui par son pays, il en appelle aux ennemis de son pays. Dans le délire de son ressentiment, il prépare l'anéantissement de sa patrie. Cette fois, ce n'est pas seulement une classe, c'est toutes les classes de la société que Marcius veut immoler à sa fierté blessée. Adversaires et alliés, plébéiens et praticiens, roturiers et nobles, manants et princes, tous doivent succomber pêle-mêle à cette atroce rancune. Affolé d'outrecuidance, Coriolan prétend n'avoir plus de cœur : il rejette loin de lui comme des faiblesses toute sympathie et toute affection ; il ne reconnaît plus de parenté ; il désavoue jusqu'à son berceau ! C'est devant ce dernier outrage que l'humanité, tant de fois offensée, fait entendre enfin sa protestation. L'instinct de l'homme se dérobe à l'arrogance de l'aristocrate et refuse de lui obéir. La nature appelle à son secours tous ses sentiments révoltés, se retourne contre cet orgueil insensé et l'écrase en arrachant le cri de la pitié à cet impitoyable. Alors nous assistons à une scène sublime. Cet être qui se croyait au-dessus des autres êtres est obligé de subir, pour son châtiment, toutes les émotions humaines. Il s'imaginait, sous son armure, être invulnérable à la passion, et le voilà qui fond en larmes, atteint jusqu'aux entrailles par la triple tendresse du fils, de l'époux et du père.

Amour filial, amour conjugal, amour paternel, toutes les affections élémentaires de l'âme s'emparent à l'improviste de ce renégat et le mènent au supplice. Admirable leçon offerte par le poëte à la méditation des âges ! C'est par la famille que le patricien est frappé.

II

Au commencement du douzième siècle, un certain Walter Mapes, archidiacre d'Oxford, clerc très-savant et très-curieux de vieilles chroniques, fit un voyage en Armorique, dans l'espoir d'y trouver quelque document nouveau sur l'histoire de sa patrie. Il parcourut la péninsule avec un zèle infatigable, interrogeant les habitants, fouillant les archives des villes, remuant les bibliothèques des monastères. Un jour enfin il découvrit dans je ne sais quel cloître un manuscrit en langue bretonne qui avait tous les signes de la plus haute antiquité. Ce manuscrit comblait une lacune considérable dans les annales d'Albion : il révélait les faits et gestes d'une foule de rois qui avaient régné en Grande-Bretagne depuis l'incendie de Troie jusqu'au septième siècle de notre ère. Jusqu'alors les chroniqueurs les mieux informés, tels que dom Gildas et dom Bède, avaient daté l'histoire du peuple breton des commentaires classiques de César, — aucun monument ne les ayant renseignés sur les temps antérieurs à l'invasion des Romains. Désormais, grâce au manuscrit découvert par Walter, tout ce passé inconnu était tiré de l'oubli ; les origines de la grande nation britannique étaient pour toujours exhumées de la poussière séculaire qui les couvrait. Je renonce à vous peindre l'émotion du bon archidiacre en feuilletant ce rare palimpseste. La joie de Colomb apercevant l'Amérique rêvée ne fut pas plus grande que celle de Walter voyant ressusciter tout à coup le monde celtique évanoui.

Bientôt revenu en Angleterre, l'archidiacre d'Oxford montra le précieux manuscrit à son confrère, le docte Geoffroy Arthur, archidiacre de Monmouth, et le pria d'en faire la traduction en latin. Gallois de naissance et latiniste par profession, Arthur avait toutes les qualités requises pour accomplir dignement ce travail : il céda aux instances de Walter et se mit à l'œuvre. Sa traduction terminée, il la dédia à Robert, comte de Glocester, fils naturel de Henri Ier, et c'est sous ce puissant patronage que le nouveau livre fut introduit à la cour d'Angleterre. — Les princes normands, qui venaient de remplacer là les princes saxons, comprirent tout de suite de quelle utilité politique pouvait leur être la légende récemment importée d'Armorique. — Cette légende, en racontant l'invasion de la Grande-Bretagne par les hordes d'Hengist, dénonçait toutes les violences commises contre les Celtes par les envahisseurs germaniques; elle flétrissait les Saxons comme des pirates qui, à force de ruses et de trahisons, avaient dépouillé et asservi les légitimes possesseurs du sol. Grâce à ses révélations, les ducs de Normandie pouvaient se vanter d'avoir exercé de justes représailles en expulsant cette dynastie étrangère qui avait elle-même chassé l'antique dynastie nationale. La victoire de Guillaume devenait l'équitable châtiment de l'usurpation saxonne. Les fils de Rollon achevaient et consacraient l'œuvre interrompue d'Arthur ; ils étaient à la fois les vengeurs et les successeurs de ces rois que venait de renommer tout à coup la chronique armoricaine; ils avaient relevé dans la Grande-Bretagne le trône abattu par le brigand Horsa, — ce trône épique apporté d'Ilion dans une Troie nouvelle et où s'étaient successivement assis quatre-vingt-dix-neuf princes, depuis Brutus, petit-fils d'Énée, jusqu'à Cadwalla, le pieux pèlerin sacré par le pape Sergius. La couronne, que le Conquérant avait ramassée aux champs d'Hastings, n'était plus le morion barbare d'un chef scandinave, c'était le tortil splendide qu'avaient ceint d'âge en âge les têtes les plus vénérées d'une race héroïque, Uther Pendragon, Arthur, Guidérius, Arviragus, Cymbeline, Cassibelan, Mulmutius, Lear, Cordélia ! Avec une telle arrière-garde de princes, les ducs de Normandie pouvaient désormais réclamer le pas sur leurs puissants voisins. Que prétendaient les rois de France? Descendre de Francion, fils de Priam. Que prétendaient les rois d'Écosse? Descendre de Scota, fille de Pharaon. Les ducs de Normandie pouvaient revendiquer une majesté plus haute, car, ainsi qu'en faisait foi la chronique bretonne, ils portaient au front la couronne homérique léguée au prince troyen par Vénus, son aïeule!

Aussi tout fut mis en œuvre pour augmenter l'éclat d'une découverte si favorable à l'ambition et à la vanité des fils de Rollon. Que les annales armoricaines eussent été traduites en latin par Geoffroy de Monmouth, c'était quelque chose, mais ce n'était pas assez. Au douzième siècle, en effet, le latin avait cessé d'être d'un usage général comme au temps des Capitulaires : ce n'était plus guère qu'un idiome savant avec lequel les clercs seuls étaient familiers. De la fusion des races du Nord avec les races du Midi avait surgi une langue nouvelle, la langue d'Oil, qui était alors universellement comprise. C'était cette langue, sœur jumelle de la langue d'Oc et mère de la langue française, qu'avaient adoptée la cour de France et, après elle, la cour de Normandie. C'était cette langue que les barons normands, émigrés au delà de la Manche, parlaient déjà dans tous les manoirs de la Grande-Bretagne, à l'imitation de leurs cousins du continent. Pour que la chronique récemment exhumée reçût sa consécration définitive, il était donc nécessaire qu'elle fût traduite dans la langue moderne, et, pour qu'elle se fixât à jamais dans la mémoire de tous, il fallait qu'elle fût traduite, non plus en prose, mais en vers. Mais où trouver le poëte indispensable à cette épopée nouvelle? Quel serait le Virgile de cette seconde Énéide?

Il y avait quelque part en Basse-Normandie un trouvère, appelé Wace ou Eustache, dont on disait merveilles.

De Jersey, où il était né, ce trouvère était allé à Paris où il s'était initié à toutes les délicatesses de cette belle langue d'Oil si grossièrement parlée par ses compatriotes, puis s'était fixé à Caen où il avait composé dans l'idiome national maints opuscules fort remarqués. Ce fut ce barde, désigné par une renommée précoce, que le duc de Normandie choisit pour mettre en rimes françaises les annales galloises, tout dernièrement traduites en latin par le chanoine de Monmouth. Wace, sachant lui-même le gallois, était parfaitement capable d'interpréter directement le texte primitif. Il entreprit donc résolûment la tâche que lui commandait son seigneur et, en l'an 1155, à la grande satisfaction de Henri II, qui le fit chanoine de Bayeux, il termina cet immense poëme en quinze mille trois cents vers qui a pour titre le *Roman de Brut*. — La chronique bretonne, ainsi ressuscitée par le chantre normand, était sûre désormais de ne plus périr. Rajeunis par la jeune poésie française, tous ces vieux mythes, qu'avait si longtemps couverts la poudre des âges, allaient revivre pour toujours dans la mémoire des générations nouvelles. Comme autrefois les pêcheurs de l'Hellespont chantaient, sur la mesure marquée par le rhapsode, et la colère d'Achille et la mort de Patrocle et les adieux d'Hector à Andromaque, — de même les marins de Dieppe et du Havre allaient maintenant redire selon le rhythme inventé par le trouvère, et les pérégrinations de Brutus, père des Bretons, et les exploits de Brennus, le conquérant de Rome, et les infortunes émouvantes du fondateur de Leicester :

> Léir, en sa prospérité,
> Fit en son nom une cité ;
> Kaerléir a nom, sur Sore,
> Leicestre s'appelle encore.
> Léir tint l'honneur quitement
> Soixante ans continuellement :

> Trois filles eut, n'eut nul autre hoir,
> Ni plus ne put enfant avoir.
> La première fut Gornorille,
> Puis Ragaü, puis Cordéille [1].

L'histoire de ce roi Léir, telle que Wace la rappelait dans ses vers naïfs, était bien faite pour frapper l'imagination populaire. Elle symbolisait dans une combinaison vraiment dramatique l'éternel rapport entre le père et les enfants, en montrant à quelles étranges erreurs l'autorité royale peut exposer l'autorité paternelle. Devenu vieux, ce Léir, que les Gallois célébraient sous le nom de Lléon, fit venir ses trois filles et les interrogea successivement pour savoir laquelle l'aimait le plus. Gornorille, l'aînée, répondit la première :

> Gornorille lui a juré
> Du ciel toute la déité,
> Qu'elle l'aime mieux que sa vie.

Sur quoi Léir promit à Gornorille un tiers de son royaume et la maria à Malglamis, duc d'Écosse.

La puînée, Ragaü, répondit la seconde :

> Si lui a dit : certainement
> Je t'aime sur toute créature,
> Ne t'en sais dire autre mesure.

Sur quoi Léir promit à Ragaü un tiers de son royaume et la maria à Hennin, duc de Cornouailles. Enfin, le roi se tourna vers la cadette qui lui était plus chère que les deux autres et la questionna. Cordéille répondit :

> Ne sais que plus grand amour soit
> Qu'entre enfant et entre père,
> Et entre enfant et entre mère.
> Mon père es et j'aime tant toi
> Comme je mon père aimer dois,
> Et tiens ceci pour certain :
> Tant as, tant vaux et tant je t'aime.

---

[1] Voir à l'appendice la citation entière de cet épisode du *Roman de Brut*.

Sur quoi Léir, croyant que Cordéille se moquait de lui, la maudit, la déshérita et décida qu'après sa mort les deux aînées se partageraient son royaume. Cependant, le roi de France Aganippus, ayant ouï nommer Cordéille comme une princesse fort belle et fort gente, la fit demander en mariage. Léir voulut le détourner de ce choix, mais, comme le Français insistait, il finit par lui envoyer sa fille sans autre dot que ses vêtements :

> Outre la mer lui envoya
> Sa fille et ses draps seulement,
> Ni eut autre appareillement.

Tandis que Cordéille devenait ainsi dame de toute la France, les ducs de Cornouailles et d'Écosse, pressés d'hériter, s'emparèrent violemment des États de leur beau-père, en s'engageant toutefois à héberger alternativement le vieux roi et à entretenir à leurs frais cinquante chevaliers qui formeraient sa suite. Ces conditions furent d'abord loyalement exécutées. Léir s'installa chez le duc d'Écosse qui le traita convenablement ; mais bientôt Gornorille, qui était fort avare, trouva trop coûteux l'entretien de ces cinquante chevaliers et remontra à son mari la nécessité de diminuer ce dangereux cortége :

> Que sert cette assemblée d'hommes ?
> En ma foi, sire, fous sommes
> Que telles gens avons ci attrait.
> Ne sait mon père ce qu'il fait :
> Il est entré en folle route.
> Jà est vieux homme et si radote.
> Qui pourrait souffrir si grande presse ?
> Il est faux et sa gent perverse.

Tant la dame admonesta son mari que le duc d'Écosse réduisit la suite du roi de cinquante à trente chevaliers. Irrité de cet affront, Léir se retira chez son autre gendre, le duc de Cornouailles. Mais Ragaü, moins généreuse encore que sa sœur, voulut restreindre l'escorte royale de trente hommes à dix, puis de dix à cinq. Sur quoi Léir s'en retourna vers Gornorille, mais celle-ci jura par le ciel qu'elle ne le recevrait qu'accompagné d'un seul chevalier. Adonc Léir commença à se contrister et à pourpenser en son cœur aux biens qu'il avait perdus :

> Fortune, par trop es muable !
> Tu ne peux être un jour stable.
> Nul ne se doit en toi fier,
> Tant fais ta roue fort tourner...
> Tôt as un vilain haut levé
> Et un roi en plus bas tourné.
> Comtes, rois, ducs, quand tu veux, fais
> Que tu nul bien ne leur laisses.
> Tant comme je fus riche manant,
> Tant eus-je amis et parents.
> Et dès que je fus, las ! appauvri,
> Sergents, amis, parents perdis.

Lors il se rappela combien il avait été injuste envers Cordéille et résolut d'aller lui demander asile. Si sévère qu'elle fût, elle ne pouvait lui être plus cruelle que n'avaient été ses deux sœurs :

> Jà moins ni pis ne me fera
> Que les aînées m'ont fait ça.
> Elle dit que tant m'aimerait
> Comme son père aimer devrait.
> Que lui dois-je plus demander ?

Décidé par cette réflexion, Léir partit incontinent pour la France et gagna le port de Calais d'où il dépêcha un messager à Cordéille pour lui faire part de son dénûment. Tout émue, la bonne reine fit porter secrètement à son père des vêtements royaux, et, dès qu'il fut bien lavé et bien paré, elle l'envoya querir par une escorte de quarante chevaliers. C'est dans ce pompeux appareil que le roi détrôné fit son entrée à la cour de France. Son gendre, Aganippus, le reçut fort courtoisement et lui offrit une armée pour reconquérir ses États. On s'imagine avec quel empressement Léir accepta cette proposition généreuse. Dès que l'expédition fut prête, il en prit le commandement, repassa la mer, accompagné de sa fille, et débarqua heureusement en Grande-Bretagne. En vain ses gendres voulurent s'opposer à ses progrès. Il leur livra bataille, les défit et reprit possession de son royaume qu'il gouverna paisiblement jusqu'à sa mort. On ne sait ce que devinrent les méchantes princesses Gornorille et Ragaü. Quant à Cordéille, après avoir enseveli son père dans la crypte du temple de Janus à Leicester, elle lui succéda sur le trône ; mais, après qu'elle eut régné cinq ans, les fils de ses sœurs s'insurgèrent contre elle et la firent prisonnière. Devenue folle de douleur, la pauvre reine finit par s'occire dans son cachot.

> Margan et Cinedagius
> A la fin Cordéille prirent,
> Et en une chartre la mirent,
> N'en voulurent avoir rançon,
> Mais la tinrent en prison,
> Qu'elle s'occit en la geôle
> De marriment, si fit que folle.

Telle était, dans ses péripéties principales, cette légende du roi Léir et de ses filles que la tradition galloise venait de léguer à la jeune poésie française. Transportée bientôt avec toute la chronique armoricaine de l'épopée normande dans l'épopée anglo-saxonne, répétée d'âge en âge par les bardes du Nord, — au treizième siècle par Layamon et par Robert de Glocester, au quatorzième par Pierre de Langtoft et par Robert Manning, au quinzième par sir John de Mandeville, au seizième par Sackville et par Spencer, — cette légende vénérable avait acquis au temps d'Élisabeth toute l'autorité d'un fait historique. A cette époque, les aventures fabuleuses du fils de Baldud n'étaient pas plus contestées par la foi publique que les malheurs de Richard II ou les crimes de Richard III. Bien audacieux eût été le sceptique qui eût douté que les Tudors fussent les successeurs directs d'un petit-fils d'Énée. Nier que la Reine

Vierge fût sur le trône la légitime héritière de Cordélia, c'eût été plus qu'un crime de lèse-majesté, c'eût été un crime de lèse-vérité. La science même consacrait, par son adhésion, le mythe que lui imposait une crédulité séculaire. L'historien le plus compétent et le plus renommé de l'époque, Holinshed, n'hésitait pas à insérer la fable galloise en tête de ses annales et affirmait gravement, après avoir compulsé les dates, que Léir était monté sur le trône de la Bretagne en l'an du monde 3105, au temps où Joas régnait en Juda : « *Leir, the son of Baldud, was admitted ruler over the Britains in the year of the vorld* 3105, *at what time Joas reigned as yet in Juda.* » Comment ne pas croire à une déclaration si formelle ?

Aussi était-ce bien comme drame *historique* que, vers l'an 1594 un auteur anonyme avait fait jouer, sur la scène anglaise, une pièce dont les aventures du fils de Baldud formaient le sujet. Cette pièce, imprimée en 1605 sous ce titre : *The true chronicle history of king Leir and his three daugthers*[1], était en effet une reproduction assez exacte de la chronique récemment transcrite par Holinshed. On y retrouvait, développés en scènes naïves, tous les incidents traditionnels : l'interrogatoire auquel le roi *Léir* soumet ses trois filles ; le partage qu'il fait de son royaume en faveur des deux aînées et au détriment de la cadette ; le mariage de *Cordella* avec le roi de Gaule ; l'ingratitude de *Gonoril* et de *Ragan* envers leur père ; la fuite de Léir en France, sa réconciliation avec Cordella, et enfin l'heureux dénoûment qui le replace sur le trône, après l'éclatante défaite de ses gendres, les rois de Cornouailles et de Cambrie. L'auteur modeste n'avait ajouté au personnel légendaire que trois caractères subalternes, — un confident, Montfort, attaché au roi de Gaule et chargé d'égayer la

---

[1] Voir aux notes les extraits de cette œuvre curieuse, traduite en français pour la première fois.

foule par des plaisanteries de carrefour, un autre confident, tout dévoué au roi Léir, Périllus, qui ébauche grossièrement la noble figure de Kent, et enfin une espèce de bravo sans nom, qui, par sa criminelle complaisance envers les filles aînées du vieux roi, esquisse vaguement la magistrale infamie d'Oswald. — Quant à l'action proprement dite, l'auteur avait suivi le scénario traditionnel, en se bornant à y intercaler trois épisodes secondaires. Tout d'abord, il avait ménagé entre Cordella et le roi de Gaule une entrevue amoureuse, où l'auguste prétendant, déguisé en pèlerin, séduit par ses charmes personnels le cœur de la jeune princesse. Ensuite, il avait imaginé une scène fort tragique, où le roi Léir désarme, par un sermon sur l'enfer, le spadassin que ses filles ont payé pour l'assassiner. Enfin, coup de théâtre suprême! pour amener la reconnaissance finale entre Cordella et son père, il avait prêté au roi de Gaule et à sa femme la fantaisie d'un pique-nique au bord de la mer, en sorte que les deux époux fussent amenés tout naturellement à mettre le couvert sur la plage même où devait débarquer le monarque banni. C'est à l'aide de ces beaux ressorts que le Gringoire anglais avait cru assurer la marche et la vogue de sa sotie ; et le fait est que cet ouvrage naïf figurait depuis de longues années dans le répertoire anglais, quand tout à coup lui survint un formidable concurrent.

Le 26 décembre 1606, le soir de la Saint-Étienne, les comédiens du roi donnaient une représentation extraordinaire au palais de White-Hall, et jouaient devant Sa Majesté une pièce nouvelle de maître William Shakespeare, intitulée *Le roi Léar.*

Certes c'est une date mémorable dans les fastes de l'art que cette soirée du 26 décembre 1606, où le grand tragédien Burbage créa devant la cour d'Angleterre le rôle du roi Lear. Quel critique nous rendra compte de cette soirée perdue? Qui nous décrira la salle de spectacle? qui nous révélera les secrets de la coulisse? qui nous dira et la distribution des rôles et le jeu des acteurs et les émotions de l'auditoire? qui nous nommera les spectateurs privilégiés qui eurent l'honneur d'assister à la révélation du chef-d'œuvre? Hélas! les détails manquent; l'histoire, qui nous conte tant de choses inutiles, reste désespérément muette sur toutes ces questions palpitantes. Tout ce que nous savons, c'est qu'un nouveau règne venait de donner à Shakespeare un public tout nouveau. Parmi ceux qui assistaient, en août 1602, à la représentation d'*Othello* dans le château de Harefield, bien peu sans doute ont dû voir jouer le *Roi Lear*, en 1606, au palais de Whitehall. Dans l'intervalle de ces deux événements, la reine Élisabeth était morte, et le fils de Marie Stuart, son successeur, avait transporté à Windsor la cour d'Holyrood. Les familiers de la feue reine avaient été congédiés. A l'exception du secrétaire d'État Cécil, créé marquis de Salisbury, les favoris du dernier régime avaient perdu faveur, tandis que les disgraciés rentraient en grâce. Raleigh, le rival d'Essex, avait remplacé à la Tour, Southampton, le confident d'Essex. Il est donc permis de croire que le noble Henri Wriotesley, récemment élargi, figurait dans le parterre princier réuni à Whitehall, et que William eut cette fois le bonheur d'être applaudi par l'ami généreux à qui il avait dédié tous bas ses *Sonnets*. Ce qui est certain, c'est que Jacques Ier était là, entouré de sa jeune famille. Quel effet produisit sur sa majesté la nouvelle œuvre du maître? Je me figure que le grave fondateur de la papauté anglicane dut assister à cette solennité avec l'attitude hautaine d'un souverain omnipotent. Je crois voir d'ici le sourire légèrement dédaigneux par lequel Jacques devait accueillir de temps à autre les fantaisies dramatiques de l'histrion-poëte. Et pourtant quelle n'eût pas été son émotion, s'il avait pu se douter, ce soir-là, que le rideau écarté devant lui par le machiniste était le voile même de l'avenir qui se déchirait sous ses yeux ! Combien n'eût-il pas été troublé, s'il avait pu soupçonner que le génie du poëte évoquait à sa vue, dans une sorte d'incantation tragique, les malheurs futurs de sa dynastie ! Quelle n'eût pas été sa stupeur, si une juste prescience lui avait appris que ce drame fictif était l'image du drame réel qui devait avoir pour dénoûment la chute des Stuarts, et qu'avant la fin du siècle sa propre race donnerait au monde le spectacle de ces discordes domestiques dont le développement scénique le laissait peut-être impassible ! Ah ! de quel effroi, de quelle épouvante n'eût-il pas été saisi, s'il avait pu pressentir dans ces perfidies imaginaires les trahisons historiques, s'il avait pu deviner dans Cornouailles Guillaume d'Orange, dans Goneril la princesse Marie, et la princesse Anne dans Régane ! Avec quelle inexprimable compassion n'eût-il pas regardé le vieux Lear s'arrachant les cheveux dans la tempête, s'il avait pu reconnaître sous la perruque blanche de ce roi de théâtre l'ombre douloureuse de son petit-fils Jacques II !

Pour nous qui, initiés à tous les détails de la révolution de 1688, connaissons les choses ignorées par le premier des Stuarts, l'œuvre du poëte a pris le caractère sacré d'une prophétie accomplie ; et nous ne pouvons nous empêcher de considérer avec un recueillement religieux ce drame unique dans lequel Shakespeare a, par une merveilleuse intuition, révélé le secret de Dieu[1]. La toile se lève. Attention.

Le décor de la première scène nous montre le palais du roi Lear. Dans cette somptueuse demeure, le roi est environné de toutes les pompes terrestres : autour de lui le luxe, la richesse, la magnificence, la splendeur. L'or

---

[1] Un trait qui complète la ressemblance entre le drame et l'histoire, c'est que Lear est, comme Jacques II, soutenu par une armée *française*, et définitivement battu par son gendre. Et, chose remarquable, le poëte a adopté cette conclusion fatale contrairement à la légende.

couvre les lambris, tapisse les murailles et circule en tous sens sur les livrées mêmes des valets. Le potentat vit là, au milieu des perpétuels enchantements qui font illusion à la toute-puissance. Pas une bouche qui ne lui sourie, pas une tête qui ne s'incline sur son passage. Il a pour pages les premiers-nés de la noblesse, pour écuyers des barons et des comtes, pour chambellans des princes. Les plus grands seigneurs mettent leur fierté à le servir à genoux. Les plus puissants se disputent sa protection, et c'est une question parmi les courtisans de savoir s'il est plus favorable au duc d'Albany qu'au duc de Cornouailles.

Dans l'atmosphère viciée des cours, quel esprit, si pur qu'il fût, ne finirait par se corrompre? Encensé dès son enfance par un peuple prosterné, le roi n'a pu résister à cette influence délétère. De même que l'aristocratie a flétri l'âme de Coriolan, de même la monarchie a flétri l'âme de Lear. L'adulation a étouffé en lui les germes les meilleurs. Par un continuel acquiescement, elle a habitué le roi à ne jamais être contredit et elle a changé en impatience sa vivacité native. Elle l'a accoutumé à tout rapporter à lui, et elle a rendu personnelle sa générosité même. Systématiquement elle lui a caché toutes les misères de ce monde, et, par là, elle a desséché son cœur en y tarissant la source divine des larmes. — Élevé dans une incessante apothéose, Lear ne connaît pas les saines douleurs de la vie, il ignore les douces expansions de la sympathie et les ineffables débordements de la pitié. Infortuné à qui toujours tout a ri! Malheureux qui n'a jamais pleuré! — La nature avait créé un être bon, bienveillant, tendre, sensible, aimant, ouvert à toutes les tendresses; mais la royauté a pris cet être au berceau, elle l'a allaité de vanité, elle l'a nourri de mensonge, et elle en a fait un tyran. Développé par la fatale institutrice, l'égoïsme a envahi cette âme généreuse et y a terni la plus désintéressée des affections humaines, la paternité. L'autorité du roi a perverti l'autorité du père.

Les filles de Lear ne sont pour lui que les premières de ses sujettes. Elles doivent lui appartenir corps et âme ; il faut qu'elles concentrent sur lui toutes leurs prédilections et qu'elles fassent leur bonheur du sien. Cette exigence autocratique se manifeste dans la décision même que Lear vient de prendre. Lear veut abdiquer, et son abdication est un acte suprême de despotisme. — Le roi est devenu vieux ; il s'ennuie du pouvoir. Le sceptre d'or qu'il porte depuis tant d'années a lassé son bras. Il a résolu de « sous- » traire sa vieillesse aux soins et aux affaires pour en » charger de plus jeunes fronts, tandis qu'il se traînera » sans encombre vers la mort. » Avec une royale assurance, Lear décrète son propre avenir et signifie cet arrêt aux dieux mêmes. Vous l'entendez, il déclare qu'il veut finir ses jours *sans encombre,* comme si les événements aussi étaient ses ministres ! Donc, ayant trois filles, il s'est déterminé, par un brusque caprice, à diviser son royaume en trois parts et à donner la plus belle de ces parts à celle de ses trois filles qui l'aime le plus. Peu lui importe le sort des nations qu'il jette ainsi pour hochets à ses enfants. Le dévouement au prince tient lieu de tout mérite. La plus digne de gouverner le peuple sera celle qui aura témoigné le plus d'attachement au roi. Et comment Lear saura-t-il laquelle de ses filles l'aime le plus ? En les interrogeant. Ce n'est pas en actions que leur amour devra se manifester, c'est en paroles. Ce n'est pas le fait qui décidera, c'est l'apparence. Le roi jugera à l'ampleur de l'expression l'intensité du sentiment. Qu'importe si les protestations sont creuses, pourvu qu'elles soient sonores ? Lear lui-même invite ses filles à l'adulation : il décernera le prix de la tendresse à la plus verbeuse. Par une dégradation sacrilége, il fait de la piété filiale une flatterie.

En offrant ainsi la couronne au mensonge, Lear a d'avance exclu la sincérité du concours. Un cœur vraiment pur et noble devra résister à cette séduction d'un trône offert pour une parole. Au contraire, les âmes faibles et vicieuses ne pourront manquer de succomber à la tentation. Aussi qu'arrive-t-il? — Pour obtenir la splendide récompense, Goneril et Régane n'hésitent pas à désavouer leur conscience ; elles épuisent, pour flagorner le roi, tous les artifices du langage ; elles ont recours aux plus fastidieuses hyperboles ; elles rivalisent de fausseté et d'imposture. L'une prétend qu'elle aime son père plus que la vie, l'espace et la liberté, non moins que la vie avec la grâce, la beauté et l'honneur. L'autre affirme qu'elle est faite du même métal que sa sœur et qu'elle ne trouve de félicité que dans l'amour du roi. Enchanté de ces réponses qui résonnent à son oreille comme la plus douce musique, Lear se tourne vers la cadette : « A votre tour, ô notre joie, la dernière, mais non la moins chère ! que pouvez-vous dire pour obtenir une part plus opulente que celle de vos sœurs ? »

C'est par cette sommation directe que Cordélia est invitée à tirer profit de son affection. Il faut qu'elle trafique de ce sentiment si pur qu'elle recèle en elle-même, et qu'elle fasse marchandise d'une émotion qui doit toute sa noblesse au désintéressement. Il faut qu'elle prostitue son amour filial à une sordide ambition, et qu'en échange d'une tendresse divine elle prenne ce diadème de clinquant. Ah ! Cordélia estime trop haut son titre de fille pour consentir à un pareil troc : elle rejette comme indigne l'appât que son père lui tend. Le roi lui demande ce qu'elle peut dire pour obtenir une part plus opulente que ses sœurs.

—Rien, monseigneur.
— Rien ?

— Rien !

— De rien ne peut rien venir. Parlez encore.

— Malheureuse que je suis, je ne puis soulever mon cœur jusqu'à mes lèvres. J'aime Votre Majesté comme je le dois : ni plus ni moins.

— Allons, allons, Cordélia, réformez un peu votre réponse, de peur qu'elle ne nuise à votre fortune.

— Mon bon seigneur, vous m'avez mise au monde, vous m'avez élevée, vous m'avez aimée. Moi, je vous rends en retour les devoirs auxquels je suis tenue. Je vous obéis, vous aime et vous vénère. Pourquoi mes sœurs ont-elles des maris, si, comme elles le disent, elles n'aiment que vous ? Peut-être, au jour de mes noces, l'époux dont la main recevra ma foi emportera-t-il avec lui une moitié de mon dévouement. Assurément, je ne me marierai pas, comme mes sœurs, pour n'aimer que mon père.

— Mais parles-tu du fond du cœur ?

— Oui, mon bon seigneur.

— Si jeune et si peu tendre !

— Si jeune, monseigneur, et si sincère !

La noble obstination montrée par Cordélia a une conséquence inévitable. L'autocrate habitué au pouvoir absolu ne peut laisser impunie cette stoïque résistance de la piété filiale. Ne pouvant suborner son enfant, il la déshérite et il la repousse de lui, en lui jetant ces paroles qu'il prend, l'insensé ! pour une malédiction : « Que ta sincérité soit ta dot ! »

« Be thy truth thy dower ! »

Puis il partage entre les deux aînées le domaine qu'a dédaigné Cordélia. Vainement un serviteur fidèle du roi, le comte de Kent, le conjure de révoquer cette sentence hâtive, en déclarant que « l'honneur est obligé à la franchise, quand la majesté cède à la flatterie. » Le prince omnipotent n'admet pas la remontrance, même la plus respectueuse ; il ne veut pas de conseiller, il ne prend avis que de sa fantaisie. D'un ton bref, il impose silence à cet audacieux dévouement : « Assez, Kent ! sur ta vie, assez ! » Mais aucune menace ne saurait intimider une honnêteté si vaillante : « Révoque ta donation, réplique le comte, ou, tant que je pourrai arracher un cri de ma gorge, je te dirai que tu as mal fait. » C'en est trop. La colère royale éclate. Coupable de franchise comme Cordélia, Kent doit être disgracié comme elle ; il a mérité d'être banni d'une cour où triomphe le mensonge. Chassé par le despote, il va expier dans l'exil la félonie de sa loyauté.

Ainsi, cédant à la logique même de la tyrannie, Lear a éloigné de lui ses vrais amis et s'est livré sans défense à ses ennemis. Cordélia n'a plus qu'à se réfugier en France où un prince chevaleresque offre un trône à sa vertu méconnue. Le comte de Kent doit également disparaître, et, s'il veut encore servir son vieux maître, il lui faudra cacher sous un humble déguisement un zèle désormais impuissant. En déshéritant le dévouement, Lear a légué tout son pouvoir à la perfidie. Égaré par l'adulation, il a abdiqué fatalement entre les mains de la trahison.

Telle est cette première scène qui est comme le prologue du drame. Quand nous revoyons Lear, il est pensionnaire chez sa fille aînée, récemment mariée au pusillanime duc d'Albany. Le roi s'amuse. Annoncé par des fanfares joyeuses, il revient de la chasse avec son cortége de cent chevaliers. Au ton gaîment impérieux dont il commande son dîner, on voit bien qu'il se croit toujours le maître. Il agit chez Goneril comme chez lui. Pour prouver qu'il tient toujours les cordons de la bourse, le voilà même qui attache à sa personne un serviteur nouveau, et il ne se doute pas que ce Caïus, dont il s'est si vite engoué, n'est autre que le loyal comte de Kent, naguère banni par lui. — Sur ces entrefaites, Oswald, l'intendant du château, traverse la salle. Le roi l'avise et lui demande où est sa fille. Oswald passe son chemin sans répondre. « Rappelez ce maroufle, » dit Lear à un de ses chevaliers. Bientôt l'intendant revient. Le roi interpelle cet impertinent : « Maraud ! Chien ! Engeance de p.... ! » — « Je ne suis rien de tout cela, » répond Oswald. La patience échappe au roi : il porte la main sur l'intendant. Kent intervient et d'un coup de pied pousse l'homme dehors. — Enfin voici Goneril. A sa mine contractée, il est facile de reconnaître que la duchesse d'Albany est en colère. Sans doute, offensée de l'affront que vient de recevoir son père, elle aura chassé Oswald et elle vient annoncer que justice est faite. Mais non, ce n'est pas contre son intendant que Goneril est irritée, c'est contre les serviteurs du roi ! Elle déclare qu'il est temps de mettre un terme aux insolences de la suite de Lear. Jusqu'ici elle avait espéré que le roi réformerait lui-même ses gens ; mais cet espoir a été déçu, et la princesse va prendre elle-même des mesures. Jugez de l'étonnement du vieillard en entendant ces paroles inusitées. A cet accent si brusque et si rauque, comment reconnaître la voix mélodieuse qui l'avait ravi jusqu'alors ?

— Êtes-vous notre fille ? murmure-t-il.

— Allons, monsieur, je voudrais que vous fissiez usage du bon sens dont je vous sais pourvu.

Après cette réplique, l'étonnement du roi devient de la stupeur ; ce n'est plus de sa fille qu'il doute, c'est de lui-même.

— Quelqu'un me reconnaît-il ici ? Bah ! ce n'est point Lear !.. Est-ce ainsi que Lear marche ? ainsi qu'il parle ? Où sont ses yeux ?... Lui éveillé ! Cela n'est pas... Qui donc peut me dire qui je suis ? votre nom, belle dame ?

Pour toute réponse, Goneril invite son père à sortir d'un ridicule ébahissement et lui signifie sèchement que, s'il veut continuer à résider chez elle, il gardera seulement la moitié de sa suite.

— Ténèbres et enfers ! s'écrie le roi, qu'on selle mes chevaux ! qu'on rassemble ma suite ! Dégénérée bâtarde, je ne te troublerai plus. Il me reste une fille, une fille qui, j'en suis sûre, est bonne et secourable. Quand elle saura ceci de toi, elle déchirera ton visage de louve... Tu le verras, je reprendrai cet appareil que tu crois pour toujours dépouillé par moi ; tu le verras, je t'en réponds !...

Et le roi furieux va crier vengeance chez Régane. Mais à peine a-t-il franchi la porte du château d'Albany que de sinistres pressentiments l'assiégent : si Régane allait le trahir comme Goneril ! Son fou, qui l'accompagne, semble vouloir le préparer par ses railleries à cette seconde désillusion : « Tu verras, mon oncle, que ton autre enfant te traitera aussi filialement que la première ; car elle ressemble à sa sœur comme une pomme sauvage à une pomme. » Lear affecte de rire de cette mauvaise plaisanterie ; mais au fond il est inquiet. Absorbé par une sombre rêverie, il n'écoute plus que d'une oreille distraite les coq-à-l'âne de son compagnon. Des paroles mystérieuses lui échappent : *J'ai eu tort envers elle*, murmure-t-il. Vous devinez de qui il s'agit. Lear songe à Cordélia, mais sans oser la nommer. La déception que lui a fait éprouver Goneril a ébranlé sa confiance en lui-même. S'il a pu se tromper si grossièrement sur le compte de l'aînée, il a bien pu se méprendre sur le compte de la cadette. La leçon a porté fruit. Cet homme qui naguère n'admettait pas une contradiction et s'imaginait être au-dessus de l'erreur, a cessé de se croire impeccable. Aveu significatif ! Pour la première fois, le roi se repent : il confesse qu'il a eu tort.

Hanté par ce remords tardif, Lear arrive au château de Glocester où Régane et Cornouailles ont transporté tout à coup leur résidence. Dans la cour même du château, un spectacle néfaste attire ses regards : il aperçoit un homme mis aux ceps ; il s'approche de l'ignoble sellette et reconnaît son propre courrier, Caïus, qu'il avait envoyé en avant pour annoncer sa venue. C'est par ordre du duc et de la duchesse de Cornouaille que Caïus a été condamné au pilori, sous prétexte d'une querelle avec l'intendant de Goneril. Devant cet affront sanglant fait à sa majesté dans la personne de son envoyé, Lear va-t-il s'emporter ? Non. Il garde patience. Il trouve même une excuse à l'impertinente lenteur que met sa seconde fille à paraître. Quel changement dans son attitude ! quelle révolution dans ses idées ! Ailleurs il s'irritait pour rien, ici il est prêt à tout justifier. C'est qu'en effet il a prévu les conséquences d'une rupture avec Régane, et, quoi qu'il en coûte à sa dignité, il veut éviter cette rupture. S'il perd l'affection de cette seconde fille, quel sera désormais son soutien ? où sera désormais son refuge ? L'amour de Régane est son asile suprême. Du moment où cet asile lui est fermé, l'adversité commence. Aussi accueille-t-il, le sourire sur les lèvres, le duc et la duchesse. Il ne semble même pas s'apercevoir qu'il ait fait antichambre ni qu'on ait maltraité son député. Ce n'est pas à Régane qu'il adresse des reproches, c'est à Goneril :

— Bien-aimée Régane, ta sœur est une méchante. O Régane, elle a attaché ici comme un vautour sa dévorante ingratitude. Je puis à peine te parler... Tu ne saurais croire avec quelle perversité, Régane...

Mais en vain Lear veut poursuivre sa plainte. Régane lui coupe la parole pour pallier froidement les torts de sa sœur et conseiller au roi de demander pardon à Goneril. Lear discute piteusement cet injurieux conseil et expose à Régane les raisons qui l'empêchent : « Goneril a restreint sa suite, lui a jeté de sombres regards, et l'a frappé au cœur de sa langue de serpent. Que toutes les vengeances accumulées du ciel tombent sur sa tête ingrate !

— O dieux propices, interrompt Régane, vous ferez le même vœu pour moi dans un accès de colère !

— Non, Régane. Jamais tu n'auras ma malédiction. Ta nature palpitante de tendresse ne s'abandonnera pas à la dureté. Son regard est féroce, le tien ranime et ne brûle pas. Ce n'est pas toi qui voudrais lésiner sur mes plaisirs, mutiler ma suite, me lancer de brusques regards, réduire mon train. Tu connais trop bien les devoirs de la nature, les obligations de l'enfance, les règles de la courtoisie, les exigences de la gratitude. Tu n'as pas oublié cette moitié de royaume dont je t'ai dotée.

Pitoyable subterfuge ! misérable tactique opposée par le père désespéré à la menaçante réalité ! Lear a beau persuader à sa fille qu'elle n'est pas ingrate ; il a beau lui remettre en mémoire ses engagements et ses devoirs, faire appel à *sa nature palpitante de tendresse ;* il a beau invoquer un ange : c'est un démon qui lui répond. Éperdu, la sueur au front, les sanglots dans la voix, il a beau se cramponner à une derrière illusion ; il faut que cet espoir suprême lui échappe. Enfin, la vérité éclate avec la brutale clarté de l'évidence. Goneril entre et Régane lui tend la main. L'horrible pacte, secrètement conclu, est avoué publiquement. Les deux sœurs se sont liguées contre leur père.

Abandonné par sa seconde fille, le roi n'a plus d'appui ici-bas. Aussi, ce n'est plus de cette terre qu'il attend du secours. Lui qui naguère, dans son orgueil omnipotent, signifiait ses volontés aux puissances d'en haut et déchaînait contre Cordélia « toutes les influences des astres qui font exister et cesser d'être, » le voilà réduit à implorer pour lui-même l'assistance des cieux. Dans une sublime prière, il les adjure de se souvenir qu'il y a entre eux et lui la solidarité de l'âge. S'il est juste que les camarades s'entr'aident, sa vieillesse vénérable a droit à la sympathie des divinités vénérables.

— O cieux! si vous aimez les vieillards, si votre doux pouvoir encourage l'obéissance, si vous-mêmes êtes vieux, faites de cette cause la vôtre, lancez vos foudres et prenez mon parti.

Hélas! les cieux eux-mêmes renient ce compagnon. Le tonnerre, réclamé par le vieillard, va gronder tout à l'heure, mais ce n'est pas contre Régane, ce n'est pas contre Goneril, c'est contre le roi Lear!

Chassé par ses filles, Lear fuit le château de Glocester. Déjà on n'aperçoit plus à l'horizon que la silhouette de l'ingrat manoir, vaguement éclairé par les lueurs mourantes du crépuscule. Partout aux alentours la campagne est nue et désolée. Pas un arbre où s'abriter, pas même un fourré où cacher sa tête, et la nuit arrive, et l'orage approche. Le roi erre sur la bruyère, toujours accompagné de son fou. O déchéance! De ce magnifique cortége qui l'entourait hier, il ne lui reste plus que ce bouffon. Tous les courtisans chamarrés qui naguère le suivaient comme une meute, princes, comtes, barons, chambellans, marjordomes, écuyers, ont disparu. De tant de familiers qui lui avaient juré dévouement, un seul ne l'a pas quitté : c'est ce farceur en costume de Gilles et en bonnet d'âne, c'est ce pauvre enfant du peuple, ramassé dans la rue pour sa difformité comique, élevé comme un chien sous la menace du fouet, et nourri pour ses pasquinades des miettes du festin royal. — Ah! rendez hommage avec moi à la pensée généreuse du poëte. Ce drôle, placé au dernier rang de la servilité et dont la livrée même est grotesque, cet être dégradé qui n'a même plus le droit d'avoir une émotion à lui, ce souffre-douleur voué au supplice d'une incessante hilarité, Shakespeare l'a relevé de son abjection. Sous ce vil surcot il a fait battre le plus noble des cœurs. Dans cet avorton il a mis une grande âme. Ainsi transfiguré, le bouffon n'est plus le forçat du rire, il en est le héros. Cette verve obstinée qui nargue les éléments conjurés, qui oppose aux fureurs de la tempête le bruit de ses grelots et qui répond par des éclairs aux éclairs, n'est plus la bonne humeur obligée de l'appétit besoigneux, elle est la gaieté invincible d'un admirable dévouement. Elle ne reçoit plus l'aumône des rois, elle la leur fait.

La nuit est venue, une de ces nuits formidables qui « épouvantent les rôdeurs mêmes des ténèbres, » une « nuit où l'ourse aux mamelles taries reste dans son an- » tre, où le lion et le loup, mordus par la faim, tiennent » leur fourrure à l'abri. » A voir cette perturbation de la nature, on dirait que le monde physique est bouleversé comme le monde moral. Les choses semblent être en proie au même chaos que les âmes. L'ouragan, complice des filles de Lear, associe à leurs violences barbares ses violences sauvages. La pluie crache sur les cheveux blancs qu'a conspués Goneril ; la bise soufflette le front vénérable que Régane a humilié. Entendez-vous l'auguste vagabond qui jette au firmament son pardon sublime : « Ciel, gronde de toutes tes entrailles ! crache, flamme ! jaillis, pluie ! Pluie, vent, foudre, flamme, vous n'êtes point mes filles. Éléments, je ne vous accuse pas d'ingratitude. Jamais je ne vous ai donné de royaume, jamais je ne vous ai appelés mes enfants. Vous ne me devez pas obéissance ! Laissez donc tomber sur moi l'horreur à plaisir ! »

Tandis que le roi tient tête à la tempête, survient le fidèle Kent qui dissimule toujours sous la livrée de Caïus son dévouement proscrit. Kent hors d'haleine annonce qu'il a découvert une hutte aux environs et presse son maître d'aller y chercher refuge. Lear cède à ses instances, mais moins par souci de lui-même que par sollicitude pour son fou : « Viens, mon enfant, dit-il au bouffon qui grelotte. Comment es-tu, mon enfant? As-tu froid? J'ai froid moi-même... Où est ce chaume? La nécessité a l'art étrange de rendre précieuses les choses les plus viles... Voyons votre hutte... Pauvre diable de fou, j'ai une part de mon cœur qui souffre aussi pour toi! » Touchantes paroles qu'il faut recueillir avidement, car ce sont les premiers mots de pitié qui soient tombés de ces lèvres royales. — Sous l'action du malheur, l'âme de Lear se transforme et s'épure ; son cœur, endurci par l'éducation funeste du despotisme, s'attendrit enfin sous l'influence salutaire de l'adversité. Peu à peu nous voyons se dégager en lui les vertus latentes. Les qualités réelles, dont la nature l'avait doué et qu'avait comprimées si longtemps l'usage de la toute-puissance, surgissent à nos yeux ravis. L'égoïsme parasite, qui naguère dégradait son caractère, disparaît enfin pour faire place à la charité native. Ah! qui se fût attendu à une pareille métamorphose? Qui eût cru la compassion possible à l'implacable tyran que n'avaient pas ému les larmes de Cordélia? Telle est pourtant la surprise que nous a ménagée le poëte. Dans sa détresse inouïe, Lear a encore « une part de son cœur qui souffre pour ce pauvre fou. » Le roi oublie ses indicibles souffrances pour se rappeler que son bouffon souffre. Si vaste est devenue sa sensibilité que ses propres tortures ne suffisent plus à l'absorber.

Désormais il n'est pas d'infortune qui ne doive trouver un écho dans le cœur renouvelé du roi. Il n'est pas de douleur qui ne doive éveiller sa sympathie. La catastrophe qui l'a précipité du trône l'a mis en contact avec des détresses qu'il ne soupçonnait pas, et à l'avenir il aura compassion de toutes ces détresses. En apercevant la chétive hutte où Kent le conduit, il songe à la misère dont elle est le refuge. Il songe aux malheureux dont ce taudis est le palais. Il songe à tous les damnés qui depuis leur naissance agonisent dans cet enfer social où il vient d'être jeté lui-même : « O détresses sans asile!... Pauvres indigents tout nus, où que vous soyez, têtes inabritées, estomacs inassouvis, comment sous des guenilles trouées vous défendez-vous contre des temps pareils ? Oh! *j'ai pris trop peu de souci de cela...* Opulence, essaie du remède, expose-toi à souffrir ce que souffrent les misérables pour savoir ensuite leur émietter ton superflu et leur montrer des cieux plus justes. » *Mea culpa* solennel de la toute-puissance repentante! Salutaire remords infligé par le poëte à la royauté négligente! Le justicier Shakespeare condamne la monarchie déchue à faire amende honorable à l'humanité.

Cependant le fou, qui avait pénétré le premier dans la cabane, vient d'en ressortir tout effaré.

— N'entre pas là, mon oncle, il y a un esprit... A l'aide! à l'aide!

— Donne-moi ta main... qui est là?

— Un esprit!... un esprit!... Il dit qu'il s'appelle pauvre Tom.

La terreur du bouffon ne s'explique que trop. Une horrible apparition vient de surgir, derrière lui, sur le seuil de la hutte : c'est un être à demi nu, le visage barbouillé de fange, les cheveux hérissés, la mine farouche. Quel est ce personnage hideux ? Est-ce un échappé de Bedlam? Est-ce un possédé? Est-ce un démoniaque? Se peut-il qu'une créature ait été dégradée à ce point? Par quelle aventure inouïe un vivant à face humaine a-t-il pu être réduit à une telle abjection?

Écoutez cette lamentable histoire que le poëte a soudée pour jamais à la légende du roi Lear.

Le misérable que vous voyez à l'entrée de ce taudis sans nom était naguère un des heureux de ce monde. Il était né dans un berceau princier. Fils légitime du comte de Glocester et filleul du roi Lear, il avait eu la noblesse pour aïeule et la monarchie pour marraine, et, sous cette double tutelle, il semblait inaccessible à l'adversité. Mais Edgar avait dans son âme même le germe du malheur : sur une terre où la vertu est une désignation au martyre, il était venu honnête et loyal. Sa candeur l'offrait d'avance comme victime à la perfidie. — Le jeune homme avait un frère naturel qui faisait avec lui un contraste frappant. Autant Edgar était doux, scrupuleux et franc, autant Edmond était rude, dissolu et rusé. La bâtardise avait inoculé au caractère d'Edmond un virus indélébile. Enfant d'une prostituée, il avait sucé la corruption avec le lait. Une infâme éducation avait vicié sa précoce intelligence. Edmond avait été élevé dans le dédain de tout principe, dans le mépris de toute affection. Son père lui avait appris à mépriser sa mère, ne se doutant pas qu'un jour ces odieuses leçons seraient mises à profit contre lui-même, et qu'en détruisant chez son fils la piété filiale, il le provoquait au parricide. En effet, dégagé de tout scrupule moral, affranchi de tout devoir, Edmond était entré dans la vie avec cette pensée unique : jouir de la vie. Matérialiste par conviction et sensuel par tempérament, il ne devait reculer devant aucun crime pour satisfaire ses convoitises. — Dès longtemps, le splendide héritage promis à son frère légitime lui avait fait envie, et, pour s'en emparer, il n'avait pas hésité à exécuter le plus monstrueux des plans. Abusant de la crédulité de son père, il avait persuadé au vieux comte qu'Edgar en voulait à ses jours, et il avait produit comme preuve une lettre habilement fabriquée. Trompé par ce faux, Glocester avait fait mettre à prix la tête de son fils aîné ; et, pour dérouter les poursuites, Edgar avait assumé les hideux dehors d'un possédé. Depuis ce moment, le jeune fugitif errait sur les routes, en proie au dernier dénûment, se nourrissant d'ordure, s'abreuvant d'ignominie, « vivant de crapauds et de lézards, dé-« vorant la bouse de vache, extorquant la charité des « pauvres fermes, tantôt par des imprécations, tantôt par « des prières. » Et c'est lui que vous venez de voir sortir, échevelé, écumant, épouvantable, de la masure où Lear allait entrer.

Comment ne pas admirer ici le génie du poëte ? Avec quel art il a su réunir sur la même scène ces deux infortunes exceptionnelles, pour les faire gémir de concert ! Avec quelle puissance de concentration il a su fondre ce double drame dans une émotion unique ! Là, sur cette bruyère désolée, devant ce bouge immonde, dans la même pénurie, après la même catastrophe, se rencontrent l'aristocratie bannie et la monarchie proscrite. La sympathie du malheur attire au même instant sous nos yeux ces deux victimes de la révolte contre nature, cet adolescent et ce vieillard, — l'un, le fils maudit par son père ; l'autre, le père chassé par ses filles.

Hélas ! une dernière disgrâce doit atteindre le roi Lear. L'apparition d'Edgar est comme la secousse suprême infligée à la raison chancelante de l'auguste banni. En apercevant ce forcené, le vieillard succombe à l'hypocondrie contre laquelle il se débattait depuis longtemps. Par un contre-coup fatal, le délire fictif d'Edgar provoque la démence trop réelle de Lear ; la frénésie passe subitement des gestes et des paroles de l'un aux idées de l'autre.

Edgar. — Arrière ! le noir démon me poursuit ! A travers l'aubépine hérissée souffle le vent glacial.

Lear. — Tu as donc tout donné à tes filles, que tu en es venu là !...

Le fou. — Nenni, il s'est réservé une couverture,

autrement toutes nos pudeurs auraient été choquées.

Lear. —Rien n'a pu ravaler une créature à une telle abjection, si ce n'est l'ingratitude de ses filles. Est-ce donc la mode que les pères reniés obtiennent si peu de pitié de leur propre chair ?

Edgar. — Pillicock était assis sur le mont Pillicock... Halloo ! Halloo ! loo ! loo !

Étonnant dialogue, où les plaisanteries comiques répondent aux plaintes tragiques, où les railleries du bouffon se croisent avec les hurlements du démoniaque et les lamentations de l'insensé! De toutes les scènes jamais risquées au théâtre, certes voilà bien la plus audacieuse. Et ne croyez pas que cette audace soit la hardiesse involontaire du poëte inspiré. C'est par une préméditation profonde que Shakespeare s'est écarté de la légende pour nous donner ce spectacle extraordinaire.

Rendez-vous compte de ce qu'a osé le poëte. A une époque où les nations, croyant au droit supérieur des princes, étaient prosternées devant la monarchie et se laissaient régir aveuglément par elle, quelle témérité ne fallait-il pas pour leur montrer un roi en démence ! Eh quoi ! cette raison souveraine, — émanation directe de la sagesse divine, — que les peuples regardaient comme leur providence, voilà ce qu'elle peut devenir ! Cet esprit infaillible qui prétendait fixer nos destinées par des arrêts irresponsables, voilà à quelle abjection il peut être réduit! Il est donc sujet à toutes les faiblesses, à toutes les infirmités, à toutes les maladies morales. Le délire peut l'égarer un jour, la folie peut l'aliéner à jamais. Quelle révélation inattendue ! Quel démenti donné à la superstition universelle ! — Si hardie était l'hérésie avancée par Shakespeare que, deux siècles plus tard, à la veille de la révolution française, elle faisait frémir ses moins timides interprètes : *J'ai tremblé plus d'une fois,* avouait Ducis, *en essayant de traduire le Roi Lear, à l'idée de faire paraître sur la scène française un roi dont la raison est aliénée.* » En effet, la tragédie classique, dont les règles retenaient l'auteur d'*Abufar*, avait mis sa poétique en harmonie avec l'autorité monarchique ; elle interdisait, au nom du goût, tout ce qui pouvait porter atteinte à la majesté des rois : elle niait que la déraison pût frapper les têtes couronnées et défendait de croire que les Héliogabale et les Charles VI eussent jamais existé. Voilà pourquoi le bon Ducis reculait avec un tel effroi devant la pensée de transporter un roi fou sur la scène de Voltaire et de Racine. Le poëte anglais avait, en vérité, outrageusement violé toutes les conventions orthodoxes. Ne relevant que de la nature et de son génie, il n'avait pas hésité à montrer la fragilité humaine jusque sous le manteau impérial. Avec une outrecuidance superbe, il avait frappé le sceptre de caducité et fait monter jusqu'au trône la démence vertigineuse.

Après cette scène incomparable qui est comme le point central du drame, l'action se bifurque : les deux tragédies domestiques qui s'étaient jointes un instant dans l'entrevue du père banni et du fils proscrit se séparent de nouveau et reprennent leur cours parallèle. Mais la duplicité de l'action n'altère en rien l'unité de l'œuvre. Si les incidents diffèrent, l'idée reste identique. La même destinée qui a causé le malheur de Lear va causer le malheur de Glocester[1].

Le comte a commis la même méprise que le roi. Égaré comme celui-ci par un mensonge, il a sacrifié l'enfant légitime à l'enfant bâtard, il a déshérité le juste au profit de l'injuste, et il n'a trouvé que la perfidie là où il comptait trouver le dévouement. Glocester est trahi par Edmond,

---

[1] L'aventure de Glocester et de ses deux fils paraît avoir été empruntée à un épisode de l'*Arcadie*, de Sidney, que le lecteur trouvera traduit pour la première fois, à l'Appendice de ce volume.

comme Lear par Goneril et par Régane. L'analogie de la faute produit nécessairement l'analogie de la peine. De même que celui-ci a été puni de sa méprise par l'aveuglement moral, de même celui-là expie la sienne par l'aveuglement physique. L'erreur primitive s'épaissit autour des coupables, comme un crépuscule sinistre, les enveloppe peu à peu de son ombre et finit par les jeter dans les ténèbres. La perception exacte du monde réel est interdite aux deux condamnés. La lumière, naguère reniée par eux, se voile pour eux ; et il faudra que désormais ils cherchent leur chemin à tâtons, l'un dans la nuit du délire, l'autre dans la nuit de la cécité.

Alors, mais alors seulement, le poëte appelle à leur aide les deux dévouements qu'ils avaient méconnus. Edgar arrive au moment où Glocester, les yeux crevés, vient d'être chassé de son propre château par ordre du duc de Cornouailles ; il se fait le guide de son père, le sauve du suicide par une ruse salutaire, et le préserve d'un assassinat, en assommant Oswald. Mais tous ces pieux efforts ne sauraient prévaloir contre un destin inévitable. Edgar cède enfin à l'envie trop légitime de se faire reconnaître par son père. Hélas ! le vieillard ne peut supporter cette émotion suprême. La joie elle-même se ligue avec la douleur pour achever une existence épuisée, et Glocester meurt en bénissant son fils.

De son côté, Cordélia, informée par Kent de la détresse du roi Lear, est accourue de France pour le secourir et a débarqué à Douvres à la tête d'une armée française. L'auguste aliéné a été heureusement transporté au milieu de ces troupes chevaleresques, et le voilà qui dort sur un lit de camp, dans la tente royale. Cordélia, debout à son chevet, interroge à voix basse un médecin. L'homme de l'art exprime l'espoir que le sommeil aura rétabli le calme dans l'esprit du malade. La reine de France supplie les dieux de ne pas démentir cet espoir et attend, agenouillée, le moment du réveil. Une musique douce prélude par ses accords à cet instant décisif. Enfin le vieillard ouvre les yeux.

— Parlez-lui, madame, dit vite le médecin.

Cordélia se penche sur son père.

— Me reconnaissez-vous, sire ?

— Vous êtes un esprit, je le sais. Quand êtes-vous morte ?

— Toujours, toujours égaré, murmure la reine avec un geste d'angoisse.

— Il est à peine éveillé, observe gravement le docteur. Laissons-le seul un moment.

Tous s'écartent du lit, épiant avec une inexprimable anxiété les paroles qui vont échapper au malade :

— Où ai-je été ? où suis-je ? Le beau jour ! Je ne jurerais pas que ce soient là mes mains... Voyons. Je sens cette épingle me piquer... Que je voudrais être sûr de mon état !

— Oh ! regardez-moi, sire, s'écrie la reine en s'avançant, et étendez les mains sur moi pour me bénir.

Devant cette angélique vision, Lear veut se mettre à genoux : Mais Cordélia le retient[1].

— Non, sire, ce n'est pas à vous de vous agenouiller.

— Grâce, ne vous moquez pas de moi... Je suis un pauvre vieux radoteur de quatre-vingts ans... A parler franchement, je crains de n'être pas dans ma parfaite raison... Il me semble que je dois vous connaître et connaître cet homme... Pourtant je suis dans le doute, car j'ignore absolument quel est ce lieu. Je ne sais même pas où j'ai logé la nuit dernière... Ne riez pas de moi ; car, aussi vrai que je suis homme, je crois que cette dame est mon enfant Cordélia !

---

[1] Ce jeu de scène si pathétique se retrouve dans *Coriolan* à un moment également solennel. Là, la mère veut s'agenouiller devant son fils, comme ici le père devant sa fille. La même émotion se traduit dans les deux drames par le même geste.

Plus de doute ! Lear revient à lui ; il recouvre peu à peu toutes les facultés qui font l'essence de l'âme, la perception, le raisonnement, la mémoire, la conscience ; il reprend possession de son *moi* perdu, et déjà la démence ne laisse plus dans son esprit que le vague ébranlement d'un lointain cauchemar. Réveil ineffable ! la lumière et Cordélia rayonnent au chevet du convalescent. Voilà bien le jour, et voilà bien sa fille ! C'est bien sa fille qu'il embrasse ! C'est bien sa fille qu'il bénit ! Ce sont bien les larmes de sa fille qui mouillent sa barbe blanche ! Cordélia pleure, mais c'est de joie. Quelle joie pour elle, en effet, d'avoir retrouvé son vieux père ! Quelle ivresse ! quel ravissement ! Dans son extase, Cordélia a déjà formé tout un plan de bonheur : elle se voit assise aux pieds de son père, sur les marches du trône reconquis ; elle voit le roi Lear de nouveau maître de ses États, régnant, gouvernant, vénéré et obéi par un peuple à genoux ; elle voit son amour triomphant. Elle a foi dans la providence des dieux propices : aujourd'hui ils ont rendu la raison au roi, demain ils lui rendront bien la couronne. Demain, grâce à leur tout-puissant appui, les mercenaires du mal seront mis en déroute par les soldats du bien. Demain la chevaleresque armée française battra les bandes infâmes que payent Goneril et Régane, les filles parricides. Il est impossible que le ciel prenne contre la vertu le parti du crime.

Ainsi raisonne Cordélia, mais sa candeur la trompe. Sur cette terre d'iniquités, le succès n'est pas aux bonnes causes. Quand le sort se prononce, c'est toujours contre la justice. Au jour de la lutte décisive, les paladins de la piété filiale doivent être écrasés par les hordes de l'impiété. L'élite qui seconde Cordélia était vaincue d'avance : elle arrive sur le champ de bataille, mais pour le couvrir de cadavres... Entendez-vous ces bouches de bronze ? Elles annoncent l'approche du parricide Edmond qui passe triomphalement sur la scène sanglante. Derrière lui, entre deux haies de bandits, Lear et sa fille marchent enchaînés. Cordélia a déjà la voix presque divine du martyre :

— Vois-tu, dit-elle au vieillard, nous ne sommes pas les premiers qui, avec la meilleure intention, aient encouru malheur. C'est pour toi, roi opprimé, que je m'afflige : seule j'affronterais aisément les affronts du destin. Est-ce que nous ne verrons pas ces filles et ces sœurs?

— Non, non, non, non! Viens, allons en prison : tous deux ensemble nous chanterons comme des oiseaux en cage. Quand tu me demanderas ma bénédiction, je me mettrai à genoux et je te demanderai pardon. Ainsi nous passerons la vie à prier et à chanter, et à conter de vieux contes, et à rire aux papillons dorés!...

Un homme à mine sinistre accompagne jusqu'à leur prison le vieux roi et sa fille. Que vont devenir les captifs? Les chefs de l'armée victorieuse ne sont pas d'accord : Edmond veut se défaire d'eux, mais le duc d'Albany veut les sauver. Qui l'emportera des deux capitaines? Les événements que le poëte accumule sous nos yeux prolongent notre anxiété. — Le duc, prévenu par un avertissement mystérieux, fait arrêter Edmond qui, complice de la duchesse, sa femme, méditait de l'assassiner. Goneril, ainsi démasquée, se poignarde après avoir empoisonné Régane, sa rivale. Edmond, amant incestueux des deux sœurs, est provoqué en duel et frappé à mort par son frère Edgar. Mais, avant d'expirer, le bâtard repentant révèle qu'il a donné l'ordre d'égorger les captifs. Sur-le-champ un contre-ordre est envoyé. Arrivera-t-il à temps?

Hélas! Reconnaissez-vous cette voix désespérée qui retentit au fond du théâtre? C'est bien celle du roi Lear. Le vieillard accourt portant dans ses bras Cordélia étranglée.

— Hurlez! hurlez! hurlez!... Oh! vous êtes des hommes de pierre. Si j'avais vos langues et vos yeux, je m'en servirais à faire craquer la voûte du ciel… Elle est partie pour toujours. Je sais quand on est mort et quand on est vivant…. Elle est morte comme la terre…. Non, non, plus de vie. Pourquoi un chien, un cheval, un rat ont-ils la vie, quand tu n'as plus même le souffle ! Tu ne reviendras plus. Jamais ! jamais ! jamais ! jamais ! jamais !… Je vous en prie, défaites-moi ce bouton. Merci, monsieur… Voyez-vous ceci ? Regardez-la, regardez ! ses lèvres ! regardez-la ! regardez-la !

Et le père meurt en étreignant le cadavre de sa fille.

Chose étrange, que cette conclusion fatale, nécessaire, sublime, par laquelle le poëte a achevé son œuvre, ait soulevé contre lui tant de récriminations ! Mistress Lenox a accusé Shakespeare d'avoir altéré à tort la vérité *historique*. Jonhson l'a blâmé formellement d'avoir « fait périr la vertu dans une juste cause, contrairement aux idées naturelles de justice, à l'espérance du lecteur, et, ce qui est encore plus singulier, à la foi des chroniques. » Garrick, Garrick lui-même, a consacré ces reproches en substituant, sur son théâtre, au dénoûment tragique un dénoûment de comédie, improvisé par un certain Nahum Tate, lequel accordait au roi Lear et à Cordélia la victoire définitive [1]. Et le public égaré applaudissait encore, il y a peu d'années, à cette mutilation sacrilége. Heureusement, à l'honneur de l'esprit humain, des voix éloquentes se sont fait entendre pour venger le chef-d'œuvre outragé. Les protestations répétées d'Addison, de Coleridge, de Shelley et de Charles Lamb ont fini par éclairer la critique qui, toute honteuse, a demandé et obtenu que le drame fût enfin réintégré sur la scène dans sa splendeur première ; et aujourd'hui, grâce à cette résipiscence tardive, la pensée du poëte, mieux expliquée et mieux comprise, a repris son juste empire sur les émotions de la foule.

---

[1] Voir ce dénoûment aux notes.

Sachez-le bien, si Shakespeare repousse le scénario traditionnel, s'il dédaigne la conclusion de la chronique, c'est qu'il cède à l'inspiration supérieure de son génie, c'est qu'il obéit à la nécessité même du sujet. En effet, adaptez à l'œuvre du maître la terminaison légendaire, faites, comme l'a voulu Nahum Tate, que le roi Lear soit rétabli triomphalement sur le trône, et non-seulement le drame perdra la moitié de sa beauté, ainsi que l'a dit Addison, mais il perdra sa signification même. En voyant ce vieux monarque proscrit remis par une armée étrangère en possession de ses États, nous autres, spectateurs du dix-neuvième siècle, nous songerons à quelque Louis le Désiré rentrant dans sa capitale derrière les fourgons de ses alliés. Cette pièce, terminée par la chute de l'usurpation et le triomphe de la légitimité, nous apparaîtra comme l'apothéose du prétendu droit divin des princes.
— Comment ne pas reconnaître que cette conclusion est directement opposée à l'idée même de l'auteur? Quoi ! Shakespeare aurait, dès l'origine, fait descendre le roi Lear du trône, il lui aurait retiré, par un acte d'abdication, le monstrueux pouvoir dont il était la première victime, il l'aurait arraché à la corruption des cours, il l'aurait soustrait à l'action funeste de l'omnipotence, il l'aurait corrigé par l'épreuve, réformé par l'adversité, réhabilité par le malheur, et tout cela pour arriver en définitive à le rétablir dans le milieu fatal d'où il l'avait tiré d'abord. Cette âme qu'il avait débarrassée peu à peu de tous les vices inoculés par la toute-puissance, il la prostituerait, une fois épurée, à la toute-puissance. Il rendrait à la monarchie ce cœur reconquis sur la monarchie. Contradiction absurde, impossible, que le maître n'a pu sanctionner ! Il est une majesté plus haute que la royauté, c'est la paternité. Après avoir recouvré le titre de père, Lear ne saurait sans déchéance reprendre le titre de roi. Pour faire une fin digne de lui, il ne doit pas expirer miséra-

blement en agitant un sceptre, il doit mourir d'amour en embrassant son enfant.

A en croire les critiques à courte vue, la justice poétique exigeait ici un dénoûment heureux. Mais que faut-il entendre par *dénoûment heureux?* Le poëte ne comprend pas le bonheur comme ces critiques. A ses yeux, la félicité ne consiste pas dans la longévité. Qu'est-ce que l'existence pour l'auteur d'*Hamlet?* « C'est un jardin de mauvaises herbes qui montent en graine. » Les plus vives jouissances qu'on y trouve lui semblent « pesantes, fades, plates et stériles. » La terre lui fait l'effet d'un promontoire désolé ; le ciel, malgré les flammes d'or qui constellent son dais splendide, ne lui apparaît que comme un un noir amas de vapeurs pestilentielles. Le monde, tel que le voit Shakespeare, n'est qu'une région sinistre où souffle le perpétuel ouragan des instincts et des éléments. C'est un sombre Golgotha que couvre un firmament implacable et où l'humanité crucifiée subit toutes les passions. Aussi, bien loin de plaindre ceux qui quittent avant l'heure un pareil monde, Shakespeare leur porte envie. Les privilégiés pour lui ne sont pas ceux qui restent, ce sont ceux qui s'en vont. Heureux ceux qui ont fini leur temps! Pourquoi donc prolonger ici-bas l'agonie du roi Lear? Le vieillard n'a-t-il pas assez souffert? N'a-t-il pas été assez éprouvé, assez navré, assez torturé? « Ah! s'é-
» crie le poëte, laissez-le partir! C'est le haïr que vouloir
» sur la roue de cette rude vie l'étendre plus longtemps. »

        O, let him pass! he hates him
That would upon the rack of this rough world
Stretch him out longer.

Oui, par pitié, laissez mourir ce pauvre père. La mort pour lui n'est pas un châtiment, c'est la délivrance. Que ferait-il sur cette terre où sa fille n'a pu vivre? Cordélia est là-haut : il va la rejoindre.

                            Hauteville House, 14 juillet 1861.

CORIOLAN

PERSONNAGES (1) :

CAIUS MARCIUS CORIOLAN, patricien romain.
TITUS LARTIUS,
COMINIUS, } généraux dans la guerre contre les Volsques.
MÉNÉNIUS AGRIPPA, ami de Coriolan.
SICINIUS VELUTUS,
JUNIUS BRUTUS, } tribuns du peuple.
LE JEUNE MARCIUS, fils de Coriolan.
UN HÉRAUT ROMAIN.
TULLUS AUFIDIUS, général des Volsques.
UN LIEUTENANT D'AUFIDIUS.

VOLUMNIE, mère de Coriolan.
VIRGILIE, femme de Coriolan.
VALÉRIE, amie de Virgilie.
UNE SUIVANTE DE VIRGILIE.

SÉNATEURS ROMAINS ET VOLSQUES, PATRICIENS, ÉDILES, LICTEURS, SOLDATS, CITOYENS, CONJURÉS, MESSAGERS, SERVITEURS.

La scène est tantôt à Rome, tantôt à Corioles et à Antium.

SCÈNE I.

[Rome. Une rue.]

Entre une foule de CITOYENS mutinés, armés de bâtons, de massues et d'autres armes.

PREMIER CITOYEN.

Avant que nous allions plus loin, écoutez-moi.

PLUSIEURS CITOYENS, à la fois.

Parlez, parlez.

PREMIER CITOYEN.

Vous êtes tous résolus à mourir plutôt qu'à subir la famine ?

TOUS.

Résolus, résolus.

PREMIER CITOYEN.

Et d'abord vous savez que Caïus Marcius est le principal ennemi du peuple.

TOUS.

Nous le savons, nous le savons.

PREMIER CITOYEN.

Tuons-le, et nous aurons le blé au prix que nous voudrons. Est-ce là votre verdict?

TOUS.

Assez de paroles ! A l'œuvre. En avant, en avant !

DEUXIÈME CITOYEN.

Un mot, dignes citoyens.

PREMIER CITOYEN.

On nous appelle pauvres citoyens; il n'y a de dignité que pour les patriciens. Le superflu de nos gouvernants suffirait à nous soulager. Si seulement ils nous cédaient des restes sains encore, nous pourrions nous figurer qu'ils nous secourent par humanité ; mais ils nous trouvent déjà trop coûteux. La maigreur qui nous afflige, effet de notre misère, est comme un inventaire détaillé de leur opulence ; notre détresse est profit pour eux. Vengeons-nous à coups de pique, avant de devenir des squelettes. Car, les dieux le savent, ce qui me fait parler, c'est la faim du pain et non la soif de la vengeance.

DEUXIÈME CITOYEN.

Prétendez-vous agir spécialement contre Caïus Marcius?

PLUSIEURS CITOYENS.

Contre lui d'abord : il est le limier du peuple.

DEUXIÈME CITOYEN.

Mais considérez-vous les services qu'il a rendus à son pays?

PREMIER CITOYEN.

Certainement, et c'est avec plaisir qu'on lui en tiendrait compte, s'il ne se payait pas lui-même en orgueil.

DEUXIÈME CITOYEN.

Allons, parlez sans malveillance.

PREMIER CITOYEN.

Je vous dis que ce qu'il a fait d'illustre, il l'a fait dans ce but : les gens de conscience timorée ont beau dire volontiers qu'il a tout fait pour son pays, il a tout fait pour plaire à sa mère et pour servir son orgueil qui, certes, est à la hauteur de son mérite!

DEUXIÈME CITOYEN.

Vous lui faites un crime d'une irrémédiable disposition de nature. Du moins vous ne pouvez pas dire qu'il est cupide.

PREMIER CITOYEN.

Si je ne le puis, je ne suis pas pour cela à court d'accusations. Il a plus de vices qu'il n'en faut pour lasser les récriminations.

Cris au loin.

Quels sont ces cris? L'autre côté de la ville est en mouvement. Pourquoi restons-nous ici à bavarder? Au Capitole !

TOUS.

Allons, allons !

PREMIER CITOYEN.

Doucement !... Qui vient là ?

Entre MÉNÉNIUS AGRIPPA.

DEUXIÈME CITOYEN.

Le digne Ménénius Agrippa! En voilà un qui a toujours aimé le peuple.

PREMIER CITOYEN.

Il est assez honnête. Si tous les autres étaient comme lui !

MÉNÉNIUS.

— Que voulez-vous donc faire, mes concitoyens? Où allez-vous — avec des bâtons et des massues? Qu'y a-t-il? Parlez, je vous prie. —

DEUXIÈME CITOYEN.

Notre projet n'est pas ignoré des sénateurs : depuis quinze jours ils ont eu vent de nos intentions, nous allons les leur signifier par des actes. Ils disent que les pauvres solliciteurs ont la voix forte : ils sauront que nous avons aussi le bras fort.

MÉNÉNIUS.

— Quoi! mes maîtres, mes bons amis, mes honnêtes voisins, — vous voulez donc votre ruine! —

DEUXIÈME CITOYEN.

C'est impossible, monsieur : nous sommes déjà ruinés.

MÉNÉNIUS.

— Amis, croyez-moi, les patriciens ont pour vous — la plus charitable sollicitude. Pour vos besoins, — pour vos souffrances au milieu de cette disette, autant vaudrait frapper — le ciel de vos bâtons que les lever — contre le gouvernement romain : il poursuivra — sa course en broyant dix mille freins — plus solides que celui que vous pourrez jamais — vraisemblablement lui opposer. Quant à la disette, — ce ne sont pas les patriciens, ce sont les dieux qui la font; et près — d'eux vos genoux vous serviront mieux que vos bras. Hélas! — vous êtes entraînés par la calamité — à une calamité plus grande. Vous calomniez — les nautoniers de l'État : ils veillent sur vous en pères, — et vous les maudissez comme des ennemis! —

DEUXIÈME CITOYEN.

Eux, veiller sur nous!... Oui, vraiment!... Ils n'ont jamais veillé sur nous. Ils nous laissent mourir de faim, quand leurs magasins regorgent de grain (2), font des édits en faveur de l'usure pour soutenir les usuriers (3), rappellent chaque jour quelque acte salutaire établi contre les riches, et promulguent des statuts chaque jour plus vexatoires pour enchaîner et opprimer le pauvre! Si les guerres ne nous dévorent, ce seront eux; et voilà tout l'amour qu'ils nous portent!

MÉNÉNIUS.

— De deux choses l'une : — ne vous défendez pas d'une étrange malveillance, — ou laissez-vous accuser de folie. Je vais vous conter — une jolie fable; il se peut que vous l'ayez déjà entendue. — Mais, comme elle sert à mes fins, je me risquerai — à la débiter encore.

DEUXIÈME CITOYEN.

Soit! je l'entendrai, monsieur; mais ne croyez pas leurrer notre misère avec une fable. N'importe! si ça vous plaît, narrez toujours.

MÉNÉNIUS.

— Un jour, tous les membres du corps humain — se mutinèrent contre le ventre, l'accusant et se plaignant — de ce que lui seul il demeurait — au milieu du corps, paresseux et inactif, — absorbant comme un gouffre la nourriture, sans jamais porter — sa part du labeur commun, là où tous les autres organes — s'occupaient de voir, d'entendre, de penser, de diriger, de marcher, de sentir — et de subvenir, par leur mutuel concours, — aux appétits et aux désirs communs — du corps entier. Le ventre répondit...

DEUXIÈME CITOYEN.

— Voyons, monsieur, quelle réponse fit le ventre?

MÉNÉNIUS.

— Je vais vous le dire, monsieur. Avec une espèce de sourire — qui ne venait pas de la rate, mais de certaine région — (car, après tout, je puis aussi bien faire sourire le ventre — que le faire parler), il répondit dédaigneusement — aux membres mécontents, à ces mutins — qui se récriaient contre ses accaparements, exactement — comme vous récriminez contre nos sénateurs parce qu'ils — ne sont pas traités comme vous...

DEUXIÈME CITOYEN.

Voyons la réponse du ventre... Quoi! — si la tête portant couronne royale, l'œil vigilant, — le cœur, notre conseiller, le bras, notre soldat, — le pied, notre coursier, notre trompette, la langue, — et tant d'autres menus auxiliaires qui défendent — notre constitution, si tous...

MÉNÉNIUS.

Eh bien, après? — Ce gaillard-là veut-il pas me couper la parole! Eh bien, après? eh bien, après?

DEUXIÈME CITOYEN.

— Si tous étaient molestés par le ventre vorace — qui est la sentine du corps...

MÉNÉNIUS.

Eh bien, après?

DEUXIÈME CITOYEN.

— Si tous ces organes se plaignaient, — que pouvait répondre le ventre?

MÉNÉNIUS.

Je vais vous le dire. — Si vous voulez m'accorder un peu de ce que vous n'avez guère, — un moment de patience, vous allez entendre la réponse du ventre.

DEUXIÈME CITOYEN.

— Vous mettez le temps à la dire!

MÉNÉNIUS.

Notez bien ceci, l'ami! — Votre ventre, toujours fort grave, gardant son calme, — sans s'emporter comme ses accusateurs, répondit ainsi : — *Il est bien vrai, mes chers conjoints, — que je reçois le premier toute la nourriture — qui vous fait vivre; et c'est chose juste, — puisque je suis le grenier et le magasin — du corps entier. Mais, si vous vous souvenez, — je renvoie tout par les rivières du sang, — jusqu'au palais du cœur, jusqu'au trône de la raison; — et, grâce aux conduits sinueux du corps humain, — les nerfs les plus forts et les moindres veines — reçoivent de moi ce simple nécessaire — qui les fait vivre. Et, bien que tous à la fois, — mes bons amis...* C'est le ventre qui parle, remarquez bien.

DEUXIÈME CITOYEN.

Oui, monsieur. Parfaitement, parfaitement!

SCÈNE I.

MÉNÉNIUS.

Bien que tous à la fois vous ne puissiez — voir ce que je fournis à chacun de vous, — je puis vous prouver, par un compte rigoureux, que — je vous transmets toute la farine — et ne garde pour moi que le son. Qu'en dites-vous ?

DEUXIÈME CITOYEN.

— C'était une réponse. Quelle application en faites-vous ?

MÉNÉNIUS.

— Le sénat de Rome est cet excellent ventre, — et vous êtes les membres révoltés. Car, ses conseils et ses mesures — étant bien examinés, les affaires étant dûment digérées — dans l'intérêt de la chose publique, vous reconnaîtrez — que les bienfaits généraux que vous recueillez — procèdent ou viennent de lui, — et nullement de vous-mêmes... Qu'en pensez-vous, — vous le gros orteil de cette assemblée ?

DEUXIÈME CITOYEN.

— Moi, le gros orteil ! Pourquoi le gros orteil ?

MÉNÉNIUS.

— Parce qu'étant l'un des plus infimes, des plus bas, des plus pauvres — de cette édifiante rébellion, tu marches le premier. — Mâtin de la plus triste race, tu cours, — en avant de la meute dans l'espoir de quelques reliefs. — Allons, préparez vos massues et vos bâtons les plus raides. Rome est sur le point de se battre avec ses rats. — Il faut qu'un des deux partis succombe... Salut, noble Marcius !

Entre CAIUS MARCIUS.

MARCIUS.

— Merci.

Aux citoyens.

De quoi s'agit-il, factieux vils — qui, à force de gratter la triste vanité qui vous démange, — avez fait de vous des galeux ?

DEUXIÈME CITOYEN.

Nous n'avons jamais de vous que de bonnes paroles.

MARCIUS.

— Celui qui t'accorderait une bonne parole serait un flatteur — au-dessous du dégoût... Que vous faut-il, aboyeurs, — à qui ne conviennent ni la paix ni la guerre ? L'une vous épouvante, — l'autre vous rend insolents. Celui qui compte sur vous — trouve, le moment venu, au lieu de lions, des lièvres, — au lieu de renards, des oies. Non, vous n'êtes pas plus sûrs — qu'un tison ardent sur la glace, — qu'un grêlon au soleil. Votre vertu consiste — à exalter celui que ses fautes ont abattu, — et à maudire la justice qui l'a frappé. Qui mérite la gloire — mérite votre haine, et vos affections sont — les appétits d'un malade qui désire surtout — ce qui peut augmenter son mal. S'appuyer — sur votre faveur, c'est nager avec des nageoires de plomb — et vouloir abattre un chêne avec un roseau. Se fier à vous ! Plutôt vous pendre ! — A chaque minute vous changez d'idée : — vous trouvez noble celui que vous haïssiez tout à l'heure, — infâme celui que vous couronniez. Qu'y a-t-il ? — Pourquoi, dans les divers quartiers de la cité, — criez-vous ainsi contre ce noble sénat qui, — sous l'égide des dieux, vous tient en respect et empêche — que vous ne vous dévoriez les uns les autres ?

A Ménénius.

Que réclament-ils ?

MÉNÉNIUS.

— Du blé au prix qui leur plaît : ils disent — que la ville en regorge.

MARCIUS.

Les pendards ! ils parlent ! — Assis au coin du feu, ils prétendent juger — ce qui se fait au Capitole, qui a chance d'élévation, — qui prospère et qui décline, épousent telle faction, forment — des alliances conjecturales,

fortifient leur parti, — et ravalent celui qu'ils n'aiment
pas — au-dessous de leurs savates ! Ils disent que le blé
ne manque pas ! — Ah ! si la noblesse mettait de côté
ses scrupules — et me laissait tirer l'épée, je ferais —
de ces milliers de manants une hécatombe de cadavres
aussi haute — que ma lance !

MÉNÉNIUS.

Ma foi, je crois ceux-ci presque complétement persua-
dés : — car, si ample que soit leur manque de sagesse, —
ils sont d'une couardise démesurée. Mais, je vous prie, —
que dit l'autre attroupement ?

MARCIUS.

Il s'est dispersé. Ah ! les pendards ! — Ils disaient qu'ils
étaient affamés, soupiraient des maximes, — que... la
faim brise les murs de pierre, qu'il faut que les chiens
mangent, — que... la nourriture est faite pour toutes les
bouches ; que... les dieux n'ont pas envoyé — le blé
pour les riches seulement... C'est en centons de cette
sorte — qu'ils ont éventé leurs plaintes ; on leur a répondu — en leur accordant leur requête, étrange requête, —
capable de frapper au cœur la noblesse, — et de faire
pâlir le pouvoir le plus hardi ! Alors ils ont jeté leurs
bonnets — en l'air comme pour les accrocher aux cornes
de la lune, — et ont exhalé leur animosité en acclamations.

MÉNÉNIUS.

Que leur a-t-on accordé ?

MARCIUS.

— Cinq tribuns de leur choix pour défendre leur vulgaire politique : — ils ont élu Junius Brutus, — Sicinius
Velutus, et je ne sais qui. Sangdieu ! — la canaille aurait
démantelé la ville, — avant d'obtenir cela de moi. Cette
concession — entamera peu à peu le pouvoir et fournira
un thème de plus en plus fort — aux arguments de l'insurrection.

MÉNÉNIUS.

C'est étrange.

MARCIUS, à la foule.

— Allons, retournez chez vous, racaille.

Entre un MESSAGER.

LE MESSAGER.

— Où est Caïus Marcius ?

MARCIUS.

Ici. De quoi s'agit-il ?

LE MESSAGER.

— La nouvelle, monsieur, c'est que les Volsques ont pris les armes.

MARCIUS.

— J'en suis bien aise : nous allons avoir le moyen de dégorger — un superflu fétide... Voici l'élite de nos anciens.

Entrent COMINIUS, TITUS LARTIUS, vieillard en cheveux blancs, et d'autres SÉNATEURS ; puis JUNIUS BRUTUS et SICINIUS VELUTUS.

PREMIER SÉNATEUR.

— Marcius, vous nous avez dit vrai : — les Volsques ont pris les armes.

MARCIUS.

Ils ont un chef, — Tullus Aufidius, qui vous donnera de la besogne. — J'ai la faiblesse d'être jaloux de sa vaillance : — et si je n'étais moi, — c'est lui que je voudrais être.

COMINIUS.

Vous vous êtes déjà mesurés.

MARCIUS.

— Quand la moitié du monde serait aux prises avec l'autre, et quand il — serait de mon parti, je passerais à l'ennemi, rien que pour faire — la guerre contre lui : c'est un lion — que je suis fier de relancer.

SCÈNE I.

PREMIER SÉNATEUR.

Eh bien, digne Marcius, — accompagnez Cominius dans cette guerre.

COMINIUS, à Marcius.

— C'est une promesse déjà faite.

MARCIUS.

Oui, monsieur, — et je la tiendrai... Titus Lartius, tu — vas me voir encore une fois attaquer Tullus en face. — Quoi, serais-tu perclus ! Te récuserais-tu ?

TITUS.

Non, Caïus Marcius, — je m'appuierai sur une béquille et je combattrai avec l'autre — plutôt que de renoncer à cette lutte.

MÉNÉNIUS.

O vrai preux !

PREMIER SÉNATEUR.

— Accompagnez-nous jusqu'au Capitole où je sais — que nos meilleurs amis nous attendent.

TITUS, au premier sénateur.

Ouvrez la marche ; — suivez, Cominius, et nous autres nous viendrons après... — A vous le pas.

COMINIUS.

Noble Lartius !

PREMIER SÉNATEUR, à la foule.

— En route ! A vos logis ! partez.

MARCIUS.

Non, qu'ils nous suivent ! — Les Volsques ont beaucoup de blé ; emmenons ces rats — pour ronger leurs provisions... Respectables mutins, — votre valeur donne de beaux fruits. De grâce, suivez-nous.

Sortent les sénateurs, Cominius, Titus Lartius, Marcius et Ménénius.
Les citoyens se dispersent.

SICINIUS.

— Vit-on jamais un homme aussi arrogant que ce Marcius ?

BRUTUS.

Il n'a pas d'égal.

SICINIUS.

— Quand nous avons été élus tribuns du peuple...

BRUTUS.

— Avez-vous remarqué ses lèvres et ses yeux ?

SICINIUS.

Non, mais ses sarcasmes.

BRUTUS.

— Une fois emporté, il n'hésiterait pas à narguer les dieux !

SICINIUS.

— A bafouer la chaste lune !

BRUTUS.

— La guerre le dévore ! il devient — trop fier de sa vaillance.

SICINIUS.

Sa nature, — chatouillée par le succès, dédaigne jusqu'à l'ombre — qu'il foule en plein midi. Mais je m'étonne que — son insolence daigne se laisser commander — par Cominius.

BRUTUS.

La renommée à laquelle il vise — et dont il est déjà paré ne saurait — s'acquérir et se conserver plus aisément — qu'au second rang. Car le moindre revers — passera pour être la faute du général, celui-ci eût-il accompli — tout ce qui est possible à un homme, et la censure étourdie — s'écriera alors : *Oh! si Marcius — avait conduit l'affaire !*

SICINIUS.

Et puis, si les choses vont bien, — l'opinion, qui est si

entichée de Marcius, en — ravira tout le mérite à Cominius.

BRUTUS.

Bref, — la moitié de la gloire de Cominius sera pour Marcius, — Marcius n'en fût-il pas digne, et toutes ses fautes — seront à la gloire de Marcius, ne l'eût-il — en rien mérité.

SICINIUS.

Allons savoir — comment l'expédition s'effectue, et quelles forces, — outre son énergie personnelle, l'assisteront — dans cette campagne.

BRUTUS.

Allons !

Ils sortent.

SCÈNE II.

[Corioles. Le sénat.]

Entrent TULLUS AUFIDIUS et les SÉNATEURS.

PREMIER SÉNATEUR.

Ainsi, Aufidius, votre opinion est — que ceux de Rome ont pénétré nos conseils, — et connaissent nos menées.

AUFIDIUS.

N'est-ce pas votre avis ? — Quel projet a jamais été médité dans cet État — et mis matériellement à exécution avant que Rome — en eût été prévenue ? Il y a quatre jours à peine — que j'ai eu des nouvelles de là ; voici les paroles même : je crois — que j'ai la lettre ici ; oui, la voici !

Il lit.

« Ils ont levé des forces, mais on ne sait — si c'est pour l'est ou pour l'ouest. La disette est grande, — le peuple révolté. Le bruit court — que Cominius, Marcius, votre vieil ennemi, — plus haï de Rome que de vous, et Titus Lartius, un Romain très-vaillant, — doivent tous trois diriger cette expédition — vers son but, très-probablement contre vous. — Prenez-y garde. »

PREMIER SÉNATEUR.

Notre armée est en campagne : — nous n'avons jamais douté que Rome ne fût prête — à nous tenir tête.

AUFIDIUS.

Et vous avez cru sage — de tenir cachés vos grands desseins jusqu'au moment — où ils devront se révéler d'eux-mêmes ; mais il semble qu'avant d'éclore — ils aient été connus de Rome. Leur découverte — va circonscrire notre plan qui était — de surprendre plusieurs villes, avant même que Rome — sût que nous étions sur pied.

DEUXIÈME SÉNATEUR.

Noble Aufidius, — prenez votre commission, courez à vos troupes, — et laissez-nous seuls garder Corioles. — S'ils viennent camper sous nos murs, amenez votre armée — pour les chasser ; mais vous reconnaîtrez, je crois, — que leurs préparatifs n'étaient pas contre nous.

AUFIDIUS.

Oh ! n'en doutez pas ; — je parle sur des certitudes. Il y a plus : — quelques détachements de leurs forces sont déjà en marche, — et tout droit sur Corioles. Je laisse Vos Seigneuries. — Si nous venons à nous rencontrer, Caïus Marcius et moi, — nous nous sommes juré de ne cesser le combat — que quand l'un des deux ne pourrait plus agir.

TOUS LES SÉNATEURS.

Que les dieux vous assistent !

AUFIDIUS.

— Et gardent vos Seigneuries !

PREMIER SÉNATEUR.

Adieu.

DEUXIÈME SÉNATEUR.

Adieu.

TOUS.

Adieu.

Ils sortent.

SCÈNE III.

[Rome. Dans la maison de Volumnie.]

Entrent VOLUMNIE *et* VIRGILIE ; *elles s'assoient sur deux petits tabourets et cousent* (1).

VOLUMNIE.

Je vous en prie, ma fille, chantez, ou exprimez-vous avec moins de découragement. Si mon fils était mon mari, je trouverais une jouissance plus vive dans cette absence où il gagne de l'honneur que dans les embrassements du lit nuptial où il me prouverait le plus d'amour. Alors que ce fils unique de mes entrailles était tout délicat, et que son adolescence, à force de grâce, attirait sur lui tous les regards ; quand, suppliée tout un jour par un roi, une autre mère n'aurait pas consenti à céder pour une heure la joie de le voir, je pensai, moi, qu'une telle beauté voulait être achevée par l'honneur et ne vaudrait guère mieux qu'un portrait pendu au mur, si la gloire ne l'animait pas, et je me plus à lui faire chercher le danger là où il pouvait trouver le renom. Je l'envoyai à une guerre cruelle, dont il revint le front couronné de chêne (5). Je te le déclare, ma fille, au moment où j'appris que j'avais mis au monde un enfant mâle, je n'étais pas plus frémissante de joie qu'au jour où, pour la première fois, je vis que cet enfant s'était montré un homme.

VIRGILIE.

Mais s'il était mort dans cette affaire, madame ?

VOLUMNIE.

Alors son bon renom aurait été mon fils et j'y aurais

trouvé une postérité. Je parle sincèrement : si j'avais douze fils, tous égaux dans mon amour, tous aussi chers à mon cœur que notre bon Marcius, j'aimerais mieux en voir onze mourir noblement pour leur patrie qu'un seul se gorger d'une voluptueuse inaction.

Entre une SUIVANTE.

LA SUIVANTE.

— Madame Valérie vient vous rendre visite, madame.

VIRGILIE, à Volumnie.

— Je vous en conjure, permettez-moi de me retirer.

VOLUMNIE.

Non, vraiment..... — Je crois entendre d'ici le tambour de votre mari ; — je le vois traîner Aufidius par les cheveux, — les Volsques fuyant devant lui, comme des enfants devant un ours ; — je crois le voir frapper du pied en s'écriant : — *Suivez-moi, lâches, vous avez été engendrés dans la peur,* — *bien que nés à Rome.* Alors, essuyant son front sanglant — avec son gantelet de mailles, il s'avance, — pareil au moissonneur qui doit tout faucher — ou perdre son salaire.

VIRGILIE.

— Son front sanglant ! O Jupiter ! pas de sang !

VOLUMNIE.

— Taisez-vous, folle ! Le sang sied mieux à un homme — que l'or au trophée. Le sein d'Hécube — allaitant Hector n'était pas plus aimable — que le front d'Hector crachant le sang — sous le coup des épées grecques... Dites à Valérie — que nous sommes prêtes à lui faire accueil.

La suivante sort.

VIRGILIE.

— Que les cieux protégent mon seigneur contre le farouche Aufidius !

SCÈNE III.

VOLUMNIE.

— Il écrasera sous son genou la tête d'Aufidius, — et lui passera sur le cou.

Entre VALÉRIE, introduite par la suivante et suivie de son huissier.

VALÉRIE.

Mesdames, bonjour à toutes deux !

VOLUMNIE.

Chère madame !

VIRGILIE.

Je suis bien aise de voir Votre Grâce !

VALÉRIE.

Comment allez-vous toutes deux ? Vous êtes des ménagères émérites. Que cousez-vous là ? Joli ouvrage, en vérité... Comment va votre petit garçon ?

VIRGILIE.

Je vous remercie ; fort bien, bonne madame.

VOLUMNIE.

Il aime mieux regarder des épées et entendre un tambour que de voir son maître d'école.

VIRGILIE.

Sur ma parole, il est tout à fait le fils de son père : c'est un bien joli enfant, je vous jure. Croiriez-vous que, mercredi dernier, je suis restée toute une demi-heure à le regarder ? Il a un air si résolu ! Je le voyais courir après un papillon doré ; il l'a pris, l'a lâché, a recouru après, l'a repris, puis l'a relâché et rattrapé encore ; alors, exaspéré, soit par une chute qu'il avait faite, soit par toute autre raison, il l'a déchiré à belles dents : oh ! je vous garantis qu'il l'a déchiqueté !

VOLUMNIE.

Une boutade comme en a son père !

VALÉRIE.

Vraiment, là, c'est un noble enfant.

VIRGILIE.

Un écervelé, madame.

VALÉRIE, à Virgilie.

Allons, laissez de côté votre couture ; je veux que vous flâniez avec moi cette après-midi.

VIRGILIE.

Non, bonne madame, je ne sortirai pas.

VALÉRIE.

Vous ne sortirez pas ?

VOLUMNIE.

Si fait, si fait.

VIRGILIE.

Non, vraiment, excusez-moi ; je ne franchirai pas notre seuil que monseigneur ne soit revenu de la guerre.

VALÉRIE.

Fi ! vous vous emprisonnez très-déraisonnablement. Allons, venez visiter cette bonne dame qui fait ses couches.

VIRGILIE.

Je lui souhaite un prompt rétablissement, et je la visiterai de mes prières ; mais je ne puis aller chez elle.

VOLUMNIE.

Et pourquoi, je vous prie ?

VIRGILIE.

Ce n'est pas par crainte d'une fatigue ni par manque d'amitié.

VALÉRIE.

Vous voulez être une autre Pénélope ; pourtant, on dit que toute la laine qu'elle fila en l'absence d'Ulysse ne servit qu'à remplir Ithaque de mites. Venez donc. Je voudrais que votre batiste fût aussi sensible que votre doigt ; par pitié, vous cesseriez de la piquer. Allons, vous viendrez avec nous.

SCÈNE III.

VIRGILIE.

Non, chère madame, pardonnez-moi; décidément je ne sortirai pas.

VALÉRIE.

Là, vraiment, venez avec moi; et je vous donnerai d'excellentes nouvelles de votre mari.

VIRGILIE.

Oh! bonne madame, il ne peut y en avoir encore.

VALÉRIE.

Si fait. Je ne plaisante pas avec vous; on a eu de ses nouvelles hier soir.

VIRGILIE.

Vraiment, madame?

VALÉRIE.

Rien de plus vrai; je les ai ouï dire à un sénateur. Voici : Les Volsques ont en campagne une armée contre laquelle le général en chef Cominius s'est porté avec une partie de nos troupes romaines. Votre mari et Titus Lartius ont mis le siége devant la cité de Corioles; ils ne doutent nullement de vaincre et d'achever promptement la guerre. Voilà la vérité, sur mon honneur; ainsi, je vous prie, venez avec nous.

VIRGILIE.

Excusez-moi, bonne madame; je vous obéirai en tout plus tard.

VOLUMNIE.

Laissez-la, madame; dans l'état où elle est, elle ne ferait que troubler notre franche gaieté.

VALÉRIE.

Ma foi, je le crois... Adieu donc... Allons, bonne et chère dame... Je t'en prie, Virgilie, mets ta solennité à la porte et sors avec nous.

VIRGILIE.

Non. Une fois pour toutes, madame, je ne le peux pas. Je vous souhaite bien du plaisir.

VALÉRIE.

Soit ! Adieu donc.

Elles sortent par différents côtés.

SCÈNE IV.

[Sous les remparts de Corioles (6).]

Entrent, tambours battants, enseignes déployées, MARCIUS *et* TITUS LARTIUS, *suivis d'officiers et de soldats. Un* MESSAGER *vient à eux.*

MARCIUS.

— Voici des nouvelles qui arrivent. Je gage qu'ils se sont battus.

LARTIUS.

— Mon cheval contre le vôtre, que non.

MARCIUS.

C'est dit.

LARTIUS.

Convenu.

MARCIUS, au messager.

— Dis-moi, notre général a-t-il rencontré l'ennemi ?

LE MESSAGER.

— Ils sont en présence, mais ne se sont encore rien dit.

LARTIUS.

— Ainsi, votre bon cheval est à moi.

MARCIUS.

Je vous le rachète.

LARTIUS.

— Non, je ne veux ni le vendre ni le donner, mais je veux bien vous le prêter — pour cinquante ans... Qu'on fasse sommation à la ville.

SCÈNE IV.

MARCIUS, au messager.

— A quelle distance de nous sont les deux armées?

LE MESSAGER.

A un mille et demi.

MARCIUS.

— Alors, nous entendrons leur trompette; et eux, la nôtre. — O Mars, je t'en conjure, aide-nous à en finir vite ici, — que nous puissions avec nos épées fumantes marcher — au secours de nos frères, dans la plaine!...

Aux trompettes.

Allons, soufflez votre ouragan.

On sonne un parlementaire. Paraissent, sur les remparts, des SÉNATEURS et des citoyens armés.

MARCIUS, continuant.

— Tullus Aufidius est-il dans vos murs?

PREMIER SÉNATEUR.

— Non, et il n'est personne ici qui vous craigne plus que lui, — si peu qu'il vous craigne.

Rappel au loin.

Écoutez, nos tambours — font accourir notre jeunesse. Nous briserons nos murailles — plutôt que de nous y laisser parquer. Nos portes, — qui semblent fermées, n'ont pour barreaux que des-roseaux : — elles s'ouvriront d'elles-mêmes. Entendez-vous, au loin?

Tumulte lointain.

— C'est Aufidius. Écoutez quel ravage il fait — dans votre armée enfoncée.

MARCIUS.

Oh! ils sont aux prises!

LARTIUS.

— Que leur vacarme nous serve de leçon... Des échelles, holà!

Les Volsques font une sortie.

MARCIUS.

— Ils ne nous craignent pas! ils sortent de la ville! —

Allons, mettez vos boucliers en avant de vos cœurs et combattez — avec des cœurs plus inflexibles que des boucliers... Avancez, brave Titus : — leur dédain pour nous dépasse toutes nos prévisions : j'en sue de fureur... Marchons, camarades : — celui qui recule, je le prends pour un Volsque, — et je lui fais sentir ma lance.

On sonne la charge. Les Romains et les Volsques sortent en combattant. Les Romains sont repoussés jusqu'à leurs retranchements.

Rentre MARCIUS.

MARCIUS.

— Que tous les fléaux du Sud fondent sur vous, — vous, hontes de Rome ! vous, troupeaux de... — Que la peste vous plâtre — d'ulcères ; en sorte que vous soyez abhorrés — avant d'être vus et que vous vous renvoyiez l'infection — à un mille sous le vent. Ames d'oies — qui assumez figures d'homme, comment avez-vous pu fuir — devant des gueux que des singes battraient ? Pluton et enfer ! — Tous blessés par derrière ! Rien que des dos rougis et des faces blémies — par la déroute et la peur fébrile ! Reformez-vous et revenez à la charge ; — sinon, par les feux du ciel, je laisse là l'ennemi, — et c'est à vous que je fais la guerre ! Prenez-y garde ! En avant ! — Si vous tenez bon, nous les renverrons à leurs femmes, — comme ils nous ont poursuivis jusqu'à nos retranchements !

On sonne une nouvelle charge. Les Romains reviennent contre les Volsques. Les Volsques se retirent dans Corioles, et Marcius les poursuit jusqu'aux portes de la ville.

MARCIUS, aux soldats.

— Voilà les portes béantes ; secondez-moi bien ; — la fortune les ouvre pour les poursuivants — et non pour les fuyants. Remarquez-moi et imitez-moi.

Il entre dans la ville et les portes se referment sur lui.

PREMIER SOLDAT.

Quelle folie ! ce n'est pas moi qui en ferai autant.

SCÈNE IV.

DEUXIÈME SOLDAT.

Ni moi.

TROISIÈME SOLDAT.

— Voyez, ils l'ont enfermé.

Tumulte.

QUATRIÈME SOLDAT.

Il est dans la marmite, je le garantis.

Entre TITUS LARTIUS.

LARTIUS.

— Qu'est devenu Marcius?

TOUS.

Tué, sans doute.

PREMIER SOLDAT.

— En courant sur les talons des fuyards, — il est entré avec eux; — soudain ils ont refermé leurs portes, et il est resté seul — pour tenir tête à toute la ville.

LARTIUS.

O noble compagnon qui, vulnérable, est plus brave que son invulnérable épée, — et qui résiste, quand elle plie! On t'abandonne, Marcius! — Une escarboucle de ta grosseur — serait un moins riche joyau que toi. Tu étais un homme de guerre — selon le vœu de Caton; — non-seulement tu étais rude et âpre — aux coups de main; mais, par ton regard terrible — et par l'éclat foudroyant de ta voix, — tu faisais frissonner tes ennemis, comme si le monde — avait la fièvre et tremblait.

MARCIUS, couvert de sang, poursuivi par l'ennemi, reparaît par les portes de la ville.

PREMIER SOLDAT.

Voyez, seigneur.

LARTIUS.

C'est Marcius. — Courons le délivrer ou mourir avec lui.

Tous pénètrent, en se battant, dans la ville.

SCÈNE V.

[Dans la ville de Corioles. Une rue.]

Entrent des ROMAINS chargés de dépouilles.

PREMIER ROMAIN.

J'emporterai ça à Rome.

DEUXIÈME ROMAIN.

Et moi ça.

TROISIÈME ROMAIN, jetant un outil d'étain.

Foin! j'ai pris ça pour de l'argent.

Le tumulte continue au loin.

Entrent MARCIUS et TITUS LARTIUS, précédés d'un trompette.

MARCIUS.

— Voyez ces maraudeurs qui estiment leur temps — au prix d'un drachme fêlé! Des coussins, des cuillers de plomb, — de la ferraille de rebut, des pourpoints que le bourreau — enterrerait avec ceux qui les portaient, ces misérables gueux — emballent tout avant que le combat soit fini... A bas ces lâches! — Entendez-vous le vacarme que fait notre général? Allons à lui! — L'homme que hait mon âme, Aufidius, est là-bas, — massacrant nos Romains. Donc, vaillant Titus, prenez — des forces suffisantes pour garder la ville, — tandis que moi, avec ceux qui en ont le courage, je courrai — au secours de Cominius.

LARTIUS.

Noble sire, ton sang coule; — tu as déjà soutenu un trop violent effort pour — engager une seconde lutte.

MARCIUS,

Messire, point de louange! — Ce que j'ai fait ne m'a pas encore échauffé. Adieu! — Le sang que je perds est

un soulagement — plutôt qu'un danger pour moi. C'est ainsi que — je veux apparaître à Aufidius et le combattre.
LARTIUS.
Puisse cette belle déesse, la Fortune, — s'énamourer de toi, et, par ses charmes puissants, — détourner l'épée de tes adversaires ! Hardi gentilhomme, — que le succès soit ton page !
MARCIUS.
Qu'il te soit ami, — autant qu'à ceux qu'il place le plus haut ! Sur ce, adieu.
LARTIUS.
Héroïque Marcius !

Sort Marcius.

Au trompette.

— Toi, va sonner la trompette sur la place du marché, — et fais-y venir tous les officiers de la ville. — C'est là qu'ils connaîtront nos intentions. En route !

Ils sortent.

SCÈNE VI.

[Une plaine à quelque distance de Corioles.]

Entrent COMINIUS et ses troupes, faisant retraite.

COMINIUS.

— Reprenez haleine, mes amis : bien combattu ! Nous nous sommes comportés — en Romains, sans folle obstination dans la résistance, — sans couardise dans la retraite. Croyez-moi, messieurs, — nous serons encore attaqués. Tandis que nous luttions, — des bouffées de vent nous faisaient ouïr par intervalles — la marche guerrière de nos amis. Dieux de Rome, — assurez leur succès comme nous souhaitons le nôtre, — en sorte que nos deux armées, se joignant d'un front souriant, — puissent vous offrir un sacrifice en action de grâces.

Entre un MESSAGER.

COMINIUS.

Ta nouvelle ?

LE MESSAGER.

— Les citoyens de Corioles ont fait une sortie — et livré bataille à Titus et à Marcius. — J'ai vu nos troupes repoussées jusqu'à leurs retranchements, — et alors je suis parti.

COMINIUS.

Si vrai que tu puisses dire, — tu me sembles un triste messager. Depuis quand es-tu parti ?

LE MESSAGER.

Depuis plus d'une heure, monseigneur.

COMINIUS.

— Il n'y a pas plus d'un mille d'ici là. Tout à l'heure nous entendions leurs tambours. — Comment as-tu pu perdre une heure à faire un mille, — et m'apporter si tard ta nouvelle ?

LE MESSAGER.

Les éclaireurs des Volsques — m'ont donné la chasse et forcé de faire un détour — de trois ou quatre milles environ : autrement, monsieur, j'aurais — apporté mon message depuis une demi-heure.

Entre MARCIUS.

COMINIUS.

Qui donc s'avance là-bas, — pareil à un écorché ? O Dieux ! — il a l'allure de Marcius ; oui, je l'ai — déjà vu dans cet état.

MARCIUS.

Suis-je arrivé trop tard ?

COMINIUS.

— Le berger ne distingue pas mieux le tonnerre d'un

SCÈNE VI.

tambourin — que je ne distingue la voix de Marcius — de celle d'un homme inférieur.

MARCIUS.

Suis-je arrivé trop tard?

COMINIUS.

— Oui, si vous ne revenez pas couvert du sang d'autrui, — mais du vôtre.

MARCIUS, embrassant Cominius.

Oh! laissez-moi vous étreindre — d'un bras aussi énergique que quand je faisais l'amour, sur un cœur — aussi joyeux qu'au jour de mes noces, — quand les flambeaux m'éclairèrent jusqu'au lit conjugal!

COMINIUS.

Fleur des guerriers, — qu'est devenu Titus Lartius?

MARCIUS.

— Il est occupé à rendre des décrets, — condamnant les uns à mort, les autres à l'exil, — rançonnant celui-ci, graciant ou menaçant celui-là; — tenant Corioles au nom de Rome, — comme un humble lévrier en laisse, — qu'il peut lâcher à volonté.

COMINIUS.

Où est le drôle — qui m'a dit qu'on vous avait chassés jusqu'à vos retranchements? — Où est-il? Qu'on l'appelle!

MARCIUS.

Laissez-le tranquille, — il a rapporté la vérité. Quant à nos gentilhommes — de la canaille (fi! des tribuns pour eux!), — jamais la souris n'a fui le chat comme ils ont lâché pied — devant des gueux pires qu'eux-mêmes.

COMINIUS.

Mais comment avez-vous eu le dessus?

MARCIUS.

— Est-ce le moment de le dire? Je ne le crois pas... —

Où est l'ennemi? Êtes-vous maîtres de la plaine? — Si non, pourquoi vous reposez-vous avant de l'être?

COMINIUS.

Marcius, — nous avons le désavantage du combat, — et nous faisons retraite, pour assurer notre succès.

MARCIUS.

— Quel est leur ordre de bataille? Savez-vous — en quel endroit ils ont placé leurs meilleurs soldats?

COMINIUS.

Autant que j'en puis juger, Marcius, — les bandes qui sont au front de leur bataille sont les Antiates, — leur élite, commandés par Aufidius, — le cœur même de leur espérance.

MARCIUS.

Je vous adjure, — par tous les combats où nous avons guerroyé, — par le sang que nous avons versé ensemble, par nos vœux — d'éternelle amitié, mettez-moi droit — à l'encontre d'Aufidius et de ses Antiates; — ne laissez pas échapper le moment; mais, — remplissant l'air d'épées et de lances en arrêt, — mettons l'heure présente à l'épreuve.

COMINIUS.

Je pourrais souhaiter — que vous fussiez conduit à un bain salutaire — et que des baumes vous fussent appliqués; mais je n'ose jamais — repousser vos demandes. Choisissez donc ceux — qui peuvent le mieux aider à votre entreprise.

MARCIUS.

Ce sont tous ceux — qui ont la meilleure volonté. Si parmi ces hommes il en est un — (et ce serait un péché d'en douter), qui aime la couleur — dont vous me voyez fardé, qui craigne — moins pour sa personne que pour sa renommée, — qui pense qu'une mort vaillante vaut mieux qu'une mauvaise vie — et préfère sa patrie à lui-même, — que ce brave unique ou tous les braves comme lui —

expriment leurs sentiments en levant ainsi le bras — et suivent Marcius !

Marcius lève son épée. Tous l'imitent en poussant des acclamations ; des soldats jettent leurs bonnets en l'air et veulent porter Marcius en triomphe. Marcius les repousse.

— Oh ! laissez-moi ! me prenez-vous pour une épée ? — Si ces démonstrations ne sont pas des semblants, qui de vous — ne vaut pas quatre Volsques ? Pas un de vous — qui ne puisse opposer au grand Aufidius — un bouclier aussi inflexible que le sien. Je dois, — en vous remerciant tous, ne choisir qu'un certain nombre : les autres — soutiendront l'action dans un autre combat, — quand l'occasion l'exigera. Veuillez vous mettre en marche ; — et que quatre d'entre vous désignent pour mon expédition — les hommes les plus dispos.

COMINIUS.

En avant, caramades ! — Prouvez que cette démonstration est sérieuse, et vous aurez, — comme nous, votre part dans le triomphe.

Ils sortent.

SCÈNE VII.

[Devant les portes de Corioles.]

Titus Lartius, ayant posé des sentinelles aux portes de Corioles, sort de la ville au son du tambour et de la trompette, pour aller se joindre à Cominius et à Marcius. Il apparaît, accompagné d'un LIEUTENANT, d'un piquet de soldats et d'un éclaireur.

LARTIUS.

— Ainsi, que les portes soient gardées : exécutez les ordres — que je vous ai remis. Si j'envoie, expédiez — les centuries à notre secours : le reste suffira — pour tenir quelque temps. Si nous sommes battus en campagne, — nous ne pourrons garder la ville.

LE LIEUTENANT.

Ne doutez pas de notre vigilance, monsieur.

LARTIUS.

— Rentrez, et fermez vos portes sur nous.

Le lieutenant se retire.

A l'éclaireur.

— Allons, guide, conduis-nous au camp romain.

SCÈNE VIII

[Un champ de bataille entre le camp romain et le camp volsque.]

Alarme. Entrent Marcius et Aufidius.

MARCIUS.

— Je ne veux combattre qu'avec toi, car je te hais — plus qu'un parjure.

AUFIDIUS.

Nous avons haine égale. — L'Afrique n'a pas de serpent que j'abhorre — plus que ton importune gloire. Fixe ton pied!

MARCIUS.

— Que le premier qui bouge meure esclave de l'autre, — et que les dieux le damnent ensuite!

AUFIDIUS.

Si je fuis, Marcius, — relance-moi comme un lièvre.

MARCIUS.

Il y a trois heures à peine, Tullus, — que je combattais seul dans votre ville de Corioles; — j'ai fait ce que j'ai voulu. Ce n'est pas de mon sang — que tu me vois ainsi masqué. Venge-toi donc — et tords ta valeur jusqu'au suprême effort.

AUFIDIUS.

Quand tu serais Hector, — le héros dont se targue votre race, — tu ne m'échapperais pas ici.

Ils se battent. Des Volsques viennent au secours d'Aufidius.

— Auxiliaires plus officieux que vaillants, vous me faites honte — par votre injurieuse assistance.

Les Volsques sortent en combattant, poursuivis par Marcius.

SCÈNE IX

[Le camp romain.]

Alarme. La retraite est sonnée au loin. Fanfares. Entrent d'un côté, Cominius et des Romains ; de l'autre côté, Marcius, le bras en écharpe, suivi d'autres Romains.

COMINIUS.

— Si je te disais tout ce que tu as fait aujourd'hui, — tu ne croirais pas à tes actes. — Mais je raconterai cela ailleurs, — et, en m'écoutant, des sénateurs mêleront les larmes aux sourires ; — d'illustres patriciens commenceront par hausser les épaules, — et finiront par s'extasier ; des dames frissonneront d'épouvante — et de joie, avides de m'entendre encore ; et les sombres tribuns, — qui, à l'égal des plébéiens infects, détestent ta grandeur, — s'écrieront à contre-cœur : *Nous remercions les dieux — d'avoir donné à notre Rome un pareil soldat !* — Tu es venu prendre ta part de notre festin, — comme si tu n'avais pas déjà assouvi ta vaillance.

Entre Titus Lartius, ramenant son armée de la poursuite de l'ennemi.

LARTIUS, montrant Coriolan à Cominius.

O général, — voici le coursier, nous sommes le caparaçon. — Avez-vous vu ?

MARCIUS.

Assez, je vous prie ! Ma mère, — qui a bien le droit de vanter son sang, — m'afflige quand elle me loue. J'ai fait,

— comme vous, ce que j'ai pu, animé, — comme vous, par l'amour de ma patrie. — Quiconque a prouvé sa bonne volonté — a accompli autant que moi.

COMINIUS.

Vous ne serez pas — le tombeau de votre mérite. Il faut que Rome sache — la valeur des siens. Ce serait une réticence — pire qu'un larcin, et comme une calomnie, — de cacher vos actions et de taire des exploits — que la louange doit porter aux nues, — pour n'être que modeste. Permettez-moi donc, je vous conjure, — pour rendre hommage à ce que vous êtes, et non pour récompenser — ce que vous avez fait, de haranguer l'armée devant vous.

MARCIUS.

— J'ai quelques blessures sur le corps, et elles me cuisent — quand je les entends rappeler.

COMINIUS.

Si elles étaient oubliées, — elles pourraient s'envenimer par l'ingratitude — et se gangrener mortellement. De tous les chevaux — que nous avons pris (et il y en a quantité d'excellents), de tout — le butin que nous avons conquis sur le champ de bataille et dans la cité, — nous vous offrons le dixième : prélevez-le donc, — avant la distribution générale, à votre volonté.

MARCIUS.

Je vous remercie, général ; — mais je ne puis décider mon cœur à accepter — pour mon épée un loyer mercenaire ; je le refuse, — et je ne veux que la part revenant à tous ceux — qui ont assisté à l'affaire.

Longues fanfares. Tous crient : Marcius ! Marcius ! en agitant leurs casques et leurs lances. Cominius et Lartius restent tête découverte.

MARCIUS, reprenant.

— Puissent ces instruments, que vous profanez ainsi, — perdre à jamais leur son ! Si les tambours et les trompettes — se changent en flatteurs sur le champ de bataille, que les cours et les cités ne soient plus — que grimaçante adulation. — Si l'acier s'amollit comme la soie du parasite, que celle-ci devienne notre cuirasse de guerre! — Assez, vous dis-je! Parce que je n'ai pas lavé — mon nez qui saignait, parce que j'ai terrassé quelque débile pauvret, — ce qu'ont fait obscurément beaucoup d'entre vous, — vous m'exaltez de vos acclamations hyperboliques, — comme si mon faible mérite voulait être mis au régime — des louanges frelatées par le mensonge!

COMINIUS.

C'est trop de modestie; — vraiment vous êtes plus cruel pour votre gloire que reconnaissant — envers nous qui vous glorifions sincèrement. Résignez-vous : — si vous vous emportez contre vous-même, nous vous traiterons — comme un furieux qui médite sa propre destruction, et nous vous garrotterons, — pour pouvoir en sûreté raisonner avec vous... Qu'il soit donc connu — du monde entier, comme de nous, qu'à Caïus Marcius — appartient la palme de cette victoire; en témoignage de quoi — je lui donne, tout harnaché, mon noble destrier — si connu dans le camp; et désormais, — pour ce qu'il a fait devant Corioles, appelons-le, — aux applaudissements et aux acclamations de toute l'armée, — Caïus Marcius Coriolan!... — Puisse-t-il toujours porter noblement ce surnom!...

Fanfares, tambours et trompettes.

TOUS.

Caïus Marcius Coriolan!

CORIOLAN.

Je vais me laver; — et, quand mon visage sera net, vous verrez bien — si je rougis ou non. N'importe! je vous remercie. — Je m'engage à monter votre coursier, et, en tout temps, — à soutenir aussi haut que je pourrai — le beau nom dont vous me couronnez.

COMINIUS.

Sur ce, à notre tente! — Avant de nous reposer, il nous faut écrire — nos succès à Rome... Vous, Titus Lartius, — retournez à Corioles, et envoyez-nous à Rome — les notables de la ville qui traiteront avec nous — pour leurs intérêts et les nôtres.

LARTIUS.

J'obéirai, monseigneur.

CORIOLAN.

— Les dieux commencent à se jouer de moi. Moi qui tout à l'heure — refusais des présents royaux, je suis réduit à mendier — une faveur de mon général.

COMINIUS.

D'avance elle est accordée... Qu'est-ce?

CORIOLAN.

— J'ai logé quelque temps, ici même, à Corioles, — chez un pauvre homme qui m'a traité en ami. — Je l'ai vu faire prisonnier, il m'a imploré; — mais alors Aufidius s'offrait à ma vue, — et la fureur a étouffé ma pitié. Je vous demande — d'accorder la liberté à mon pauvre hôte.

COMINIUS.

O noble demande!... — Fût-il l'égorgeur de mon fils, qu'il soit — libre comme le vent. Délivrez-le, Titus.

LARTIUS.

— Son nom, Marcius?

CORIOLAN.

Oublié, par Jupiter! — Je suis las, et ma mémoire est fatiguée. — Est-ce que nous n'avons pas de vin, ici?

COMINIUS.

Allons à notre tente. — Le sang se fige sur votre visage : il est temps — qu'on y prenne garde : allons !

Ils sortent.

SCÈNE X.

[Le camp des Volsques.]

Fanfares. Bruit de cornets. Entre TULLUS AUFIDIUS, couvert de sang, accompagné de deux ou trois SOLDATS.

AUFIDIUS.

La ville est prise !

PREMIER SOLDAT.

— Elle sera restituée à de bonnes conditions.

AUFIDIUS.

Des conditions ! — Je voudrais être Romain ; car je ne puis plus, — en restant Volsque, être ce que je suis... Des conditions ! — Est-ce qu'un traité peut contenir de bonnes conditions — pour celle des parties qui est à la merci de l'autre ?... Cinq fois, Marcius, — je me suis battu avec toi ; cinq fois tu m'as vaincu, — et tu me vaincrais, je le crois, toujours, quand nous nous rencontrerions — autant de fois que nous mangeons... Par les éléments, — si jamais nous nous trouvons barbe contre barbe, — il sera ma victime, ou je serai la sienne. Ma jalousie — n'a plus la même loyauté ; naguère — je comptais l'accabler à force égale, — épée contre épée, mais maintenant je le frapperai n'importe comment ; — ou la rage ou la ruse auront raison de lui.

PREMIER SOLDAT.

C'est le démon.

AUFIDIUS.

— Il est plus audacieux, mais moins subtil. Ma valeur est empoisonnée — par la souillure qu'il lui a faite : pour lui, elle — s'arrachera à son essence. En vain le sommeil, le sanctuaire, — le dénûment, la maladie, le temple, le Capitole, — les prières des prêtres, l'heure du sacrifice, —

toutes ces sauvegardes contre la furie, opposeront — leur privilége et leur impunité vermoulue à ma haine — envers Marcius. Partout où je le trouverai, fût-ce — chez moi, sous la protection de mon frère, en dépit même — du droit hospitalier, je veux — plonger dans son cœur ma main farouche. Allez, vous, à la ville, — sachez quelle force l'occupe et quels sont les otages — destinés pour Rome.

PREMIER SOLDAT.

Est-ce que vous n'y viendrez pas?

AUFIDIUS.

— Je suis attendu dans le bois de cyprès. — Je vous en prie (c'est au sud des moulins de la ville, vous savez), revenez me dire — comment vont les choses, pour que, sur leur marche, — je puisse accélérer la mienne.

PREMIER SOLDAT.

J'obéirai, monsieur.

Ils sortent.

SCÈNE XI.

[Rome. Une rue.]

Entrent MÉNÉNIUS, SICINIUS et BRUTUS.

MÉNÉNIUS.

L'augure me dit que nous aurons des nouvelles ce soir.

BRUTUS.

Bonnes ou mauvaises?

MÉNÉNIUS.

Peu conformes aux vœux du peuple, car il n'aime pas Marcius.

SICINIUS.

La nature apprend aux animaux même à reconnaître leurs amis.

SCÈNE XI.

MÉNÉNIUS.

Et qui donc le loup aime-t-il, je vous prie?

SICINIUS.

L'agneau.

MÉNÉNIUS.

Oui, pour le dévorer, comme vos plébéiens affamés voudraient dévorer le noble Marcius.

BRUTUS.

Lui! c'est un agneau, en effet, qui bêle comme un ours.

MÉNÉNIUS.

C'est un ours, en effet, qui vit comme un agneau. Vous êtes deux vieillards: répondez-moi à ce que je vais vous demander.

LES DEUX TRIBUNS.

Voyons, monsieur.

MÉNÉNIUS.

Quel pauvre défaut a donc Marcius, qui ne se retrouve pas énorme chez vous?

BRUTUS.

Marcius n'a pas de pauvre défaut: il est gorgé de tous les vices.

SICINIUS.

Spécialement d'orgueil.

BRUTUS.

Et surtout de jactance.

MÉNÉNIUS.

Voilà qui est étrange. Savez-vous comment vous êtes jugés tous les deux ici, dans la cité, j'entends par nous, les gens du bel air? Le savez-vous?

LES DEUX TRIBUNS.

Eh bien, comment sommes-nous jugés?

MÉNÉNIUS.

Puisque vous parlez d'orgueil... Vous ne vous fâcherez pas?

LES DEUX TRIBUNS.

Dites, dites, monsieur, dites.

MÉNÉNIUS.

D'ailleurs, peu importe : car le plus mince filou de prétexte est capable de vous dépouiller de toute votre patience. Lâchez les rênes de votre humeur, et fâchez-vous à plaisir, du moins si c'est un plaisir pour vous de vous fâcher. Vous reprochez à Marcius d'être orgueilleux?

BRUTUS.

Nous ne sommes pas seuls à le faire, monsieur.

MÉNÉNIUS.

Je sais que vous savez faire bien peu de choses, seuls : il vous faut nombre d'assistances, sans quoi vos actions seraient merveilleusement rares ; vos facultés sont trop dans l'enfance, pour que seuls vous puissiez faire beaucoup. Vous parlez d'orgueil, besaciers! Oh! Si vous pouviez jeter vos regards par-dessus vos épaules et faire la revue intérieure de vos personnes! Oh! si vous le pouviez...

BRUTUS.

Eh bien, après, monsieur?

MÉNÉNIUS.

Eh bien, vous apercevriez deux magistrats (*alias*, deux sots), incapables, orgueilleux, violents et têtus, comme personne à Rome.

SICINIUS.

Vous aussi, Ménénius, vous êtes suffisamment connu.

MÉNÉNIUS.

Je suis connu pour être un patricien de belle humeur, aimant une coupe de vin ardent que n'a pas refroidi une goutte du Tibre; ayant, dit-on, le léger défaut de céder au premier élan; vif et prenant feu à la plus triviale excitation;

un mortel, enfin, plus familier avec la fesse de la nuit qu'avec le front de l'aurore. Ce que je pense, je le dis, et je dépense toute ma malice en paroles. Quand je rencontre des hommes d'État tels que vous (je ne puis vraiment pas vous appeler des Lycurgues), si la boisson que vous m'offrez affecte mon palais désagréablement, je fais une grimace. Je ne puis dire que vos seigneuries ont bien élucidé la matière, quand je vois l'ânerie entrer comme ingrédient dans la majeure partie de vos phrases ; et, quoiqu'il me faille tolérer ceux qui disent que vous êtes des hommes graves et vénérables, ils n'en ont pas moins menti par la gorge, ceux qui déclarent que vous avez bonne mine. Est-ce parce que vous voyez tout ça dans la carte de mon microcosme, que vous me trouvez suffisamment connu ? Quel vice votre aveugle sagacité découvre-t-elle dans mon caractère, si, comme vous dites, je suis suffisamment connu ?

BRUTUS.

Allons, monsieur, allons, nous vous connaissons suffisamment.

MÉNÉNIUS.

Vous ne connaissez ni moi, ni vous, ni quoi que ce soit. Vous ambitionnez les coups de chapeau et les courbettes des pauvres hères ; vous épuisez toute une sainte matinée à ouïr une chicane entre une vendeuse d'oranges et un marchand de canules, et vous ajournez cette controverse de trois oboles à une seconde audience. Quand vous entendez une discussion entre deux parties, s'il vous arrive d'être pincés par la colique, vous faites des figures de mascarade, vous arborez le drapeau rouge contre toute patience, et, hurlant après un pot de chambre, vous renvoyez l'affaire sanglante, embrouillée de plus belle par votre intervention ; et tout l'accord que vous établissez entre les plaideurs, c'est de les traiter l'un et l'autre de fripons. Vous êtes un couple étrange !

BRUTUS.

Allez, allez, on sait fort bien que vous êtes plus parfait comme farceur à table, que nécessaire comme législateur au Capitole.

MÉNÉNIUS.

Nos prêtres eux-mêmes deviendraient moqueurs, s'ils rencontraient des objets aussi ridicules que vous. Ce que vous dites de plus sensé ne vaut pas la peine de remuer vos barbes ; et ce serait faire à vos barbes de trop nobles obsèques que d'en rembourrer le coussin d'un ravaudeur ou de les ensevelir dans le bât d'un âne. Et vous osez dire que Marcius est fier, lui qui, estimé au plus bas, vaut tous vos prédécesseurs depuis Deucalion, parmi lesquels les meilleurs peut-être ont été bourreaux de père en fils. Le bonsoir à vos révérences ! Ma cervelle serait infectée par une plus longue conversation avec vous, pâtres des bestiaux plébéiens. J'oserai prendre congé de vous.

<small>Brutus et Sicinius se retirent au fond de la scène.</small>

<small>Entrent Volumnie, Virgilie, Valérie, et leurs suivantes.</small>

Eh bien, mes belles, mes nobles dames (et la Lune, descendue sur terre, ne serait pas plus noble), où suivez-vous si vite vos regards ?

VOLUMNIE.

Honorable Ménénius, mon fils Marcius approche ; pour l'amour de Junon, partons !

MÉNÉNIUS.

Ha ! Marcius revient !

VOLUMNIE.

Oui, digne Ménénius, dans le plus éclatant triomphe.

<small>MÉNÉNIUS, jetant son bonnet en l'air.</small>

Reçois mon bonnet, Jupiter ; je te remercie. Ho ! ho ! Marcius revient !

SCÈNE XI.

LES DEUX DAMES.

Oui, vraiment.

VOLUMNIE.

Tenez, voici une lettre de lui ; le gouvernement en a une autre, sa femme une autre ; et je crois qu'à la maison il y en a une pour vous.

MÉNÉNIUS.

Je veux mettre le branle-bas chez moi toute la nuit : une lettre pour moi !

VIRGILIE.

Oui, certainement, il y a une lettre pour vous ; je l'ai vue.

MÉNÉNIUS.

Une lettre pour moi ! Voilà qui me donne un fond de santé pour sept années, pendant lesquelles je vais faire la nique au médecin. Comparée à ce cordial, la plus souveraine prescription de Galien n'est qu'une drogue d'empirique, ne valant guère mieux qu'une médecine de cheval... Est-ce qu'il n'est pas blessé ? Il avait coutume de revenir blessé.

VIRGILIE.

Oh ! non, non, non.

VOLUMNIE.

Oh ! il est blessé, et j'en rends grâces aux dieux.

MÉNÉNIUS.

Moi aussi, s'il ne l'est pas trop. Les blessures lui vont si bien... Rapporte-t-il la victoire dans sa poche ?

VOLUMNIE.

Sur son front, Ménénius : il revient pour la troisième fois avec la couronne de chêne.

MÉNÉNIUS.

A-t-il corrigé Aufidius solidement ?

VOLUMNIE.

Titus Lartius a écrit qu'ils se sont battus, mais qu'Aufidius a échappé.

MÉNÉNIUS.

Et il était temps pour lui, je le garantis ; s'il avait tenu bon, il eût été étrillé comme je ne voudrais pas l'être pour tous les coffres de Corioles et ce qu'il y a d'or dedans. Le sénat est-il informé de tout cela ?

VOLUMNIE.

Mesdames, partons... Oui, oui, oui : le sénat a eu des lettres du général qui attribuent à mon fils tout l'honneur de la guerre : il a, dans cette campagne, dépassé du double ses premières prouesses.

VALÉRIE.

En vérité, on dit de lui des choses prodigieuses.

MÉNÉNIUS.

Prodigieuses ! oui, mais je vous garantis qu'il a bien payé pour ça !

VIRGILIE.

Les dieux veuillent qu'elles soient vraies !

VOLUMNIE.

Vraies ! ah, bon !

MÉNÉNIUS.

Vraies ? Je jurerais qu'elles sont vraies..... Où est-il blessé ?

Aux tribuns qui s'avancent.

Dieu garde vos révérences ! Marcius revient : il a de nouveaux sujets d'orgueil.

A Volumnie.

Où est-il blessé ?

VOLUMNIE.

A l'épaule et au bras gauche. Il aura là de larges cicatrices à montrer au peuple, quand il réclamera le poste qui lui est dû. A l'expulsion de Tarquin il reçut sept blessures.

MÉNÉNIUS.

Une au cou et deux à la cuisse... Je lui en connais neuf.

SCÈNE XI. 119

VOLUMNIE.

Avant cette dernière expédition, il avait sur lui vingt-cinq blessures.

MÉNÉNIUS.

A présent c'est vingt-sept : chaque balafre a été la tombe d'un ennemi.

Fanfares et acclamations.

Écoutez ! les trompettes !

VOLUMNIE.

— Ce sont les émissaires de Marcius : devant lui — il porte le fracas et derrière lui il laisse les larmes. — La mort, ce noir esprit, réside dans son bras nerveux : — il s'élève, retombe, et alors des hommes meurent.

Symphonie. Les trompettes sonnent. Arrivent COMINIUS *et* TITUS LARTIUS ; *entre eux* CORIOLAN, *couronné d'une guirlande de chêne, et suivi d'officiers et de soldats. Un héraut les précède.*

LE HÉRAUT.

— Sache, Rome, que Marcius a combattu seul — dans les murs de Corioles et y a gagné — avec honneur le surnom de Coriolan, qui — fera dans la gloire cortége à Caïus Marcius. — Sois le bien venu à Rome, illustre Coriolan !

Fanfare.

TOUS.

— Bienvenu à Rome, illustre Coriolan !

CORIOLAN.

— Assez ! cela me fait mal au cœur ! — Assez, je vous prie.

COMINIUS, *montrant Volumnie.*

Voyez donc, monsieur ! votre mère !

CORIOLAN.

Oh ! — vous avez, je le sais, imploré les dieux — pour ma prospérité.

Il plie le genou.

VOLUMNIE.

Debout, mon vaillant soldat, debout ! — Mon doux Marcius, mon digne Marcius, mon — héros nommé à nouveau par la gloire... — Comment donc ? N'est-ce pas Coriolan qu'il faut que je t'appelle ?... — Mais, regarde ta femme !

Virgilie pleure de joie.

CORIOLAN, à Virgilie.

Salut, mon gracieux silence ! — Aurais-tu donc ri, si j'étais revenu dans un cercueil, — toi qui pleures de me voir triompher ? Ah ! ma chère, — elles ont ces yeux-là, les veuves de Corioles — et les mères qui ont perdu leurs fils.

MÉNÉNIUS.

Qu'aujourd'hui les dieux te couronnent !

CORIOLAN.

— Vous voilà donc encore...

A Valérie.

O ma charmante dame, pardon.

VOLUMNIE.

— Je ne sais de quel côté me tourner.

Saluant Lartius.

Oh ! soyez le bienvenu.

A Cominius.

— Le bienvenu, général... Soyez les bienvenus tous.

MÉNÉNIUS.

— Cent mille fois bienvenus. Je pourrais pleurer — et je pourrais rire ; je suis allègre et accablé.

A Coriolan.

Le bienvenu ! — Qu'une malédiction frappe aux racines du cœur — quiconque n'est pas heureux de te voir !... Vous êtes trois — dont Rome devrait raffoler : pourtant, au témoignage de tous, — nous avons ici, chez nous, de vieux sauvageons sur lesquels on ne saurait — enter la moindre sympathie pour vous. N'importe ! soyez les bienvenus, guerriers : une ortie ne s'appellera jamais qu'ortie, et — le défaut d'un sot que sottise.

COMINIUS.

Toujours le même.

SCÈNE XI.

CORIOLAN.

— Ménénius, toujours, toujours !

LE HÉRAUT, à la foule.

— Faites place là, et avancez.

CORIOLAN, à sa femme et à sa mère.

Votre main... et la vôtre. — Avant que j'aille abriter ma tête sous notre toit, — il faut que je fasse visite à ces bons patriciens — qui m'ont accablé de compliments — et d'honneurs !

VOLUMNIE.

J'ai assez vécu — pour voir mettre le comble à mes plus chers désirs — et à l'édifice de mes rêves. — Il n'y manque plus qu'une seule chose, et je ne doute pas — que notre Rome ne te la confère.

CORIOLAN.

Sachez-le, ma bonne mère, — j'aime mieux les servir à ma guise — que les commander à la leur.

COMINIUS.

En marche ! Au Capitole !

Fanfares de cornets. Le cortège sort, comme il est entré. Tous se retirent, excepté les deux tribuns.

BRUTUS.

— Toutes les bouches parlent de lui, et toutes les vues troubles — mettent des besicles pour le voir. La nourrice bavarde — laisse son poupon geindre dans des convulsions, — tandis qu'elle jase de lui ; la souillon de cuisine fixe — son plus beau fichu autour de son cou enfumé, — et grimpe aux murs pour l'apercevoir. Les auvents, les bornes, les fenêtres — sont encombrés, les gouttières remplies, les pignons surchargés — de figures diverses, toutes pareillement — attentives à le voir. Les flamines, qui se montrent si rarement, — fendent le flot populaire et s'essoufflent — pour conquérir une place vulgaire. Nos dames se dévoilant — abandonnent le blanc et le rose, qui luttent — sur leurs joues délicates, aux licencieux ravages — des baisers brûlants de Phébus : c'est une cohue ! — On dirait que le dieu qui le guide, — quel qu'il soit, s'est furtivement insinué dans sa personne mortelle — et donne de la grâce à ses allures.

SICINIUS.

Du coup, — je le garantis consul.

BRUTUS.

Alors notre autorité risque fort — de sommeiller, durant son gouvernement.

SICINIUS.

— Il n'aura pas la modération d'exercer ses fonctions — dans les limites où elles doivent commencer et finir; mais — il perdra le pouvoir même qu'il a conquis.

BRUTUS.

C'est ce qui doit nous rassurer.

SICINIUS.

N'en doutez pas, — les gens du peuple que nous représentons, — mus par leurs anciennes rancunes, oublieront — à la moindre occasion ses titres récents; — et cette occasion, je suis sûr que lui-même se fera gloire — de la leur fournir.

BRUTUS.

Je l'ai entendu jurer — que, s'il briguait le consulat, il ne voudrait jamais — paraître en place publique, affublé — des vêtements râpés du suppliant, — ni, comme c'est l'usage, montrer ses blessures — aux plébéiens, pour mendier leurs voix puantes.

SICINIUS.

C'est vrai.

BRUTUS.

— Ce sont ses paroles. Oh ! Il aimerait mieux renoncer à la charge — que l'obtenir autrement que par les vœux des gentilhommes — et le désir des nobles.

SCÈNE XI.

SICINIUS.

Tout ce que je souhaite, — c'est qu'il persiste dans cette idée et qu'il la mette — à exécution.

BRUTUS.

Il est très-probable qu'il le fera.

SICINIUS.

— Le résultat sera pour lui, comme le veulent nos intérêts, — une destruction certaine.

BRUTUS.

Et tel il doit être — pour lui ou pour notre autorité. Dans ce but, — rappelons sourdement aux plébéiens quelle haine — Marcius a toujours eue pour eux; comment, s'il l'avait pu, il aurait — fait d'eux des bêtes de somme, réduit au silence leurs défenseurs, et confisqué leurs franchises; ne leur accordant pas, — en fait d'action et de capacité humaine, — une âme plus élevée, plus apte aux choses de ce monde, — qu'à ces chameaux de guerre qui reçoivent leur pitance — pour porter des fardeaux, et une volée de coups — pour avoir plié sous le faix.

SICINIUS.

Cette idée, suggérée dans une occasion où son insolence déchaînée — offensera le peuple (et les occasions ne manqueront pas, — pour peu qu'on l'excite, chose aussi aisée — que de lancer un chien sur un troupeau), suffira — à allumer le feu de paille qui doit, en flamboyant, — le noircir à jamais.

Entre un MESSAGER.

BRUTUS.

Qu'y a-t-il?

LE MESSAGER.

— Vous êtes mandés au Capitole. On croit que Marcius sera consul. — J'ai vu les muets se presser pour le voir, — et les aveugles pour l'entendre. Les matrones lui jetaient leurs gants, — les dames et les jeunes filles, leurs écharpes et leurs mouchoirs, — quand il passait; les nobles s'inclinaient — comme devant la statue de Jupiter; et les gens du commun — lançaient une grêle de bonnets, un tonnerre d'acclamations. — Je n'ai jamais rien vu de pareil.

BRUTUS.

Allons au Capitole, — ayant l'œil et l'oreille aux aguets, — le cœur à la hauteur des événements !

SICINIUS.

Je vous accompagne.

Ils sortent.

SCÈNE XII.

[La salle du sénat, au Capitole.]

Entrent deux OFFICIERS, qui posent des coussins.

PREMIER OFFICIER.

Vite ! vite ! ils sont tout près d'ici... Combien y a-t-il de candidats pour le consulat ?

DEUXIÈME OFFICIER.

Trois, dit-on; mais chacun pense que Coriolan l'emportera.

PREMIER OFFICIER.

C'est un brave compagnon, mais il est diantrement fier, et il n'aime pas le commun peuple.

DEUXIÈME OFFICIER.

Ma foi, il y a nombre de grands personnages qui ont flatté le peuple et ne l'ont jamais aimé; et il en est d'autres que le peuple a aimés sans savoir pourquoi. Or, si le peuple aime sans savoir pourquoi, il peut haïr sans meilleur motif. Donc, en ne se souciant ni de sa haine ni de son amour, Coriolan prouve qu'il connaît à fond sa disposition, et il le lui fait bien voir par sa noble indifférence.

SCÈNE XII.

PREMIER OFFICIER.

S'il ne se souciait ni de la haine ni de l'amour des plébéiens, il lui serait égal de leur faire du bien et du mal ; mais il met plus de zèle à rechercher leur haine qu'ils n'en peuvent mettre à la lui accorder ; il ne néglige rien pour se déclarer ouvertement leur ennemi. Or, affecter ainsi de provoquer leur rancune et leur colère, c'est un tort aussi grave que celui qu'il réprouve, les flatter pour être aimé d'eux.

DEUXIÈME OFFICIER.

Il a bien mérité de sa patrie. Il ne s'est pas élevé par de trop faciles degrés, comme ceux qui, à force de souplesse et de courtoisie envers le peuple, ont gagné leurs insignes sans avoir rien fait d'ailleurs pour s'assurer son estime et sa faveur. Mais lui, il a arboré ses titres à tous les yeux, ses exploits dans tous les cœurs, si bien qu'il y aurait une coupable ingratitude à garder le silence et à ne pas avouer la vérité : la contester serait une médisance qui se démentirait d'elle-même en soulevant partout la réprobation et le murmure.

PREMIER OFFICIER.

— N'en parlons plus : c'est un digne homme. — Faisons place : les voici.

Symphonie. Entrent, précédés de licteurs, le consul Cominius, Ménénius, Coriolan, un grand nombre d'autres sénateurs, puis Sicinius et Brutus. Les sénateurs s'asseyent sur leurs siéges respectifs ; les tribuns s'asseyent à part.

MÉNÉNIUS.

— Ayant décidé l'affaire des Volsques — et le rappel de Titus Lartius, il nous reste, — et c'est le principal objet de cette réunion supplémentaire, — à reconnaître les nobles services de celui qui — a si bien combattu pour son pays. Veuillez donc, — vénérables et graves anciens, inviter — le consul actuel, notre général — dans cette heureuse campagne, à nous parler — un peu des nobles exploits accomplis — par Caïus Marcius Coriolan, — que nous sommes venus ici remercier et récompenser — par des honneurs dignes de lui.

PREMIER SÉNATEUR.

Parlez, bon Cominius. — N'omettez aucun détail, et obligez-nous à confesser — plutôt l'impuissance de l'État à s'acquitter — que la défaillance de notre gratitude.

Aux tribuns.

Chefs du peuple, — nous réclamons votre plus bienveillante attention, et ensuite — votre favorable intervention auprès du peuple — pour le faire adhérer à ce qui se décidera ici.

SICINIUS.

Nous sommes rassemblés — pour une cordiale entente ; et nous sommes de tout cœur — disposés à honorer et à exalter — le héros de cette réunion.

BRUTUS.

Et nous serons d'autant plus — ravis de le faire, s'il s'attache désormais — à témoigner pour le peuple une plus affectueuse estime — que par le passé.

MÉNÉNIUS.

C'est de trop ! c'est de trop ! — Vous auriez mieux fait de garder le silence. Vous plaît-il — d'écouter Cominius ?

BRUTUS.

Très-volontiers : — mais pourtant mon observation était plus convenable — que votre boutade.

MÉNÉNIUS.

Il aime vos plébéiens : — mais ne le forcez pas à coucher avec eux. — Digne Cominius, parlez.

A Coriolan qui se lève pour sortir.

Non, gardez votre place.

PREMIER SÉNATEUR.

— Asseyez-vous, Coriolan ; ne rougissez pas d'entendre — ce que vous avez fait de glorieux.

SCÈNE XII.

CORIOLAN.

Que Vos Seigneuries me pardonnent! — J'aimerais mieux avoir de nouveau à panser mes blessures — que d'entendre dire comment je les ai reçues.

BRUTUS.

Monsieur, ce ne sont pas, j'espère, — mes paroles qui vous arrachent à votre siége.

CORIOLAN.

Non, monsieur; souvent néanmoins — les paroles m'ont fait fuir, moi que les coups ont toujours fait rester. — Vous ne m'avez pas flatté, et partant pas blessé. Quant à votre peuple, — je l'aime comme il le mérite.

MÉNÉNIUS.

Je vous en prie, asseyez-vous.

CORIOLAN.

— J'aimerais mieux me faire gratter la tête au soleil, — tandis que sonnerait la fanfare d'alarme, que d'entendre, paresseusement assis, — faire un monstre de mon néant.

Il sort.

MÉNÉNIUS, aux tribuns.

Chefs du peuple, — comment voulez-vous qu'il flatte votre fretin populaire, — où il y a un homme de bien sur mille, quand, comme vous voyez, — il aimerait mieux exposer tous ses membres à accomplir un exploit — qu'une seule de ses oreilles à l'entendre raconter?... Parlez, Cominius.

COMINIUS.

— L'haleine me manquera; les actes de Coriolan — ne sauraient être dits d'une voix débile. On convient — que la valeur est la vertu suprême, celle — qui ennoblit le plus : si cela est, — l'homme dont je parle n'a pas dans le monde un égal — qui lui fasse contre-poids. A seize ans, — quand Tarquin se jeta sur Rome, il se signala — plus que tous. Notre dictateur d'alors, — que je désigne avec admiration, le vit combattre — et, avec un menton d'amazone, chasser — devant lui maintes moustaches hérissées : il couvrit de son corps — un Romain terrassé, et, sous les yeux du consul, — occit trois ennemis; il provoqua Tarquin lui-même, — et d'un coup le mit à genoux. En ce jour de prouesses, — à un âge où il eût pu jouer les femmes sur la scène, — il se montra le plus vaillant dans la mêlée, et en récompense — fut couronné de chêne. Après cette entrée virile — dans l'adolescence, il est devenu grand comme une mer; — depuis lors, il a, dans le choc de dix-sept batailles, — soustrait la palme à tous les glaives. Quant à ses derniers exploits — devant et dans Corioles, je dois avouer — que je ne puis en parler dignement. Il a arrêté les fuyards, — et, par son rare exemple, forcé le lâche — à rire de sa terreur. Comme les goémons devant — un vaisseau à la voile, les hommes fléchissaient — et tombaient sous son sillage. Son glaive, sceau de la mort, — partout laissait une empreinte. De la tête aux pieds, — c'était un spectre sanglant dont chaque mouvement — était marqué par un cri d'agonie. Seul il a franchi — l'enceinte meurtrière de la ville qu'il a rougie — de trépas inévitables, est sorti sans aide, — puis, revenant avec un brusque renfort, est tombé — sur Corioles, comme une planète. Dès lors tout était à lui. — Mais bientôt le bruit d'un combat a frappé — son oreille fine; aussitôt son âme surexcitée — a rendu force à sa chair fatiguée; — il s'est élancé vers le champ de bataille, qu'il a — parcouru sur un monceau fumant de vies humaines, tombées — dans son incessant ravage, et, avant que nous fussions maîtres — de la plaine et de la ville, il ne s'est pas arrêté un moment — pour reprendre haleine.

MÉNÉNIUS.

Digne homme !

PREMIER SÉNATEUR.

— Il est à la hauteur de tous les honneurs — que nous pouvons imaginer pour lui.

SCÈNE XII.

COMINIUS.

Il a rejeté du pied notre butin, — et dédaigné les choses les plus précieuses, comme si elles étaient — le rebut grossier du monde ; il convoite moins — que l'avarice même ne donnerait ; il trouve la récompense — de ses actions dans leur accomplissement et se contente — de vivre en employant la vie.

MÉNÉNIUS.

Il est vraiment noble : — qu'on le rappelle.

PREMIER SÉNATEUR.

Qu'on appelle Coriolan.

UN OFFICIER.

Il va paraître.

Rentre Coriolan.

MÉNÉNIUS.

— Coriolan, c'est le bon plaisir du sénat — de te faire consul.

CORIOLAN.

Je lui dois à jamais — ma vie et mes services.

MÉNÉNIUS.

Il ne vous reste plus — qu'à parler au peuple.

CORIOLAN.

Je vous conjure — de me dispenser de cet usage ; car je ne pourrai jamais — revêtir l'humble robe et, tête nue, supplier le peuple — de m'accorder ses suffrages pour mes blessures ; permettez — que je n'en fasse rien.

SICINIUS.

Monsieur, le peuple — doit avoir son vote ; il ne retranchera pas — un détail du cérémonial.

MÉNÉNIUS.

Ne le laissez pas épiloguer ; — je vous en prie, conformez-vous à la coutume, — et, comme l'ont fait vos prédécesseurs, acceptez — votre élévation dans la forme voulue.

CORIOLAN.

C'est une comédie — que je rougirais de jouer et dont on devrait bien — priver le peuple.

BRUTUS, à Sicinius.

Remarquez-vous ?

CORIOLAN.

— Moi ! me targuer devant eux d'avoir fait ceci et cela, — leur montrer des blessures anodines que je devrais cacher, — comme si je ne les avais reçues que pour le salaire — de leurs murmures élogieux !

MÉNÉNIUS.

N'insistez pas... — Tribuns du peuple, nous recommandons — nos vœux à votre intercession; et à notre noble consul — nous souhaitons joie et honneur.

LES SÉNATEURS.

— Joie et honneur à Coriolan !

Fanfare. Tous sortent, excepté les deux tribuns.

BRUTUS.

— Vous voyez comme il entend traiter le peuple.

SICINIUS.

— Puissent les plébéiens pénétrer ses intentions ! Il va les requérir — en homme indigné de ce qu'ils aient le pouvoir — de lui accorder sa requête.

BRUTUS.

Allons les instruire — de ce que nous avons fait ici : c'est sur la place publique — qu'ils nous attendent, je le sais.

Ils sortent.

SCÈNE XIII.

[Le forum.]

Entrent plusieurs CITOYENS.

PREMIER CITOYEN.

Bref, s'il demande nos voix, nous ne devons pas les lui refuser.

SCÈNE XIII.

DEUXIÈME CITOYEN.

Nous le pouvons, monsieur, si nous voulons.

TROISIÈME CITOYEN.

Nous en avons le pouvoir, mais c'est un pouvoir dont nous ne sommes pas en pouvoir d'user : car, s'il nous montre ses blessures et nous raconte ses actes, nous sommes tenus de donner nos voix à ces blessures-là et de parler pour elles. Oui, s'il nous raconte ses nobles actions, nous devons à notre tour lui exprimer notre noble reconnaissance. L'ingratitude est chose monstrueuse ; et si la multitude était ingrate, elle ferait un monstre de la multitude ; et nous qui en sommes membres, nous en deviendrions par notre faute les membres monstrueux.

PREMIER CITOYEN.

Nous n'aurons pas de peine à le confirmer dans cette opinion sur nous ; car, une fois, quand nous nous sommes soulevés à propos du blé, il n'a pas hésité à nous appeler le monstre aux mille têtes.

TROISIÈME CITOYEN.

Nous avons reçu ce nom bien des fois, non pas parce qu'il y a parmi nous des têtes blondes, brunes, châtaines ou chauves, mais parce que nos esprits sont des nuances les plus disparates. Et je crois vraiment que, quand toutes nos pensées sortiraient du même crâne, elles s'envoleraient à l'est, à l'ouest, au nord, au sud, unanimes seulement pour se disperser à tous les points de l'horizon.

DEUXIÈME CITOYEN.

Vous croyez ça ? Eh bien, de quel côté pensez-vous que s'envolerait ma pensée ?

TROISIÈME CITOYEN.

Dame, votre pensée sortirait moins vite que celle d'un autre, tant elle est rudement chevillée à votre trogne : mais si elle se dégageait, elle irait sûrement droit au sud.

DEUXIÈME CITOYEN.

Pourquoi de ce côté ?

TROISIÈME CITOYEN.

Pour s'évanouir dans le brouillard ; puis, après s'être fondue aux trois quarts avec les brumes putrides, elle reviendrait consciencieusement vous aider à trouver une femme.

DEUXIÈME CITOYEN.

Toujours vos plaisanteries... A votre aise, à votre aise.

TROISIÈME CITOYEN.

Êtes-vous tous résolus à lui donner vos voix ?... Mais n'importe, c'est la majorité qui décide. Je déclare que, s'il était favorable au peuple, il n'y aurait pas un plus digne homme.

Entrent CORIOLAN *et* MÉNÉNIUS.

TROISIÈME CITOYEN.

Le voici qui vient, vêtu de la robe d'humilité ; observez son attitude. Ne restons pas tous ensemble ; mais passons près de lui un à un, ou par groupes de deux ou trois. Il doit nous requérir individuellement ; chacun de nous se fera tour à tour distinguer de lui en lui donnant son suffrage de vive voix. Suivez-moi donc, et je vous ferai défiler devant lui.

TOUS.

D'accord ! d'accord !

Ils sortent.

MÉNÉNIUS.

— Oh ! vous avez tort, seigneur : ne savez-vous pas — que les plus nobles personnages l'ont fait ?

CORIOLAN.

Que faut-il que je dise ?... — *Je vous prie, monsieur...* Peste soit du compliment ! Je ne pourrai jamais mettre — ma langue à cette allure-là ! *Voyez, monsieur..., mes blessures. — Je les ai eues au service de mon pays, alors que nombre de vos frères se sauvaient en hurlant — au bruit de nos propres tambours!*

MÉNÉNIUS.

O dieux! — ne dites rien de cela : vous devez les prier — de songer à vous.

CORIOLAN.

De songer à moi! Les pendards! — J'aime mieux qu'ils m'oublient, comme les vertus — que nos prêtres leur prêchent en pure perte.

MÉNÉNIUS.

Vous allez tout gâter. — Je vous laisse. Je vous en prie, je vous en prie, parlez-leur — d'une façon raisonnable.

Il sort.

Passent deux CITOYENS.

CORIOLAN.

Dites-leur de se laver le visage — et de se nettoyer les dents! Allons, en voici un couple!

Au premier citoyen.

—Monsieur, vous savez la cause de mon apparition ici?—

PREMIER CITOYEN.

Oui, monsieur. Dites-nous ce qui vous y a amené.

CORIOLAN.

Mon propre mérite.

DEUXIÈME CITOYEN.

Votre propre mérite?

CORIOLAN.

Et non mon propre désir.

PREMIER CITOYEN.

Ah! et non votre propre désir!

CORIOLAN.

Non, monsieur, ce n'a jamais été mon désir de solliciter l'aumône du pauvre.

PREMIER CITOYEN.

Vous devez bien penser que, si nous vous donnons quelque chose, c'est dans l'espoir de faire sur vous un profit.

CORIOLAN.

Dites-moi donc alors, je vous prie, à quel prix vous mettez le consulat.

PREMIER CITOYEN.

Au prix d'une demande polie.

CORIOLAN.

Polie?... Daignez me l'accorder, monsieur : j'ai des blessures que je puis vous montrer en particulier. Votre bonne voix, monsieur ! Que répondez-vous ?

DEUXIÈME CITOYEN.

Vous l'aurez, digne sire.

CORIOLAN.

Marché conclu, monsieur... Voilà déjà deux voix honorables de mendiées... J'ai vos aumônes. Adieu.

PREMIER CITOYEN.

Voilà qui est un peu étrange.

DEUXIÈME CITOYEN.

Si c'était à recommencer !... mais n'importe.

Les deux citoyens s'éloignent.

Passent deux autres CITOYENS.

CORIOLAN.

De grâce, si mon élévation au consulat est d'accord avec le ton de vos voix, remarquez que je porte la robe d'usage.

TROISIÈME CITOYEN.

Vous avez bien mérité et vous n'avez pas bien mérité de votre patrie.

CORIOLAN.

Le mot de votre énigme ?

SCÈNE XIII.

TROISIÈME CITOYEN.

Vous avez été la discipline de ses ennemis, et le fléau de ses amis ; en effet, vous n'avez jamais aimé le commun peuple.

CORIOLAN.

Je devrais être, à votre compte, d'autant plus vertueux que je n'ai pas eu d'affection commune. Pourtant, monsieur, je consens à flatter les gens du peuple, mes frères jurés, afin d'obtenir d'eux une plus cordiale estime. Puisqu'ils tiennent ce procédé pour aimable, puisque dans leur sagesse ils préfèrent les mouvements de mon chapeau à ceux de mon cœur, je veux m'exercer au hochement le plus insinuant, et les aborder en parfait pantomime ; c'est-à-dire, monsieur, que je mimerai les gracieusetés enchanteresses de quelque homme populaire, et les prodiguerai généreusement aux amateurs. En conséquence, je vous conjure de me nommer consul.

QUATRIÈME CITOYEN.

Nous espérons trouver en vous un ami, et en conséquence nous vous donnons nos voix de tout cœur.

TROISIÈME CITOYEN.

Vous avez reçu bien des blessures pour votre pays ?

CORIOLAN.

Il est inutile que je vous les montre pour mettre le sceau à vos informations. Je ferai grand cas de vos voix, et sur ce, je ne veux pas vous déranger plus longtemps.

LES DEUX CITOYENS.

Les dieux vous tiennent en joie, monsieur ! de tout cœur.

Ils s'éloignent.

CORIOLAN.

Voix exquises !... — Mieux vaut mourir, mieux vaut se laisser affamer — que d'avoir à implorer un salaire déjà mérité. — Pourquoi viens-je ici, sous cette robe de loup,

— solliciter de Paul, de Jacques, du premier venu, — un inutile assentiment? Parce que l'usage m'y oblige! — Ah! si nous faisions en tout ce que veut l'usage, — la poussière immuable joncherait les âges séculaires, — et l'erreur montueuse s'accumulerait si haut — que jamais la vérité ne se dégagerait!... Plutôt que de jouer cette parade, — laissons les honneurs de l'office suprême aller — à qui veut les obtenir ainsi... J'ai à demi traversé l'épreuve : — puisque j'en ai subi une moitié, soutenons-en l'autre.

Passent trois autres CITOYENS.

CORIOLAN.

— Voici venir de nouvelles voix !... — Vos voix !... Pour vos voix j'ai combattu ; pour vos voix j'ai veillé ; pour vos voix j'ai reçu — plus de vingt-quatre blessures ; j'ai vu — et entendu le choc de dix-huit batailles ; pour vos voix — j'ai fait maintes choses plus ou moins recommandables. Vos voix !... — Vraiment, je voudrais être consul.

CINQUIÈME CITOYEN.

Il s'est noblement conduit, et il doit réunir les voix de tous les honnêtes gens.

SIXIÈME CITOYEN.

Qu'il soit donc consul ! Les dieux le tiennent en joie, et fassent de lui l'ami du peuple !

TOUS.

Amen ! Amen !... Dieu te garde, noble consul !

Ils s'éloignent.

CORIOLAN.

Les dignes voix !

MÉNÉNIUS revient avec BRUTUS *et* SICINIUS.

MÉNÉNIUS, à Coriolan.

— Vous avez achevé votre stage ; et les tribuns — vous décernent la voix du peuple. — Il ne vous reste plus qu'à revêtir les insignes officiels — et à vous présenter sur-le-champ au sénat.

CORIOLAN.

Tout est-il fini ?

SICINIUS.

— Vous avez satisfait aux usages de la candidature ; — le peuple vous admet, et est convoqué — pour affirmer tout à l'heure votre élection.

CORIOLAN.

— Où ? au sénat ?

SICINIUS.

Là même, Coriolan.

CORIOLAN.

— Alors, puis-je changer de vêtements ?

SICINIUS.

Oui, monsieur.

CORIOLAN.

— Je vais le faire immédiatement ; et, redevenu moi-même, — me rendre au sénat.

MÉNÉNIUS.

— Je vous accompagnerai.

Aux tribuns.

Venez-vous ?

BRUTUS.

— Nous attendons le peuple ici même.

SICINIUS.

Adieu.

Sortent Coriolan et Ménénius.

— Il a réussi, et je vois à sa mine — que son cœur en est tout enflammé.

BRUTUS.

Avec quelle arrogance il portait — son humble accoutrement !... Voulez-vous congédier le peuple ?

Les citoyens *reviennent.*

SICINIUS.

— Eh bien, mes maîtres, vous avez donc choisi cet homme?

PREMIER CITOYEN.

— Il a nos voix, monsieur.

BRUTUS.

— Fassent les dieux qu'il mérite vos sympathies!

DEUXIÈME CITOYEN.

— Ainsi soit-il, monsieur. Selon ma pauvre et chétive opinion, — il se moquait de nous quand il demandait nos voix.

TROISIÈME CITOYEN.

Certainement. — Il s'est absolument gaussé de nous.

PREMIER CITOYEN.

— Non, il ne s'est pas moqué de nous ; c'est sa manière de parler.

DEUXIÈME CITOYEN.

— Tous, excepté vous, nous disons — qu'il nous a traités insolemment : il aurait dû nous montrer — les marques de son mérite, les blessures qu'il a reçues pour sa patrie.

SICINIUS.

— Allons ! il les a montrées, j'en suis sûr.

DEUXIÈME CITOYEN.

Non, personne ne les a vues.

Un grand nombre parlent à la fois.

TROISIÈME CITOYEN.

— Il a dit qu'il avait des blessures qu'il pouvait montrer en particulier. — Puis, agitant son chapeau de ce geste dédaigneux : — *Je désire être consul*, a-t-il dit. *La coutume ancienne* — *ne permet pas de l'être sans vos voix :* — *vos voix donc !* La chose une fois accordée par nous, — il a ajouté : *Je vous remercie pour vos voix,... je vous*

SCÈNE XIII.

remercie, — pour vos voix exquises... Maintenant que vous avez lâché vos voix, — je n'ai plus affaire à vous. N'était-ce pas là se moquer?

SICINIUS.

— Comment avez-vous été assez ignares pour ne pas voir cela, — ou, le voyant, assez puérilement débonnaires — pour lui accorder vos voix?

BRUTUS.

Ne pouviez-vous pas lui dire, — selon la leçon qui vous était faite, que, quand il n'avait pas de pouvoir, — quand il n'était qu'un serviteur subalterne de l'État, — il était votre ennemi, pérorait sans cesse — contre les libertés et les privilèges qui vous sont attribués — dans le corps social; que désormais, parvenu — à un poste puissant, au gouvernement de l'État, — s'il continuait perfidement à rester — l'adversaire acharné des plébéiens, vos voix pourraient bien — retomber en malédictions sur vous-mêmes? Vous auriez dû lui dire, — que, si ses vaillants exploits étaient des titres — à ce qu'il sollicitait, il n'en devait pas moins — vous être reconnaissant de vos suffrages — et transformer en amour sa malveillance envers vous, — pour devenir votre affectueux protecteur.

SICINIUS.

Ce langage, — qu'on vous avait conseillé, aurait servi à sonder son âme, — et à éprouver ses dispositions; il aurait arraché — de lui de gracieuses promesses dont vous pouviez — vous prévaloir au gré des circonstances; — ou bien il aurait piqué au vif sa nature hargneuse — qui ne se laisse pas aisément — lier par des conditions, et, après l'avoir ainsi mis en rage, — vous auriez pris avantage de sa colère — pour le renvoyer non élu.

BRUTUS.

Si vous avez remarqué — le franc dédain avec lequel

il vous sollicitait, — quand il avait besoin de vos sympathies, croyez-vous — que ses mépris ne seront pas accablants pour vous — quand il aura le pouvoir de vous écraser? Quoi! dans toutes vos poitrines, pas un cœur ne battait donc! Vous n'aviez donc de langues que pour insulter — à l'autorité de la raison!

SICINIUS.

N'avez-vous pas — déjà refusé maint. solliciteur? et voilà qu'aujourd'hui — un homme qui ne vous sollicite pas, qui vous bafoue, obtient de vous — des suffrages implorés par tant d'autres!

TROISIÈME CITOYEN.

— Il n'est pas confirmé ; nous pouvons le refuser encore.

DEUXIÈME CITOYEN.

Et nous le refuserons. — J'aurai pour cela cinq cents voix unanimes.

PREMIER CITOYEN.

— Et moi, j'en aurai mille, grossies par des voix amies.

BRUTUS.

— Allez immédiatement dire à ces amis — qu'ils ont choisi un consul qui leur enlèvera — leurs libertés et ne leur laissera d'autre voix — que celle des chiens qui si souvent se font battre en aboyant, — quoique élevés à aboyer.

SICINIUS.

Qu'ils s'assemblent, — et qu'après un examen plus réfléchi, tous révoquent — ce choix inconsidéré. Faites valoir son orgueil — et sa vieille haine contre vous : rappelez, en outre, — avec quelle arrogance il portait ses humbles vêtements, — avec quelle insolence il vous sollicitait. Mais dites que vos sympathies — acquises à ses services vous ont empêchés — de remarquer son attitude présente,

SCÈNE XIII.

— dont l'ironique impertinence était inspirée — par la haine invétérée qu'il vous porte.

BRUTUS.

— Rejetez la faute sur nous, vos tribuns, en disant que nous nous sommes efforcés, — écartant tout obstacle, de faire tomber votre choix sur lui.

SICINIUS.

Dites qu'en l'élisant, vous étiez guidés par nos injonctions plutôt — que par votre inclination véritable; et que, l'esprit — préoccupé de ce qu'on vous pressait de faire — plutôt que de ce que vous deviez faire, vous l'avez à contre-cœur — désigné pour consul. Rejetez la faute sur nous.

BRUTUS.

Oui, ne nous épargnez pas. Dites que nous vous avons représenté dans maintes harangues — les services que, tout jeune, il a rendus à son pays — et qu'il ne cesse de lui rendre ; l'illustration de sa race, — de la noble maison des Marcius, dont il est sorti — cet Ancus Marcius, fils de la fille de Numa, — qui fut roi ici après le grand Hostilius ; — de cette maison dont étaient Publius et Quintus, qui ont fait conduire ici notre meilleure eau, — et ce glorieux ancêtre, Censorinus, — si noblement surnommé pour avoir été deux fois censeur (8).

SICINIUS.

Descendu de tels aïeux, — digne par ses actes personnels — des plus hauts emplois, il avait été recommandé par nous — à votre gratitude ; mais vous avez reconnu, — en pesant bien sa conduite présente et passée, — qu'il est votre ennemi acharné, et vous révoquez — votre choix irréfléchi.

BRUTUS.

Dites que vous ne l'auriez jamais élu, — sans notre suggestion ; insistez continuellement là-dessus ; — et sur-le-champ, dès que vous serez en nombre, — rendez-vous au Capitole.

PLUSIEURS CITOYENS.

Oui, oui... Presque tous — se repentent de leur choix.

Tous les citoyens se retirent.

BRUTUS.

Laissez-les faire. — Mieux vaut courir les risques de cette émeute — qu'en attendre une plus forte d'un avenir plus que douteux. — Si, comme sa nature l'y porte, il s'exaspère — de leur refus, observons et mettons à profit — sa colère.

SICINIUS.

Au Capitole, — allons ! Nous serons là avant le flot du peuple ; — et l'on attribuera à lui seul ce qu'il n'aura fait — qu'à notre instigation.

SCÈNE XIV

[Les abords du Capitole.]

Fanfares. Entrent CORIOLAN, MÉNÉNIUS, COMINIUS, TITUS LARTIUS des SÉNATEURS et des PATRICIENS.

CORIOLAN.

— Tullus Aufidius a donc fait un nouveau coup de tête ?

LARTIUS.

— Oui, monseigneur ; et c'est ce qui nous a décidés — à hâter notre transaction.

CORIOLAN.

— Ainsi, les Volsques ont repris leur attitude première, — prêts, au gré des circonstances, à se jeter — de nouveau sur nous ?

COMINIUS.

Ils sont tellement épuisés, seigneur consul, — que notre

génération ne reverra sans doute pas — flotter leurs bannières.

CORIOLAN.

Avez-vous vu Aufidius?

LARTIUS.

— Il est venu me trouver avec un sauf-conduit, et a déblatéré — contre les Volsques, pour avoir si lâchement — cédé leur ville : il s'est retiré à Antium.

CORIOLAN.

— A-t-il parlé de moi?

LARTIUS.

Oui, monseigneur.

CORIOLAN.

Qu'a-t-il dit?

LARTIUS.

— Que vous vous étiez souvent mesurés glaive à glaive ; — que votre personne est ce qu'au monde — il abhorre le plus; que volontiers il engagerait sa fortune — dans un hasard désespéré, pour pouvoir — se dire votre vainqueur !

CORIOLAN.

C'est à Antium qu'il s'est fixé?

LARTIUS.

A Antium.

CORIOLAN.

— Je voudrais avoir une occasion d'aller l'y chercher — pour affronter sa haine.

A Lartius.

Soyez le bienvenu.

Entrent SICINIUS et BRUTUS.

CORIOLAN.

— Regardez! voici les tribuns du peuple, — les bouches de la voix populaire. Je les méprise ; — car ils se drapent dans une autorité — qui défie toute noble patience.

SICINIUS, barrant le chemin à Coriolan.

N'allez pas plus loin.

CORIOLAN.

— Eh ! qu'est-ce à dire ?

BRUTUS.

— Il y aurait danger à avancer : n'allez pas plus loin.

CORIOLAN.

— Quelle est la cause de ce revirement ?

MÉNÉNIUS.

La raison ?

COMINIUS, montrant Coriolan.

— N'est-il pas l'élu des nobles et de la commune ?

BRUTUS.

— Non, Cominius.

CORIOLAN.

N'ai-je obtenu que des voix d'enfants ?

PREMIER SÉNATEUR.

— Tribuns, rangez-vous : il va se rendre sur la place publique.

BRUTUS.

— Le peuple est exaspéré contre lui.

SICINIUS.

Arrêtez, — ou tout s'écroule dans une catastrophe.

CORIOLAN.

Voilà donc votre troupeau ! — Sont-ils dignes d'avoir une voix, ceux qui peuvent accorder leurs suffrages — et les rétracter aussitôt ! Qu'est-ce donc que votre autorité ? — Puisque vous êtes leurs bouches, que ne contenez-vous leurs dents ? — N'est-ce pas vous qui les avez irrités (9) ?

MÉNÉNIUS.

Du calme ! du calme !

CORIOLAN.

— C'est un parti pris, un complot prémédité — d'enchaîner la volonté de la noblesse ! — Souffrez cela, et il vous faudra vivre avec des gens qui ne sauront pas plus commander — qu'obéir.

BRUTUS.

Ne parlez pas de complot. — Le peuple s'indigne de ce que vous l'avez bafoué, de ce que récemment, — quand le blé lui a été distribué gratis, vous avez murmuré, — et calomnié les orateurs du peuple, en les traitant — de complaisants, de flagorneurs, d'ennemis de toute noblesse.

CORIOLAN.

— Bah! c'était une chose déjà connue.

BRUTUS.

Pas de tous.

CORIOLAN.

— C'est donc vous qui la leur avez rapportée!

BRUTUS.

Comment! je la leur ai rapportée?

CORIOLAN.

— Vous êtes bien capables d'un pareil acte.

BRUTUS.

Nous ne sommes pas incapables, — en tout cas, d'actes supérieurs aux vôtres.

CORIOLAN.

— Pourquoi donc alors serais-je consul? Par ces nuées là-haut, — si je puis seulement démériter autant que vous, qu'on me fasse — votre collègue au tribunat.

SICINIUS.

Vous affectez trop une insolence — qui agace le peuple. Si vous tenez à atteindre — le but que vous vous proposez, demandez d'un ton plus doux — le droit chemin dont vous vous écartez; — sans quoi vous ne serez jamais élevé au consulat, — ni même attelé avec Brutus au tribunat.

MÉNÉNIUS.

Soyons calmes.

COMINIUS.

— Le peuple est trompé, égaré !... Cette chicane — est indigne de Rome ; et Coriolan — n'a pas mérité qu'un si injurieux obstacle fût jeté perfidement — sur la voie ouverte à son mérite.

CORIOLAN.

Vous me parlez de blé ! — Voici ce que j'ai dit, et je vais le répéter.

MÉNÉNIUS.

— Pas maintenant, pas maintenant !

PREMIER SÉNATEUR.

Pas dans cette effervescence, seigneur.

CORIOLAN.

Si fait ! sur ma vie, je parlerai... J'implore le pardon de mes nobles amis ! — Quant à la multitude inconstante et infecte, qu'elle se mire — dans ma franchise et s'y reconnaisse ! Je répète — qu'en la cajolant, nous nourrissons contre notre sénat — les semences de rébellion, d'insolence et de révolte — que nous avions déjà jetées et semées dans le sillon — en frayant avec les plébéiens, nous, les gens d'élite, — à qui appartiendraient toutes les dignités et tous les pouvoirs, si nous — ne les avions en partie livrés à ces mendiants.

MÉNÉNIUS.

Assez, de grâce.

PREMIER SÉNATEUR.

— Taisez-vous, nous vous en supplions !

CORIOLAN.

Comment, me taire ! — J'ai versé mon sang pour mon pays — sans craindre aucune résistance extérieure ! Rien n'empêchera que mes poumons — ne forgent jusqu'à épuisement des imprécations contre ces ladres — dont le contact nous dégoûte et dont nous faisons — tout ce qu'il faut pour attraper la lèpre.

SCÈNE XIV.

BRUTUS.

Vous parlez du peuple, — comme si vous étiez un dieu pour punir, et non un homme — infirme comme nous.

SICINIUS.

Il serait bon — que nous le fissions savoir au peuple.

MÉNÉNIUS, à Sicinius.

Voyons, voyons, un mouvement de colère !

CORIOLAN.

De colère ! — Quand je serais aussi calme que le sommeil de minuit, — par Jupiter ! ce serait encore mon sentiment.

SICINIUS.

C'est un sentiment — empoisonné qu'il faut laisser dans son réceptacle, — pour qu'il n'empoisonne pas autrui.

CORIOLAN.

Qu'il faut laisser ! — Entendez-vous ce Triton du fretin ? Remarquez-vous — son impérieux *Il faut ?*

COMINIUS.

Ce langage est légal.

CORIOLAN.

Il faut ! — O bons, mais trop imprudents patriciens, — ô graves, mais imprévoyants sénateurs, pourquoi avez-vous ainsi — permis à cette hydre de choisir un représentant qui, avec un mot péremptoire, lui, simple — trompette et porte-voix du monstre, ose — prétendre qu'il détournera dans un fossé le cours de votre autorité — et fera son lit du vôtre ? S'il a le pouvoir, — alors humiliez votre impuissance ; sinon, secouez — votre dangereuse indulgence. Si vous êtes éclairés, — n'agissez pas comme de vulgaires insensés ; si vous ne l'êtes pas, — qu'ils aient des coussins près de vous. Vous êtes plébéiens, — s'ils sont sénateurs ; et ils le sont — du moment où, leur suffrage étant mêlé au vôtre, c'est le leur — qui prédomine. Ils choisissent un magistrat ; — et celui qu'ils choisissent peut opposer son *Il le faut*, — son populaire *Il le faut* à une réunion de fronts graves — comme n'en vit jamais la Grèce! Par Jupiter, — voilà qui avilit les consuls; et mon âme souffre, — en voyant dans ce conflit de deux autorités — rivales, combien vite le désordre — peut se glisser entre elles et les détruire — l'une par l'autre.

COMINIUS.

Allons, rendons-nous à la place publique.

CORIOLAN.

— Quant à ceux qui ont conseillé de distribuer — gratuitement le blé des greniers publics, ainsi qu'on faisait — parfois en Grèce...

MÉNÉNIUS.

Bon, bon, assez.

CORIOLAN.

— (Et rappelons-nous qu'en Grèce le peuple avait une puissance plus absolue), — je dis qu'ils n'ont fait que nourrir la désobéissance et fomenter — la ruine de la chose publique.

BRUTUS.

Eh quoi! le peuple donnerait — ses suffrages à un homme qui parle ainsi!

CORIOLAN.

Je donnerai mes raisons, — qui certes valent mieux que ses suffrages. Vos plébéiens savent que cette distribution de blé — n'était pas une récompense, sûrs, comme ils le sont, — de n'avoir rendu aucun service qui la justifie. Réclamés pour la guerre, — au moment même où l'État était atteint aux entrailles, — ils n'ont pas voulu franchir les portes, et un pareil service — ne méritait pas le blé gratis. Pendant la guerre, — les mutineries et les révoltes par lesquelles s'est manifestée — surtout leur vaillance, n'ont pas parlé en leur faveur. Les calomnies — qu'ils ont souvent lancées contre le sénat, — pour des motifs mort-nés, n'ont certes pas pu engendrer — chez nous une libéralité si généreuse. Quelle en est donc la cause ? — En quelle explication l'estomac multiple de la foule peut-il digérer — la courtoisie du sénat? Ses actes expriment assez — ce que doivent être ses paroles : « Nous avons demandé cela ; — nous sommes la masse la plus nombreuse, et c'est par pure frayeur — qu'ils ont accédé à notre requête. » Ainsi nous ravalons — la dignité de nos siéges, en autorisant la plèbe — à traiter de frayeur notre sollicitude ! Un jour, grâce à cette concession, nous verrons forcer — les portes du sénat, et l'essaim des corbeaux — s'abattre sur les aigles.

MÉNÉNIUS.

Allons, assez.

BRUTUS.

— C'est assez, et c'est trop.

CORIOLAN.

Non, vous m'entendrez encore. — Que l'invocation à toutes les puissances divines et humaines — soit le sceau de mes dernières paroles !... Là où le gouvernement est double, — là où un parti, ayant tout droit de dédaigner l'autre parti, — est insulté par lui sans raison ; là où la noblesse, le rang, l'expérience — ne peuvent rien décider que par le oui et le non — de l'ignorance populaire, la société voit négliger — ses intérêts réels, et est livrée — à l'instabilité du désordre : de cette opposition à tout propos il résulte — que rien ne se fait à propos. Aussi, je vous adjure, — vous qui êtes plus sages qu'alarmés, — vous chez qui l'attachement aux institutions fondamentales de l'État — prévaut sur la crainte d'un changement, vous qui préférez — une noble existence à une longue, et ne craignez pas — de secouer par un remède dangereux un malade — sûr autrement de mourir, arrachez sur-le-champ — la langue à la multitude, qu'elle ne puisse plus lécher — le miel dont elle s'empoisonne. Votre avilissement — mutile la juste raison, et prive le gouvernement — de l'unité qui lui est nécessaire : — il le rend impuissant à faire le bien, — en le soumettant au contrôle du mal.

BRUTUS.

Il en a dit assez.

SICINIUS.

— Il a parlé comme un traître et subira — la peine des traîtres.

CORIOLAN.

— Misérable ! que le mépris t'écrase !... — Qu'a besoin le peuple de ces chauves tribuns ? — Il s'appuie sur eux pour refuser obéissance — à la plus haute magistrature. C'est dans une rébellion, — où la nécessité, et non l'équité fit loi, — qu'ils ont été élus. A une heure plus propice, — déclarons nécessaire ce qui est équitable, — et renversons leur pouvoir dans la poussière.

BRUTUS.

— Trahison manifeste !

SICINIUS.

Lui consul ? jamais !

BRUTUS.

— Édiles, holà !... qu'on l'appréhende.

SICINIUS, à Brutus.

— Allez appeler le peuple...

Brutus sort.

Au nom duquel — je t'arrête, moi, comme un traître novateur, — un ennemi du bien public. Obéis, je te l'ordonne, — et suis-moi pour rendre tes comptes.

Il s'avance sur Coriolan.

CORIOLAN.

Arrière, vieux bouc !

LES SÉNATEURS ET LES PATRICIENS.

— Nous sommes tous sa caution.

SCÈNE XIV.

COMINIUS, à Sicinius.

Vieillard, à bas les mains !

CORIOLAN.

— Arrière, vieux squelette, ou je fais sauter tes os — de tes vêtements.

Il repousse la main de Sicinius.

SICINIUS.

Au secours, citoyens !

Brutus revient suivi des édiles et d'une foule de Citoyens.

MÉNÉNIUS.

— Des deux côtés plus de modération !

SICINIUS, montrant Coriolan.

Voici l'homme qui veut — vous enlever tout votre pouvoir.

BRUTUS.

Saisissez-le, édiles.

LES CITOYENS.

— A bas ! à bas !

DEUXIÈME SÉNATEUR.

Des armes, des armes, des armes !

Tous se pressent autour de Coriolan.

— Tribuns ! patriciens ! citoyens ! holà ! ho ! — Sicinius ! Brutus ! Coriolan ! Citoyens !

LES CITOYENS.

— Silence, silence, silence ! arrêtez ! halte ! silence !

MÉNÉNIUS.

— Que va-t-il se passer ?... Je suis hors d'haleine : — le cataclysme approche : je ne puis parler... Ah ! tribuns — du peuple ! Coriolan, patience !... — Parlez, bon Sicinius.

SICINIUS.

Peuple, écoutez-moi ! silence !

LES CITOYENS.

— Écoutons notre tribun : silence !... Parlez, parlez, parlez.

SICINIUS.

— Vous êtes sur le point de perdre vos libertés : — Marcius veut vous les enlever toutes, Marcius, — que vous venez de nommer consul.

MÉNÉNIUS.

Fi donc! fi donc ! — C'est le moyen d'attiser le feu, non de l'éteindre.

PREMIER SÉNATEUR.

— De bouleverser et d'abattre la cité !

SICINIUS.

— Qu'est-ce que la cité, sinon le peuple ?

LES CITOYENS.

C'est vrai, — la cité, c'est le peuple.

BRUTUS.

— Du consentement de tous, nous avons été institués — les magistrats du peuple.

LES CITOYENS.

Et vous resterez nos magistrats

MÉNÉNIUS.

— Tout le fait croire.

CORIOLAN.

Autant renverser la cité, — en abattre les toits jusqu'aux fondements, — et ensevelir les rangées encore distinctes de ses édifices — sous un monceau de ruines !

SICINIUS.

Ceci mérite la mort.

BRUTUS.

— Maintenons notre autorité, — ou nous la perdons. Nous déclarons ici, — au nom du peuple dont nous sommes les représentants — élus, que Marcius a mérité — une mort immédiate.

SICINIUS.

En conséquence, qu'on s'empare de lui ; — qu'on

SCÈNE XIV.

l'emmène à la roche Tarpéienne, et que de là — on le précipite dans l'abîme.

BRUTUS.

Édiles, saisissez-le.

LES CITOYENS.

— Rends-toi, Marcius, rends-toi.

MÉNÉNIUS.

Laissez-moi dire un mot. — Tribuns, je vous en conjure, écoutez-moi ! rien qu'un mot !

LES ÉDILES.

Silence ! silence !

MÉNÉNIUS, aux tribuns.

— Soyez ce que vous semblez être, les vrais amis de votre pays, — et procédez par la modération au redressement que vous voulez — effectuer ainsi par la violence.

BRUTUS.

Monsieur, ces moyens calmes, — qui semblent de prudents remèdes, sont de vrais empoisonnements — quand le mal est violent.

Aux édiles.

Empoignez-le, — et menez-le à la Roche.

CORIOLAN.

Non, je veux mourir ici.

Il tire son épée. Aux plébéiens.

— Il en est parmi vous qui m'ont vu combattre. — Allons, éprouvez sur vous-mêmes ce bras qui vous est connu.

MÉNÉNIUS.

— Abaissez cette épée... Tribuns, retirez-vous un moment.

BRUTUS, aux édiles.

— Empoignez-le.

Les édiles s'avancent sur Coriolan.

MÉNÉNIUS.

Au secours de Marcius ! Au secours, — vous tous qui êtes nobles ! au secours, jeunes et vieux !

Les patriciens couvrent Coriolan. Les tribuns, les édiles et le peuple sont repoussés. Tumulte.

MÉNÉNIUS, à Coriolan.

— Allez, rentrez chez vous ; partez vite, — ou tout est à néant.

DEUXIÈME SÉNATEUR.

Partez.

CORIOLAN.

Tenons ferme ; — nous avons autant d'amis que d'ennemis.

MÉNÉNIUS.

— En viendra-t-on là ?

PREMIER SÉNATEUR.

Aux dieux ne plaise !...

A Coriolan.

— Je t'en prie, noble ami, rentre chez toi ; — laisse-nous le soin de cette affaire.

MÉNÉNIUS.

C'est pour nous tous une plaie — que vous ne sauriez panser vous-même ; partez, je vous en conjure.

COMINIUS.

— Allons, seigneur, venez avec nous.

CORIOLAN.

— Je voudrais qu'ils fussent des barbares... (Eh ! ils le sont, — quoique mis bas à Rome), au lieu d'être des Romains... (Eh ! ils ne le sont pas, — quoiqu'ils pullulent sous le porche du Capitole)...

MÉNÉNIUS.

Partez! — N'exhalez pas en paroles votre noble fureur ; — ce moment nous doit une revanche.

SCÈNE XIV.

CORIOLAN.

Sur un terrain loyal, — je pourrais battre quarante d'entre eux.

MÉNÉNIUS.

Je me chargerais à moi seul — d'étriller deux des plus braves, oui, les deux tribuns.

COMINIUS.

— Mais maintenant les forces sont démesurément inégales ; — et la valeur devient folie, quand elle s'oppose — à un édifice croulant... Éloignez-vous, — avant le retour de cette canaille ! Sa rage s'exaspère, — comme un torrent, devant l'obstacle et déborde — les digues faites pour la contenir.

MÉNÉNIUS.

Je vous en prie, partez ; — je vais éprouver si mon reste d'esprit peut agir — sur des gens qui en ont si peu ; il faut raccommoder la chose — avec une étoffe de n'importe quelle couleur.

COMINIUS.

Allons, partons.

Sortent Coriolan, Cominius et d'autres.

PREMIER PATRICIEN.

— Cet homme a compromis sa fortune.

MÉNÉNIUS.

— Sa nature est trop noble pour ce monde : — il ne flatterait pas Neptune sous la menace du trident, — ni Jupiter sous le coup de la foudre. Sa bouche, c'est son cœur : — ce que forge son sein, il faut que ses lèvres le crachent ; — et, dans la colère, il oublie — jusqu'au nom de la mort.

Tumulte lointain.

— Voilà de la belle besogne !

DEUXIÈME PATRICIEN.

Je voudrais qu'ils fussent tous au lit !

MÉNÉNIUS.

— Je voudrais qu'ils fussent tous dans le Tibre !... Pourquoi diantre — ne pouvait-il pas leur parler doucement?

Reviennent Brutus et Sicinius, suivis de la foule.

SICINIUS.

Où est ce reptile — qui voulait dépeupler la cité, et, — seul, y être tout le monde?

MÉNÉNIUS.

Dignes tribuns...

SICINIUS.

— Il va être précipité de la roche Tarpéienne — par des mains rigoureuses : il a résisté à la loi, — et aussi la loi, sans autre forme de procès, — le livre à la sévérité de la puissance publique — qu'il a bravée.

PREMIER CITOYEN.

Il apprendra — que les nobles tribuns sont la bouche du peuple, — et que nous sommes ses bras.

TOUS.

Oui, certes, il l'apprendra.

MÉNÉNIUS.

Monsieur ! Monsieur !

SICINIUS.

Silence.

MÉNÉNIUS.

— Ne criez pas hallali ! quand vous devriez — modérer votre meute.

SICINIUS.

Comment se fait-il, monsieur, que vous ayez aidé — à cette évasion ?

MÉNÉNIUS.

Laissez-moi parler : — si je connais les qualités du consul, — je puis aussi dire ses défauts...

SCÈNE XIV.

SICINIUS.

Du consul ? quel consul ?

MÉNÉNIUS.

— Le consul Coriolan.

BRUTUS.

Lui, consul !

LES CITOYENS.

Non, non, non, non, non.

MÉNÉNIUS.

— Avec la permission des tribuns et la vôtre, bon peuple, — j'implore la faveur de dire un mot ou deux : — le pis qui vous en puisse advenir — sera la perte d'un moment.

SICINIUS.

Parlez donc brièvement ; — car nous sommes déterminés à en finir — avec cette vipère, avec ce traître ! A le bannir — il n'y aurait que des dangers ; le garder ici, — ce serait notre perte certaine : il est donc arrêté — qu'il mourra ce soir.

MÉNÉNIUS.

Aux dieux bons ne plaise — que notre illustre Rome, dont la gratitude — envers ses fils méritants a pour registre — le livre même de Jupiter, en vienne, mère dénaturée, — à dévorer ses enfants !

SICINIUS.

— C'est un mal qui doit être coupé à la racine.

MÉNÉNIUS.

— Oh ! ce n'est qu'un membre malade : — le couper serait mortel, le guérir est aisé. — Quel tort a-t-il eu envers Rome, qui mérite la mort ? — Celui de tuer nos ennemis ? Le sang qu'il a perdu, — (et il en a perdu, j'ose le dire, bien plus — qu'il ne lui en reste), il l'a versé pour son pays. — Si son pays lui faisait perdre le reste, — ce serait pour nous tous, complices ou témoins, — l'infamie jusqu'à la fin du monde.

SICINIUS.

Tout cela porte à faux.

BRUTUS.

—Complétement à côté. Tant qu'il a aimé son pays, — son pays l'a honoré.

SICINIUS.

Le pied — une fois gangrené, on ne tient pas compte des services — qu'il a rendus.

BRUTUS.

Nous n'écouterons plus rien. — Poursuivons-le et arrachons-le de chez lui : — empêchons que son infection, contagieuse par nature, — ne se propage.

MÉNÉNIUS.

Un mot encore, un mot. — Dès que cette rage à bonds de tigre reconnaîtra — la folie d'un élan irréfléchi, elle voudra, mais trop tard, — attacher des poids de plomb à ses talons. Procédez dans les formes. — Craignez, comme Coriolan est aimé, de déchaîner les factions, — et de faire saccager la grande Rome par des Romains.

BRUTUS.

S'il en était ainsi...

SICINIUS, à Ménénius.

Que rabâchez-vous? — N'avons-nous pas déjà un exemple de son obéissance? — Nos édiles frappés! nous-mêmes repoussés!... Allons.

MÉNÉNIUS.

— Considérez ceci : il a été élevé dans les camps, — depuis qu'il peut tenir une épée, et il est mal initié — aux secrets du langage : il jette pêle-mêle — la farine et le son. Autorisez-moi — à aller le trouver, et je me charge de l'amener — pour rendre ses comptes pacifiquement, dans la forme légale, — à ses risques et périls.

SCÈNE XV.

PREMIER SÉNATEUR.

Nobles tribuns — cette marche est la seule humaine : l'autre voie — est trop sanglante, et c'est s'engager — dans l'inconnu que la prendre.

SICINIUS.

Noble Ménénius, — soyez donc comme le représentant du peuple.

Aux Citoyens.

— Déposez vos armes, mes maîtres.

BRUTUS.

Ne rentrez pas encore.

SICINIUS.

— Rassemblez-vous sur la place publique.

A Ménénius.

C'est là que nous vous attendrons, — et, si vous n'amenez pas Marcius, nous procéderons — par notre premier moyen.

MÉNÉNIUS.

Je vous l'amènerai.

Aux Sénateurs.

Laissez-moi solliciter votre compagnie. Il faut qu'il vienne, — ou les plus grands malheurs arriveront.

PREMIER SÉNATEUR.

De grâce, allons le trouver.

Ils sortent.

SCÈNE XV.

[Chez Volumnie.]

Entrent CORIOLAN et les PATRICIENS.

CORIOLAN.

— Quand ils s'acharneraient tous à mes oreilles ; quand ils me présenteraient — la mort sur la roue ou à la queue des chevaux sauvages ; — quand ils entasseraient dix collines sur la roche Tarpéienne, — en sorte que le précipice s'enfonçât — à perte de vue, je serai toujours — le même à leur égard !

Entre VOLUMNIE.

PREMIER PATRICIEN.

Vous n'en serez que plus noble.

CORIOLAN.

— Je m'étonne que ma mère — ne m'approuve pas davantage, elle qui, d'habitude, — traitait ces gens-là de serfs à laine, de créatures bonnes — à vendre et à acheter quelques oboles, faites pour paraître, tête nue, — dans les réunions et rester bouche béante, immobiles de surprise, — quand un homme de mon ordre se lève — pour traiter de la paix ou de la guerre !

A Volumnie.

Je parle de vous. — Pourquoi me souhaitez-vous plus de douceur ? Me voudriez-vous — traître à ma nature ? Dites-moi plutôt de paraître — l'homme que je suis.

VOLUMNIE.

— Oh ! seigneur, seigneur, seigneur, — j'aurais voulu vous voir fixer solidement votre pouvoir, — au lieu de l'user ainsi.

CORIOLAN.

Laissez faire.

VOLUMNIE.

— Vous auriez été suffisamment l'homme que vous êtes, — en vous efforçant moins de l'être. Vos dispositions — eussent rencontré moins d'obstacles, si, — pour les révéler, vous aviez attendu — qu'ils fussent impuissants à vous résister.

CORIOLAN.

A la potence les drôles !

SCÈNE XV.

VOLUMNIE.

Oui, et au bûcher!

Entrent Ménénius et des Sénateurs.

MÉNÉNIUS.

— Allons, allons, vous avez été trop brusque, un peu trop brusque; — il faut revenir avec nous et faire réparation.

PREMIER SÉNATEUR.

Il n'y a pas d'autre remède. — Sans cela notre belle cité — s'écroule en deux moitiés et périt.

VOLUMNIE.

Laissez-vous persuader. — J'ai un cœur aussi peu souple que le vôtre, — mais j'ai un cerveau qui sait diriger ma colère — au profit de mes intérêts.

MÉNÉNIUS.

Bien dit, noble femme.

Montrant Coriolan.

— Plutôt que de le voir ainsi fléchir devant la plèbe, — si une crise violente n'exigeait ce topique — pour le salut de l'État, j'endosserais mon armure — qu'à peine je puis porter.

CORIOLAN.

— Que dois-je faire?

MÉNÉNIUS.

Retourner près des tribuns.

CORIOLAN.

Soit! — et après? et après?

MÉNÉNIUS.

Rétracter ce que vous avez dit.

CORIOLAN.

— Me rétracter! je ne saurais le faire pour les dieux : — puis-je donc le faire pour eux?

VOLUMNIE.

Vous êtes trop absolu; — j'approuve l'excès de cette

noble hauteur, — excepté quand parle la nécessité. Je vous ai ouï dire — que l'honneur et l'artifice, comme deux amis inséparables, — se soutiennent à la guerre. J'accorde cela, mais dites-moi — quel inconvénient s'oppose — à ce qu'ils se combinent dans la paix.

CORIOLAN.

Bah! bah!

MÉNÉNIUS.

Excellente question.

VOLUMNIE.

— Si, dans vos guerres, l'honneur admet que vous paraissiez — ce que vous n'êtes pas, procédé que vous adoptez — pour mieux arriver à vos fins, pourquoi donc cet artifice — ne serait-il pas compatible avec l'honneur, dans la paix — aussi bien que dans la guerre, puisque, dans l'une comme dans l'autre — il est également nécessaire?

CORIOLAN.

Pourquoi insister ainsi?

VOLUMNIE.

— Parce qu'il vous est loisible de parler — au peuple, non d'après votre propre inspiration, — ni d'après les sentiments que vous souffle votre cœur, — mais en phrases murmurées du bout — des lèvres, syllabes bâtardes — désavouées par votre pensée intime. — Or, il n'y a pas là plus de déshonneur — qu'à vous emparer d'une ville par de douces paroles, — quand tout autre moyen compromettrait votre fortune et — exposerait nombre d'existences. — Moi, je dissimulerais avec ma conscience, — si mes destins et mes amis en danger l'exigeaient — de mon honneur. En ce moment tous vous adjurent par ma voix, — votre femme, votre fils, les sénateurs, les nobles. — Mais vous, vous aimez mieux montrer à nos badauds — une mine maussade que leur octroyer un sourire — pour ob-

SCÈNE XV.

tenir leurs sympathies et prévenir — à ce prix tant de ruines imminentes.

MÉNÉNIUS.

Noble dame!

A Coriolan.

— Allons, venez avec nous; avec une bonne parole, vous pouvez remédier, — non-seulement aux dangers du présent, mais aux maux — du passé.

VOLUMNIE.

Je t'en prie, mon fils, va te présenter à eux, ton bonnet à la main; — et, le leur tendant ainsi, — effleurant du genou les pierres (car en pareil cas — le geste, c'est l'éloquence, et les yeux des ignorants — sont plus facilement instruits que leurs oreilles), secouant la tête, — et frappant ainsi maintes fois ta poitrine superbe, — sois humble comme la mûre — qui cède au moindre attouchement. Ou bien dis-leur — que tu es leur soldat, et qu'étant élevé dans les batailles, — tu n'as pas ces douces façons que, tu l'avoues, — ils pourraient en toute convenance exiger de toi — quand tu leur demandes leurs faveurs, mais qu'en vérité tu veux — désormais leur appartenir et leur consacrer entièrement — ton pouvoir et ta personne.

MÉNÉNIUS.

Ah! faites seulement — comme elle dit, et tous leurs cœurs sont à vous; — car ils sont aussi prompts à pardonner, dès qu'on les implore, — qu'à récriminer au moindre prétexte.

VOLUMNIE.

Va et suis nos conseils, — je t'en supplie, bien certaine que tu aimerais mieux toutefois — poursuivre ton ennemi dans un gouffre enflammé — que le flatter dans un salon. Voici Cominius.

Entre COMINIUS.

COMINIUS, à Coriolan.

— Je viens de la place publique, et il faut, monsieur, —

vous entourer d'un parti puissant, ou chercher votre salut, — soit dans la modération, soit dans l'absence : la fureur est universelle.

MÉNÉNIUS.

— Rien qu'une bonne parole!

COMINIUS.

Je crois qu'elle suffira, s'il — peut y plier son humeur.

VOLUMNIE.

Il le doit et il le voudra. — Je vous en prie, dites que vous consentez, et allez-y vite.

CORIOLAN.

— Faut-il que j'aille leur montrer mon masque échevelé? Faut-il — que ma langue infâme donne à mon noble cœur — un démenti qu'il devra endurer? Soit! j'y consens. — Pourtant s'il ne s'était agi que de sacrifier cette masse d'argile, — cette ébauche de Marcius, ils l'auraient plutôt réduite en poussière — et jetée au vent! A la place publique! — Vous m'avez imposé là un rôle que jamais — je ne jouerai naturellement.

COMINIUS.

Venez, venez, nous vous soufflerons.

VOLUMNIE.

— Je t'en prie, fils chéri. Tu as dit — que mes louanges t'avaient fait guerrier : eh bien, — pour avoir encore mes éloges, remplis un rôle — que tu n'as pas encore soutenu.

CORIOLAN.

Soit! il le faut. — Arrière, ma nature! A moi, — ardeur de la prostituée! que ma voix martiale, — qui faisait chœur avec mes tambours, devienne grêle — comme un fausset d'eunuque ou comme la voix virginale — qui endort l'enfant au berceau! que le sourire du fourbe — se fixe sur ma joue et que les larmes de l'écolier couvrent — mon regard de cristal! qu'une langue de mendiant — se meuve entre mes lèvres; et que mes genoux armés, —

qui ne se pliaient qu'à l'étrier, fléchissent — comme pour une aumône reçue!... Non, je n'en ferai rien : — je ne veux pas cesser d'honorer ma conscience, — ni enseigner à mon âme, par l'attitude de mon corps, — une ineffaçable bassesse.

VOLUMNIE.

A ton gré donc ! — Il est plus humiliant pour moi de t'implorer — que pour toi de les supplier. Que tout tombe en ruine. — Tu sacrifieras ta mère à ton orgueil avant de l'effrayer par ta dangereuse — obstination ; car je me moque de la mort — aussi insolemment que toi. Fais comme tu voudras. — Ta vaillance vient de moi, tu l'as sucée avec mon lait, — mais tu dois ton orgueil à toi seul.

CORIOLAN.

De grâce, calmez-vous. — Mère, je me rends à la place publique ; — ne me grondez plus. Je vais escamoter leurs sympathies, — escroquer leurs cœurs, et revenir adoré — de tous les ateliers de Rome. Voyez, je pars : — recommandez-moi à ma femme. Je reparaîtrai consul, — ou ne vous fiez plus jamais à ce que peut ma langue — en fait de flatterie.

VOLUMNIE.

Faites comme vous voudrez.

Elle sort.

COMINIUS.

— Partons ! les tribuns vous attendent : disposez-vous — à répondre avec douceur ; car ils vous préparent — des accusations plus graves, m'a-t-on dit, que celles qui pèsent sur vous déjà.

CORIOLAN.

— Le mot d'ordre est douceur ! Partons, je vous prie : — qu'ils m'accusent par calomnie, moi, — je leur répondrai sur mon honneur.

MÉNÉNIUS.

Oui, mais avec douceur.

CORIOLAN.
— Avec douceur, soit! avec douceur.

Ils sortent.

SCÈNE XVI.

[Le forum.]

Entrent Sicinius et Brutus.

BRUTUS.
— Chargez-le à fond sur ce chef, qu'il aspire — à un pouvoir tyrannique. S'il nous échappe là, — insistez sur sa haine du peuple — et sur ce que les dépouilles, conquises sur les Antiates, — n'ont jamais été distribuées.

Entre un Édile.

BRUTUS.
— Eh bien, viendra-t-il?

L'ÉDILE.
Il vient.

BRUTUS.
Accompagné?

L'ÉDILE.
— Du vieux Ménénius et des sénateurs — qui l'ont toujours appuyé.

SICINIUS.
Avez-vous la liste — de toutes les voix dont nous nous sommes assurés, — la liste par tête?

L'ÉDILE.
Je l'ai ; elle est prête.

SICINIUS.
— Les avez-vous réunies par tribus?

L'ÉDILE.
Oui.

SCÈNE XVI.

SICINIUS.

— A présent assemblez le peuple sur la place. — Et quand tous m'entendront dire : *nous déclarons qu'il en sera ainsi, — de par les droits et l'autorité de la commune,* que ce soit — la mort, l'amende ou le bannissement, qu'ils m'approuvent. — Si je dis l'amende, qu'ils crient l'amende ! si je dis la mort, qu'ils crient la mort ! — en insistant sur leur antique prérogative — et leur compétence dans cette cause.

L'ÉDILE.

Je vais les prévenir.

BRUTUS.

— Et dès qu'une fois ils auront commencé à crier, — qu'ils ne cessent pas, avant d'avoir par leurs clameurs confuses — exigé l'exécution immédiate — de la sentence prononcée par nous, quelle qu'elle soit.

L'ÉDILE.

Très-bien.

SICINIUS.

— Animez-les et préparez-les à répondre au signal, — dès que nous l'aurons donné.

BRUTUS.

Faites vite.

L'Édile sort.

— Mettons-le en colère sur-le-champ. Il a été habitué — à toujours dominer et avoir tout son soûl — de contradiction. Une fois échauffé, il ne peut plus — subir le frein de la modération ; alors il dit — ce qu'il a dans le cœur ; et c'en est assez, — grâce à nous, pour qu'il se rompe le cou.

Entrent CORIOLAN, MÉNÉNIUS, COMINIUS, des SÉNATEURS et des PATRICIENS.

SICINIUS.

— Bien, le voici.

MÉNÉNIUS, à Coriolan.

Du calme, je vous en conjure.

CORIOLAN, à part, à Ménénius.

— Oui, comme en a le cabaretier qui, pour la plus chétive monnaie, — avale du coquin au volume.

Haussant la voix.

Que les dieux honorés — veillent au salut de Rome, et sur les siéges de la justice — placent des hommes de bien ! qu'ils sèment l'affection parmi nous ! — qu'ils encombrent nos vastes temples de processions pacifiques, — et non nos rues de discordes!

PREMIER SÉNATEUR.

Amen, amen !

MÉNÉNIUS.

Noble souhait !

Revient L'ÉDILE, suivi des CITOYENS.

SICINIUS.

— Approchez, peuple.

L'ÉDILE.

— Écoutez vos tribuns. Attention ! paix ! vous dis-je.

CORIOLAN.

— Laissez-moi parler d'abord (10).

LES DEUX TRIBUNS.

Soit, parlez... Holà ! silence !

CORIOLAN.

— Les accusations que je vais entendre seront-elles les dernières ? — doit-on en finir aujourd'hui ?

SICINIUS.

Je demande, moi, — si vous vous soumettez à la voix du peuple, — si vous reconnaissez ses magistrats et con-

SCÈNE XVI.

sentez — à subir une censure légale pour toutes les fautes — qui seront prouvées à votre charge.

CORIOLAN.

J'y consens.

MÉNÉNIUS.

— Là, citoyens ! il dit qu'il y consent. — Considérez ses services militaires ; — songez aux cicatrices que porte son corps et qui apparaissent — comme des fosses dans un cimetière sacré.

CORIOLAN.

Égratignures de ronces, — blessures pour rire !

MÉNÉNIUS.

Considérez en outre — que, s'il ne parle pas comme un citadin, — il se montre à vous comme un soldat. Ne prenez pas — pour l'accent de la haine son brusque langage, — qui, vous dis-je, convient à un soldat, — sans être injurieux pour vous.

COMINIUS.

Bien, bien, assez.

CORIOLAN.

Comment se fait-il — que, m'ayant nommé consul d'une voix unanime, — vous me fassiez, moins d'une heure après, l'affront — de me révoquer ?

SICINIUS.

C'est à vous de nous répondre.

CORIOLAN.

C'est juste, parlez donc.

SICINIUS.

— Nous vous accusons d'avoir cherché à supprimer, — dans Rome, toutes les magistratures constituées, et — à vous investir d'un pouvoir tyrannique : — en quoi nous vous déclarons traître au peuple.

CORIOLAN.

— Comment, traître ?

MÉNÉNIUS.

Voyons, de la modération : votre promesse !

CORIOLAN.

— Que les flammes de l'infime enfer enveloppent le peuple ! — M'appeler traître !... — Insolent tribun, — quand il y aurait vingt mille morts dans tes yeux, — vingt millions de morts dans tes mains crispées et deux fois autant — sur ta langue calomnieuse, je te dirais — que tu en as menti, aussi hautement — que je prie les dieux !

SICINIUS.

Remarquez-vous cela, peuple ?

LES CITOYENS.

A la roche ! A la roche !

SICINIUS.

Silence ! — Nous n'avons pas besoin de mettre un nouveau grief à sa charge. — Rappelez-vous ce que vous lui avez vu faire et ouï dire : — il a frappé vos officiers, vous a conspués vous-mêmes ; — il a résisté aux lois par la violence et bravé ici — l'autorité suprême dont il relève. — Tous ces crimes de nature capitale — méritent le dernier supplice.

BRUTUS.

— Pourtant, comme il a bien servi Rome...

CORIOLAN.

— Que rabâchez-vous de services ?

BRUTUS.

— Je parle de ce que je sais.

CORIOLAN.

Vous ?

MÉNÉNIUS.

— Est-ce là la promesse que vous aviez faite à votre mère ?

COMINIUS.

— Sachez, je vous prie...

SCÈNE XVI.

CORIOLAN.

Je ne veux rien savoir. — Qu'ils me condamnent aux abîmes de la mort tarpéienne, — à l'exil du vagabond, à l'écorchement, aux langueurs du prisonnier — lentement aflamé, je n'achèterai pas — leur merci au prix d'un mot gracieux ; — non, pour tous les dons dont ils disposent, je ne ravalerais pas ma fierté — jusqu'à leur dire : Bonjour !

SICINIUS.

Attendu — qu'à diverses reprises, et autant qu'il était en lui, — il a conspiré contre le peuple, cherchant les moyens — de lui arracher le pouvoir ; que tout récemment — il a usé d'une violence coupable, non-seulement — en présence de la justice auguste, mais contre les ministres — qui la rendent ; au nom du peuple, — et en vertu de nos pouvoirs, nous, tribuns, nous — le bannissons, dès cet instant, de notre cité, et lui défendons, — sous peine d'être précipité — de la roche Tarpéienne, de jamais — rentrer dans notre Rome. Au nom du peuple, — je dis qu'il en soit ainsi.

LES CITOYENS.

Qu'il en soit ainsi, — qu'il en soit ainsi !... Qu'il s'en aille !... — il est banni !... Qu'il en soit ainsi !

COMINIUS, à la foule.

— Ecoutez-moi, mes maîtres, mes amis les plébéiens...

SICINIUS.

— Il est condamné : il n'y a plus rien à entendre.

COMINIUS.

Laissez-moi parler : — j'ai été consul et je puis montrer — sur moi les marques des ennemis de Rome. J'ai — pour le bien de mon pays un amour plus tendre, — plus religieux, plus profond que pour ma propre existence, — pour ma femme chérie, pour le fruit de ses entrailles — et le trésor de mes flancs ; si donc je — vous dis que...

SICINIUS.

Nous devinons votre pensée : que direz-vous ?

BRUTUS.

— Il n'y a plus rien à dire, sinon qu'il est banni — comme ennemi du peuple et de son pays. — Il faut qu'il en soit ainsi.

LES CITOYENS.

Qu'il en soit ainsi ! qu'il en soit ainsi !

CORIOLAN.

— Vile meute d'aboyeurs ! Vous dont j'abhorre l'haleine — autant que l'émanation des marais empestés, et dont j'estime les sympathies — autant que les cadavres sans sépulture — qui infectent l'air, c'est moi qui vous bannis ! — Restez ici dans votre inquiétude ! — Que la plus faible rumeur mette vos cœurs en émoi ! — Que vos ennemis, du mouvement de leurs panaches, — éventent votre lâcheté jusqu'au désespoir ! Gardez le pouvoir — de bannir vos défenseurs jusqu'à ce qu'enfin — votre ineptie, qui ne comprend que ce qu'elle sent, — se tourne contre vous-mêmes, — et, devenue votre propre ennemie, vous livre, — captifs humiliés, à quelque nation, — qui vous aura vaincus sans coup férir ! C'est par mépris — pour vous que je tourne le dos à votre cité. — Il est un monde ailleurs.

Sortent Coriolan, Cominius, Ménénius, les sénateurs et les patriciens.

LES ÉDILES.

— L'ennemi du peuple est parti, est parti !

LES CITOYENS.

— Notre ennemi est banni ! il est parti ! hohé ! hohé !

Acclamation générale. La foule jette ses bonnets en l'air.

SICINIUS.

— Allez, reconduisez-le jusqu'aux portes, en le poursuivant — de vos mépris, comme il vous a poursuivis des siens ; — molestez-le comme il le mérite... Qu'une garde — nous escorte à travers la ville.

LES CITOYENS.

— Allons, allons, reconduisons-le jusqu'aux portes, allons. — Les dieux protégent nos nobles tribuns !... Allons.

Ils sortent (11).

SCÈNE XVII.

[Une porte de Rome.]

Entrent CORIOLAN, VOLUMNIE, VIRGILIE, MÉNÉNIUS, COMINIUS et plusieurs jeunes patriciens.

CORIOLAN.

— Allons, ne pleurez plus : abrégeons cet adieu... La bête — aux mille têtes me pousse dehors... Ah ! ma mère, — où est donc votre ancien courage ? Vous aviez coutume — de dire que l'adversité était l'épreuve des âmes, — que les hommes vulgaires pouvaient supporter de vulgaires occurrences ; — que, quand la mer est calme, tous les navires — sont également bons voiliers, mais que, quand la fortune assène — ses coups les plus rudes, il faut, pour se laisser frapper avec patience, — une noble magnanimité : sans cesse vous chargiez ma mémoire — de ces préceptes destinés à rendre invincible — le cœur qui les comprendrait !

VIRGILIE.

— O cieux ! ô cieux !.

CORIOLAN.

Voyons, je t'en prie, femme...

VOLUMNIE.

— Que la peste rouge frappe tous les artisans de Rome, — et que périssent tous les métiers !

CORIOLAN.

Bah, bah, bah ! — Ils m'aimeront dès qu'ils ne m'auront plus. Allons, ma mère, — reprenez ce courage qui vous faisait dire — que, si vous aviez été la femme d'Hercule, — vous auriez accompli six de ses travaux pour alléger — d'autant la besogne de votre époux... Cominius, — pas d'abattement : adieu !... Adieu, ma femme ! ma mère ! — Je m'en tirerai... Mon vieux et fidèle Ménénius, — tes larmes sont plus âcres que celles d'un jeune homme ; — elles enveniment tes yeux...

A Cominius.

Mon ancien général, — je t'ai vu souvent assister impassible — à des spectacles déchirants : dis à ces tristes femmes — qu'il est aussi puéril de déplorer des revers inévitables — que d'en rire... Ma mère, vous savez bien — que mes aventures ont toujours fait votre joie ; et — croyez-le fermement, parti dans l'isolement, — je serai comme le dragon solitaire qui, du fond de son marécage, — jette l'effroi, et fait parler de lui plus qu'il ne se fait voir ! Ou votre fils — parviendra à dominer la multitude, ou il sera pris — aux piéges cauteleux de la trahison.

VOLUMNIE.

O le premier des fils, — où iras-tu ? Laisse le bon Cominius — t'accompagner un peu : et fixe avec lui ton itinéraire — au lieu de t'exposer à tous les accidents — qui peuvent surgir devant toi sur une route hasardeuse.

CORIOLAN.

O dieux !

COMINIUS.

— Je t'accompagnerai pendant un mois ; et nous déciderons ensemble — où tu résideras, que tu puisses recevoir de nos nouvelles — et nous donner des tiennes. De cette façon, si l'avenir nous offre — une chance pour te rappeler, nous n'aurons pas à fouiller — le vaste univers pour trouver un seul homme ; — et nous ne perdrons pas l'occasion, toujours prête à se refroidir — pour un absent.

CORIOLAN.

Adieu. — Tu es chargé d'années ; et tu es trop épuisé — par les orgies de la guerre, pour t'en aller à l'aventure avec un homme — resté dans sa force : conduis-moi seulement jusqu'aux portes. — Venez, ma femme chérie, ma mère bien-aimée, et vous, — mes amis de noble aloi ; et quand je serai hors des murs, — dites-moi adieu dans un sourire. Je vous en prie, venez. — Tant que je serai debout sur la terre, — vous entendrez dire maintes choses de moi, mais pas une — qui ne soit d'accord avec mon passé.

MÉNÉNIUS.

Jamais plus nobles paroles — ne retentirent à l'oreille humaine. Allons, ne pleurons pas... — Si je pouvais secouer seulement sept années — de ces vieux bras et de ces vieilles jambes, dieux bons ! — je te suivrais pas à pas.

CORIOLAN.

Donne-moi ta main... — Allons !

Ils sortent (12).

SCÈNE XVIII.

[Un faubourg de Rome.]

Entrent SICINIUS, BRUTUS et un ÉDILE.

SICINIUS, à l'édile.

— Renvoyez-les tous chez eux : il est parti, et nous n'irons pas plus loin.

A Brutus.

— Les nobles sont furieux : nous le voyons, ils se sont rangés de son parti.

BRUTUS.

Maintenant que nous avons prouvé notre pouvoir, — soyons, après l'action, plus humbles — que dans l'action.

SICINIUS, à l'édile.

Renvoyez-les chez eux : — dites-leur que leur grand ennemi est parti, et qu'ils — gardent entière leur ancienne puissance.

BRUTUS.

Congédiez-les.

L'Édile sort.

Entrent VOLUMNIE, VIRGILIE et MÉNÉNIUS.

— Voici sa mère.

SICINIUS.

Évitons-la.

BRUTUS.

Pourquoi ?

SICINIUS.

— On dit qu'elle est folle.

BRUTUS.

Elles nous ont aperçus : — pressez le pas.

VOLUMNIE, aux tribuns.

— Oh! je vous rencontre à propos! Que les dieux — payent votre zèle de tout le trésor de leurs fléaux!

MÉNÉNIUS.

Chut! chut! ne faites pas d'esclandre.

VOLUMNIE.

— Si les larmes ne m'empêchaient pas, vous en entendriez... — N'importe ! vous en entendrez.

Brutus veut avancer, elle lui barre le chemin.

Vous voudriez partir !

VIRGILIE, se mettant devant Sicinius.

— Vous aussi, vous resterez... Ah! que ne puis-je — en dire autant à mon mari !

SICINIUS.

Êtes-vous de l'humanité ?

SCÈNE XVIII.

VOLUMNIE.

— Imbécile !... n'est-ce pas une honte !

A Virgilie.

Écoutez-vous cet imbécile ?

A Sicinius.

— Mon père n'était-il pas un homme ? Toi, quel renard il faut que tu sois — pour avoir ainsi banni un héros qui a frappé pour Rome plus de coups — que tu n'as dit de paroles !

SICINIUS.

O cieux tutélaires !

VOLUMNIE.

— Oui, plus de coups glorieux que tu n'as dit de paroles sensées !... — Je vais te dire... mais va-t'en... — Non, tu resteras... Je voudrais que mon fils — fût en Arabie et qu'il eût devant lui ta tribu — à la distance de sa bonne épée.

SICINIUS.

Qu'arriverait-il ?

VIRGILIE.

Qu'arriverait-il ? — Il aurait vite mis à néant la postérité.

VOLUMNIE.

Oui, bâtards et autres ! — Ce vaillant, que de blessures il a reçues pour Rome !

MÉNÉNIUS.

— Allons ! allons ! la paix !

SICINIUS.

— Je voudrais qu'il eût continué — comme il avait commencé, et n'eût pas dénoué — le nœud glorieux qui lui attachait son pays.

BRUTUS.

Je le voudrais.

VOLUMNIE.

— Vous le voudriez ! C'est vous qui avez excité la canaille ; — âmes félines, capables d'apprécier son mérite — comme je le suis de comprendre les mystères que le ciel — refuse de révéler à la terre !

BRUTUS, à Sicinius.

De grâce, partons.

VOLUMNIE.

— Oui, monsieur, de grâce, partez : — vous avez fait là un bel exploit. Mais, avant de partir, écoutez ceci : — autant le Capitole dépasse — la plus humble masure de Rome, autant mon fils, — le mari de cette femme que vous voyez ici, — mon fils, que vous avez banni, vous dépasse tous !

BRUTUS.

Bien, bien, nous vous quittons.

SICINIUS.

Pourquoi nous laisser ici harceler — par une créature qui a perdu l'esprit ?

VOLUMNIE.

Emportez avec vous mes prières : — je voudrais que les dieux n'eussent rien à faire — qu'à exaucer mes malédictions.

Les tribuns sortent.

Si je pouvais seulement — les rencontrer une fois par jour, cela soulagerait mon cœur — du poids qui l'étouffe.

MÉNÉNIUS.

Vous leur avez parlé vertement, — et, ma foi, vous avez raison... Voulez-vous souper avec moi ?

VOLUMNIE.

—La colère est mon aliment ; j'en soupe à mes dépens,— et je m'affamerai à force de m'en gorger... Allons, partons.

A Virgilie qui pleure.

— Séchez ces larmes piteuses, lamentez-vous, comme moi, en imprécations de Junon. Venez, venez, venez.

MÉNÉNIUS.

— Fi donc ! fi donc !

Ils sortent.

SCÈNE XIX.

[La route de Rome à Antium.]

Un Romain et un Volsque se rencontrent.

LE ROMAIN.

Je vous connais fort bien, monsieur, et vous me connaissez ; votre nom, je crois, est Adrien.

LE VOLSQUE.

C'est vrai, monsieur. Ma foi, je ne vous remets pas.

LE ROMAIN.

Je suis un Romain ; mais je sers, comme vous, contre les Romains. Me reconnaissez-vous à présent ?

LE VOLSQUE.

Nicanor !... Non ?

LE ROMAIN.

Lui-même, monsieur.

LE VOLSQUE.

Vous aviez plus de barbe la dernière fois que je vous ai vu ; mais votre voix m'a fait deviner le personnage. Quelles nouvelles à Rome ? J'ai reçu du gouvernement volsque la mission d'aller vous y chercher. Vous m'avez heureusement épargné une journée de marche.

LE ROMAIN.

Il y a eu à Rome une formidable insurrection : le peuple contre les sénateurs, les patriciens et les nobles.

LE VOLSQUE.

Il y a eu ? Elle est donc terminée ? Notre gouvernement

ne le croit pas : il fait d'immenses préparatifs militaires, et espère surprendre les Romains dans la chaleur de leurs divisions.

LE ROMAIN.

Le fort de l'incendie est passé, mais la moindre chose suffirait à le rallumer ; car les nobles ont tellement pris à cœur le bannissement de ce digne Coriolan, qu'ils sont mûrement disposés à retirer tout pouvoir au peuple et à lui enlever ses tribuns pour jamais. Le feu couve sous la cendre, je puis vous le dire, et est tout près d'éclater violemment.

LE VOLSQUE.

Coriolan est banni?

LE ROMAIN.

Banni, monsieur.

LE VOLSQUE.

Vous serez le bienvenu avec cette nouvelle, Nicanor.

LE ROMAIN.

Les circonstances servent puissamment les Volsques. J'ai ouï dire que le moment le plus favorable pour corrompre une femme, c'est quand elle est en querelle avec son mari. Votre noble Tullus Aufidius va figurer avec avantage dans cette guerre, maintenant que Coriolan, son grand adversaire, n'est plus à la disposition de son pays.

LE VOLSQUE.

C'est certain. Je suis bien heureux de vous avoir ainsi rencontré accidentellement. Vous avez mis fin à ma mission, et je vais avec joie vous accompagner chez vous.

LE ROMAIN.

D'ici au souper, je vous dirai sur Rome les plus étranges choses, toutes en faveur de ses adversaires. Vous avez une armée sur pied, dites-vous?

LE VOLSQUE.

Une armée vraiment royale : les centurions et leurs corps, déjà à la solde de l'État, occupent leurs postes distincts, prêts à marcher sur l'heure.

LE ROMAIN.

Je suis heureux d'apprendre qu'ils sont préparés, et je suis l'homme, je crois, qui va les mettre en mouvement. Monsieur, je suis aise de la rencontre, et charmé de votre compagnie.

LE VOLSQUE.

Vous m'enlevez là mon rôle, monsieur : c'est à moi surtout d'être charmé de la vôtre.

LE ROMAIN.

Eh bien, faisons route ensemble.

Ils sortent.

SCÈNE XX.

(Antium. Devant la maison d'Aufidius.)

Entre CORIOLAN, déguisé sous de pauvres vêtements, la tête enveloppée d'un capuchon.

CORIOLAN.

Une belle ville est cet Antium. Ville, — c'est moi qui ai fait tes veuves : bien des héritiers — de ces superbes édifices ont, sous mes coups, — râlé et succombé. Ah ! ne me reconnais pas ; — tes femmes et tes enfants, armés de broches et de pierres, — me tueraient dans une bataille d'écoliers !

Entre UN CITOYEN.

CORIOLAN.

Le ciel vous garde, monsieur.

LE CITOYEN.

— Vous aussi !

CORIOLAN.

Indiquez-moi, s'il vous plait, — où demeure le grand Aufidius; est-il à Antium ?

LE CITOYEN.

— Oui, et il festoie les nobles de l'État, — dans sa maison, ce soir même.

CORIOLAN.

Où est sa maison, je vous prie ?

LE CITOYEN.

— Ici, devant vous.

CORIOLAN.

Merci, monsieur. Adieu !

Le citoyen sort.

— O monde, que tu as de brusques vicissitudes ! Deux amis jurés, — qui semblent en ce moment n'avoir qu'un cœur dans leur double poitrine, — à qui les loisirs, le lit, les repas, les exercices, — tout est commun, dont l'amour a fait comme des jumeaux — inséparables, avant une heure, — pour une discussion d'obole, s'emporteront — jusqu'à la plus amère inimitié. De même, des adversaires furieux, — qu'empêchaient de dormir leur passion et leur acharnement — à s'entre-détruire, à la première occasion, — pour une billevesée valant à peine une écaille, deviendront les plus tendres amis, — et marieront ensemble leurs enfants. Il en est ainsi de moi : — je hais mon pays natal, et mes sympathies sont pour — cette ville ennemie.

Se dirigeant vers la maison d'Aufidius.

Entrons ! s'il me tue, — il aura fait justice de moi ; s'il m'accueille, — je servirai son pays.

Il entre dans la maison (13).

SCÈNE XXI.

[Antium. Le vestibule de la maison d'Aufidius.]
On entend de la musique.

Entre UN SERVITEUR.

PREMIER SERVITEUR.

Du vin, du vin, du vin! quel service !... je crois que tous nos gaillards sont endormis.

Il sort.

Entre UN AUTRE SERVITEUR.

DEUXIÈME SERVITEUR.

Où est Cotus? mon maître l'appelle. Cotus!

Il sort.

Entre CORIOLAN le visage toujours voilé.

CORIOLAN.

— Excellente maison! Le festin sent bon : mais je n'ai pas — la mine d'un convive. —

Rentre le PREMIER SERVITEUR.

LE PREMIER SERVITEUR.

Que voulez-vous, l'ami? D'où êtes-vous? Ce n'est pas ici votre place. Je vous prie, regagnez la porte.

CORIOLAN, à part.

— Tu ne mérites pas ici un meilleur accueil, — Coriolan. —

Rentre le SECOND SERVITEUR.

LE SECOND SERVITEUR.

D'où êtes-vous, monsieur ?... Le portier a-t-il ses yeux dans sa tête, qu'il laisse entrer de pareils compagnons? Sortez, je vous prie.

CORIOLAN.
Détalez !
DEUXIÈME SERVITEUR.
Détalez, détalez vous-même.
CORIOLAN.
Tu deviens agaçant.
DEUXIÈME SERVITEUR.
Ah ! vous êtes si fier ! Je vais vous faire parler tout à l'heure.

Entre un troisième serviteur qui se croise avec le premier.

TROISIÈME SERVITEUR, montrant Coriolan.
Quel est ce gaillard ?
PREMIER SERVITEUR.
Un original comme je n'en ai jamais vu : je ne puis le faire sortir de la maison. Je t'en prie, appelle mon maître.
TROISIÈME SERVITEUR, à Coriolan.
Qu'avez-vous à faire ici, camarade ? Videz la maison, je vous prie.
CORIOLAN.
— Laissez-moi seulement rester debout ; je ne gâterai pas votre foyer. —
TROISIÈME SERVITEUR.
Qui êtes-vous ?
CORIOLAN.
Un gentilhomme.
TROISIÈME SERVITEUR.
Merveilleusement pauvre !
CORIOLAN.
C'est vrai, je le suis.
TROISIÈME SERVITEUR.
Je vous en prie, mon pauvre gentilhomme, choisissez une autre station. Ce n'est pas ici votre place. Décampez, je vous prie ; allons.

SCÈNE XXI.

CORIOLAN.

Allez donc faire votre fonction en vous empiffrant de restes refroidis.

Il le repousse.

TROISIÈME SERVITEUR.

Ah ! vous ne voulez pas !

Au deuxième serviteur.

Dis, je te prie, à mon maître, quel hôte étrange il a ici.

DEUXIÈME SERVITEUR.

J'y vais.

Il sort.

TROISIÈME SERVITEUR.

Où demeures-tu ?

CORIOLAN.

Sous le dôme.

TROISIÈME SERVITEUR.

Sous le dôme ?

CORIOLAN.

Oui.

TROISIÈME SERVITEUR.

Où ça ?

CORIOLAN.

Dans la cité des milans et des corbeaux.

TROISIÈME SERVITEUR.

Dans la cité des milans et des corbeaux?... Quel âne!... Alors tu demeures aussi avec les buses ?

CORIOLAN.

Non, je ne sers pas ton maître.

TROISIÈME SERVITEUR.

Comment, monsieur ! avez-vous affaire à mon maître ?

CORIOLAN.

Oui-dà : c'est une occupation plus honnête que d'avoir affaire à ta maîtresse. Tu bavardes, tu bavardes, retourne à tes assiettes, va !

Il le jette dehors.

Entrent Aufidius *et le* second serviteur.

AUFIDIUS.

Où est ce gaillard ?

DEUXIÈME SERVITEUR, montrant Coriolan.

Le voici, monsieur. Je l'aurais battu comme un chien, si je n'avais craint de troubler nos seigneurs.

AUFIDIUS, à Coriolan.

D'où viens-tu ? que veux-tu ? ton nom ?... Pourquoi ne parles-tu pas ? Parle, l'homme ! quel est ton nom ?

CORIOLAN, découvrant son visage.

Tullus, si tu ne me connais point encore, et ne crois point, à me voir, que je sois celui que je suis, la nécessité me force à me nommer.

AUFIDIUS.

Quel est ton nom ?

Les serviteurs se retirent.

CORIOLAN.

— Un nom qui détonne aux oreilles des Volsques — et qui sonne mal aux tiennes.

AUFIDIUS.

Parle, quel est ton nom ? — Tu as une farouche apparence, et ton visage respire — le commandement. Bien que tes voiles soient en lambeaux, — tu parais un noble vaisseau. Quel est ton nom ?

CORIOLAN.

— Prépare ton front à s'assombrir : est-ce que tu ne me reconnais pas ?

AUFIDIUS.

— Je ne te reconnais pas... Ton nom ?

CORIOLAN.

— Je suis Caïus Marcius, qui ai fait, — à toi en particulier, et à tous les Volsques, — beaucoup de mal et de dommage, ainsi que l'atteste — mon surnom, Coriolan ! De tant de travaux endurés, — de tant de dangers courus, de tant de sang — versé pour mon ingrate patrie, je n'ai recueilli d'autre récompense — que ce surnom, éclatant souvenir — qui témoigne la malveillance et la haine — que tu dois avoir contre moi. Il ne m'est demeuré que ce nom : — l'envie et l'outrage du peuple romain, — autorisés par la lâcheté de notre noblesse qui — m'a tout entière abandonné, ont dévoré le reste : — oui, nos nobles ont souffert que je fusse chassé — de Rome par les huées des manants. C'est cette extrémité — qui m'a amené à ton foyer, non dans l'espoir — (ne va pas t'y méprendre) de sauver ma vie ; car, si — j'eusse eu peur de mourir, tu es de tous les hommes — celui que j'aurais le plus évité ; mais c'est par pure animosité, — pour le désir que j'ai de me venger de mes proscripteurs, — que je viens à toi. Par quoi, si tu as — le ressentiment au cœur, si tu veux une réparation — pour les dommages qui t'ont été faits, si tu veux mettre un terme au démembrement — honteux de ta patrie, n'hésite pas — à te servir de mes calamités, et fais en sorte — que mes services vengeurs aident — à ta prospérité ; car je veux faire la guerre — à ma patrie gangrenée avec l'archarnement — de tous les démons de l'enfer. Mais, si d'aventure — tu te rends, si tu es las — de tenter la fortune, aussi suis-je, quant à moi, — tout à fait las de vivre ; j'offre — ma gorge à ton épée et à ta vieille rancune. — Frappe ! m'épargner serait folie, — moi qui t'ai toujours poursuivi de ma haine, — qui ai tiré des tonnes de sang du sein de ton pays, — et qui ne puis vivre que pour ta honte, si je ne puis — vivre pour te servir !

AUFIDIUS.

O Marcius, Marcius, — chaque mot que tu as dit a arraché de mon cœur — une racine de ma vieille inimitié. Si Jupiter — du haut de la nue me disait des choses divines — en ajoutant : *c'est vrai*, je ne le croirais pas plus fermement — que toi, auguste Marcius... Oh ! laisse-moi enlacer

— de mes bras ce corps contre lequel — ma lance a cent fois brisé son frêne, — en effrayant la lune de ses éclats ! Laisse-moi étreindre — cette enclume de mon glaive, et rivaliser — avec toi de tendresse aussi ardemment, aussi noblement — que j'ai jamais, dans mes ambitieux efforts, — lutté de valeur avec toi ! Sache-le, — j'aimais la vierge que j'ai épousée ; jamais amoureux — ne poussa plus sincères soupirs ; mais à te voir ici, — toi, le plus noble des êtres, mon cœur bondit avec plus de ravissement — qu'au jour où je vis pour la première fois ma fiancée — franchir mon seuil. Apprends, ô Mars, — que nous avons une armée sur pied, et que j'avais résolu — une fois encore de t'arracher ton bouclier, — au risque d'y perdre mon bras. Tu m'as battu — douze fois, et depuis, toutes les nuits, j'ai — rêvé de rencontres entre toi et moi : — nous nous culbutions dans mon sommeil, — débouclant nos casques, nous empoignant à la gorge, — et je m'éveillais à demi mort du néant ! Digne Marcius, — n'eussions-nous d'autres griefs contre Rome — que ton bannissement, nous réunirions tous nos hommes — de douze à soixante-dix ans, et nous répandrions la guerre — dans les entrailles de cette ingrate Rome, — comme un flot débordé... Oh ! viens, entre, — viens serrer les mains amies de nos sénateurs, — dont je recevais ici les adieux, — me préparant à marcher contre le territoire romain, — sinon contre Rome elle-même.

CORIOLAN.

Dieux ! vous me bénissez !

AUFIDIUS.

— Si donc, preux sublime, tu veux prendre — le commandement de tes propres représailles, accepte — la moitié de mes pouvoirs ; et d'accord avec ton expérience suprême, puisque tu connais — la force et la faiblesse de ton pays, règle toi-même ta marche, — soit pour aller frapper aux portes de Rome, — soit pour envahir violemment les extrémités de son domaine,—et l'épouvanter avant de la détruire. Mais viens, — que je te présente d'abord à ceux qui — diront *oui !* à tous tes désirs. Sois mille fois le bienvenu ! — Je te suis plus ami que jamais je ne te fus ennemi, — et c'est beaucoup dire, Marcius. Ta main ! Sois le très-bien venu ! —

Sortent Coriolan et Aufidius.

PREMIER SERVITEUR, s'avançant.

Voilà un étrange changement !

DEUXIÈME SERVITEUR.

Par mon bras, j'ai failli le bâtonner, et pourtant j'avais dans l'idée que ses habits nous trompaient sur son compte.

PREMIER SERVITEUR.

Quel poignet il a ! Avec un doigt et le pouce, il m'a fait tourner comme une toupie.

DEUXIÈME SERVITEUR.

Ah ! je voyais bien à sa mine qu'il y avait en lui quelque chose. Il avait, mon cher, une espèce de mine... à ce qu'il me semblait... je ne sais comment dire pour la qualifier.

PREMIER SERVITEUR.

C'est vrai. Il avait l'air pour ainsi dire... Je veux être pendu si je ne soupçonnais pas qu'il y avait en lui plus que je ne pouvais soupçonner.

DEUXIÈME SERVITEUR.

Et moi aussi, je le jure. C'est tout simplement l'homme le plus extraordinaire du monde.

PREMIER SERVITEUR.

Je le crois : mais un plus grand guerrier que lui, vous en connaissez un !

DEUXIÈME SERVITEUR.

Qui ? mon maître !

PREMIER SERVITEUR.

Ah! il n'y a pas de comparaison.

DEUXIÈME SERVITEUR.

Il en vaut six comme lui.

PREMIER SERVITEUR.

Non, pas justement; mais je le tiens pour un plus grand guerrier.

DEUXIÈME SERVITEUR.

Dame, voyez-vous, on ne sait comment dire pour expliquer ça : pour la défense d'une ville, notre général est excellent.

PREMIER SERVITEUR.

Oui-dà, et pour un assaut aussi.

Rentre le TROISIÈME SERVITEUR.

TROISIÈME SERVITEUR.

Hé! marauds, je puis vous dire des nouvelles! des nouvelles, coquins!

LES DEUX AUTRES SERVITEURS.

Lesquelles? lesquelles? lesquelles? Partageons.

TROISIÈME SERVITEUR.

Entre tous les peuples, je ne voudrais pas être Romain : j'aimerais autant être un condamné.

LES DEUX AUTRES SERVITEURS.

Pourquoi? pourquoi?

TROISIÈME SERVITEUR.

C'est que nous avons ici celui qui a si souvent étrillé notre général : Caïus Marcius!

PREMIER SERVITEUR.

Qu'est-ce que tu dis? Étrillé notre général!

TROISIÈME SERVITEUR.

Je ne dis pas qu'il ait étrillé notre général; mais il a toujours été capable de lui tenir tête.

SCÈNE XXI.

DEUXIÈME SERVITEUR.

Bah! sommes-nous pas camarades et amis?... Il a toujours été trop fort pour lui. Je le lui ai entendu dire à lui-même.

PREMIER SERVITEUR.

Pour dire la vérité sans détour, il a toujours été trop fort pour lui : devant Corioles, il l'a dépecé et haché comme une carbonnade.

DEUXIÈME SERVITEUR.

S'il avait eu des goûts de cannibale, il aurait pu le manger rôti.

PREMIER SERVITEUR.

Mais poursuis tes nouvelles.

TROISIÈME SERVITEUR.

Eh bien, il est traité ici comme s'il était le fils et l'héritier de Mars : on l'a mis au haut bout de la table ; pas un sénateur ne lui adresse une question sans se tenir tête chauve devant lui. Notre général le traite comme une maîtresse, lui touche la main avec adoration et l'écoute les yeux blancs d'extase. Mais l'important de la nouvelle, c'est que notre général est coupé en deux, et n'est plus que la moitié de ce qu'il était hier : car l'autre est devenu la seconde moitié, à la prière et du consentement de toute l'assistance. Il ira, dit-il, tirer les oreilles au portier de Rome : il veut tout faucher devant lui, tout raser sur son passage.

DEUXIÈME SERVITEUR.

Et il est capable de le faire autant qu'aucun mortel imaginable.

TROISIÈME SERVITEUR.

Capable de le faire! il le fera. Car, voyez-vous, monsieur, il a autant d'amis que d'ennemis... lesquels amis, monsieur, pour ainsi dire... n'osaient pas... voyez-vous, monsieur... se montrer, comme on dit, ses amis, tant qu'il était en déconfiture.

PREMIER SERVITEUR.

En déconfiture ! Comment ça ?

TROISIÈME SERVITEUR.

Mais quand ils verront reparaître le cimier de ce héros pur sang, ils sortiront de leurs terriers comme des lapins après la pluie, et tous se mettront en danse avec lui.

PREMIER SERVITEUR.

Mais quand cela aura-t-il lieu ?

TROISIÈME SERVITEUR.

Demain, aujourd'hui, immédiatement. Vous entendrez battre le tambour cette après-midi. La chose est pour ainsi dire dans le menu de leur festin et doit être exécutée avant qu'ils se soient essuyé les lèvres.

DEUXIÈME SERVITEUR.

Bon ! nous allons donc revoir le monde en émoi ! La paix n'est bonne qu'à rouiller le fer, à multiplier les tailleurs et à faire pulluler les faiseurs de ballades.

PREMIER SERVITEUR.

Donnez-moi la guerre, vous dis-je ! Elle l'emporte sur la paix autant que le jour sur la nuit ; elle est leste, vigilante, sonore et pleine de nouveautés. La paix, c'est une apoplexie, une léthargie ; elle est fade, sourde, somnolente, insensible ; elle fait bien plus de bâtards que la guerre ne détruit d'hommes.

DEUXIÈME SERVITEUR.

C'est juste ; et si le viol peut s'appeler, en quelque sorte, un acte de guerre, on ne peut nier que la paix ne fasse bien des cocus.

PREMIER SERVITEUR.

Oui, et elle rend les hommes ennemis les uns des autres.

DEUXIÈME SERVITEUR.

Pourquoi? parce qu'ils ont moins besoin les uns des autres. La guerre, coûte que coûte ! J'espère voir les Romains à aussi bas prix que les Volsques... On se lève de table ! on se lève de table !

TOUS.

Rentrons, rentrons.

Ils sortent.

SCÈNE XXII.

[Une place publique.]

Entrent Sicinius *et* Brutus.

BRUTUS.

— Nous n'entendrons plus parler de lui, et nous n'avons plus à le craindre. — Il est réduit à l'impuissance par la paix actuelle — et par la tranquillité du peuple, naguère — livré à un désordre effréné. Grâce à nous, ses amis — sont confus de la prospérité publique : ils aimeraient mieux, — dussent-ils eux-mêmes en souffrir, voir — des bandes insurgées infester les rues que — nos artisans chanter dans leurs boutiques et aller — paisiblement à leurs travaux.

Entre Ménénius.

BRUTUS.

— Nous sommes restés fort à propos. N'est-ce pas là Ménénius ? —

SICINIUS.

C'est lui, c'est lui. Oh! il est devenu très-aimable depuis quelque temps... Salut, messire !

MÉNÉNIUS.

Salut à tous deux !

SICINIUS.

Votre Coriolan ne manque guère qu'à ses amis : la république est debout ; et elle restera debout, dût-il enrager davantage !

MÉNÉNIUS.

Tout est bien, mais tout aurait été mieux, s'il avait pu temporiser.

SICINIUS.

Où est-il, savez-vous ?

MÉNÉNIUS.

Non, je n'en sais rien ; sa mère et sa femme n'ont pas reçu de ses nouvelles.

Passent TROIS OU QUATRE CITOYENS.

LES CITOYENS, aux tribuns.

— Les dieux vous protégent tous deux !

SICINIUS.

Bonsoir, voisins.

BRUTUS.

— Bonsoir à vous tous ! bonsoir à vous tous !

PREMIER CITOYEN.

— Nous, nos femmes et nos enfants, nous sommes tenus — de prier pour vous deux à genoux.

SICINIUS.

Vivez et prospérez.

BRUTUS.

— Adieu, aimables voisins. Plût au ciel que Coriolan — vous eût aimés comme nous vous aimons !

LES CITOYENS.

Les dieux vous gardent !

LES DEUX TRIBUNS.

— Adieu ! adieu !

Les citoyens sortent.

SCÈNE XXII.

SICINIUS.

Les temps sont plus heureux et plus agréables — qu'à l'époque où ces gaillards-là parcouraient les rues — en criant l'anarchie.

BRUTUS.

Caïus Marcius était — un digne officier dans la guerre, mais insolent, — gonflé d'orgueil, ambitieux au delà de toute idée, — égoïste.

SICINIUS.

Et aspirant à trôner seul — et sans assesseurs.

MÉNÉNIUS.

Je ne crois pas ça.

SICINIUS.

— Nous en aurions fait la lamentable — expérience, s'il était devenu consul.

BRUTUS.

Les dieux ont prévenu ce malheur, et Rome est calme — et sauve sans lui.

Entre UN ÉDILE.

L'ÉDILE.

Dignes tribuns, — un esclave, que nous avons mis en prison, — rapporte, que les Volsques, en deux corps séparés, — ont envahi le territoire romain, — et, par une guerre à outrance, — détruisent tout sur leur passage.

MÉNÉNIUS.

C'est Aufidius, — qui, apprenant le bannissement de notre Marcius, — montre de nouveau ses cornes au monde. — Tant que Marcius défendait Rome, il est resté dans sa coquille, — sans oser risquer une apparition.

SICINIUS.

Eh ! que parlez-vous — de Marcius ?

BRUTUS.

— Faites fouetter ce hâbleur... Il est impossible — que les Volsques osent rompre avec nous.

MÉNÉNIUS.

Impossible — Nous avons la preuve que cela se peut fort bien, — et j'ai vu trois exemples de ce cas — dans ma vie. Mais demandez à cet homme, — avant de le punir, d'où il tient cette nouvelle : — ne vous exposez pas à châtier un bon avis, — et à battre le messager qui vous prévient — de ce qu'il vous faut craindre.

SICINIUS.

Ne me dites pas ça : — je sais que c'est impossible.

BRUTUS.

Cela ne se peut pas.

Entre un messager.

LE MESSAGER.

— Les nobles en grand émoi se rendent — tous au sénat : il est arrivé quelque nouvelle — qui bouleverse leurs visages.

SICINIUS.

C'est cet esclave... — Qu'on le fasse fouetter sous les yeux du peuple... Oui, c'est sa faute !... — Il a suffi de son rapport.

LE MESSAGER.

Oui, digne sire, — mais le rapport de l'esclave est confirmé et aggravé — par de plus terribles nouvelles !

SICINIUS.

Comment, plus terribles?

LE MESSAGER.

— Nombre de bouches disent ouvertement — (avec quelle probabilité, je l'ignore,) que Marcius, — ligué avec Aufidius, conduit une armée contre Rome, — et jure que sa vengeance immense s'étendra — de la plus jeune à la plus vieille génération.

SICINIUS.

Comme c'est vraisemblable !

BRUTUS.

— Une fable inventée seulement pour faire désirer aux gens timorés — le retour de Marcius !

SICINIUS.

Voilà tout le mystère.

MÉNÉNIUS.

La chose est invraisemblable : — lui et Aufidius ne peuvent pas plus se combiner — que les contraires les plus hostiles.

Entre un autre MESSAGER.

LE MESSAGER.

— Vous êtes mandés au sénat : — une formidable armée, commandée par Caïus Marcius, — associé à Aufidius, fait rage — sur notre territoire : elle a déjà — forcé le passage, promenant l'incendie et s'emparant — de tout ce qu'elle rencontre.

Entre COMINIUS.

COMINIUS, aux tribuns.

— Oh ! vous avez fait de la bonne besogne !

MÉNÉNIUS.

Quelle nouvelle ? quelle nouvelle ?

COMINIUS.

— Vous avez réussi à faire violer vos propres filles, — à fondre sur vos trognes les plombs de vos toits, — et à voir vos femmes déshonorées sous vos nez.

MÉNÉNIUS.

Quelle nouvelle ? quelle nouvelle ?

COMINIUS.

— Vos temples brûlés jusqu'au ciment, et — les fran-

chises, auxquelles vous teniez tant, enfouies — dans un trou de vilebrequin.
MÉNÉNIUS.
Par grâce, votre nouvelle !
<small>Aux tribuns.</small>
— Vous avez fait de la belle besogne, j'en ai peur.
<small>A Cominius.</small>
Par grâce, votre nouvelle !... — Si Marcius s'était joint aux Volsques...
COMINIUS.
Si!... — Il est leur dieu : il marche à leur tête comme un être créé par quelque déité autre que la nature, — et plus habile à former l'homme : à sa suite ils s'avancent — contre notre marmaille, avec la confiance — d'enfants poursuivant des papillons d'été, — ou de bouchers tuant des mouches.
MÉNÉNIUS, aux tribuns.
Vous avez fait de la bonne besogne, — vous et vos gens à tablier ; vous qui étiez si engoués — de la voix des artisans et — du souffle des mangeurs d'ail !
COMINIUS.
Il fera tomber — Rome sur vos têtes.
MÉNÉNIUS.
Comme Hercule — faisait tomber les fruits mûrs ! Vous avez fait de la belle besogne.
BRUTUS, à Cominius.
— Mais cette nouvelle est-elle bien vraie, seigneur ?
COMINIUS.
Oui, et vous serez livides — avant de la voir démentie. Toute la contrée — fait défection en souriant ; et ceux qui résistent — se font bafouer par leur vaillance inepte, — et périssent dupes de leur constance. Qui pourrait le blâmer ? — Vos ennemis et les siens reconnaissent sa valeur.
MÉNÉNIUS.
Nous sommes tous perdus, si — le noble vainqueur n'a pitié de nous.

SCÈNE XXII.

COMINIUS.

Qui ira l'implorer ? — Les tribuns ne le peuvent pas sans honte; le peuple — mérite sa clémence comme le loup — celle du berger. Ses meilleurs amis, — s'ils lui disaient : *Soyez indulgent pour Rome*, agiraient, en insistant ainsi, — comme ceux qui ont mérité sa haine, — et passeraient pour ses ennemis.

MÉNÉNIUS.

C'est vrai : — il approcherait de ma maison le brandon — qui doit la consumer, que je n'aurais pas le front — de lui dire : *Arrêtez, je vous conjure !...* Vous avez fait un beau travail, — vous et vos manœuvres ! vous avez bien manœuvré.

COMINIUS.

Vous avez attiré — sur Rome une catastrophe, que rien — ne saurait prévenir.

LES TRIBUNS.

Ne dites pas que nous l'avons attirée.

MÉNÉNIUS.

— Et qui donc ? Est-ce nous ? Nous l'aimions, nous autres ; mais, comme des brutes, — comme de nobles lâches, nous avons cédé à vos bandes — qui l'ont expulsé avec des huées.

COMINIUS.

Mais j'ai bien peur — qu'elles ne le ramènent avec des hurlements. Tullus Aufidius, — le second des illustres, obéit à ses avis — comme son subalterne. Le désespoir — est toute la tactique, toute la force, toute la défense, — que Rome peut leur opposer.

Entre une bande de CITOYENS.

MÉNÉNIUS.

Voici l'essaim...

A Cominius.

— Et Aufidius est avec lui ?

Aux citoyens.

Vous voilà donc, — vous qui infectiez l'air d'une nuée — de bonnets fétides et graisseux, en acclamant de vos huées — l'exil de Coriolan. A présent, il revient ; — et il n'est pas un cheveu sur la tête de son dernier soldat — qui ne doive vous fouetter : tous les badauds, — comme vous, qui jetaient leurs bonnets en l'air, il va les assommer, — pour les payer de leurs suffrages. N'importe ; — quand il nous consumerait tous en un seul tison, — nous l'avons mérité.

LES CITOYENS.

— Vraiment, nous apprenons de terribles nouvelles !

PREMIER CITOYEN.

Pour ma part, — quand j'ai dit : *Bannissons-le,* j'ai dit que c'était dommage.

DEUXIÈME CITOYEN.

Et moi aussi.

TROISIÈME CITOYEN.

Et moi aussi ; et, à parler franchement, bon nombre d'entre nous en ont dit autant. Ce que nous avons fait, nous l'avons fait pour le mieux ; et, bien que nous ayons volontiers consenti à son bannissement, c'était pourtant contre notre volonté.

COMINIUS.

— Vous êtes de belles gens, avec vos voix !

MÉNÉNIUS.

Vous avez fait — de la belle besogne, vous et votre meute !

A Cominius.

Irons-nous au Capitole ?

COMINIUS.

Oui oui : ne le faut-il pas ?

Sortent Cominius et Ménénius.

SICINIUS, aux citoyens.

— Allez, mes maîtres, rentrez chez vous, ne vous alarmez pas. — Ceux-ci sont d'un parti qui serait bien aise de voir — confirmer ce qu'il affecte de craindre. Rentrez, — et ne montrez aucun signe de frayeur. —

PREMIER CITOYEN.

Les dieux nous soient propices ! Allons, mes maîtres, rentrons. J'ai toujours dit que nous avions tort de le bannir.

DEUXIÈME CITOYEN.

Nous l'avons tous dit. Mais allons, rentrons.

Les citoyens sortent.

BRUTUS.

— Je n'aime pas cette nouvelle.

SICINIUS.

Ni moi.

BRUTUS.

— Allons au Capitole... Je payerais de la moitié de ma fortune — le démenti de cette nouvelle !

SICINIUS.

Partons, je vous prie.

Ils sortent.

SCÈNE XXIII.

[Un camp, aux environs de Rome.]

Entrent Aufidius et son lieutenant.

AUFIDIUS.

Passent-ils toujours au Romain ?

LE LIEUTENANT.

— Je ne sais quel charme est en lui ; mais — son nom est pour les soldats la prière qui précède le repas, — le propos qui l'occupe, l'action de grâce qui le termine ; —

et, messire, vous êtes éclipsé dans cette campagne, — même aux yeux de vos partisans.

AUFIDIUS.

Je ne saurais pour le moment empêcher cela, — sans risquer, par les moyens employés, d'estropier — mes desseins. Il montre, — à mon égard même, une arrogance à laquelle je ne m'attendais — guère, quand je le reçus à bras ouverts. Mais cette nature-là, — il l'a prise au berceau, et je dois excuser — ce qui ne peut se corriger.

LE LIEUTENANT.

Cependant, messire, j'aurais souhaité, — pour vous-même, que vous n'eussiez pas — partagé vos pouvoirs avec lui : j'aurais désiré ou — que seul vous eussiez pris le commandement ou que — vous l'eussiez laissé à lui seul.

AUFIDIUS.

— Je te comprends ; et, sois-en sûr, — quand il viendra à rendre ses comptes, il ne se doute pas — de ce que je puis faire valoir contre lui. Il a beau — se figurer et persuader — au vulgaire que sa conduite est en tout loyale — et qu'il se montre bon ménager des intérêts de l'État volsque ; — il a beau se battre comme un dragon et triompher aussitôt — qu'il tire l'épée ; pourtant il est coupable d'une certaine inaction — qui, dussé-je risquer ma tête, fera tomber la sienne, — quand nous viendrons à rendre nos comptes.

LE LIEUTENANT.

— Je vous le demande, messire, croyez-vous qu'il emporte Rome ?

AUFIDIUS.

—Toutes les places se rendent à lui avant qu'il les assiége ; — la noblesse de Rome lui appartient ; — les sénateurs et les patriciens l'aiment également ; — les tribuns ne sont pas des soldats ; et le peuple — sera aussi ardent à le rappeler qu'il a été prompt — à l'expulser. Je crois qu'il

fera de Rome — ce que l'orfraie fait du poisson : il s'en emparera — par l'ascendant de sa nature. Il a commencé — par servir noblement son pays ; mais il n'a pu — porter ses honneurs avec modération, soit par cet excès d'orgueil — dont le succès de chaque jour entache — l'homme heureux, soit par un manque de jugement — qui l'empêche de tirer parti des chances — dont il est maître ; soit à cause de son caractère, — tout d'une pièce, immuable — sous le casque et sur le coussin, aussi altier, — aussi rigidement hautain dans la paix — qu'impérieux dans la guerre. Un seul de ces défauts — (car, s'il les a tous, ce n'est qu'en germe, — je lui rends cette justice,) a suffi pour le faire redouter, — haïr et bannir. Il a du mérite, mais il l'étouffe par la jactance. Nos talents ne relèvent — que des commentaires du temps ; — et le génie, le plus enthousiaste de lui-même, — n'a pas de tombe plus éclatante que la chaire — d'où sont prônés ses actes...
— La flamme chasse la flamme ; un clou chasse l'autre ; — les titres s'abîment sous les titres, la force succombe sous la force... — Allons, éloignons-nous... Dès que Rome t'appartient, Caïus, — tu es perdu, car aussitôt tu m'appartiens.

Ils sortent.

SCÈNE XXIV.

[La maison de Ménénius.]

Entrent MÉNÉNIUS, COMINIUS, SICINIUS, BRUTUS et d'autres.

MÉNÉNIUS.

— Non, je n'irai pas. Vous avez entendu ce qu'il a dit — à son ancien général qui l'aimait — de la plus tendre prédilection. Moi-même, il m'appelait son père : — mais qu'importe ! Allez, vous qui l'avez banni, — prosternez-vous à un mille de sa tente, et frayez-vous à genoux —

un chemin jusqu'à sa pitié. S'il a tant répugné — à écouter Cominius, je resterai chez moi.

COMINIUS.

— Il affectait de ne pas me connaître (14).

MÉNÉNIUS, aux tribuns.

Vous entendez ?

COMINIUS.

— Pourtant, une fois il m'a appelé par mon nom : — j'ai insisté sur nos vieilles relations et sur le sang — que nous avions perdu ensemble. J'ai invoqué Coriolan. — Il a refusé de répondre : il était sourd à tous les noms. — Il prétendait être une espèce de néant, n'ayant pas de titre, — jusqu'à ce qu'il s'en fût forgé un dans la fournaise — de Rome embrasée.

MÉNÉNIUS.

Vous voyez. Ah! vous avez fait de la bonne besogne, — couple de tribuns : vous vous êtes mis à la torture — pour mettre le charbon à bon marché dans Rome. La noble gloire !

COMINIUS.

— Je lui ai représenté ce qu'il y avait de royal à accorder le pardon — le plus inespéré. Il a répliqué — qu'il était indigne d'un État d'implorer — un homme qu'il avait puni.

MÉNÉNIUS.

Fort bien : — pouvait-il dire moins ?

COMINIUS.

J'ai tâché de réveiller sa sollicitude — pour ses amis privés. Il m'a répondu — qu'il ne pouvait s'arrêter à les trier dans un tas — de fumier infect et pourri. Il a dit que c'était folie, — pour un pauvre grain ou deux, de ne pas brûler — un rebut qui blessait l'odorat.

MÉNÉNIUS.

Pour un pauvre grain ou deux ? — Je suis un de ces

grains-là. Sa mère, sa femme, son enfant, — ce brave compagnon et moi, nous sommes le bon grain; — vous êtes, vous, le fumier pourri, et l'on vous sent — par delà la lune! Il faut donc que nous soyons brûlés pour vous!

SICINIUS.

— De grâce, soyez indulgent. Si vous nous refusez votre aide — dans une extrémité si urgente, ne — narguez pas notre détresse. Mais, assurément, si vous — vouliez plaider la cause de votre patrie, votre belle parole, — bien mieux que l'armée que nous pouvons lever à la hâte, — arrêterait notre compatriote.

MÉNÉNIUS.

Non, je ne m'en mêlerai pas.

SICINIUS.

— Je vous en prie, allez le trouver.

MÉNÉNIUS.

Que puis-je faire?

BRUTUS.

— Essayez seulement ce que votre amitié peut — pour Rome auprès de Marcius.

MÉNÉNIUS.

Soit! Mais supposez que Marcius me renvoie, — comme Cominius, sans m'entendre! Qu'en résultera-t-il? — La désolation d'un ami, frappé au cœur — par son indifférence. Supposez cela!

SICINIUS.

N'importe: votre bonne volonté — vous aura valu la gratitude de Rome, mesurée — à vos généreuses intentions.

MÉNÉNIUS.

Je consens à le tenter... — Je crois qu'il m'écoutera. Quand je pense pourtant qu'il mordait ses lèvres — et qu'il grommelait ainsi devant le bon Cominius, cela me décourage fort... — Il aura été pris dans un mauvais moment : il n'avait pas dîné ! — Les veines mal remplies, notre sang est froid, et alors — nous boudons la matinée, nous sommes incapables — de donner ou de pardonner : mais quand nous avons gorgé — les conduits et les canaux de notre sang — de vin et de bonne chère, nous avons l'âme plus souple — que pendant un jeûne sacerdotal. J'épierai donc — le moment où il sera au régime que veut ma requête, — et alors je l'entreprendrai.

BRUTUS.

— Vous connaissez trop bien le chemin de sa tendresse — pour vous laisser dérouter.

MÉNÉNIUS.

Je vous promets de le mettre à l'épreuve, — advienne que pourra. Je saurai bientôt — le résultat.

Il sort.

COMINIUS.

Jamais il ne voudra l'entendre.

SICINIUS.

Non ?

COMINIUS.

— Il est assis dans l'or, vous dis-je ; son regard — flamboie comme pour brûler Rome, et son injure — est la geôlière de sa pitié. Je me suis agenouillé devant lui : — il a murmuré vaguement : *levez-vous*, et m'a congédié — ainsi, d'un geste silencieux. Il m'a fait — signifier par écrit ce qu'il accordait, ce qu'il refusait, — s'étant engagé, sous serment, à s'en tenir à ces conditions. — Nous n'avons donc plus d'espoir, — si ce n'est dans sa noble mère et dans sa femme, — qui, m'a-t-on dit, comptent implorer de lui — la grâce de sa patrie. Allons donc les trouver — et hâtons leur démarche de nos légitimes instances.

Ils sortent.

SCÈNE XXV.

[Un poste avancé du camp volsque devant Rome.]

DES GARDES sont en faction. MÉNÉNIUS les rencontre.

PREMIER GARDE.

— Halte ! d'où venez-vous ?

DEUXIÈME GARDE.

Arrière !

MÉNÉNIUS.

— Vous faites votre faction en braves : c'est bien. Mais, avec votre permission, — je suis un officier d'État, et je viens — pour parler à Coriolan.

PREMIER GARDE.

D'où cela ?

MÉNÉNIUS.

De Rome.

PREMIER GARDE.

— Vous ne pouvez pas passer, il faut que vous retourniez : notre général — ne veut plus rien entendre de là.

DEUXIÈME GARDE.

Vous verrez votre Rome embrasée avant — de parler à Coriolan.

MÉNÉNIUS.

Mes bons amis, — pour peu que vous ayez entendu votre général parler de Rome — et de ses amis là-bas, il y a cent à parier contre un — que mon nom a frappé vos oreilles : je m'appelle Ménénius.

PREMIER GARDE.

— Soit ! Arrière ! votre nom — ici n'est pas un mot de passe.

MÉNÉNIUS.

Je te dis, camarade, — que ton général est mon ami : j'ai été — le registre de ses exploits, un registre où les hommes lisaient, — un peu exagérée peut-être, son incomparable gloire. — Car j'ai toujours exalté mes amis, — dont il est le premier, avec toute la latitude que la vérité — pouvait m'accorder sans faillir. Parfois même, — tel qu'une boule sur un terrrain traître, — j'ai heurté au delà du but. J'ai été jusqu'à frapper — sa louange à un coin équivoque. Ainsi, camarade, — laisse-moi passer.

PREMIER GARDE.

En vérité, monsieur, eussiez-vous dit autant de mensonges pour son compte que vous avez proféré de paroles pour le vôtre, vous ne passeriez pas; non, quand il y aurait autant de vertu à mentir qu'à vivre chastement. Ainsi, arrière !

MÉNÉNIUS.

Je t'en prie, camarade, songe que je m'appelle Ménénius, et que j'ai toujours été partisan acharné de ton général.

DEUXIÈME GARDE.

Quelque fieffé menteur que vous ayez été en son honneur, comme vous venez de le reconnaître, je suis un homme, moi, qui dit la vérité sous ses ordres, et je dois vous déclarer que vous ne passerez pas. Ainsi, arrière !

MÉNÉNIUS.

A-t-il dîné? peux-tu me le dire? Car je ne voudrais lui parler qu'après son dîner.

PREMIER GARDE.

Vous êtes Romain, n'est-ce pas?

MÉNÉNIUS.

Je suis ce qu'est ton général.

PREMIER GARDE.

Alors vous devriez haïr Rome comme il le fait. Pouvez-vous, après avoir chassé de vos murs leur vrai défenseur et, dans une crise d'ineptie populaire, livré à votre ennemi votre bouclier, pouvez-vous croire que vous contiendrez sa vengeance avec les gémissements commodes de vos vieilles femmes, les virginales génuflexions de vos filles ou la caduque intercession d'un radoteur décrépit comme vous? Pouvez-vous croire que vous éteindrez avec un si faible souffle l'incendie imminent qui va embraser votre cité? Non, vous vous trompez. Retournez donc à Rome, et préparez-vous pour votre exécution ; vous êtes condamnés. Notre général a juré de ne vous accorder ni sursis ni pardon.

MÉNÉNIUS.

Drôle, si ton capitaine savait que je suis ici, il me traiterait avec estime.

DEUXIÈME GARDE.

Allons, mon capitaine ne vous connaît pas.

MÉNÉNIUS.

Je veux dire ton général.

PREMIER GARDE.

Mon général ne se soucie guère de vous. Arrière! Retirez-vous, si vous ne voulez pas que je répande la demi-pinte de sang... arrière!... qui vous reste à peine... Arrière!

MÉNÉNIUS

Mais, camarade, camarade...

Entrent Coriolan et Aufidius.

CORIOLAN.

Qu'y a-t-il?

MÉNÉNIUS, au premier garde.

Maintenant, compagnon, je vais te remettre à ta place ; tu vas voir quel cas on fait de moi ; tu vas reconnaître qu'un soudard outrecuidant ne peut pas m'écarter de mon fils Coriolan. Juge, par l'accueil qu'il va me faire, si tu n'as pas chance d'être pendu ou de subir quelque autre mort d'une mise en scène plus lente et plus cruelle. Regarde bien maintenant et évanouis-toi à la pensée de ce qui va t'advenir.

A Coriolan.

Puissent, dans leur glorieux synode, les dieux s'occuper à toute heure de ta prospérité personnelle! Puissent-ils ne jamais t'aimer moins que ne t'aime ton vieux père Ménénius! Oh! mon fils! mon fils! tu nous prépares un incendie: tiens, voici de l'eau pour l'éteindre.

Il pleure.

Je ne me suis pas décidé sans peine à venir à toi; mais on m'a assuré que seul je pouvais t'émouvoir. J'ai été entraîné hors de nos murs par les soupirs, et je viens te conjurer de pardonner à Rome et à tes compatriotes suppliants. Que les dieux bons apaisent ta fureur et en jettent la lie sur ce maraud qui, comme un bloc brut, me refusait accès près de toi!

Il montre le premier garde.

CORIOLAN.

Arrière!

MÉNÉNIUS.

Comment! arrière!

CORIOLAN.

— Femme, mère, enfant, je ne connais plus rien. Mes volontés — sont asservies à d'autres. Seule, ma vengeance — m'appartient; ma clémence est — dans le cœur des Volsques. Que le souvenir de notre familiarité — soit empoisonné par l'ingratitude plutôt — que ranimé par la pitié!... Partez donc. — Mes oreilles sont plus fortes contre vos prières que — vos portes contre mes attaques... Pourtant, puisque je t'ai aimé, — prends ceci : je l'avais écrit pour toi, — et je voulais te l'envoyer.

Il lui remet un pli.

Plus un mot, Ménénius ! — Je ne t'écoute plus... Cet homme, Aufidius, — était mon bien-aimé dans Rome : pourtant, tu vois...

AUFIDIUS.

Vous soutenez l'énergie de votre caractère.

Sortent Coriolan et Aufidius.

PREMIER GARDE.

Eh bien, monsieur, votre nom est donc Ménénius?

DEUXIÈME GARDE.

Il a, vous le voyez, un pouvoir magique... Vous savez le chemin pour vous en retourner?

PREMIER GARDE.

Avez-vous vu comme nous avons été tancés pour avoir arrêté Votre Grandeur au passage?

DEUXIÈME GARDE.

Quelle raison, dites-vous, ai-je de m'évanouir?

MÉNÉNIUS.

Je ne me soucie ni du monde ni de votre général ; quant aux êtres comme vous, à peine puis-je croire qu'il en existe, tant vous êtes chétifs ! L'homme assez résolu pour se donner la mort de sa main, ne la craint pas d'une autre. Quant à vous, restez ce que vous êtes longtemps ; et que votre misère s'accroisse avec vos années ! Je vous dis ce qui m'a été dit : arrière !

Il sort.

PREMIER GARDE.

Un noble compagnon, je le garantis.

DEUXIÈME GARDE.

Le digne compagnon, c'est notre général ; c'est un roc, un chêne inébranlable au vent.

Ils sortent.

SCÈNE XXVI.

[La tente de Coriolan.]

Entrent CORIOLAN, AUFIDIUS et autres.

CORIOLAN.

— Demain, c'est sous les murs de Rome — que nous camperons notre armée. Vous, mon collègue dans cette expédition, — vous aurez à rapporter aux seigneurs volsques la loyauté — de ma conduite en cette affaire.

AUFIDIUS.

C'est leur intérêt seul — que vous avez consulté : vous avez fermé l'oreille — à la prière publique de Rome ; vous n'avez pas permis — même un secret murmure à des amis — qui se croyaient sûrs de vous.

CORIOLAN.

Le dernier, ce vieillard — que j'ai renvoyé à Rome, le cœur brisé, — avait pour moi plus que l'amour d'un père : — oui, il me divinisait. Leur dernière ressource — était de me l'envoyer. Par égard pour sa vieille affection, — tout en le traitant durement, j'ai offert encore une fois — les premières conditions qu'ils ont refusées — et qu'ils ne peuvent plus accepter : voilà mon unique faveur — pour un homme qui croyait tant obtenir ! Bien petite — concession, en vérité !... De nouvelles ambassades, de nouvelles prières, — qu'elles viennent de l'État ou de mes amis privés, à l'avenir — me trouveront inflexible.

Clameurs au dehors.

Hé ! quelles sont ces clameurs ? — Tenterait-on de me faire enfreindre mon vœu — au moment même où je le prononce ? Je ne l'enfreindrai pas.

SCÈNE XXVI.

Entrent VIRGILIE et VOLUMNIE, conduisant le jeune MARCIUS ; VALÉRIE et des suivantes : tous vêtus de deuil (15).

CORIOLAN, continuant.

— Ma femme vient la première ; puis le moule honoré — où ce torse a pris forme, ma mère, tenant par la main — le petit-fils de sa race. Mais arrière l'affection ! — En lambeaux tous les liens et tous les priviléges de la nature ! — Que la seule vertu soit d'être inexorable !...

Regardant les femmes qui s'inclinent.

— A quoi bon cet humble salut? A quoi bon ces regards de colombes — qui rendraient les dieux parjures?... Je m'attendris... Ah! je ne suis pas — d'une argile plus ferme que les autres... Ma mère s'incline : — comme si devant une taupinière, l'Olympe devait — s'humilier ! Et mon petit enfant — a un air si suppliant que la grande nature — crie : *Ne refuse pas...* Que les Volsques traînent — la charrue sur Rome et la herse sur l'Italie ! Je ne serai jamais — de ces oisons qui obéissent à l'instinct : je résisterai — comme un homme qui serait né de lui-même — et ne connaîtrait pas de parents.

VIRGILIE.

Mon seigneur ! mon mari !

CORIOLAN.

— Je ne vois plus des mêmes yeux dont je voyais à Rome.

VIRGILIE.

— Le chagrin qui nous a tant changées — vous le fait croire.

CORIOLAN.

Comme un acteur stupide, voilà — que j'ai oublié mon rôle, et je reste court, — à ma grande confusion.

A Virgilie.

O le plus pur de ma chair, — pardonne à ma rigueur,

mais ne me dis pas — pourtant de pardonner aux Romains. Oh! un baiser — long comme mon exil, doux comme ma vengeance!...

<small>Il l'embrasse.</small>

— Par la jalouse reine des cieux, c'est le même baiser — que j'ai emporté de toi, ma chérie ; ma lèvre fidèle — l'a toujours gardé vierge!... Grands dieux! je babille, — et la plus noble des mères — n'a pas même reçu mon salut... Enfonce-toi dans la terre, mon genou, — et que ta déférence y laisse une marque plus profonde — que la génuflexion du commun des fils.

<small>Il s'agenouille.</small>

VOLUMNIE, le relevant.

Oh! reste debout, et sois béni, — tandis que, sur ce dur coussin de cailloux, — je tombe à genoux devant toi, et que, par cette preuve inouïe — de respect, je bouleverse la hiérarchie — entre l'enfant et la mère !

<small>Elle s'agenouille.</small>

CORIOLAN.

Que vois-je ? — Vous, à genoux devant moi, devant ce fils que vous corrigiez ? — Alors, que les galets de la plage affamée — aillent lapider les astres! alors, que les vents mutinés — lancent les cèdres altiers contre l'ardent soleil ! — Vous égorgez l'impossible, en rendant — facile ce qui ne peut être !

VOLUMNIE.

Tu es mon guerrier : — c'est moi qui t'ai formé.
<small>Montrant Valérie.</small>
Reconnais-tu cette dame ?

CORIOLAN.

— Oui, la noble sœur de Publicola, la lune de Rome, chaste comme le glaçon — que le givre a formé de la plus pure neige — et suspendu au temple de Diane! Chère Valérie !

SCÈNE XXVI.   215

VOLUMNIE, lui présentant son fils.

Voici un pauvre abrégé de vous, — qui, interprété par l'avenir, — pourra devenir un autre vous-même.

CORIOLAN, regardant l'enfant.

Que le dieu des soldats, — avec le consentement du souverain Jupiter, inspire — la noblesse à tes pensées ! Puisses-tu — être invulnérable à la honte et demeurer dans les batailles — comme un fanal sublime, supportant toutes les rafales, — et sauvant ceux qui t'aperçoivent !

VOLUMNIE, au jeune Marcius.

A genoux, garnement !

CORIOLAN.

Voilà bien mon bel enfant !

VOLUMNIE.

— Lui-même, votre femme, cette dame, et moi, — nous venons à vous en suppliants.

CORIOLAN.

Taisez-vous, je vous en conjure : — ou, avant de demander, rappelez-vous que — ma résistance à des requêtes que j'ai juré de repousser ne doit pas — être prise par vous comme un refus. Ne me pressez pas — de renvoyer mes soldats, ou de capituler — encore avec les ouvriers de Rome. Ne me dites pas — que je suis dénaturé : ne cherchez pas — à calmer ma rage et ma rancune — par vos froides raisons.

VOLUMNIE.

Oh ! assez ! assez ! — Vous venez de déclarer que vous ne vouliez rien nous accorder, — car nous n'avons pas à demander autre chose que ce — que vous refusez déjà. Pourtant nous ferons notre demande, — afin que, si vous la rejetez, le blâme — en puisse retomber sur votre rigueur : donc, écoutez-nous.

CORIOLAN.

— Aufidius, et vous, Volsques, soyez témoins : car

nous voulons — ne rien écouter de Rome en secret...
Votre requête ?

Il s'assoit.

VOLUMNIE.

— Quand nous resterions silencieuses et sans dire un mot, notre accoutrement — et l'état de nos pauvres corps te feraient assez connaître quelle vie — nous avons menée depuis ton bannissement. Considère — combien plus infortunées que toutes les femmes du monde — nous sommes venues ici : puisque ta vue, qui devrait — faire ruisseler de joie nos yeux et bondir d'aise nos cœurs, — nous contraint à pleurer et à frissonner d'effroi et de douleur, — en montrant à une mère, à une femme, à un enfant, — un fils, un mari, un père déchirant — les entrailles de sa patrie ! Et c'est à nous, pauvres créatures, — que ton inimitié est le plus fatale : tu nous empêches — de prier les dieux, ce qui est un souverain reconfort — à tous, hormis à nous. Car, comment pouvons-nous, — hélas ! comment pouvons-nous prier et pour notre pays, — comme c'est notre devoir, et pour ta victoire, — comme c'est notre devoir ? Hélas ! il nous faut sacrifier — ou la patrie, notre nourrice chérie, ou ta personne, — notre joie dans la patrie. Nous devons subir — une évidente calamité, quel que soit celui de nos vœux — qui s'accomplisse, de quelque côté que soit le triomphe : car il nous faudra te voir, — comme un renégat étranger, traîné, — les menottes aux mains, à travers nos rues, ou — foulant d'un pas triomphal les ruines de ta patrie, — et remportant la palme pour avoir vaillamment versé — le sang de ta femme et de tes enfants. Quant à moi, mon fils, — je suis résolue à ne pas attendre que la fortune — décide l'issue de cette guerre. Car, si je ne puis te déterminer — à témoigner une noble bienveillance aux deux parties, — plutôt que de ruiner l'une d'elles, sache que — tu ne marcheras pas à l'assaut de ton pays sans passer premièrement — (tiens-le pour assuré) sur le ventre de ta mère — qui t'a mis au monde !

VIRGILIE.

Et sur le mien aussi, — qui vous a donné ce fils pour perpétuer votre nom — dans l'avenir.

L'ENFANT.

Il ne passera pas sur moi ; je — me sauverai jusqu'à ce que je sois plus grand, et alors je me battrai.

CORIOLAN.

— Qui ne veut pas s'attendrir comme une femme — ne doit pas voir un visage d'enfant ni de femme. — J'ai trop longtemps tardé.

Il se lève.

VOLUMNIE.

Non, ne nous quittez pas ainsi. — Si, par notre requête, nous vous pressions — de sauver les Romains en détruisant — les Volsques que vous servez, vous pourriez nous condamner, — comme empoisonneuses de votre honneur... Non, ce que nous vous demandons, — c'est de réconcilier les deux peuples, en sorte que les Volsques — puissent dire : *nous avons eu cette clémence !* les Romains répondre : *nous avons reçu cette grâce*, et tous — t'acclamant à l'envi, te crier : *sois béni — pour avoir conclu cette paix !* Tu sais, mon auguste fils, — que l'issue de la guerre est incertaine, mais ceci est bien certain — que, si tu es le vainqueur de Rome, tout le profit — qui t'en restera sera un nom — traqué par d'infatigables malédictions. — La chronique écrira : *cet homme avait de la noblesse, — mais il l'a raturée par sa dernière action, — il a ruiné son pays, et son nom subsistera, — abhorré dans les âges futurs.* » Parle-moi, mon fils. — Tu affectais les sentiments les plus délicats de l'honneur, — en prétendant imiter les grâces mêmes des dieux : — fais donc comme eux, et, après avoir lacéré d'éclairs les vastes joues de la nue, — décharge de ta foudre un coup — à peine capable de fendre un chêne !... Que ne parles-tu pas ? — Estimes-tu qu'il soit convenable à un grand personnage — de se souvenir toujours des injures ?...

<small>A Virgilie.</small>

Ma fille, parlez : — il ne se soucie pas de vos larmes.

<small>Au jeune Marcius.</small>

Parle, garçon : — peut-être ton enfantillage parviendra-t-il à l'émouvoir — plus que nos raisons.

<small>Montrant Coriolan.</small>

Il n'est pas au monde de fils plus — redevable à sa mère ; et pourtant il me laisse pérorer — comme une infâme aux ceps !... Jamais de ta vie, — tu n'as montré d'égards pour ta chère mère, — elle qui, pauvre poule, sans souci d'une autre couvée, — t'a de ses gloussements dirigé à la guerre et ramené, — chargé de gloire ! Si ma requête est injuste, dis-le — et chasse-moi ; mais, si elle ne l'est pas, — tu manques à l'honneur, et les dieux te châtieront — de m'avoir refusé l'obéissance — qui est due à une mère... Il se détourne. — A genoux, femmes ! humilions-le de nos génuflexions ! — Le surnom de Coriolan lui inspire plus d'orgueil — que nos prières de pitié. A genoux ! finissons-en ! — A genoux pour la dernière fois ! Après quoi nous retournerons à Rome — mourir au milieu de nos voisins !... Voyons, regarde-nous ! — Cet enfant qui ne peut pas dire ce qu'il voudrait, — mais qui s'agenouille et te tend les mains, à notre exemple, — a plus de force pour appuyer notre supplique — que tu n'en as pour la repousser...

<small>Se relevant.</small>

Allons, partons. — Ce compagnon eut une Volsque pour mère ; — sa femme est de Corioles, et cet enfant — lui ressemble par hasard... Va, débarrasse-toi de nous ! — Je veux me taire jusqu'à ce que notre ville soit en flammes, — et alors on entendra ma voix !

SCÈNE XXVI.

CORIOLAN.

O mère ! mère ! qu'avez-vous fait ?

Il serre la main de Volumnie, reste un moment silencieux, puis continue :

Voyez, les cieux s'entr'ouvrent,—les dieux abaissent leurs regards et rient—de cette scène contre nature. O ma mère ! ma mère ! oh ! — vous avez gagné une heureuse victoire pour Rome,—mais pour votre fils, croyez-moi, oh ! croyez-moi, — ce succès lui sera bien périlleux, — s'il ne lui est pas mortel. Mais, advienne que pourra !... — Aufidius, si je ne puis plus faire loyalement la guerre, — je veux du moins conclure une paix convenable... Voyons, bon Aufidius,—si vous aviez été à ma place, dites, auriez-vous pu — moins écouter une mère, ou lui accorder moins, Aufidius ?

AUFIDIUS.

— J'ai été ému.

CORIOLAN.

J'oserais le jurer. — Ah ! messire, ce n'est pas chose aisée de faire ruisseler— de mes yeux la sueur de la pitié. Mais, bon seigneur, — vous me conseillerez sur la paix qu'il faut faire. Pour ma part, — je n'irai pas à Rome, je veux retourner avec vous, et vous prier — de me soutenir dans cette affaire... O ma mère ! ma femme !

AUFIDIUS, à part.

Je suis bien aise que tu aies mis ta clémence et ton honneur — en contradiction : je veux du coup relever mon ancienne fortune.

Les dames font des signes à Coriolan, comme pour l'appeler.

CORIOLAN.

Oui, tout à l'heure. — Nous allons boire ensemble ; et vous rapporterez à Rome — un gage plus sûr que des paroles, la minute — de la transaction contresignée par nous. — Allons, venez avec nous. Mesdames, vous méritez — qu'on vous élève un temple : toutes les épées —

de l'Italie, toutes ses armes confédérées — n'auraient pu obtenir cette paix.

Tous sortent.

SCÈNE XXVII.

[Rome. Le Capitole.]

Entrent MÉNÉNIUS et SICINIUS.

MÉNÉNIUS.

Voyez-vous là-bas cette encoignure du Capitole, cette borne là-bas ?

SICINIUS.

Oui, après ?

MÉNÉNIUS.

S'il vous est possible de la déplacer avec votre petit doigt, alors il y a quelque chance que les dames romaines, spécialement sa mère, puissent prévaloir sur lui. Mais je dis qu'il n'y a pas d'espoir : nos jugulaires sont condamnées et n'attendent plus que l'exécution.

SICINIUS.

Est-il possible qu'un temps si court puisse altérer la nature d'un homme ?

MÉNÉNIUS.

Il y a de la différence entre une chrysalide et un papillon ; pourtant votre papillon a été chrysalide. D'homme ce Marcius est devenu dragon : il a des ailes ; il est bien plus qu'une créature rampante.

SICINIUS.

Il aimait tendrement sa mère !

MÉNÉNIUS.

Il m'aimait aussi ; et à présent il ne se souvient pas plus de sa mère qu'un cheval de huit ans. L'aigreur de son

SCÈNE XXVII.

visage surirait des raisins mûrs. Quand il marche, il se meut comme un engin de guerre; et le sol s'effondre sous ses pas. Il est capable de percer un corselet d'un regard ; sa parole est comme un tocsin, et son murmure est une batterie. Il est assis sur son siége, comme sur celui d'Alexandre. Ce qu'il commande est exécuté aussitôt que commandé. Il ne lui manque plus d'un dieu que l'éternité et qu'un ciel pour trône.

SICINIUS.

Oui, et que la pitié, si vous le représentez tel qu'il est.

MÉNÉNIUS.

Je le peins d'après son caractère. Remarquez bien quelle grâce sa mère obtiendra de lui. Il n'y a pas plus de pitié en lui que de lait dans un tigre mâle. Voilà ce que reconnaîtra notre pauvre cité : et tout est de votre faute.

SICINIUS.

Que les dieux nous soient propices !

MÉNÉNIUS.

Non, dans un cas pareil, ils ne nous seront pas propices. Nous avons banni Marcius sans nous soucier d'eux ; et Marcius revient nous rompre le cou sans qu'ils se soucient de nous.

Entre un MESSAGER.

LE MESSAGER, à Sicinius.

— Monsieur, si vous voulez sauver votre vie, rentrez vite. — Les plébéiens ont saisi le tribun votre collègue, — et le rudoient, en jurant tous que, si — les dames romaines ne ramènent pas la confiance avec elles, — ils le feront mourir à petit feu.

Entre un second MESSAGER.

SICINIUS.

Quelle nouvelle ?

LE MESSAGER.

— Bonne nouvelle! bonne nouvelle! Les dames ont prévalu, — les Volsques ont délogé et Marcius est parti. — Jamais plus heureux jour ne réjouit Rome, — non, pas même le jour qui vit l'expulsion des Tarquins.

SICINIUS.

Ami, — es-tu certain que ce soit vrai? est-ce bien certain?

LE MESSAGER.

— Aussi certain qu'il l'est pour moi que le soleil est du feu. — Où étiez-vous donc caché, que vous mettez cela en doute? — Jamais la marée montante ne s'engouffra sous une arche — plus éperdûment que la foule rassurée à travers nos portes. Écoutez!

On entend le son des trompettes et des hautbois, mêlé au bruit des tambours et aux acclamations du peuple.

— Les trompettes, les saquebuttes, les psaltérions, les fifres, — les tambourins, les cymbales et les acclamations des Romains — font danser le soleil. Écoutez!

Nouvelles acclamations.

MÉNÉNIUS.

Voilà une bonne nouvelle. — Je vais au-devant de ces dames. Cette Volumnie — vaut toute une ville de consuls, de sénateurs, de patriciens, — et de tribuns comme vous, — toute une mer, tout un continent. Vous avez été heureux dans vos prières aujourd'hui. — Ce matin, pour dix mille de vos gosiers, — je n'aurais pas donné une obole. Écoutez, quelle joie!

Acclamations et musique.

SICINIUS.

— Que les dieux vous bénissent pour ce message!... Et puis, — acceptez ma gratitude.

LE MESSAGER.

Monsieur, nous avons tous — grand sujet d'être grandement reconnaissants.

SCÈNE XXIX.   223

SICINIUS.
Sont-elles près de la cité ?

LE MESSAGER.
— Sur le point d'entrer.

SICINIUS.
Allons au-devant d'elles, — et concourons à la joie.

Ils sortent.

SCÈNE XXVIII.

[Rome. Une porte de la ville.]

Entrent les DAMES ROMAINES, accompagnées par les SÉNATEURS, les PATRICIENS et le PEUPLE. Le cortége traverse la scène.

PREMIER SÉNATEUR, au peuple.
— Contemplez notre patronne, celle par qui Rome vit. — Rassemblez toutes vos tribus, — louez les dieux — et allumez les feux du triomphe : jetez des fleurs devant elles ; — révoquez par acclamation le cri qui bannit Marcius, — rappelez-le, en saluant sa mère ; — criez : salut, nobles femmes, salut !

TOUS.
Salut, nobles femmes, — salut !

Fanfare et tambour.

Tous sortent.

SCÈNE XXIX.

[Antium. La place publique.]

Entrent TULLUS AUFIDIUS et son escorte.

AUFIDIUS, remettant un papier à un officier.
— Allez annoncer aux seigneurs de la cité que je suis ici : — remettez-leur ce papier : dès qu'ils l'auront lu, — dites-

leur de se rendre sur la place publique : c'est ici — qu'en leur présence et devant le peuple, — je prouverai ce que j'avance. Celui que j'accuse — est déjà entré dans la ville et — se propose de paraître devant le peuple, dans l'espoir — de se justifier avec des mots. Dépêchez.

L'escorte d'Aufidius s'éloigne.
Entrent trois ou quatre conjurés de la faction d'Aufidius.

AUFIDIUS.

— Soyez les bienvenus !

PREMIER CONJURÉ.

Comment est notre général ?

AUFIDIUS.

Eh bien, — comme un homme empoisonné par ses propres aumônes, — et tué par sa charité.

DEUXIÈME CONJURÉ.

Très-noble sire, — si vous persistez dans le dessein pour lequel — vous avez désiré notre concours, nous vous délivrerons — de ce grand danger.

AUFIDIUS.

Je ne puis dire, monsieur ; — nous procéderons selon les dispositions du peuple.

TROISIÈME CONJURÉ.

— Le peuple restera incertain tant qu'il — y aura rivalité entre vous ; mais, l'un des deux tombé, — le survivant hérite de toutes les sympathies.

AUFIDIUS.

Je le sais ; — et j'ai pour le frapper des arguments — plausibles. Je l'ai élevé au pouvoir, et j'ai engagé — mon honneur sur sa loyauté. Ainsi parvenu au sommet, — il a fécondé ses plants nouveaux d'une rosée de flatterie. — Il a séduit mes amis ; et, dans ce but, — il a fait fléchir sa nature connue jusque-là — pour toujours brusque, indomptable et indépendante.

SCÈNE XXIX.

TROISIÈME CONJURÉ.

Monsieur, son insolence, — en briguant le consulat qu'il perdit — faute d'avoir su fléchir...

AUFIDIUS.

J'allais en parler. — Banni pour cela, il vint à mon foyer, — tendit sa gorge à mon couteau. Je l'accueillis, — je fis de lui mon associé, je cédai — à toutes ses demandes : je le laissai même choisir — dans mon armée, pour accomplir ses projets, — mes hommes les meilleurs et les plus dispos ; je servis ses desseins — de ma propre personne, l'aidai à recueillir la moisson — qu'il a tout entière accaparée, et mis mon orgueil — à m'amoindrir ainsi ; tellement qu'enfin — je paraissais son subalterne, non son égal, et — qu'il me payait d'un sourire, comme si — j'étais à sa solde.

PREMIER CONJURÉ.

C'est vrai, monseigneur, — l'armée s'en est étonnée. Et, pour comble, — lorsqu'il était maître de Rome, quand nous comptions — sur le butin non moins que sur la gloire...

AUFIDIUS.

Justement, — c'est sur ce point que s'étendront contre lui mes récriminations. — Pour quelques larmes de femmes, aussi — banales que des mensonges, il a vendu le sang et le labeur — de notre grande expédition. En conséquence, il mourra — et je me relèverai par sa chute. Mais, écoutez !

Bruit de tambours et de trompettes, mêlé aux acclamations du peuple.

PREMIER CONJURÉ.

— Vous êtes entré dans votre ville natale comme un courrier, — et nul ne vous a fait accueil ; mais lui, il revient — fendant l'air de fracas.

DEUXIÈME CONJURÉ.

Et ces patients imbéciles, — dont il a tué les enfants, enrouent leurs vils gosiers — à lui donner une ovation !

TROISIÈME CONJURÉ.

Choisissez donc le bon moment, — et, avant qu'il s'explique ou qu'il puisse émouvoir le peuple — de ses paroles, faites-lui sentir votre épée, — que nous seconderons. Quand il sera terrassé, — son histoire racontée à votre manière ensevelira — ses excuses avec son cadavre.

AUFIDIUS.

Plus un mot ! — Voici les seigneurs.

Entrent les seigneurs de la cité.

LES SEIGNEURS, à Aufidius.

— Soyez le très-bien venu chez nous.

AUFIDIUS.

Je ne l'ai pas mérité ; — mais, dignes seigneurs, avez-vous lu avec attention — ce que je vous ai écrit ?

LES SEIGNEURS.

Oui.

PREMIER SEIGNEUR.

Et cette lecture nous a peinés. — Ses fautes antérieures, à mon avis, — auraient pu être réparées aisément ; mais s'arrêter là même — où commençait son œuvre, sacrifier — le bénéfice de nos armements, nous indemniser — à nos propres dépens, faire un traité avec un ennemi — qui se rendait, cela n'admet pas d'excuse.

AUFIDIUS.

Il approche, vous allez l'entendre.

Entre Coriolan, tambour battant, couleurs déployées ; une foule de citoyens lui font escorte (16).

CORIOLAN.

— Salut, seigneurs ! Je reviens votre soldat, — sans être plus infecté d'amour pour ma patrie — qu'au jour où je partis d'ici, mais soumis toujours — à votre commandement suprême. Sachez — que j'ai fait une heureuse campagne et — que par une trouée sanglante j'ai mené vos troupes — aux portes mêmes de Rome. Le butin que nous avons rapporté — dépasse d'un tiers au moins — les frais de l'expédition. Nous avons fait une paix — non moins honorable pour les Antiates — qu'humiliante pour les Romains. Et nous vous remettons ici, — signé des consuls et des patriciens, — et portant le sceau du sénat, le traité — que nous avons conclu.

Il présente un pli aux sénateurs.

AUFIDIUS, s'avançant.

Ne le lisez pas, nobles seigneurs, — mais dites au traître qu'il a, au plus haut degré, — abusé de vos pouvoirs.

CORIOLAN.

— Traître ! Comment ?

AUFIDIUS.

Oui, traître, Marcius.

CORIOLAN.

Marcius !

AUFIDIUS.

— Oui, Marcius, Caïus Marcius ! Crois-tu — que je veuille te décorer de ton larcin, de ce nom — de Coriolan, volé par toi dans Corioles ! — Seigneurs et chefs de l'État, il a perfidement — trahi vos intérêts ; il a, — pour quelques gouttes d'eau amère, cédé votre ville de Rome, — je dis votre ville ! à sa mère et à sa femme, — rompant sa résolution et son serment, comme — un écheveau de soie pourrie, sans même consulter — un conseil de guerre ! Pour des pleurs de nourrice — il a, dans un vagissement, bavé votre victoire ! — En sorte que les pages rougissaient de lui, et que les hommes de cœur — se regardaient stupéfaits.

CORIOLAN.

L'entends-tu, Mars ?

AUFIDIUS.

— Ne nomme pas ce dieu, enfant des larmes !

CORIOLAN.

Hein ?

AUFIDIUS.

Rien de plus.

CORIOLAN, d'une voix tonnante.

— Menteur démesuré, tu fais déborder — mon cœur. Enfant !... O misérable ! — Pardonnez-moi, seigneurs, c'est la première fois — qu'on me force à récriminer. Votre jugement, mes graves seigneurs, — doit démentir ce chien ; et sa propre conscience, — à lui qui garde l'empreinte de mes coups et qui portera — ma marque au tombeau, se soulèvera pour lui jeter — ce démenti.

PREMIER SEIGNEUR.

Silence, tous deux, et laissez-moi parler.

CORIOLAN.

— Coupez-moi en morceaux, Volsques ! hommes et marmousets, — rougissez sur moi toutes vos lames.

A Aufidius.

Moi, un enfant ! Aboyeur d'impostures !... — Si vous avez écrit loyalement vos annales, vous y verrez — qu'apparu comme un aigle dans un colombier, j'ai ici — même dans Corioles, épouvanté tous vos Volsques, — et j'étais seul !... Un enfant !

AUFIDIUS.

Quoi ! nobles seigneurs, — vous permettrez que les exploits de son aveugle fortune, — qui furent votre honte, soient rappelés par ce fanfaron impie, — et sous vos yeux mêmes !

LES CONJURÉS.

Qu'il meure pour cela !

VOIX DANS LA FOULE.

Mettez-le en pièces !... sur-le-champ !.. Il a tué mon

fils !... ma fille ! Il a tué mon cousin Marcus !... Il a tué mon père !

DEUXIÈME SEIGNEUR, au peuple.

— Silence ! holà ! pas d'outrage !... silence !... — C'est un homme illustre dont la renommée enveloppe — l'orbe de la terre. Sa dernière offense à notre égard — subira une enquête judiciaire... Arrêtez, Aufidius, — et ne troublez pas la paix !

CORIOLAN.

Oh ! que je voudrais l'avoir — lui, et six Aufidius, et toute sa tribu, — à la portée de mon glaive justicier !

AUFIDIUS, dégaînant.

Insolent scélérat !

LES CONJURÉS, dégaînant.

— Tue ! Tue ! Tue ! Tue ! Tue-le !

LES SEIGNEURS.

Arrêtez ! Arrêtez ! Arrêtez ! Arrêtez !

Aufidius et les conjurés se jettent sur Coriolan, qui tombe et meurt. Aufidius pose le pied sur son cadavre.

AUFIDIUS.

— Mes nobles maîtres, écoutez-moi.

PREMIER SEIGNEUR.

O Tullus !

DEUXIÈME SEIGNEUR.

Tu as commis une action que pleurera la valeur.

TROISIÈME SEIGNEUR.

— Ne marche pas sur lui.

Aux citoyens.

Du calme, mes maîtres !... — remettez vos épées.

AUFIDIUS.

— Messeigneurs, quand vous apprendrez (ce qui, dans cette fureur, — provoquée par lui, ne peut vous être expliqué), quel grave danger — était pour vous la vie de cet homme, vous vous réjouirez — de voir ses jours ainsi tranchés. Daignent Vos Seigneuries — me mander à leur sénat ! Si je ne prouve pas — que je suis votre loyal serviteur, je veux subir — votre plus rigoureux jugement.

PREMIER SEIGNEUR.

Emportez son corps, — et suivez son deuil. Croyez-le, — jamais héraut n'a escorté de plus nobles restes — jusqu'à l'urne funèbre.

DEUXIÈME SEIGNEUR.

L'irritation — d'Aufidius atténue grandement son tort. — Prenons-en notre parti.

AUFIDIUS.

Ma fureur est passée, — et je suis pénétré de tristesse... Enlevons-le. — Que trois des principaux guerriers m'assistent : je serai le quatrième. — Que le tambour fasse entendre un roulement lugubre. — Renversez l'acier de vos piques. Quoique dans cette cité — il ait mis en deuil bien des femmes et bien des mères — qui gémissent encore de ses coups, — il aura un noble monument. Aidez-moi !

Ils sortent, emportant le corps de Coriolan, au son d'une marche funèbre.

FIN DE CORIOLAN.

M. William Shake-speare

SA

Vraie Chronique historique de la vie
et de la mort du roi *Lear*, et de ses
trois filles.

Avec la vie infortunée d'Edgar
fils et héritier du Comte de *Glocester*, et
sa sombre humeur assumée de TOM
de Bedlam

*Comme elle fust iouée devant Sa Maiesté le Roy, au
soir de la St Estienne, durant les festes de Noël*

Par les serviteurs de Sa Maiesté, jouant usuellement au
Globe sur le *Bankside.*

Imprimé pour *Nathaniel Butter.*
1608.

PERSONNAGES (17) :

LEAR, roi de la Grande-Bretagne.
LE ROI DE FRANCE.
LE DUC DE BOURGOGNE.
LE DUC DE CORNOUAILLES.
LE DUC D'ALBANY (18).
LE COMTE DE KENT.
LE COMTE DE GLOCESTER.
EDGAR, fils de Glocester.
EDMOND, bâtard de Glocester.
LE FOU DU ROI LEAR.
OSWALD, intendant de Goneril.
CURAN, courtisan.
UN VIEILLARD, vassal de Glocester.
UN MÉDECIN.
UN OFFICIER au service d'Edmond.
UN GENTILHOMME attaché à Cordélia.
UN HÉRAUT.
GONERIL,
RÉGANE,   } filles du roi Lear.
CORDÉLIA,

CHEVALIERS, OFFICIERS, MESSAGERS, SOLDATS, GENS DE LA SUITE.

La scène est dans la Grande-Bretagne.

SCÈNE I.

[La grand'salle du palais des rois de Grande-Bretagne].

Entrent KENT, GLOCESTER et EDMOND.

KENT.

Je croyais le roi plus favorable au duc d'Albany qu'au duc de Cornouailles.

GLOCESTER.

C'est ce qui nous avait toujours semblé ; mais à présent, dans le partage du royaume, rien n'indique lequel des ducs il apprécie le plus : car les portions se balancent si également que le scrupule même ne saurait faire un choix entre l'une et l'autre ?

KENT, montrant Edmond.

N'est-ce pas là votre fils, milord ?

GLOCESTER.

Son éducation, messire, a été à ma charge. J'ai si souvent rougi de le reconnaître que maintenant j'y suis bronzé.

KENT.

Je ne puis concevoir...

GLOCESTER.

C'est ce que put, messire, la mère de ce jeune gaillard : si bien qu'elle vit son ventre s'arrondir, et que, ma foi, messire, elle eut un fils en son berceau avant d'avoir un mari dans son lit... Flairez-vous la faute?

KENT.

Je ne puis regretter une faute dont le fruit est si beau.

GLOCESTER.

Mais j'ai aussi, messire, de l'aveu de la loi, un fils quelque peu plus âgé que celui-ci, qui pourtant ne m'est pas plus cher. Bien que ce chenapan soit venu au monde, un peu impudemment, avant d'être appelé, sa mère n'en était pas moins belle : il y eut grande liesse à le faire, et il faut bien reconnaître ce fils de putain... Edmond, connaissez-vous ce noble gentilhomme?

EDMOND.

Non, milord.

GLOCESTER.

Milord de Kent. Saluez-le désormais comme mon honorable ami.

(EDMOND, s'inclinant.

Mes services à Votre Seigneurie!

KENT.

Je suis tenu de vous aimer, et je demande à vous connaître plus particulièrement.

EDMOND.

Messire, je m'étudierai à mériter cette distinction.

GLOCESTER.

Il a été neuf ans hors du pays, et il va en partir de nouveau... Le roi vient.

Fanfares.

Entrent LEAR, CORNOUAILLES, ALBANY, GONERIL, RÉGANE, CORDÉLIA et les gens du roi.

LEAR.

Glocester, veuillez accompagner les seigneurs de France et de Bourgogne.

SCÈNE I.

GLOCESTER.

J'obéis, mon suzerain.

Sortent Glocester et Edmond.

LEAR.

— Nous, cependant, nous allons révéler nos plus mystérieuses intentions... — Qu'on me donne la carte.

On déploie une carte devant le roi.

Sachez que nous avons divisé — en trois parts notre royaume, et que c'est notre intention formelle — de soustraire notre vieillesse aux soins et aux affaires — pour en charger de plus jeunes forces, tandis que — nous nous trainerons sans encombre vers la mort... Cornouailles, notre fils, — et vous, Albany, notre fils également dévoué, — nous avons à cette heure la ferme volonté de régler publiquement — la dotation de nos filles, pour prévenir dès à présent — tout débat futur (19). Quant aux princes de France et de Bourgogne, — ces grands rivaux qui, pour obtenir l'amour de notre plus jeune fille, — ont prolongé à notre cour leur séjour galant, — ils obtiendront réponse ici même... Parlez, mes filles; — en ce moment où nous voulons renoncer au pouvoir, — aux revenus du territoire comme aux soins de l'État, — faites-nous savoir qui de vous nous aime le plus, — afin que notre libéralité s'exerce le plus largement — là où le mérite l'aura le mieux provoquée. Goneril, — notre aînée, parle la première.

GONERIL.

Moi, sire, — je vous aime plus que les mots n'en peuvent donner idée, — plus chèrement que la vue, l'espace et la liberté, — de préférence à tout ce qui est précieux, riche ou rare, — non moins que la vie avec la grâce, la santé, la beauté et l'honneur, — du plus grand amour qu'enfant ait jamais ressenti ou père inspiré, — d'un amour qui rend le souffle misérable et la voix impuissante; — je vous aime au delà de toute mesure.

CORDÉLIA, à part.

— Que pourra faire Cordélia ? Aimer et se taire.

LEAR, le doigt sur la carte.

— Tu vois, de cette ligne à celle-ci, tout ce domaine, — couvert de forêts ombreuses et de riches campagnes, — (20) de rivières plantureuses et de vastes prairies : — nous t'en faisons la dame. Que tes enfants et les enfants d'Albany — le possèdent à perpétuité... Que dit notre seconde fille, — notre chère Régane, la femme de Cornouailles ?... Parle.

RÉGANE.

— Je suis faite du même métal que ma sœur, — et je m'estime à sa valeur. En toute sincérité — je reconnais qu'elle exprime les sentiments mêmes de mon amour ; — seulement, elle ne va pas assez loin : car je me déclare — l'ennemie de toutes les joies — contenues dans la sphère la plus exquise de la sensation, — et je ne trouve de félicité — que dans l'amour de votre chère Altesse.

CORDÉLIA, à part.

C'est le cas de dire : pauvre Cordélia ! — Et pourtant non, car, j'en suis bien sûre, je suis plus riche — d'amour que de paroles !

LEAR, à Régane.

— A toi et aux tiens, en apanage héréditaire, — revient cet ample tiers de notre beau royaume, — égal en étendue, en valeur et en agrément — à la portion de Goneril.

A Cordélia.

A votre tour, ô notre joie, — la dernière, mais non la moindre ! Vous — dont le vin de France et le lait de Bourgogne — se disputent la jeune prédilection (21), parlez : que pouvez-vous dire pour obtenir — une part plus opulente que celle de vos sœurs ?

CORDÉLIA.

Rien, monseigneur.

LEAR.

Rien ?

CORDÉLIA.

Rien.

LEAR.

— De rien rien ne peut venir : parlez encore.

CORDÉLIA.

— Malheureuse que je suis, je ne puis soulever — mon cœur jusqu'à mes lèvres. J'aime Votre Majesté — comme je le dois, ni plus ni moins.

LEAR.

— Allons, allons, Cordélia ! Réformez un peu votre réponse, — de peur qu'elle ne nuise à votre fortune.

CORDÉLIA.

Mon bon seigneur, — vous m'avez mise au monde, vous m'avez élevée, vous m'avez aimée : moi, — je vous rends en retour les devoirs auxquels je suis tenue, — je vous obéis, vous aime et vous vénère. — Pourquoi mes sœurs ont-elles des maris, si, comme elles le disent, — elles n'aiment que vous? Peut-être, au jour de mes noces, — l'époux dont la main recevra ma foi emportera-t-il avec lui — une moitié de mon amour, de ma sollicitude et de mon dévouement ; — assurément je ne me marierai pas comme mes sœurs, — pour n'aimer que mon père.

LEAR.

— Mais parles-tu du fond du cœur ?

CORDÉLIA.

Oui, mon bon seigneur.

LEAR.

— Si jeune et si peu tendre !

CORDÉLIA.

Si jeune, monseigneur, et si sincère !

LEAR.

— Soit !... Eh bien, que ta sincérité soit ta dot ! —

Car, par le rayonnement sacré du soleil, — par les mystères d'Hécate et de la nuit, — par toutes les influences des astres — qui nous font exister et cesser d'être, — j'abjure à ton égard toute ma sollicitude paternelle, — toutes les relations et tous les droits du sang ; — je te déclare étrangère à mon cœur et à moi — dès ce moment, pour toujours. Le Scythe barbare, — l'homme qui dévore ses enfants — pour assouvir son appétit, trouvera dans mon cœur — autant de charité, de pitié et de sympathie — que toi, ma ci-devant fille !

KENT.

Mon bon suzerain...

LEAR.

Silence, Kent ! — ne vous mettez pas entre le dragon et sa fureur. — C'est elle que j'aimais le plus, et je pensais confier mon repos — à la tutelle de sa tendresse... Arrière ! hors de ma vue !... — Puisse la tombe me refuser sa paix, si je ne lui retire ici — le cœur de son père !... Appelez le Français !... M'obéit-on ?... — Appelez le Bourguignon !... Cornouailles, Albany, — grossissez de ce tiers la dot de mes deux filles : — que l'orgueil, qu'elle appelle franchise, suffise à la marier. — Je vous investis en commun de mon pouvoir, — de ma prééminence et des vastes attributs — qui escortent la majesté. Nous-même, — avec cent chevaliers que nous nous réservons — et qui seront entretenus à vos frais, nous ferons — alternativement chez chacun de vous un séjour mensuel. Nous ne voulons garder — que le nom et les titres d'un roi. — L'autorité, — le revenu, le gouvernement des affaires, — je vous abandonne tout cela, fils bien-aimés : pour gage, — voici la couronne ; partagez-vous-la !

Il se démet de la couronne.

KENT.

Royal Lear, — que j'ai toujours honoré comme mon

roi, comme mon père, suivi comme mon maître, — et nommé dans mes prières comme mon patron sacré...

LEAR.

— L'arc est bandé et ajusté : évite la flèche.

KENT.

— Que plutôt elle tombe sur moi, dût son fer envahir — la région de mon cœur! Que Kent soit discourtois — quand Lear est insensé! Que prétends-tu, vieillard ? — Crois-tu donc que le devoir ait peur de parler, — quand la puissance cède à la flatterie ? L'honneur est obligé à la franchise, — quand la majesté succombe à la folie. Révoque ton arrêt, — et, par une mûre réflexion, réprime — cette hideuse vivacité. Que ma vie réponde de mon jugement : — la plus jeune de tes filles n'est pas celle qui t'aime le moins : — elle n'annonce pas un cœur vide, la voix grave — qui ne retentit pas en un creux accent !

LEAR.

Kent, sur ta vie, assez !

KENT.

— Ma vie, je ne l'ai jamais tenue que pour un enjeu — à risquer contre tes ennemis, et je ne crains pas de la perdre, — quand ton salut l'exige.

LEAR.

Hors de ma vue !

KENT.

— Sois plus clairvoyant, Lear, et laisse-moi rester — le point de mire constant de ton regard.

LEAR.

— Ah ! par Apollon !

KENT.

Ah ! par Apollon, roi, — tu adjures tes dieux en vain.

LEAR, mettant la main sur son épée.

O vassal ! mécréant !

ALBANY ET CORNOUAILLES.

Cher Sire, arrêtez (23).

KENT.

— Va, tue ton médecin, et nourris de son salaire — le mal qui te ronge !... Révoque ta donation, — ou, tant que je pourrai arracher un cri de ma gorge, — je te dirai que tu as mal fait.

LEAR.

Écoute-moi, félon ! — Sur ton allégeance écoute-moi ! — Puisque tu as tenté de nous faire rompre un vœu, — ce que jamais nous n'osâmes ; puisque, dans ton orgueil outrecuidant, — tu as voulu t'interposer entre notre sentence et notre autorité, — ce que notre caractère et notre rang ne sauraient tolérer, — fais pour ta récompense l'épreuve de notre pouvoir. — Nous t'accordons cinq jours pour réunir les ressources — destinées à te prémunir contre les détresses de ce monde. — Le sixième, tu tourneras ton dos maudit — à notre royaume ; et si, le dixième, — ta carcasse bannie est découverte dans nos domaines, — ce moment sera ta mort. Arrière !... Par Jupiter, — cet arrêt ne sera pas révoqué.

KENT.

— Adieu, roi. Puisque c'est ainsi que tu veux apparaître, — ailleurs est la liberté, et l'exil est ici !

A Cordélia.

— Que les dieux te prennent sous leur tendre tutelle, ô vierge, — qui penses si juste et qui as si bien dit !

A Régane et à Goneril.

— Et puissent vos actes confirmer vos beaux discours, — et de bons effets sortir de paroles si tendres !

Aux ducs d'Albany et de Cornouailles.

—Ainsi, ô princes, Kent vous fait ses adieux : — il va acclimater ses vieilles habitudes dans une région nouvelle.

Il sort.

Rentre GLOCESTER, accompagné du ROI DE FRANCE, du DUC DE BOURGOGNE et de leur suite.

GLOCESTER, à Lear.

— Voici les princes de France et de Bourgogne, mon noble seigneur.

LEAR.

— Messire de Bourgogne, — nous nous adressons d'abord à vous qui, en rivalité avec ce roi, — recherchez notre fille. Que doit-elle — au moins vous apporter en dot, — pour que vous donniez suite à votre requête amoureuse ?

LE DUC DE BOURGOGNE.

Très-royale Majesté, — je ne réclame rien de plus que ce qu'a offert Votre Altesse, — et vous n'accorderez pas moins.

LEAR.

Très-noble Bourguignon, — tant qu'elle nous a été chère, nous l'avons estimée à ce prix ; — mais maintenant sa valeur est tombée. La voilà devant vous, messire ; — si quelque trait de sa mince et spécieuse personne, — si son ensemble, auquel s'ajoute notre défaveur — et rien de plus, suffit à charmer Votre Grâce, — la voilà : elle est à vous.

LE DUC DE BOURGOGNE.

Je ne sais que répondre.

LEAR.

— Telle qu'elle est, messire, avec les infirmités qu'elle possède, — orpheline nouvellement adoptée par notre haine, — dotée de notre malédiction et reniée par notre serment, — voulez-vous la prendre ou la laisser ?

LE DUC DE BOURGOGNE.

Pardonnez-moi, royal Sire ; — un choix ne se fixe pas dans de telles conditions.

LEAR.

— Laissez-la donc, seigneur : car, par la puissance qui m'a donné l'être, — je vous ai dit toute sa fortune.

<small>Au roi de France</small>

— Je ne voudrais pas faire à notre amitié l'outrage — de vous unir à ce que je hais : je vous conjure donc — de reporter votre sympathie sur un plus digne objet — qu'une misérable que la nature a presque honte — de reconnaître.

LE ROI DE FRANCE.

Chose étrange, — que celle qui tout à l'heure était votre plus chère affection, — le thème de vos éloges, le baume de votre vieillesse, — votre incomparable, votre préférée, ait en un clin d'œil — commis une action assez monstrueuse pour détacher d'elle — une faveur qui la couvrait de tant de replis ! Assurément, sa faute — doit être bien contre nature — et bien atroce, ou votre primitive affection pour elle — était bien blâmable : pour croire chose pareille, — il faudrait une foi que la raison — ne saurait m'inculquer sans un miracle.

CORDÉLIA, à Lear.

J'implore une grâce de Votre Majesté. — Si mon tort est de ne pas posséder le talent disert et onctueux — de dire ce que je ne pense pas, et de n'avoir que la bonne volonté — qui agit avant de parler, veuillez déclarer la vérité, Sire : — ce n'est pas un crime dégradant, ni quelque autre félonie ; — ce n'est pas une action impure ni une démarche déshonorante — qui m'a privée de votre faveur ; j'ai été disgraciée — parce qu'il me manque (et c'est là ma richesse) — un regard qui sollicite toujours, une langue — que je suis bien aise de ne pas avoir bien qu'il m'en ait coûté — la perte de votre affection.

LEAR.

Mieux — vaudrait pour toi n'être pas née que de m'avoir à ce point déplu.

LE ROI DE FRANCE.

— N'est-ce que cela ? La timidité d'une nature — qui

souvent ne trouve pas de mot pour raconter — ce qu'elle entend faire ?... Monseigneur de Bourgogne, — que dites-vous de madame ?... L'amour n'est pas l'amour, — quand il s'y mêle des considérations étrangères — à son objet suprême. Voulez-vous d'elle ? — Elle est elle-même une dot.

LE DUC DE BOURGOGNE.

Royal Lear, — donnez seulement la dot que vous-même aviez offerte, — et à l'instant je prends par la main Cordélia, — duchesse de Bourgogne !

LEAR.

— Rien !... J'ai juré ; je suis inébranlable.

LE DUC DE BOURGOGNE, à Cordélia.

— Je suis fâché que, pour avoir ainsi perdu un père, — vous deviez perdre un mari.

CORDÉLIA.

La paix soit avec messire de Bourgogne ! — Puisque des considérations de fortune font tout son amour, — je ne serai pas sa femme.

LE ROI DE FRANCE.

— Charmante Cordélia, toi que la misère rend plus riche, — le délaissement plus auguste, l'outrage plus adorable, — toi, et tes vertus, vous êtes à moi. — Qu'il me soit permis de recueillir ce qu'on proscrit... — Dieux ! dieux ! N'est-ce pas étrange que leur froid dédain — ait échauffé mon amour jusqu'à la passion ardente ?...

A Lear.

Roi, ta fille sans dot, jetée au hasard de mon choix, — régnera sur nous, sur les nôtres et sur notre belle France. — Et tous les ducs de l'humide Bourgogne — ne rachèteraient pas de moi cette fille précieuse et dépréciée ! — Dis-leur adieu, Cordélia, si injustes qu'ils soient. — Tu retrouveras mieux que tu n'as perdu.

LEAR.

— Elle est à toi, Français : prends-la ; une pareille

fille — ne nous est rien, et jamais nous ne reverrons — son visage.

A Cordélia.

Pars donc, — sans nos bonnes grâces, sans notre amour, sans notre bénédiction... — Venez, noble Bourguignon.

Fanfares. Sortent Lear, les ducs de Bourgogne, de Cornouailles et d'Albany, Glocester et leur suite (23).

LE ROI DE FRANCE, à Cordélia.

Dites adieu à vos sœurs.

CORDÉLIA.

— Bijoux de mon père, c'est avec des larmes dans les yeux — que Cordélia vous quitte. Je sais ce que vous êtes ; — et j'ai, comme sœur, une vive répugnance à appeler — vos défauts par leurs noms. Aimez bien mon père : — je le confie aux cœurs si bien vantés par vous. — Mais, hélas! si j'étais encore dans ses grâces, — je lui offrirais un trône en meilleur lieu. — Sur ce, adieu à toutes les deux.

GONERIL.

— Ne nous prescris pas nos devoirs.

RÉGANE.

Étudiez-vous — à contenter votre mari, qui vous a jeté, en vous recueillant, — l'aumône de la fortune. Vous avez marchandé l'obéissance ; — et vous avez mérité de perdre ce que vous avez perdu.

CORDÉLIA.

— Le temps dévoilera ce que l'astuce cache en ses replis. — La honte finira par confondre ceux qui dissimulent leurs vices. — Puissiez-vous prospérer !

LE ROI DE FRANCE.

Viens, ma belle Cordélia. —

Il sort avec Cordélia.

GONERIL.

Sœur, j'ai beaucoup à vous dire sur un sujet qui nous

intéresse toutes deux très-vivement. Je pense que notre père partira d'ici ce soir.

RÉGANE.

Bien sûr, et avec vous : le mois prochain, ce sera notre tour.

GONERIL.

Vous voyez combien sa vieillesse est sujette au caprice. L'épreuve que nous en avons faite n'est pas insignifiante : il avait toujours préféré notre sœur, et la déraison avec laquelle il vient de la chasser est trop grossièrement manifeste.

RÉGANE.

C'est une infirmité de sa vieillesse ; cependant il ne s'est jamais qu'imparfaitement possédé.

GONERIL.

Dans la force et dans la plénitude de l'âge, il a toujours eu de ces emportements. Nous devons donc nous attendre à subir, dans sa vieillesse, outre les défauts enracinés de sa nature, tous les accès d'impatience qu'amène avec elle une sénilité infirme et colère.

RÉGANE.

Nous aurons sans doute à supporter de lui maintes boutades imprévues, comme celle qui lui a fait bannir Kent.

GONERIL.

La cérémonie des adieux doit se prolonger encore entre le Français et lui. Entendons-nous donc, je vous prie. Si, avec les dispositions qu'il a, notre père garde aucune autorité, la dernière concession qu'il nous a faite deviendra dérisoire.

RÉGANE.

Nous aviserons.

GONERIL.

Il nous faut faire quelque chose, et dans la chaleur de la crise.

Elles sortent.

SCÈNE II.

[Dans le château du comte de Glocester.]

Entre EDMOND, une lettre à la main.

EDMOND.

— Nature, tu es ma déesse : c'est à ta loi — que sont voués mes services (24). Pourquoi — subirais-je le fléau de la coutume, et permettrais-je — à la subtilité des nations de me déshériter, — sous prétexte que je suis venu douze ou quatorze lunes — plus tard que mon frère ?... Bâtard ! pourquoi ? Ignoble ? pourquoi ? — Est-ce que je n'ai pas la taille aussi bien prise, — l'âme aussi généreuse, les traits aussi réguliers — que la progéniture d'une honnête madame ? Pourquoi nous jeter à la face — l'ignominie et la bâtardise ? Ignobles ! Ignobles ! Ignobles ! — Nous qui, dans la furtive impétuosité de la nature, puisons plus de vigueur et de fougue — que n'en exige, en un lit maussade, insipide et épuisé, — la procréation de toute une tribu de damerets — engendrés entre le sommeil et le réveil !... Ainsi donc, — Edgar le légitime, il faut que j'aie votre patrimoine : — l'amour de notre père appartient au bâtard Edmond, — aussi bien qu'au fils légitime. Le beau mot : Légitime ! — Soit, mon légitime ! Si cette lettre agit — et si mon idée réussit, Edmond l'ignoble — primera Edgar le légitime ! Je grandis, je prospère. — Allons, dieux, tenez pour les bâtards !

Entre GLOCESTER.

GLOCESTER.

— Kent banni ainsi ! le Français s'éloignant furieux ! — et le roi parti ce soir même, renonçant à son pouvoir, —

SCÈNE II.

et réduit à une pension! Tout cela — coup sur coup!... Edmond! eh bien, quelles nouvelles?

EDMOND, feignant de cacher la lettre.

Aucune, n'en déplaise à Votre Seigneurie.

GLOCESTER.

Pourquoi êtes-vous si pressé de serrer cette lettre?

EDMOND.

Je ne sais aucune nouvelle, monseigneur.

GLOCESTER.

Quel papier lisiez-vous là?

EDMOND.

Ce n'est rien, monseigneur.

GLOCESTER.

Vraiment? Pourquoi donc alors cette terrible promptitude à l'empocher? Ce qui n'est rien n'a pas besoin de se cacher ainsi. Faites voir. Allons, si ce n'est rien, je n'aurai pas besoin de besicles.

EDMOND.

Je vous supplie, monsieur, de me pardonner. C'est une lettre de mon frère que je n'ai pas lue en entier; mais, d'après ce que j'en connais, je ne la crois pas faite pour être mise sous vos yeux.

GLOCESTER.

Donnez-moi cette lettre, monsieur.

EDMOND.

Je ferai mal, que je la détienne ou que je la donne. Le contenu, d'après le peu que j'ai compris, en est blâmable.

GLOCESTER.

Voyons, voyons.

EDMOND.

J'espère, pour la justification de mon frère, qu'il n'a écrit cela que pour éprouver ou tâter ma vertu.

Il remet la lettre au comte.

GLOCESTER, lisant.

« Ce respect convenu pour la vieillesse nous fait une vie amère de nos plus belles années; il nous prive de notre fortune jusqu'à ce que l'âge nous empêche d'en jouir. Je commence à trouver une servitude lâche et niaise dans cette sujétion à une tyrannie sénile qui gouverne, non parce qu'elle est puissante, mais parce qu'elle est tolérée. Venez me voir, que je puisse vous en dire davantage. Si notre père pouvait dormir jusqu'à ce que je l'eusse éveillé, vous posséderiez pour toujours la moitié de son revenu, et vous vivriez le bien-aimé de votre frère.

« Edgar. »

Humph! une conspiration!... « Pouvait dormir jusqu'à ce que je l'eusse éveillé, vous posséderiez la moitié de son revenu! »... Mon fils Edgar! Sa main a-t-elle pu écrire ceci! Son cœur, son cerveau, le concevoir!... Quand cette lettre vous est-elle parvenue? Qui l'a apportée?

EDMOND.

Elle ne m'a pas été apportée, monseigneur, et voilà l'artifice : je l'ai trouvée jetée sur la fenêtre de mon cabinet.

GLOCESTER.

Vous reconnaissez cet écrit pour être de votre frère?

EDMOND.

Si la teneur en était bonne, j'oserais jurer que oui; mais, puisqu'elle est telle, je voudrais me figurer que non.

GLOCESTER.

C'est de lui!

EDMOND.

C'est de sa main, monseigneur; mais j'espère que son cœur n'y est pour rien.

GLOCESTER.

Est-ce qu'il ne vous a jamais sondé sur ce sujet?

EDMOND.

Jamais, monseigneur; mais je lui ai souvent entendu

maintenir que, quand les fils sont dans la force de l'âge
et les pères sur le déclin, le père devrait être comme le
pupille du fils, et le fils administrer les biens du père.

GLOCESTER.

O scélérat, scélérat!... L'idée même de sa lettre... Scélérat abhorré, dénaturé, odieux! misérable brute! pire
que la brute!... Allez le chercher, mon cher; je vais l'arrêter... Abominable scélérat!... Où est-il?

EDMOND.

Je ne sais au juste, monseigneur. Si vous voulez bien
suspendre votre indignation contre mon frère, jusqu'à ce
que vous puissiez tirer de lui des informations plus certaines sur ses intentions, vous suivrez une marche plus
sûre; si, au contraire, vous méprenant sur ses desseins,
vous procédez violemment contre lui, vous ferez une large
brèche à votre honneur et vous ruinerez son obéissance
ébranlée jusqu'au cœur. J'oserais gager ma tête qu'il a
écrit ceci uniquement pour éprouver mon affection envers
Votre Seigneurie, et sans aucune intention menaçante.

GLOCESTER.

Le croyez-vous?

EDMOND.

Si Votre Seigneurie le juge convenable, je vous mettrai
à même de nous entendre conférer sur tout ceci et de vous
édifier par vos propres oreilles; et cela, pas plus tard que
ce soir.

GLOCESTER.

Il ne peut pas être un pareil monstre!

EDMOND.

Il ne l'est pas, je vous l'assure.

GLOCESTER.

Envers son père qui l'aime si tendrement, si absolument!... Ciel et terre (25) ! Trouvez-le, Edmond; tâchez
de le circonvenir, je vous prie : dirigez l'affaire au gré de

votre sagesse ; il faudrait que je cessasse d'être père, moi, pour avoir le sang-froid nécessaire ici.

EDMOND.

Je vais le chercher, monsieur, de ce pas ; je mènerai l'affaire aussi habilement que je pourrai, et je vous tiendrai au courant.

GLOCESTER, rêveur.

Ces dernières éclipses de soleil et de lune ne nous présagent rien de bon. La sagesse naturelle a beau les expliquer d'une manière ou d'autre, la nature n'en est pas moins bouleversée par leurs effets inévitables : l'amour se refroidit, l'amitié se détend, les frères se divisent ; émeutes dans les cités ; discordes dans les campagnes ; dans les palais, trahisons, rupture de tout lien entre le père et le fils. Ce misérable, né de moi, justifie la prédiction : voilà le fils contre le père ! Le roi se dérobe aux penchants de la nature ; voilà le père contre l'enfant ! Nous avons vu les meilleurs de nos jours. Machinations, perfidies, guets-apens, tous les désordres les plus sinistres nous harcèlent jusqu'à nos tombes (26)... Trouve ce misérable, Edmond ; tu n'y perdras rien ; fais la chose avec précaution... Et le noble, le loyal Kent banni ! son crime, l'honnêteté !... Étrange ! étrange !

Il sort.

EDMOND.

C'est bien là l'excellente fatuité des hommes. Quand notre fortune est malade, souvent par suite des excès de notre propre conduite, nous faisons responsables de nos désastres le soleil, la lune et les étoiles : comme si nous étions scélérats par nécessité, imbéciles par compulsion céleste, fourbes, voleurs et traîtres par la prédominance des sphères, ivrognes, menteurs et adultères par obéissance forcée à l'influence planétaire, et coupables en tout par violence divine ! Admirable subterfuge de l'homme putassier : mettre ses instincts de bouc à la charge des

SCÈNE II.

...iles! Mon père s'est conjoint avec ma mère sous la
...ue du Dragon, et la Grande Ourse a présidé à ma
...ivité : d'où il s'ensuit que je suis brutal et paillard.
...! j'aurais été ce que je suis, quand la plus virginale
...ile du firmament aurait cligné sur ma bâtardise...
...gar !

Entre Edgar.

EDMOND, *continuant, à part.*

...l arrive à point comme la catastrophe de la vieille co-
...die. Mon rôle, à moi, est une sombre mélancolie, ac-
...npagnée de soupirs comme on en pousse à Bedlam...

Haut, d'un air absorbé.

...)h ! ces éclipses présagent toutes ces divisions... Fa,
..., la, mi !

EDGAR.

...h bien, frère Edmond ? Dans quelle sérieuse médita-
...n êtes-vous donc ?

EDMOND.

...e réfléchis, frère, à une prédiction que j'ai lue l'autre
...r, sur ce qui doit suivre ces éclipses.

EDGAR.

...st-ce que vous vous occupez de ça ?

EDMOND.

...es effets qu'elle énumère ne se manifestent, je vous as-
...e, que trop, malheureusement : discordes contre nature
...re l'enfant et le père, morts, disettes, dissolutions
...mitiés anciennes, divisions dans l'État, menaces et
...lédictions contre le roi et les nobles, dissidences sans
...tif, proscriptions d'amis, dispersions de cohortes, infi-
...ités conjugales et je ne sais quoi.

EDGAR.

...Depuis quand êtes-vous adepte de l'astronomie ?

EDMOND.

Allons, allons. Quand avez-vous quitté mon père (27) ?

EDGAR.

Eh bien, hier au soir.

EDMOND.

Lui avez-vous parlé?

EDGAR.

Oui, deux heures durant.

EDMOND.

Vous êtes-vous séparés en bons termes? Ne vous a-t-il manifesté aucun déplaisir, soit dans ses paroles, soit dans sa contenance?

EDGAR.

Aucun.

EDMOND.

Demandez-vous en quoi vous pouvez l'avoir offensé; et, je vous en supplie, évitez sa présence jusqu'à ce que la vivacité de son déplaisir ait eu le temps de s'apaiser. En ce moment il est à ce point exaspéré que la destruction de votre personne pourrait à peine le calmer.

EDGAR.

Quelque scélérat m'aura fait tort auprès de lui.

EDMOND.

C'est ce que je crains. Je vous en prie, gardez une patiente réserve, jusqu'à ce que la violence de sa rage se soit modérée; écoutez, retirez-vous chez moi, dans mon logement; de là je vous mettrai à même d'entendre parler milord. Allez, je vous prie; voici ma clef. Pour peu que vous vous hasardiez dehors, marchez armé.

EDGAR.

Armé, frère (28)?

EDMOND.

Frère, je vous conseille pour le mieux; je ne suis pas un honnête homme, s'il est vrai qu'on vous veuille du bien. Je ne vous ai dit que très-faiblement ce que j'ai vu et entendu : rien qui puisse vous donner idée de l'horrible réalité. Je vous en prie, partez.

EDGAR.

Aurai-je bientôt de vos nouvelles?

EDMOND.

Je suis tout à votre service en cette affaire.

Edgar sort.

— Un père crédule, un noble frère — dont la nature est si éloignée de faire le mal — qu'il ne le soupçonne même pas !... Comme sa folle honnêteté — est aisément dressée par mes artifices !... Je vois l'affaire... — Que je doive mon patrimoine à mon esprit, sinon à ma naissance ! — Tout moyen m'est bon, qui peut servir à mon but.

Il sort.

SCÈNE III.

[Dans le château du duc d'Albany.]

Entrent GONERIL et son intendant OSWALD.

GONERIL.

Est-il vrai que mon père ait frappé un de mes gentilshommes qui réprimandait son fou ?

OSWALD.

Oui, madame.

GONERIL.

— Nuit et jour il m'outrage ; à toute heure — il éclate en quelque grosse incartade — qui nous met tous en désarroi : je ne l'endurerai pas. — Ses chevaliers deviennent turbulents, et lui-même récrimine contre nous — pour la moindre vétille... Quand il reviendra de la chasse, — je ne veux pas lui parler ; dites que je suis malade. — Si vous vous relâchez dans votre service, vous ferez bien ; je répondrai de la faute.

Bruit de cors.

OSWALD.

— Il arrive, madame ; je l'entends.

GONERIL.

— Affectez, autant qu'il vous plaira, la lassitude et la négligence, — vous et vos camarades; je voudrais qu'il en fît un grief. — Si ça lui déplaît, qu'il aille chez ma sœur — dont la résolution, je le sais, est d'accord avec la mienne — pour ne pas se laisser maîtriser... Ah ! sur ma vie, — ces vieux fous redeviennent enfants, et il faut les traiter — par la rigueur, quand ils abusent de nos cajoleries (29). — Rappelez-vous ce que j'ai dit.

OSWALD.

Fort bien, madame.

GONERIL.

— Et que ses chevaliers soient traités par vous plus froidement; — peu importe ce qui en résultera; prévenez vos camarades à cet effet. — Je voudrais, et j'y parviendrai, faire surgir une occasion — de m'expliquer. Je vais vite écrire à ma sœur — de suivre mon exemple... Préparez-vous pour le dîner.

Ils sortent.

SCÈNE IV.

[Une autre partie du château.]

Entre KENT, déguisé.

KENT, les yeux sur ses vêtements.

— Si je puis aussi bien, en empruntant un accent étranger, — travestir mon langage, ma bonne intention — obtiendra le plein succès — pour lequel j'ai déguisé mes traits. Maintenant, Kent, le banni, — si tu peux te rendre utile là même où tu es condamné — (et puisses-tu y réussir !), le maître que tu aimes — te trouvera plein de zèle.

Bruit de cors.

SCÈNE IV.

Entre LEAR, *avec ses chevaliers et sa suite.*

LEAR.

Que je n'attende pas le dîner un instant ! Allez, faites-le servir.

Quelqu'un de la suite sort.

A Kent.
Eh ! toi, qui es-tu ?

KENT.

Un homme, monsieur.

LEAR.

Quelle est ta profession ? Que veux-tu de nous ?

KENT.

Ma profession, la voici : ne pas être au-dessous de ce que je parais, servir loyalement qui veut m'accorder sa confiance, aimer qui est honnête, frayer avec qui est sage et qui parle peu, redouter les jugements, combattre, quand je ne puis faire autrement, et ne pas manger de poisson (30) !

LEAR.

Qui es-tu ?

KENT.

Un compagnon fort honnête et aussi pauvre que le roi.

LEAR.

Si tu es aussi pauvre comme sujet qu'il l'est comme roi, tu es assez pauvre en effet. Que veux-tu ?

KENT.

Du service.

LEAR.

Qui voudrais-tu servir ?

KENT.

Vous.

LEAR.

Me connais-tu, camarade ?

KENT.

Non, monsieur; mais vous avez dans votre mine quelque chose qui me donne envie de vous appeler maître.

LEAR.

Quoi donc ?

KENT.

L'autorité.

LEAR.

Quel service peux-tu faire ?

KENT.

Je puis garder honnêtement un secret, monter à cheval, courir, gâter une curieuse histoire en la disant, et délivrer vivement un message simple. Je suis bon à tout ce que peut un homme ordinaire, et ce que j'ai de mieux est ma diligence.

LEAR.

Quel âge as-tu ?

KENT.

Ni assez jeune pour aimer une femme à l'entendre chanter, ni assez vieux pour raffoler d'elle par n'importe quel motif; j'ai quarante-huit ans sur le dos.

LEAR.

Suis-moi : tu me serviras. Si tu ne me déplais pas davantage après dîner, je ne te renverrai pas de sitôt... Le dîner ! holà ! Le dîner !... Où est mon drôle ? mon fou ?... Qu'on aille chercher mon fou !

Entre OSWALD.

Eh ! vous, l'ami, où est ma fille ?

OSWALD.

Permettez...

Il sort.

LEAR

Que dit ce gaillard-là ? Rappelez ce maroufle !

Un chevalier sort.

SCÈNE IV.

Où est mon fou ? holà !... Je crois que tout le monde dort.

Le chevalier rentre.

LEAR, continuant.

Eh bien ? où est ce métis ?

LE CHEVALIER.

Il dit, monseigneur, que votre fille n'est pas bien.

LEAR.

Pourquoi le maraud n'est-il pas revenu, quand je l'appelais ?

LE CHEVALIER.

Sire, il m'a répondu fort rondement qu'il ne le voulait pas.

LEAR.

Qu'il ne le voulait pas !

LE CHEVALIER.

Je ne sais pas ce qu'il y a, monseigneur ; mais, selon mon jugement, Votre Altesse n'est pas traitée avec la même affection cérémonieuse que par le passé. Il y a apparemment un grand relâchement de bienveillance, aussi bien parmi les gens de service que chez le duc lui-même et chez votre fille.

LEAR.

Ha ! tu crois ?

LE CHEVALIER.

Je vous conjure de m'excuser, monseigneur, si je me méprends ; mais mon zèle ne saurait rester silencieux, quand je crois Votre Altesse lésée.

LEAR.

Tu me rappelles là mes propres observations. J'ai remarqué depuis peu une vague négligence ; mais j'aimais mieux accuser ma jalouse susceptibilité qu'y voir une intention, un parti pris de malveillance : je veux y regarder de plus près... Mais où est mon fou ? Je ne l'ai pas vu ces deux jours-ci.

LE CHEVALIER.

Depuis que notre jeune maîtresse est partie pour la France, Sire, le fou s'est beaucoup affecté.

LEAR.

Assez !... Je l'ai bien remarqué.
A un chevalier.
Allez dire à ma fille que je veux lui parler.
A un autre.
Vous, allez chercher mon fou.

Les deux chevaliers sortent.

Rentre OSWALD.

LEAR.

Holà ! vous, monsieur ! vous, monsieur ! venez ici... Qui suis-je, monsieur ?

OSWALD.

Le père de madame.

LEAR.

Le père de madame !... Ah ! méchant valet de monseigneur ! Engeance de putain ! maraud ! chien !

OSWALD.

Je ne suis rien de tout cela, monseigneur ; je vous en supplie, excusez-moi.

LEAR.

Osez-vous lancer vos regards sur moi, misérable !

Il le frappe.

OSWALD.

Je ne veux pas être frappé, monseigneur.

KENT, *le renversant d'un croc en jambe.*

Ni faire la culbute, mauvais joueur de ballon !

LEAR.

Je te remercie, camarade ; tu me sers, et je t'aimerai.

SCÈNE IV.

KENT, à l'intendant.

Allons, messire, levez-vous et détalez. Je vous apprendrai les distances. Détalez, détalez. Si vous voulez mesurer encore une fois votre longueur de bélître, restez... Détalez donc, vous dis-je ! Êtes-vous raisonnable ? Vite !

Il pousse Oswald dehors.

LEAR.

Ah ! mon aimable valet, je te remercie : voici des arrhes sur ce service.

Il lui donne sa bourse.

Entre le fou.

LE FOU.

Je veux le rétribuer, moi aussi !
Offrant à Kent son bonnet.
Voici mon bonnet d'âne.

LEAR.

Eh bien, mon drôle mignon, comment vas-tu ?

LE FOU, à Kent.

L'ami, prenez donc mon bonnet d'âne.

KENT.

Pourquoi, fou ?

LE FOU.

Pourquoi ? Parce que vous prenez le parti d'un disgracié !... Ah ! si tu ne sais pas sourire du côté où souffle le vent, tu attraperas bien vite un rhume. Tiens, voici mon bonnet d'âne.
Montrant Lear.
Oui-da, ce compagnon a banni deux de ses filles et a donné la bénédiction à la troisième, malgré lui : si tu t'attaches à lui, tu dois absolument porter mon bonnet d'âne... Comment va, m'n oncle ? Je voudrais avoir deux bonnets d'âne, si j'avais deux filles !

LEAR.

Pourquoi, mon gars ?

LE FOU.

Dans le cas où je leur donnerais tout mon bien, je garderais les bonnets d'âne pour moi seul.

Tendant son bonnet à Lear.

Je te donne le mien ; que tes filles te fassent aumône de l'autre.

LEAR.

Gare le fouet, coquin !

LE FOU.

La vérité est une chienne qui se relègue au chenil : on la chasse à coups de fouet, tandis que la braque grande dame peut s'étaler au coin du feu et puer.

LEAR.

Sarcasme cruellement amer pour moi !

LE FOU, à Kent.

L'ami, je vais t'apprendre une oraison.

LEAR.

Va.

LE FOU.

Attention, m'n oncle !

> Aies plus que tu ne montres,
> Parle moins que tu ne sais,
> Prête moins que tu n'as,
> Chevauche plus que tu ne marches,
> Apprends plus que tu ne crois,
> Risque moins que tu ne gagnes,
> Renonce à ta boisson et à ta putain,
> Et reste au logis ;
> Et tu obtiendras
> Plus de deux dizaines à la vingtaine.

KENT.

Cela ne vaut rien, fou.

LE FOU.

Alors, c'est comme la parole d'un avocat sans salaire :

SCÈNE IV.

vous ne m'avez rien donné pour ça. Pourriez-vous pas, m'n oncle, tirer parti de rien ?

LEAR.

Eh non, enfant : rien ne peut se faire de rien.

LE FOU, à Kent.

C'est justement à quoi se monte la rente de sa terre ; je t'en prie, dis-le-lui : il n'en voudrait pas croire un fou.

LEAR.

Mauvais fou !

LE FOU.

Sais-tu la différence, mon garçon, entre un mauvais fo et un bon fou ?

LEAR.

Non, mon gars ; apprends-moi.

LE FOU.

Que le seigneur qui t'a conseillé
De renoncer à tes terres
Vienne se mettre près de moi !
Ou prends sa place, toi.
Le bon fou et le mauvais
Vont apparaître immédiatement ;
Se désignant.
Voici l'un en livrée,
Montrant Lear.
Et l'autre le voilà !

LEAR.

Est-ce que tu m'appelles fou, garnement ?

LE FOU.

Tous les autres titres, tu les as abdiqués ; celui-là, tu es né avec.

KENT.

Ceci n'est pas folie entière, monseigneur.

LE FOU.

Non, ma foi ! les seigneurs et les grands ne veulent pas

que je l'accapare toute. Quand j'en aurais le monopole, ils en voudraient leur part. Les dames, non plus, ne veulent pas me laisser le privilége de la folie : il faut qu'elles grapillent... (31) Donne-moi un œuf, m'n oncle, et je te donnerai deux couronnes.

LEAR.

Deux couronnes ! de quelle sorte ?

LE FOU.

Eh bien, les deux couronnes de la coquille, après que j'aurai cassé l'œuf par le milieu et mangé le contenu. Le jour où tu as fendu ta couronne par le milieu pour en donner les deux moitiés, tu as porté ton âne sur ton dos pour passer le bourbier. Tu avais peu d'esprit sous ta couronne de cheveux blancs, quand tu t'es défait de ta couronne d'or. Ai-je parlé en fou que je suis ? Que le premier qui dira que oui, reçoive le fouet !

Il chante.

Les fous n'ont jamais eu de moins heureuse année,
Car les sages sont devenus sots
Et ne savent plus comment porter leur esprit,
Tant leurs mœurs sont extravagantes.

LEAR.

Depuis quand, maraud, êtes-vous tant en veine de chansons ?

LE FOU.

Eh bien, m'n oncle, c'est depuis que tu t'es fait l'enfant de tes filles ; car, le jour où tu leur as livré la verge en mettant bas tes culottes,

Chantant.

Soudain elles ont pleuré de joie
Et moi j'ai chanté de douleur,
A voir un roi jouer à cligne-musette,
Et se mettre parmi les fous !

Je t'en prie, m'n oncle, trouve un précepteur qui enseigne à ton fou à mentir; je voudrais bien apprendre à mentir.

LEAR.

Si vous mentez, coquin, vous serez fouetté.

LE FOU.

Quelle merveilleuse parenté peut-il y avoir entre toi et tes filles? Elles veulent me faire fouetter si je dis vrai ; toi, tu veux me faire fouetter si je mens, et parfois je suis fouetté si je garde le silence. J'aimerais mieux être n'importe quoi que fou, et pourtant je ne voudrais pas être toi, m'noncle : tu as épluché ton bon sens des deux côtés et tu n'as rien laissé au milieu. Voici venir une des épluchures.

Entre GONERIL.

LEAR.

Eh bien, ma fille, pourquoi ce sombre diadème? Il me semble que depuis peu vous avez le front bien boudeur.

LE FOU.

Tu étais un joli gaillard quand tu n'avais pas à t'inquiéter de sa bouderie ; maintenant tu es un zéro sans valeur ; je suis plus que toi maintenant; je suis un fou, tu n'es rien.

A Goneril.

Oui, morbleu, je vais retenir ma langue ; votre visage me l'ordonne, quoique vous ne disiez rien... Chut ! chut !

Qui ne garde ni mie ni croûte,
   Par dégoût de tout s'expose au besoin.

Montrant Lear.

Voici une cosse vide.

GONERIL, à Lear.

— Monsieur, ce n'est pas seulement votre fou qui a toute licence ; — les autres gens de votre suite insolente — récriminent et querellent à toute heure, se portant — à des excès ignobles et intolérables. Monsieur, — j'avais cru, en vous faisant connaître ces abus, — en assurer le redressement ; mais maintenant j'ai grand'peur, — vous voyant si lent à parler et à agir, — que vous ne les autorisiez et ne les couvriez — de votre tolérance. Si cela était, un pareil tort — n'échapperait pas à la censure, et l'on aurait recours à des remèdes — qui, appliqués dans un état salutaire, — pourraient vous blesser, — mais qui, dans une situation autre, seraient une humiliation justifiée par la nécessité — comme un acte de sagesse.

LE FOU.

Car vous savez, m'n oncle,

Fredonnant.

Le passereau nourrit si longtemps le coucou
Qu'il eut la tête arrachée par ses petits.

« Sur ce, s'éteignit la chandelle et nous restâmes à tâtons ! »

LEAR, à Goneril.

Êtes-vous notre fille ?

GONERIL.

— Je voudrais que vous fissiez usage du bon sens — dont je vous sais pourvu ; débarrassez-vous donc — de ces humeurs qui depuis peu vous rendent tout autre — que ce que vous devez être. —

LE FOU.

L'âne peut-il pas savoir quand la charrette remorque le cheval ? Hue, Aliboron ! je t'aime.

LEAR.

— Quelqu'un me reconnaît-il ici ? Bah ! ce n'est point Lear. — Est-ce ainsi que Lear marche, ainsi qu'il parle ? Où sont ses yeux ? — Ou sa perception s'affaiblit, ou son discernement — est une léthargie... Lui ! éveillé ! cela n'est pas... — Qui est-ce qui peut me dire qui je suis ?

SCÈNE IV.

LE FOU.

L'ombre de Lear !

LEAR.

Je voudrais le savoir, car, par le témoignage souverain de l'entendement et de la raison, je serais induit à me figurer que j'ai eu des filles.

LE FOU.

Lesquelles veulent faire de toi un père obéissant (32).

LEAR, à Goneril.

Votre nom, belle dame ?

GONERIL.

— Allons, monsieur, cet ébahissement est à l'avenant — de vos autres récentes fredaines. Je vous adjure — de bien comprendre ma pensée ; — vieux et vénérable comme vous l'êtes, vous devriez être sage. — Ici même vous entretenez cent chevaliers et écuyers, — tous si désordonnés, si débauchés, si impudents — que notre cour, souillée par leur conduite, — a l'air d'une auberge en pleine orgie. L'épicuréisme et la luxure — en font une taverne ou un lupanar — plutôt qu'un palais princier. La pudeur même réclame — un remède immédiat. Accédez donc au désir — de celle qui autrement pourrait bien exiger la chose qu'elle demande : — réduisez un peu votre suite, — et que ceux qui resteront dans votre dépendance — soient des gens qui conviennent à votre âge — et sachent ce qu'ils sont et ce que vous êtes.

LEAR.

Ténèbres et enfer ! — qu'on selle mes chevaux, qu'on rassemble ma suite. — Dégénérée bâtarde ! je ne te troublerai plus ! — Il me reste une fille.

GONERIL.

— Vous frappez mes gens ; et tous les insolents de votre bande — font des serviteurs de leurs supérieurs !...

Entre ALBANY.

LEAR.

— Malheur à qui se repent trop tard !

A Albany.

— Ah ! vous voilà, monsieur ! — Est-ce là votre volonté ?... Parlez, monsieur... Qu'on prépare mes chevaux ! — Ingratitude, démon au cœur de marbre, — plus horrible, quand tu te révèles dans un enfant, — que le monstre des mers !

ALBANY.

De grâce, sire, patience !

LEAR, à Goneril.

— Orfraie détestée, tu mens ! — Mes gens sont des hommes d'élite, du mérite le plus rare, — qui connaissent toutes les exigences du devoir, — et qui supportent avec la plus scrupuleuse dignité — l'honneur de leur nom... O faute si légère, — comment m'as-tu paru si hideuse dans Cordélia ! — Tu as pu, ainsi qu'un chevalet, disloquer — toutes les fibres de mon être, et arracher tout l'amour de mon cœur — pour en faire du fiel !

Se frappant le front.

O Lear, Lear, Lear ! — frappe cette porte qui laisse entrer la démence — et échapper ta chère raison !

A sa suite.

Allez, allez, mes gens.

ALBANY.

— Sire, je suis aussi innocent qu'ignorant — de ce qui vous a ému.

LEAR.

— C'est possible, milord...

Montrant Goneril.

Écoute, nature, écoute ! — chère déesse, écoute ! Suspends ton dessein, si — tu t'es proposé de rendre cette

SCÈNE IV.

créature féconde ! — Porte la stérilité dans sa matrice ! — dessèche en elle les organes de la génération, — et que jamais de son corps dégradé il ne naisse — un enfant qui l'honore ! s'il faut qu'elle conçoive, — forme de fiel son nourrisson, en sorte qu'il vive — pour la tourmenter de sa perversité dénaturée ! — Puisse-t-il imprimer les rides sur son jeune front, — creuser à force de larmes des ravins sur ses joues, — et payer toutes les peines, tous les bienfaits de sa mère — en dérision et en mépris, afin qu'elle reconnaisse — combien la morsure d'un reptile est moins déchirante — que l'ingratitude d'un enfant... Partons ! partons !

Il sort.

ALBANY.

— Dieux que nous adorons, d'où vient tout ceci ?

GONERIL.

— Ne vous tourmentez pas d'en savoir le motif, — et laissez son humeur prendre l'essor — que lui donne le radotage !

Rentre LEAR.

LEAR.

— Quoi ! cinquante de mes écuyers d'un coup !... — au bout de quinze jours !

ALBANY.

Qu'y a-t-il, monsieur ?

LEAR.

— Je vais te le dire.

Il pleure. A Goneril.

Vie et mort ! quelle honte pour moi — que tu puisses ébranler ainsi ma virilité, — et que ces larmes brûlantes qui m'échappent malgré moi — te fassent digne d'elles !... Tombent sur toi ouragans et brouillards !... — que les insondables plaies de la malédiction d'un père — rongent ton être tout entier !...

<small>Il essuie ses larmes.</small>

Ah ! mes vieux yeux débiles, — pleurez encore pour ceci, et je vous arrache, — et je vous envoie saturer la fange des larmes — que vous perdez... Quoi ! les choses en sont venues là ! — Soit ! il me reste encore une fille — qui, j'en suis sûr, est bonne et secourable. — Quand elle apprendra ceci sur toi, de ses ongles — elle déchirera ton visage de louve. Tu le verras, je reprendrai cet appareil que tu crois — pour toujours dépouillé par moi ; tu le verras, je te le garantis (33) !

<small>Sortent Lear, Kent et sa suite.</small>

GONERIL.

— Entendez-vous cela, milord ?

ALBANY.

— Goneril, je ne saurais être tellement partial — pour la grande affection que je vous porte...

GONERIL.

— De grâce, soyez calme... Holà ! Oswald !

<small>Au fou.</small>

— Vous, l'ami, plus fourbe que fou, suivez votre maître. —

LE FOU.

M'n oncle Lear, m'n oncle Lear, attends, emmène ton fou avec toi.

<small>Il fredonne :</small>

> Une renarde qu'on aurait prise
> En compagnie d'une telle fille
> Serait bientôt au charnier,
> Si ma cape pouvait payer une corde !
> Sur ce, le fou ferme la marche.

<small>Il sort.</small>

GONERIL.

— Cet homme a eu une bonne idée !... Cent cheva-

SCÈNE IV.

liers! — Vraiment, il est politique et prudent de lui laisser garder — cent chevaliers tout armés!... Oui, afin qu'à la première hallucination, — sur une boutade ou une fantaisie, à la moindre contrariété, au moindre déplaisir, — il puisse renforcer son imbécillité de leurs violences — et tenir nos existences à sa merci... Oswald, allons !

ALBANY.

— Pourtant, vous pouvez exagérer la crainte.

GONERIL.

C'est plus sûr que d'exagérer la confiance. — Laissez, j'aime mieux prévenir les malheurs que je crains — que craindre toujours d'être prévenue par eux. Je connais sa pensée. — J'ai écrit à ma sœur ce qu'il a déclaré. — Si elle le supporte, lui et ses cent chevaliers, — quand je lui en ai montré les inconvénients... Eh bien, Oswald (34) ?

Entre l'intendant OSWALD.

GONERIL, continuant.

— Avez-vous écrit cette lettre à ma sœur ?

OSWALD.

Oui, madame.

GONERIL.

— Prenez une escorte, et vite à cheval ! — Informez-la en détail de mes inquiétudes, — et ajoutez-y de vous-même tous les arguments — qui peuvent leur donner consistance. Partez vite, — et hâtez votre retour.

L'intendant sort.

A Albany.

Non, non, milord, — cette mielleuse indulgence qui règle votre conduite, — je ne la réprouve pas, mais pardonnez-moi cette franchise, — vous méritez plus de reproches par votre imprudence — que d'éloges par cette inoffensive douceur.

ALBANY.

— Jusqu'où s'étend la portée de votre regard, c'est ce que je ne puis dire ; — en visant au mieux, nous gâtons souvent ce qui est bien.

GONERIL.

— Mais alors...

ALBANY.

Bien, bien, attendons l'événement.

Ils sortent (35).

SCÈNE V.

[Une cour devant le château du duc d'Albany.]

Entrent LEAR, KENT et le FOU.

LEAR, remettant un pli à Kent.

Partez en avant pour Glocester avec cette lettre (36) : instruisez ma fille de ce que vous savez, mais en vous bornant à répondre aux questions que lui suggérera ma lettre. Si vous ne faites pas prompte diligence, je serai là avant vous.

KENT.

Je ne dormirai pas, sire, que je n'aie remis votre lettre.

Il sort.

LE FOU.

Si la cervelle de l'homme était dans ses talons, ne risquerait-elle pas d'avoir des engelures ?

LEAR.

Oui, enfant.

LE FOU.

Alors, réjouis-toi, je te prie ; ton esprit n'ira jamais en savates.

LEAR.

Ha ! ha ! ha !

SCÈNE V.

LE FOU.

Tu verras que ton autre enfant te traitera aussi filialement : car, bien qu'elle ressemble à sa sœur comme une pomme sauvage à une pomme, pourtant je sais ce que je sais.

LEAR.

Eh bien, que sais-tu, mon gars?

LE FOU.

Que celle-là différera de goût avec celle-ci autant qu'une pomme sauvage avec une pomme sauvage... Saurais-tu dire pourquoi on a le nez au milieu de la face?

LEAR.

Non.

LE FOU.

Eh bien, pour avoir un œil de chaque côté du nez, en sorte qu'on puisse apercevoir ce qu'on ne peut flairer.

LEAR, absorbé.

J'ai eu tort envers elle.

LE FOU.

Saurais-tu dire comment l'huître fait son écaille?

LEAR.

Non.

LE FOU.

Moi non plus; mais je saurais dire pourquoi un colimaçon a une maison.

LEAR.

Pourquoi?

LE FOU.

Eh bien, pour y caser sa tête, et non pour la donner à ses filles et laisser ses cornes sans abri.

LEAR, toujours absorbé.

Je veux oublier ma nature... Un père si affectueux!... Mes chevaux sont-ils prêts?

LE FOU.

Tes ânes sont allés y voir. La raison pour laquelle les sept planètes ne sont pas plus de sept, est une jolie raison.

LEAR.

Parce qu'elles ne sont pas huit?

LE FOU.

C'est cela, vraiment! Tu ferais un bouffon parfait.

LEAR, toujours rêveur.

Reprendre la chose de force!... Monstrueuse ingratitude!

LE FOU.

Si tu étais mon bouffon, m'n oncle, je te ferais battre pour être devenu vieux avant le temps.

LEAR.

Comment ça?

LE FOU.

Tu n'aurais pas dû être vieux avant d'être raisonnable.

LEAR.

— Oh! que je ne devienne pas fou, pas fou, cieux propices! — Maintenez-moi dans mon bon sens, je ne veux pas devenir fou!

Entre un GENTILHOMME.

LEAR.

Eh bien, les chevaux sont-ils prêts?

LE GENTILHOMME.

Tout prêts, sire.

LEAR, au fou.

Viens, mon gars.

LE FOU.

Celle qui, vierge en ce moment, rit en me voyant partir,
Ne sera pas vierge longtemps, à moins que la chose ne soit coupée court.

Ils sortent.

SCÈNE VI.

Une cour du château de Glocester sur laquelle donne l'appartement d'Edmond.]

Il fait nuit. EDMOND et CURAN se rencontrent.

EDMOND.

Salut à toi, Curan.

CURAN.

Et à vous, messire. J'ai vu votre père, et lui ai notifié que le duc de Cornouailles et Régane, sa duchesse, seront chez lui ce soir.

EDMOND.

Comment ça se fait-il?

CURAN.

Vraiment, je ne sais pas. Vous avez su les nouvelles qui courent; je veux dire, celles qu'on dit tout bas, car ce ne sont encore que des rumeurs à fleur d'oreille.

EDMOND.

Nullement. Quelles sont-elles, je vous prie ?

CURAN.

Avez-vous pas ouï parler d'une guerre probable entre les ducs de Cornouailles et d'Albany ?

EDMOND.

Pas un mot.

CURAN.

Vous en saurez bientôt quelque chose. Adieu, messire.

Il sort.

EDMOND.

— Le duc ici ce soir ! Tant mieux !... A merveille !... — Voilà qui s'adapte naturellement à ma trame. — Mon père a mis le guet sur pied pour prendre mon frère. — Et j'ai un rôle de nature délicate — à jouer... Activité, et toi, fortune, à l'œuvre !

Appelant.

— Frère, un mot !... Descendez ! Frère, holà !

Entre EDGAR.

EDMOND.

— Mon père vous surveille ! Oh ! monsieur, fuyez de ce lieu : — on a appris où vous étiez caché : — heureusement vous avez la faveur de la nuit... — N'avez-vous pas parlé contre le duc de Cornouailles ?... — Il arrive ici ce soir même, en hâte, — et Régane avec lui ! N'avez-vous rien dit — de ses menées contre le duc d'Albany ? — Songez-y bien.

EDGAR.

Pas un mot, j'en suis sûr.

EDMOND, *dégaînant.*

— J'entends venir mon père... Pardon ! — Pour la forme, il faut que je tire l'épée contre vous : — dégaînez ! faites semblant de vous défendre. Maintenant faites bonne retraite.

Haussant la voix.

— Rendez-vous ! Venez devant mon père... Des lumières, holà ! par ici.

Bas.

— Fuyez, frère.

Haut.

Des torches ! des torches !

Bas.

Bien, adieu !

Edgar s'enfuit.

— Quelques gouttes de sang tiré de moi feraient croire — à un plus rude effort de ma part.

Il se pique le bras.

J'ai vu des ivrognes — faire pis que cela pour rire... Père, père ! — Arrête ! arrête ! pas de secours !

SCÈNE VI.

Entre GLOCESTER, suivi de serviteurs portant des torches.

GLOCESTER.

— Eh bien, Edmond, où est le scélérat?

EDMOND.

— Il était ici dans les ténèbres, agitant la pointe de son épée, — marmonant de coupables incantations et adjurant la lune — d'être sa patronne tutélaire...

GLOCESTER.

Mais où est-il?

EDMOND.

— Voyez, monsieur, je saigne.

GLOCESTER.

Où est le scélérat, Edmond?

EDMOND.

— Enfui de ce côté!... Quand il a reconnu que par aucun moyen...

GLOCESTER, à ses gens.

— Qu'on le poursuive! Holà! courez-lui sus!

Les serviteurs sortent.

Que par aucun moyen?

EDMOND.

— Il ne pouvait me décider à l'assassinat de Votre Seigneurie; — que je lui parlais des dieux vengeurs — qui dirigent tous leurs tonnerres contre les parricides, — et des liens multiples et puissants — qui attachent l'enfant au père; enfin, monsieur, — dès qu'il a vu mon invincible horreur — pour son projet dénaturé, dans un mouvement sauvage, — il s'est élancé, l'épée nue, — sur ma personne découverte et m'a percé le bras; — mais, voyant que mon énergie alerte, — hardie pour le bon droit, s'animait à la riposte, — ou effrayé peut-être par le bruit que je faisais, — il s'est enfui soudain.

GLOCESTER.

Qu'il fuie à sa guise ! — Il n'échappera pas aux poursuites en ce pays ; — et une fois pris, expédié ! Le noble duc, mon maître, — mon digne chef et patron, arrive ce soir : — de par son autorité je ferai proclamer — que ma reconnaissance attend quiconque découvrira — le lâche assassin et le livrera à l'échafaud. — Quiconque le cachera, à mort !

EDMOND.

— Quand, en dépit de mes avis, — je l'ai trouvé inébranlable dans sa résolution, je l'ai, dans les termes les plus véhéments, — menacé de tout découvrir. Il m'a répondu : « Bâtard déshérité ! crois-tu — que, si je te don-
» nais un démenti, l'ascendant — de ta loyauté, de ta vertu,
» ou de ton mérite suffirait — à donner créance à tes paro-
» les ? Non ! Avec une simple dénégation — (et je nierais
» la chose, quand tu produirais — ma propre écriture),
» j'imputerais tout — à tes suggestions, à tes complots, à
» tes damnés artifices ! — Il faudrait que le monde entier
» fût ta dupe, — pour ne pas s'apercevoir que les profits
» espérés de ma mort — sont les stimulants énergiques
» et puissants — qui te la font chercher ! »

GLOCESTER.

Rare et fieffé scélérat ! — Il nierait donc sa lettre !...
Il n'est pas né de moi...

Fanfares.

— Écoutons ! les trompettes du duc ! Je ne sais pourquoi il vient. — Je ferai fermer tous les ports : le misérable n'échappera pas. — Il faut que le duc m'accorde cela. En outre, je veux — envoyer partout son signalement, afin que le royaume entier — puisse le reconnaître. Et quant à ma succession, — ô mon loyal, mon véritable enfant, je trouverai moyen — de te la rendre accessible.

SCÈNE VI.

Entrent le DUC DE CORNOUAILLES, RÉGANE et leur suite.

CORNOUAILLES.

— Eh bien, mon noble ami, depuis mon arrivée ici, — c'est-à-dire depuis un moment, j'ai appris d'étranges nouvelles.

RÉGANE.

— Si cela est, trop faibles sont tous les châtiments — qui peuvent atteindre le criminel. Comment va milord ?

GLOCESTER.

— O madame ! mon vieux cœur est brisé, est brisé !

RÉGANE.

— Quoi ! le filleul de mon père attenter à vos jours ! — — Celui que mon père a nommé ! Votre Edgar !

GLOCESTER.

— O milady ! milady ! C'est ce que ma honte aurait voulu cacher !

RÉGANE.

— N'était-il pas le compagnon de ces chevaliers libertins — qui escortent mon père ?

GLOCESTER.

Je ne sais pas, madame... — C'est trop coupable, trop coupable.

EDMOND.

Oui, madame, il était de cette bande.

RÉGANE.

— Je ne m'étonne plus alors de ses mauvaises dispositions ; — ce sont eux qui l'auront poussé à tuer le vieillard, — pour pouvoir dissiper et piller ses revenus. — Ce soir même un avis de ma sœur m'a — pleinement informée de leur conduite ; et je suis si bien avertie, — que, s'ils viennent pour séjourner chez moi, — je n'y serai pas.

CORNOUAILLES.

Ni moi, je t'assure, Régane... — Edmond, j'apprends

que vous avez montré pour votre père — un dévouement filial.

EDMOND.

C'était mon devoir, seigneur.

GLOCESTER.

— C'est lui qui a révélé ses machinations : il a reçu — la blessure que vous voyez, en essayant de l'appréhender.

CORNOUAILLES.

— Est-on à sa poursuite ?

GLOCESTER.

Oui, mon bon seigneur.

CORNOUAILLES.

— S'il est pris, il cessera pour jamais — d'être à craindre ; faites à votre guise — usage de ma puissance. Pour vous, Edmond, — dont la vertueuse obéissance s'est à l'instant même — si bien distinguée, vous êtes désormais à nous. — Nous avons grand besoin de caractères aussi profondément loyaux. — Nous vous retenons.

EDMOND.

Je vous servirai, milord, — fidèlement, à défaut d'autre mérite.

GLOCESTER.

Je remercie pour lui Votre Grâce.

CORNOUAILLES.

— Vous ne savez pas ce qui nous amène près de vous...

RÉGANE.

A cette heure insolite, sous le sombre regard de la nuit. — D'importantes affaires, noble Glocester, — sur lesquelles votre avis nous est nécessaire. — Notre père et notre sœur m'ont fait part — de leur mésintelligence, et j'ai cru bon — de ne pas leur répondre de chez moi ; les courriers — emporteront d'ici notre message... Notre bon vieux ami, — que votre cœur se console, et accordez-nous —

vos utiles conseils pour une affaire — qui réclame une immédiate décision.

GLOCESTER.

Je suis à vos ordres, madame. — Vos Grâces sont les très-bien venues.

Ils sortent.

SCÈNE VII.

[Devant le château de Glocester.]

La lune brille. On distingue vaguement à l'horizon les premières lueurs du jour qui va se lever.

L'intendant OSWALD et KENT se rencontrent.

OSWALD.

La matinée te soit propice, ami ! Es-tu de la maison ?

KENT.

Oui.

OSWALD.

Où pouvons-nous mettre nos chevaux ?

KENT.

Dans la boue.

OSWALD.

Je t'en prie, dis-le-moi en ami.

KENT.

Je ne suis pas ton ami.

OSWALD.

Aussi bien, je ne me soucie pas de toi.

KENT.

Si je te tenais dans la fourrière de Lipsbury, je t'obligerais bien à te soucier de moi.

OSWALD.

Pourquoi me traites-tu ainsi ? Je ne te connais pas.

KENT.

Compagnon, je te connais.

OSWALD.

Et pour qui me connais-tu ?

KENT.

Pour un drôle ! un maroufle, un mangeur de reliefs, un infâme, un insolent, un sot, un gueux à trois livrées, un cuistre à cent écus, un drôle en sales bas de laine, un lâche au foie de lis, un vil chicanier, un fils de putain, un lorgneur de miroir, un flagorneur, un faquin, un maraud héritant de toutes les défroques ! un gredin qui voudrait être maquereau à force de bons offices, et qui n'est qu'un composé du fourbe, du mendiant, du couard, et de l'entremetteur ! le fils et héritier d'une lice bâtarde ! un gaillard que je veux faire éclater en hurlements plaintifs, si tu oses nier la moindre syllabe de ton signalement !

OSWALD.

Eh ! quel monstrueux coquin es-tu donc, pour déblatérer ainsi contre un homme qui n'est pas connu de toi et ne te connait pas ?

KENT.

Il faut que tu sois un manant à face bien bronzée, pour nier que tu me connaisses. Il n'y a pas deux jours que je t'ai culbuté et battu devant le roi. Dégaîne, coquin. Quoiqu'il soit nuit encore, la lune brille, je vais t'infiltrer un rayon de lune... Dégaîne, putassier, couillon ! dégaîne, dameret !

Il met l'épée à la main.

OSWALD.

Arrière ! je n'ai pas affaire à toi.

KENT.

Dégaînez, misérable ! ah ! vous arrivez avec des lettres contre le roi ; vous prenez le parti de la poupée Vanité contre la majesté de son père. Dégaînez, coquin, ou je vais vous hacher les jarrets avec ceci... Dégaînez, misérable : en garde !

OSWALD.

Au secours ! holà ! au meurtre ! au secours !

KENT, le frappant.

Poussez donc, manant! Ferme, coquin, ferme !... poussez donc, fieffé manant.

OSWALD.

Au secours, holà ! au meurtre ! au meurtre !

Entrent EDMOND, CORNOUAILLES, RÉGANE et leur suite, puis GLOCESTER.

EDMOND.

Eh bien ! qu'y a-t-il? séparez-vous.

KENT, se tournant vers Edmond.

A vous, s'il vous plaît, mon petit bonhomme... Venez, je vais vous égratigner... Venez donc, mon jeune maître.

GLOCESTER.

Des épées ! des armes ! que se passe-t-il ici?

CORNOUAILLES.

Sur votre vie, respectez la paix... Celui qui frappe est mort. Qu'y a-t-il ?

RÉGANE.

Ce sont les messagers de ma sœur et du roi.

CORNOUAILLES.

Pourquoi cette altercation entre vous? Parlez.

OSWALD.

Je puis à peine respirer, milord.

KENT.

Ce n'est pas étonnant : vous avez tant surmené votre valeur. Lâche coquin, la nature te désavoue : c'est un tailleur qui t'a fait.

CORNOUAILLES.

Tu es un étrange gaillard : un tailleur faire un homme !

KENT.

Oui, messire, un tailleur!... Un sculpteur ou un peintre ne l'aurait pas si mal ébauché, n'eussent-ils été que deux heures à la besogne.

CORNOUAILLES, à Oswald.

Parlez donc, comment a surgi cette querelle?

OSWALD.

— Ce vieux ruffian, seigneur, dont j'ai épargné la vie — à la requête de sa barbe grise...

KENT.

Zed bâtard! lettre inutile!... Milord, si vous me le permettez, je vais piler en mortier ce scélérat brut et en crépir le mur des latrines... Toi, épargner ma barbe grise, chétif hoche-queue!

CORNOUAILLES.

Paix, drôle!... — Grossier manant, ignores-tu le respect?

KENT.

— Non, monsieur; mais la colère a ses priviléges.

CORNOUAILLES.

Qu'est-ce qui te met en colère?

KENT.

— C'est de voir porter l'épée par un maraud — qui ne porte pas l'honneur. Ces maroufles souriants — rongent, comme des rats, les liens sacrés — trop étroitement serrés pour être dénoués; ils caressent toutes les passions — qui se rebellent dans le cœur de leurs maîtres, — jettent l'huile sur le feu, la neige sur les glaciales froideurs, — nient, affirment, et tournent leur bec d'alcyon — à tous les vents du caprice de leur maître (37)! — Ainsi que les chiens, ils ne savent que suivre!

A Oswald.

— Peste soit de votre visage épileptique! — Vous souriez de mes discours, comme si j'étais un imbécile! — Oison, si je vous tenais dans la place de Sarum, — je vous pourchasserais toujours caquetant jusqu'à Camelot (38) !

CORNOUAILLES.

— Çà, es-tu fou, vieux ?

GLOCESTER.

Quel est le motif de votre rixe ? — Dites.

KENT.

— Il n'y a pas plus d'antipathie entre les contraires — qu'entre moi et un pareil fourbe.

CORNOUAILLES.

— Pourquoi le traites-tu de fourbe ? Quel est son crime ?

KENT.

— Sa physionomie me déplaît.

CORNOUAILLES.

— Pas plus que la mienne, peut-être.

Montrant Edmond.

Ou la sienne.

Montrant Régane.

Ou la sienne.

KENT.

— Monsieur, c'est mon habitude d'être franc : — j'ai vu dans ma vie de meilleurs visages — que ceux que je vois sur maintes épaules — devant moi, en ce moment.

CORNOUAILLES.

C'est quelque drôle — qui, ayant été loué pour sa rusticité, affecte — une insolente rudesse et exagère la simplicité, — au mépris de tout naturel... Il ne saurait flatter, lui !... — c'est une âme honnête et franche ! il faut qu'il dise la vérité : — si elle est bien reçue, tant mieux ; sinon, n'accusez que son franc parler. — Je connais de ces drôles qui, dans leur franchise, — recèlent plus d'astuce et de pensées corrompues — que vingt naïfs faiseurs de courbettes — qui se confondent en hommages obséquieux.

KENT, d'un ton doucereux.

— Seigneur, en vérité, en toute sincérité, — sous le bon plaisir de votre grandeur — dont l'influence, comme l'auréole de flamme radieuse — qui ondoie au front de Phébus...

CORNOUAILLES.

Qu'entends-tu par là ? —

KENT.

Changer mon style, puisque vous le désapprouvez si fort. Je le reconnais, monsieur, je ne suis pas un flatteur; mais celui qui vous a trompé avec l'accent de la franchise était un franc coquin : ce que, pour ma part, je ne serai jamais, quand l'espoir d'apaiser votre déplaisir m'inviterait à l'être.

CORNOUAILLES, à Oswald.

— Quelle offense lui avez-vous faite ?

OSWALD.

Aucune. — Il plut naguère au roi son maître — de me frapper dans un malentendu. — Cet homme lui prêta main-forte, et, flattant son emportement, — me culbuta par derrière ; dès que je fus à bas, il m'insulta, m'injuria, — fit maintes prouesses — qui le distinguèrent, et obtint les éloges du roi — pour cet attentat sur un homme sans défense. — Tout à l'heure, dans l'exaltation de cet auguste exploit, — il a même tiré l'épée contre moi.

KENT.

Il n'est pas un de ces chenapans et de ces lâches — près de qui Ajax ne soit un couard !

CORNOUAILLES.

Holà ! qu'on aille chercher les ceps !... — Vieux coquin têtu, vénérable effronté, — nous vous apprendrons...

KENT.

Monsieur, je suis trop vieux pour apprendre ; — ne mettez pas vos ceps en réquisition pour moi. Je sers le roi ; — c'est par ses ordres que j'ai été envoyé près de vous. — Ce serait témoigner peu de respect et montrer une malveillance par trop insolente — pour la gracieuse personne de mon maître, — que de mettre aux ceps son messager.

CORNOUAILLES.

Qu'on aille chercher les ceps ! — Sur ma vie et mon honneur, il y restera jusqu'à midi.

RÉGANE.

— Jusqu'à midi !... jusqu'à ce soir, milord, et toute la nuit encore.

KENT.

— Mais, madame, si j'étais le chien de votre père, — vous ne me traiteriez pas ainsi.

RÉGANE.

Je traite ainsi sa valetaille.

On apporte des ceps.

CORNOUAILLES.

— C'est un drôle du même acabit que ceux — dont parle notre sœur... Allons, approchez les ceps.

GLOCESTER.

— Laissez-moi supplier Votre Grâce de n'en rien faire. — Sa faute est grave, et le bon roi son maître — saura l'en punir : la dégradante correction que vous lui infligez — ne s'applique qu'aux plus vils et aux plus méprisés des misérables, — pour des vols et de vulgaires délits (39). — Le roi trouvera nécessairement mauvais — qu'on l'ait humilié dans son messager, — en le soumettant à une pareille contrainte.

CORNOUAILLES.

Je réponds de tout.

RÉGANE.

— Ma sœur pourra trouver plus mauvais encore —

que son gentilhomme ait été insulté et maltraité — dans l'accomplissement de ses ordres...

Aux valets.

Entravez-lui les jambes (40).

On met Kent dans les ceps.

A Cornouailles.

— Allons, mon cher seigneur, partons.

Sortent Régane et Cornouailles.

GLOCESTER, à Kent.

— Ami, j'en suis fâché pour toi ; c'est le bon plaisir du duc, — et son humeur, tout le monde le sait, — n'admet ni froissement ni obstacle... J'intercéderai pour toi.

KENT.

— De grâce, n'en faites rien, monsieur. J'ai veillé et parcouru une longue route ; — je dormirai une partie du temps, et je sifflerai le reste.

D'un ton amer.

— La fortune d'un honnête homme peut bien avoir ces ailes-là aux talons. — Je vous souhaite le bonjour.

GLOCESTER.

— Le duc est à blâmer pour cela : ce sera mal pris.

Il sort. L'aurore se lève.

KENT, seul.

— Bon roi, faut-il donc que tu justifies le dicton populaire, — et que tu passes d'un ciel tolérable — sous un soleil brûlant (41) !

Il tire un papier et le déploie.

— Rapproche-toi, fanal de ce globe inférieur, — qu'avec le secours de tes rayons je puisse — lire cette lettre !... Il ne se fait guère de miracles — que pour la détresse... C'est de Cordélia, je suis sûr : — elle a été fort heureusement informée — de mon travestissement, et elle prendra occasion — des énormités qui s'accomplissent, pour apporter — à tous les maux leurs remèdes.

Il resserre le papier.

Vous qu'ont épuisés les veilles, — ô mes yeux, profitez de votre accablement pour ne pas voir — cette ignoble logette. — Bonne nuit, fortune, souris encore une fois et fais tourner ta roue.

Il s'endort.

SCÈNE VIII.

[Une bruyère.]

Entre EDGAR.

EDGAR.

— J'ai entendu la proclamation lancée contre moi ; — et, grâce au creux d'un arbre, — j'ai esquivé les poursuites. Pas un port qui ne soit fermé ; pas une place — où il n'y ait une vedette, où la plus rigoureuse vigilance — ne cherche à me surprendre. Tant que je puis échapper, — je suis sauvé... J'ai pris le parti — d'assumer la forme la plus abjecte et la plus pauvre — à laquelle la misère ait jamais ravalé l'homme — pour le rapprocher de la brute. Je veux grimer mon visage avec de la fange, — ceindre mes reins d'une couverture, avoir tous les cheveux noués comme par un sortilége ; — je veux en leur présentant ma nudité braver les vents et les persécutions du ciel. — Le pays m'offre pour modèles — ces mendiants de Bedlam qui, en poussant des rugissements, — enfoncent dans la chair nue de leurs bras inertes et gangrenés — des épingles, des échardes de bois, des clous, des brindilles de romarin, — et, sous cet horrible aspect, extorquent la charité des pauvres fermes, — des petits villages, des bergeries et des moulins, — tantôt par des imprécations de lunatiques, tantôt par des prières... — Je suis le pauvre Turlupin ! Le pauvre Tom ! — C'est quelque chose... Edgar n'est plus rien (42).

Il sort.

SCÈNE IX.

[Devant le château de Glocester.]

Kent est toujours dans les ceps. Entrent Lear, le fou, un gentilhomme

LEAR.

— Il est étrange qu'ils soient ainsi partis de chez e
— sans me renvoyer mon messager.

LE GENTILHOMME.

J'ai su — que la nuit précédente ils n'avaient aucu
intention — de s'éloigner.

KENT.

Salut à toi, noble maître !

LEAR.

Quoi ! — Te fais-tu un passe-temps de cette ignomini

KENT.

Non, monseigneur. —

LE FOU.

Ha ! ha ! vois donc ! il porte là de cruelles jarretière
Les chevaux s'attachent par la tête, les chiens et les ou
par le cou, les singes par les reins, et les hommes par l
jambes : quand un homme est trop gaillard de ses jambe
alors il porte des chausses de bois.

LEAR.

— Et qui donc a méconnu ton rang — jusqu'à
mettre là ?

KENT.

C'est lui et elle, — votre fils et votre fille.

LEAR.

Non.

KENT.

Si fait.

SCÈNE IX.

LEAR.

Non, te dis-je.

KENT.

Je vous dis que oui.

LEAR.

Non, non, ils ne feraient pas cela (43).

KENT.

Oui, ils l'ont fait.

LEAR.

Par Jupiter, je jure que non.

KENT.

Par Junon, je jure que oui.

LEAR.

Ils n'auraient pas osé le faire ; — ils n'auraient pas pu, ils n'auraient pas voulu le faire. C'est pis qu'un assassinat — de faire au respect un si violent outrage. — Réponds-moi avec toute la promptitude raisonnable : comment — as-tu pu mériter, comment as-tu pu subir un pareil traitement, — venant de notre part ?

KENT.

Seigneur, je venais d'arriver chez eux — et de leur remettre la lettre de Votre Altesse ; avant même que j'eusse redressé l'attitude — de mon hommage agenouillé, est survenu un courrier fumant — et ruisselant de sueur : à demi essoufflé, il a balbutié — les compliments de Goneril sa maîtresse, — et a présenté une lettre que, sans souci de mon message, — ils ont lue immédiatement. Sur son contenu, — ils ont réuni leurs gens, sont vite montés à cheval, — m'ont commandé de les suivre et d'attendre — le loisir de leur réponse, en me jetant un regard glacial. — Ici, j'ai rencontré le messager — dont l'ambassade avait empoisonné la mienne : — c'est ce même drôle qui, dernièrement, — s'est montré si insolent envers Votre Altesse. — Écoutant mon sentiment plus que ma réflexion, j'ai dégaîné : — le lâche a par ses hauts cris mis en émoi toute la maison. — Votre fils et votre fille ont trouvé cette infraction digne — de l'humiliation qu'elle subit ici.

LE FOU.

— L'hiver n'est pas encore fini, si les oies sauvages volent dans cette direction.

> Les pères qui portent guenilles
> Font aveugles leurs enfants ;
> Mais les pères qui portent sacs
> Verront tendres leurs enfants.
> Fortune, cette fieffée putain,
> Jamais n'ouvre sa porte au pauvre.

Bah ! après tout, tu auras de tes filles plus de douleurs que tu ne pourrais compter de dollars en un an !

LEAR.

— Oh ! comme cette humeur morbide monte à mon cœur ! — *Historica passio* (44) ! Arrière, envahissante mélancolie, — c'est plus bas qu'est ton élément !... Où est-elle, cette fille ?

KENT.

— Avec le comte, ici dans le château.

LEAR.

Ne me suivez pas. — Restez ici.

Il entre dans le château.

LE GENTILHOMME, à Kent.

— N'avez-vous pas commis d'autre offense que celle que vous venez de dire ?

KENT.

Aucune. — Mais comment le roi vient-il avec un si mince cortége ?

LE FOU.

Si tu avais été mis aux ceps pour cette question-là, tu l'aurais bien mérité.

SCÈNE IX.

KENT.

Pourquoi, fou?

LE FOU.

Nous t'enverrons à l'école chez la fourmi, pour t'apprendre qu'il y a chômage en hiver. Tous ceux qui suivent leur nez sont dirigés par leurs yeux, excepté les aveugles; et entre vingt aveugles il n'est pas un nez qui ne flaire l'homme qui pue... Lâche la grande roue, si elle roule en bas de la côte : tu te romprais le cou en la suivant; mais si elle remonte la côte, fais-toi remorquer par elle. Quand un sage te donnera un meilleur conseil, rends-moi le mien. Je veux qu'il n'y ait que des coquins à le suivre, puisque c'est un fou qui le donne.

> Celui qui sert par intérêt, messire,
> Et n'est attaché que pour la forme,
> Pliera bagage dès qu'il pleuvra,
> Et te laissera dans l'orage.

> Mais, moi, je demeurerai : le fou veut rester
> Et laisser le sage s'enfuir.
> Coquin devient le fou qui s'esquive ;
> Et fou, pardi ! n'est pas le coquin.

KENT.

— Où avez-vous appris ça, fou ?

LE FOU.

Pas dans les ceps, fou !

Rentre Lear, *accompagné de* Glocester.

LEAR.

— Refuser de me parler ! Ils sont malades ! Ils sont fatigués ! — Ils ont fait une longue route cette nuit ! Purs prétextes, — faux-fuyants de la révolte et de la désertion ! — Rapportez-moi une meilleure réponse.

GLOCESTER.

Mon cher seigneur — vous connaissez la nature bouillante du duc, — combien il est inébranlable et déterminé — dans sa résolution.

LEAR.

— Vengeance! peste! mort! confusion!.— Il s'agit bien de bouillante nature! Eh! Glocester, Glocester, — je veux parler au duc de Cornouailles et à sa femme.

GLOCESTER.

— Mais, mon bon seigneur, je viens de les en informer.

LEAR.

— Les en informer... Çà, me comprends-tu, l'homme (45)?

GLOCESTER.

Oui, mon bon seigneur.

LEAR.

— Le roi veut parler à Cornouailles; le père chéri — veut parler à sa fille et réclame ses services : — sont-ils informés de cela?... Souffle et sang!... — Bouillant! le duc bouillant!... Dis à ce duc ardent que... — mais non, pas encore!... Il se peut qu'il ne soit pas bien : — la maladie a toujours négligé les devoirs — auxquels s'astreint la santé. Nous ne sommes plus nous-mêmes, — quand la nature accablée force l'esprit — à souffrir avec le corps. Je prendrai patience. — J'en veux à mon impétueuse opiniâtreté — de prendre la boutade morbide d'un malade — pour la décision d'une saine volonté... Mort de ma vie!

Regardant Kent.

Pourquoi — est-il assis là? Cet acte me prouve — que la réclusion du duc et de ma fille — n'est qu'un artifice.

Haussant la voix.

Qu'on me rende mon serviteur.

A Glocester.

— Allez dire au duc et à sa femme que je veux leur parler. — Vite, sur-le-champ! dites-leur de venir m'entendre, — ou j'irai à leur porte battre le tambour, — jusqu'à ce que mes cris tuent leur sommeil !

GLOCESTER.

— Je voudrais tout arranger entre vous.

Il sort.

LEAR.

—Oh ! mon cœur !... mon cœur se soulève !... Allons, à bas ! —

LE FOU.

Crie-lui, m'n oncle, ce que la ménagère criait aux anguilles, au moment où elle les mettait toutes vives dans la pâte. Elle leur frappait la tête avec une baguette en criant : « A bas, coquines, à bas ! » C'est le frère de celle-là qui, par pure bonté pour son cheval, lui beurrait son foin.

Entrent CORNOUAILLES, RÉGANE, GLOCESTER *et leur suite.*

LEAR.

— Bonjour à tous deux.

CORNOUAILLES.

Salut à Votre Grâce.

On met Kent en liberté.

RÉGANE.

— Je suis heureuse de voir Votre Altesse.

LEAR.

— Je le crois, Régane, je sais que de raisons — j'ai pour le croire. Si tu n'en étais pas heureuse, — je divorcerais avec la tombe de ta mère, — sépulcre d'une adultère.

A Kent.

Ah ! vous voilà libre ! — Nous parlerons de cela dans un autre moment... Bien-aimée Régane, — ta sœur est une méchante... O Régane, elle a attaché — ici, comme un vautour, sa dévorante ingratitude.

Il met la main sur son cœur.

— Je puis à peine te parler ; tu ne saurais croire — avec quelle perversité... ô Régane !

RÉGANE.

— Je vous en prie, sire, prenez patience. Vous êtes, je l'espère, — plus apte à méjuger son mérite — qu'elle ne l'est à manquer au devoir.

LEAR.

Eh ! qu'est-ce à dire (46)?

RÉGANE.

Je ne puis croire que ma sœur ait en rien — failli à ses obligations. Si par hasard, sire, — elle a réprimé les excès de vos gens, — c'est pour des motifs et dans un but si légitimes — qu'elle est pure de tout blâme.

LEAR.

— Ma malédiction sur elle !

RÉGANE.

Oh ! sire, vous êtes vieux. — La nature en vous touche à la limite extrême — de sa carrière : vous devriez vous laisser gouverner et mener — par quelque discrète tutelle, mieux instruite de votre état — que vous-même. Aussi, je vous en prie, — retournez auprès de ma sœur, — et dites-lui que vous avez eu tort, sire.

LEAR.

Moi, lui demander pardon ! — Voyez donc comme ce langage ferait honneur à une famille : — « Chère fille, je » confesse que je suis vieux ; — la vieillesse est parasite ; » je demande à genoux — que vous daigniez m'accorder » le vêtement, le lit et la nourriture. »

RÉGANE.

— Bon sire, assez ! ce sont des plaisanteries peu gracieuses. — Retournez près de ma sœur.

LEAR.

Jamais, Régane. — Elle a restreint ma suite de moitié, — m'a jeté de sombres regards et m'a frappé — au fond du cœur de sa langue de serpent. — Que toutes les vengeances accumulées du ciel tombent — sur sa tête ingrate! Frappez ses jeunes os — de paralysie, souffles néfastes.

CORNOUAILLES.

Fi! fi! fi!

LEAR.

—Vous, éclairs agiles, dardez vos aveuglantes flammes — dans ses yeux dédaigneux! Empoisonnez sa beauté, — vapeurs aspirées des marais par le puissant soleil, — et flétrissez sa vanité.

RÉGANE.

O dieux propices! — vous ferez les mêmes vœux pour moi, dans un accès de colère.

LEAR.

—Non, Régane; jamais tu n'auras ma malédiction. — Ta nature palpitante de tendresse ne t'abandonnera pas — à la dureté. Son regard est féroce; mais le tien — ranime et ne brûle pas. Ce n'est pas toi — qui voudrais lésiner sur mes plaisirs, mutiler ma suite, — me lancer de brusques paroles, réduire mon train, — et, pour conclusion, opposer les verrous — à mon entrée. Tu connais trop bien — les devoirs de la nature, les obligations de l'enfance, — les règles de la courtoisie, les exigences de la gratitude; — tu n'as pas oublié cette moitié de royaume — dont je t'ai dotée.

RÉGANE.

Bon sire, venez au fait.

Bruit de trompettes.

LEAR.

— Qui donc a mis mon homme aux ceps?

CORNOUAILLES.

Quelle est cette fanfare?

Entre OSWALD.

RÉGANE.

— Je la reconnais, c'est celle de ma sœur : sa lettre annonçait en effet — qu'elle serait bientôt ici.

A Oswald.

Votre maîtresse est-elle arrivée ?

LEAR.

— Voilà un maraud dont la fierté d'emprunt — s'étaie sur la capricieuse faveur de celle qu'il sert... — Hors de ma vue, varlet !

CORNOUAILLES.

Que veut dire Votre Grâce ?

LEAR.

— Qui a mis aux ceps mon serviteur ? Régane, j'aime à croire — que tu n'en savais rien... Qui vient ici ?

Entre GONERIL.

LEAR, continuant.

O cieux, — si vous aimez les vieillards, si votre doux pouvoir — encourage l'obéissance, si vous-mêmes êtes vieux, faites de cette cause la vôtre, lancez vos foudres et prenez mon parti.

A Goneril.

— Peux-tu regarder cette barbe sans rougir ?... — O Régane ! tu consens à la prendre par la main !

GONERIL.

— Et pourquoi pas, monsieur ? En quoi suis-je coupable ? — N'est pas coupable tout ce que réprouve l'irréflexion — et condamne la caducité.

LEAR.

O mes flancs, vous êtes trop tenaces ! — Quoi ! vous résistez encore !... Comment se fait-il qu'un de mes familiers ait été mis aux ceps ?

SCÈNE IX.

CORNOUAILLES.

— C'est moi qui l'y ai mis, monsieur, mais ses méfaits — ne méritaient certes pas tant d'honneur.

LEAR.

Vous! quoi! c'est vous!

RÉGANE.

— Je vous en prie, père, résignez-vous à votre faiblesse. — Si, jusqu'à l'expiration de ce mois, — vous voulez retourner et séjourner chez ma sœur, — après avoir congédié la moitié de votre suite, venez me trouver alors. — Je suis pour le moment hors de chez moi, et je n'ai pas fait les préparatifs — indispensables pour vous recevoir.

LEAR.

— Retourner chez elle, cinquante de mes gens congédiés! — Non, je préférerais abjurer tout abri, lutter contre l'inimitié de l'air, — être le camarade du loup et de la chouette, — poignantes rigueurs de la nécessité... Retourner près d'elle! — Ah! bouillant roi de France, qui as pris sans dot — notre plus jeune fille, j'aimerais autant — m'agenouiller devant ton trône et mendier de toi la pension d'un écuyer — pour soutenir ma servile existence!... Retourner près d'elle! — Conseille-moi plutôt de me faire l'esclave et la bête de somme — de ce détestable valet!

Il montre Oswald.

GONERIL.

A votre guise, monsieur.

LEAR.

— Je t'en prie, ma fille, ne me rends pas fou; — je ne veux plus te troubler, mon enfant; adieu! — Nous ne nous rencontrerons plus, nous ne nous reverrons plus. — Et pourtant tu es ma chair, mon sang, ma fille, — ou plutôt tu es dans ma chair une plaie, — que je suis forcé d'appeler mienne! tu es un clou, — un ulcère empesté, un anthrax tuméfié — dans mon sang corrompu! Mais je ne veux pas te gronder! — Que la confusion vienne quand elle voudra! je ne l'appellerai pas. — Je ne veux pas sommer le porte-foudre de te frapper, — ni te dénoncer au souverain juge Jupiter. — Réforme-toi quand tu pourras, deviens meilleure à ton loisir. — Je puis prendre patience; je puis rester chez Régane, — moi et mes cent chevaliers.

RÉGANE.

Pas tout à fait, monsieur. — Je ne vous attendais pas encore, et ne suis pas préparée — pour vous recevoir convenablement. Écoutez ma sœur, monsieur; — car ceux qui font contrôler votre passion par la raison — doivent se borner à croire que vous êtes vieux et conséquemment... — Mais Goneril sait ce qu'elle fait.

LEAR.

Est-ce donc là bien parler?

RÉGANE.

— J'ose l'affirmer, monsieur. Quoi! cinquante écuyers, — n'est-ce pas assez? Qu'avez-vous besoin de plus, — ou même d'autant? La dépense, le danger, — tout parle contre un si nombreux cortége. Comment, dans une seule maison, — sous deux autorités, tant de gens peuvent-ils vivre — d'accord? C'est difficile, presque impossible.

GONERIL.

— Et ne pourriez-vous pas, milord, être servi — par ses domestiques en titre ou par les miens?

RÉGANE.

— Pourquoi pas, milord? Si alors il leur arrivait de vous négliger, — nous pourrions y mettre ordre... Si vous voulez venir chez moi, — (car à présent j'aperçois le danger), je vous prie — de n'en amener que vingt-cinq; à un plus grand nombre — je refuse de donner place ou hospitalité.

LEAR.

— Moi, je vous ai tout donné.

RÉGANE.

Et il était grand temps.

LEAR.

— J'ai fait de vous mes gardiennes, mes déléguées, — mais en réservant pour ma suite — un nombre fixe de serviteurs. Quoi! il faut qu'en venant chez vous — je n'en aie que vingt-cinq! Régane, avez-vous dit cela?

RÉGANE.

— Et je le répète, milord : pas un de plus chez moi!

LEAR, regardant Goneril, puis Régane.

— Ces méchantes créatures ont encore l'air bon — à côté de plus méchantes. N'être pas ce qu'il y a de pire, — c'est encore être au niveau d'un éloge.

A Goneril.

J'irai avec toi. — Les cinquante que tu accordes sont le double de ses vingt-cinq, — et ton amour vaut deux fois le sien.

GONERIL.

Écoutez-moi, milord. — Qu'avez-vous besoin de vingt-cinq personnes, de dix, de cinq, — pour vous suivre dans une maison où un domestique deux fois aussi nombreux — a ordre de vous servir?

RÉGANE.

Qu'avez-vous besoin d'un seul?

LEAR.

— Oh! ne raisonnez pas le besoin. Nos plus vils mendiants — trouvent le superflu dans la plus pauvre chose. — N'accordez à la nature que ce dont la nature a besoin, — et l'homme vit au même prix que la brute. Tu es une grande dame; — eh bien, si l'unique luxe était de se tenir chaudement, — qu'aurait besoin la nature de cette luxueuse parure — qui te tient chaud à peine? Mais, quant au vrai besoin... — ciel, accorde-moi la patience ; c'est de patience que j'ai besoin ! — Vous voyez ici, ô dieux, un pauvre vieillard — accablé, double misère ! par la douleur et par les années ! — Si c'est vous qui soulevez les cœurs de ces filles — contre leur père, ne m'affolez pas — au point que je l'endure placidement ; animez-moi d'une noble colère. — Oh ! ne laissez pas les pleurs, ces armes de femme, — souiller mes joues mâles !... Non !... Stryges dénaturées, — je veux tirer de vous deux une telle vengeance — que le monde entier... Je veux faire des choses... — Ce qu'elles seront, je ne le sais pas encore ; mais elles feront — l'épouvante de la terre. Vous croyez que je vais pleurer. — Non, je ne pleurerai pas ; — j'ai certes sujet de pleurer ; mais ce cœur — se brisera en cent mille éclats — avant que je pleure... O bouffon, je deviendrai fou !

Sortent Lear, Glocester, Kent et le Fou.

CORNOUAILLES.

Retirons-nous, il va faire de l'orage.

Bruit lointain d'un orage.

RÉGANE.

— Ce manoir est petit ; le vieillard et ses gens — ne sauraient s'y loger à l'aise.

GONERIL.

C'est sa faute : il s'est lui-même privé d'asile ; — il faut qu'il souffre de sa folie.

RÉGANE.

— Pour lui personnellement, je le recevrais volontiers, — mais pas un seul de ses gens.

GONERIL.

C'est aussi ma résolution. — Où est milord de Glocester ?

GLOCESTER *revient.*

CORNOUAILLES.

— Il a accompagné le vieillard... Mais le voici de retour.

GLOCESTER.

— Le roi est dans une rage violente.

CORNOUAILLES.

Où va-t-il ?

GLOCESTER.

— Il commande les chevaux (47), mais je ne sais où il va.

CORNOUAILLES.

— Le mieux est de le laisser faire... Qu'il se dirige.

GONERIL, à Glocester.

— Milord, ne le pressez nullement de rester.

GLOCESTER.

— Hélas ! la nuit vient, et les vents glacés — se déchaînent furieusement. A plusieurs milles à la ronde, — il y a à peine un fourré.

RÉGANE.

Ah ! messire, aux hommes obstinés — les injures qu'eux-mêmes s'attirent — doivent servir de leçon... Fermez vos portes ; — il a pour escorte des forcenés, — et les excès auxquels il peut être entraîné par eux, lui — dont l'oreille est si facilement abusée, doivent mettre en garde la prudence.

CORNOUAILLES.

— Fermez vos portes, milord ; il fait une horrible nuit. — Ma Régane vous donne un bon conseil. Dérobons-nous à l'orage.

Ils sortent.

SCÈNE X.

[Aux environs du château de Glocester.]

Tempête avec éclairs et tonnerre. KENT et un CHEVALIER se rencontrent.

KENT.

— Qui est là, par cet affreux temps ?

LE CHEVALIER.

— Un homme dont l'âme est aussi tourmentée que le temps.

KENT.

— Je vous reconnais. Où est le roi?

LE CHEVALIER.

— En lutte avec les éléments courroucés; — il somme le vent de lancer la terre dans l'Océan, — ou d'élever au-dessus du continent les vagues dentelées, — en sorte que tout change ou périsse (48). Il arrache ses cheveux blancs, — que les impétueuses rafales, avec une aveugle rage, — emportent dans leur furie et mettent à néant. — Dans son petit monde humain, il cherche à dépasser en violence — le vent et la pluie entrechoqués. — Dans cette nuit où l'ourse aux mamelles taries reste dans son antre, — où le lion et le loup, mordus par la faim, — tiennent leur fourrure à l'abri, il court la tête nue — et invoque la destruction.

KENT.

Mais qui est avec lui?

LE CHEVALIER.

— Nul autre que le fou qui s'évertue à couvrir de railleries — les injures dont souffre son cœur.

KENT.

Je vous connais, monsieur, — et j'ose, sur la foi de mon diagnostic, — vous confier une chose grave. La division existe, — bien que cachée encore sous le masque — d'une double dissimulation, entre Albany et Cornouailles (49). — Ils ont (comme tous ceux que leur haute étoile — a exaltés sur un trône) des serviteurs non moins dissimulés qu'eux-mêmes. — Parmi ces gens-là, le roi de France a des espions qui, observateurs — intelligents de notre situation, lui ont révélé ce qu'ils ont vu,

— les intrigues hostiles des ducs, — le dur traitement que tous deux ont infligé — au vieux roi, et le mal profond — dont tous ces faits ne sont peut-être que les symptômes (50). — Ce qui est certain, c'est qu'une armée française arrive — dans ce royaume divisé. Déjà, — forte de notre incurie, elle a secrètement débarqué — dans plusieurs de nos meilleurs ports, et elle est sur le point — d'arborer ouvertement son étendard... Maintenant, je m'adresse à vous. — Si vous avez confiance en moi, — partez vite pour Douvres, vous y trouverez — quelqu'un qui vous remerciera, quand vous aurez fait le fidèle récit — des souffrances surhumaines et folles — dont le roi a à gémir. — Je suis un gentilhomme de race et d'éducation, — et c'est en connaissance de cause que je vous propose — cette mission.

LE CHEVALIER.

— Nous en reparlerons.

KENT.

Non, assez de paroles. — Pour vous convaincre que je suis plus — que je ne parais, ouvrez cette bourse, et prenez — ce qu'elle contient. Si vous voyez Cordélia, — et je ne doute pas que vous ne la voyiez, montrez-lui cet anneau ; — elle vous dira ce que vous ne savez pas, — le nom de votre compère... Maudite tempête ! — Je vais chercher le roi.

LE CHEVALIER.

— Donnez-moi votre main. N'avez-vous rien à ajouter ?

KENT.

— Il me reste peu à dire, mais à faire plus que je n'ai fait encore. — Tâchons de trouver le roi ; cherchez — par ici, moi par là. Le premier qui le découvrira, — appellera l'autre.

Ils se séparent.

SCÈNE XI.

[Une bruyère.]

Il fait nuit. La tempête continue. Entrent LEAR et LE FOU.

LEAR.

— Vents, soufflez à crever vos joues ! faites rage ! soufflez ! — Cataractes et ouragans, dégorgez-vous — jusqu'à ce que vous ayez submergé nos clochers et noyé leurs coqs ! — Vous, éclairs sulfureux, actifs comme l'idée, — avant-coureurs de la foudre qui fend les chênes, — venez roussir ma tête blanche ! Et toi, tonnerre exterminateur, — écrase le globe massif du monde, — brise les moules de la nature et détruis en un instant tous les germes — qui font l'ingrate humanité. —

LE FOU.

O m'n oncle, de l'eau bénite de cour dans une maison bien sèche vaudrait mieux que cette pluie en plein air. Rentre, bon oncle, et demande la charité à tes filles. Voilà une nuit qui n'épargne ni sages ni fous.

Coup de foudre.

LEAR, les yeux au ciel.

— Gronde de toutes tes entrailles !... Crache, flamme, jaillis, pluie ! — Pluie, vent, foudre, flamme, vous n'êtes point mes filles : — ô vous, éléments, je ne vous taxe pas d'ingratitude ! — jamais je ne vous ai donné de royaume, je ne vous ai appelés mes enfants ! — vous ne me devez pas obéissance ! laissez donc tomber sur moi — l'horreur à plaisir : me voici pour souffre-douleur, — pauvre vieillard infirme, débile et méprisé... — Mais non... je vous déclare serviles ministres, — vous qui, ligués avec deux filles perfides, — lancez les légions d'en haut contre une tête — si vieille et si blanche ! Oh ! oh ! c'est affreux. —

LE FOU.

Quiconque a une maison où fourrer sa tête a un bon couvre-chef.

Il chante.

Celui qui met sa braguette en lieu sûr
Avant d'y mettre sa tête,
Attrapera vite les poux
Qu'épouse le mendiant.
L'homme qui fait pour son orteil
Ce qu'il devrait faire pour son cœur
Se plaindra vite d'un cor
Et changera son sommeil en veille.

Car il n'y a jamais eu de jolie femme qui n'ait fait des mines devant un miroir.

Entre KENT.

LEAR.

Non, je veux être le modèle de toute patience, je ne veux plus rien dire.

KENT.

Qui est là ?

LE FOU.

Morbleu, une majesté et une braguette, c'est-à-dire un sage et un fou.

KENT.

— Hélas ! sire, vous ici ! Les êtres qui aiment la nuit — n'aiment pas de pareilles nuits. Les cieux en fureur — éprouvent jusqu'aux rôdeurs des ténèbres — et les enferment dans leur antre. Depuis que je suis homme, — je ne me rappelle pas avoir vu de tels jets de flamme, entendu d'aussi effrayantes explosions de tonnerre, — de tels gémissements, de tels rugissements de vent et de pluie. — La nature de l'homme ne saurait supporter — pareil déchaînement ni pareille horreur.

LEAR.

Que les dieux grands — qui suspendent au-dessus de

nos têtes ce terrible fracas — distinguent maintenant leurs ennemis. Tremble, misérable — qui recèles en toi des crimes non divulgués, — non flagellés par la justice ! Cache-toi, main sanglante, — et toi, parjure, et toi, incestueux — qui simules la vertu ! Tremble à te briser, infâme — qui, sous le couvert d'une savante hypocrisie, — attentas à la vie de l'homme. Forfaits mis au secret, — forcez vos mystérieuses geôles et demandez grâce — à ces terribles recors !... Moi, je suis — plus victime que coupable.

KENT.

Hélas ! tête nue !... — Mon gracieux seigneur, près d'ici est une hutte, — qui vous prêtera un secours contre la tempête. — Allez vous y reposer ; tandis que je me dirigerai vers cette dure maison, — plus dure que la pierre dont elle est bâtie. — Tout à l'heure encore, quand je vous y demandais, — elle a refusé de me recevoir ; mais je vais y retourner et forcer — son avare hospitalité.

LEAR.

Mes esprits commencent à s'altérer...

Au Fou.

— Viens, mon enfant. Comment es-tu, mon enfant ? As-tu froid ? — J'ai froid moi-même.

A Kent.

Où est ce chaume, mon ami ? — La nécessité a l'art étrange — de rendre précieuses les plus viles choses. Voyons votre hutte. — Pauvre diable de fou, j'ai une part de mon cœur — qui souffre aussi pour toi !

LE FOU.

Celui qui a le plus léger bon sens,
O gué ! par la pluie et le vent,
Doit mesurer sa résignation à son sort,
Car la pluie tombe tous les jours.

LEAR.

— C'est vrai, enfant.

A Kent.

Allons, mène-nous à cette hutte.

Sortent Lear et Kent.

LE FOU.

La belle nuit à refroidir une courtisane !... — Je vais dire une prophétie avant de partir :

Quand les prêtres seront plus verbeux que savants,
Quand les brasseurs gâteront leur bière avec de l'eau,
Quand les nobles enseigneront le goût à leur tailleur,
Qu'il n'en cuira plus aux hérétiques, mais seulement aux coureurs de filles ;
Quand tous les procès seront dûment jugés,
Quand il n'y aura plus d'écuyer endetté ni de chevalier pauvre,
Quand la calomnie n'aura plus de langue où se poser,
Que les coupe-bourses ne viendront plus dans les foules,
Quand les usuriers compteront leur or en plein champ,
Que maquereaux et putains bâtiront des églises,
Alors le royaume d'Albion
Tombera en grande confusion.
Alors viendra le temps où qui vivra verra
Les gens marcher sur leurs pieds.

Voilà la prophétie que Merlin fera un jour ; car je vis avant son temps.

Il sort (51).

SCÈNE XII.

[Dans le château de Glocester.]

GLOCESTER.

Hélas ! hélas ! Edmond, je n'aime pas cette conduite dénaturée. Quand je leur ai demandé la permission de le prendre en pitié, ils m'ont retiré le libre usage de ma propre maison, et, sous peine de leur perpétuel déplaisir, m'ont défendu de parler de lui, d'intercéder pour lui et de lui prêter aucun appui.

EDMOND.

Que cela est sauvage et dénaturé !

GLOCESTER.

Allez, ne dites rien. Il y a division entre les ducs, et il y a pis que cela. J'ai reçu ce soir une lettre...... Il est dangereux seulement d'en parler... Cette lettre, je l'ai serrée dans mon cabinet. Les injures que le roi essuie maintenant seront pleinement vengées ; déjà une armée est en partie débarquée. Nous devons tenir pour le roi. Je vais le chercher et le secourir secrètement. Allez, vous, tenir conversation avec le duc, qu'il ne s'aperçoive pas de ma charité. S'il me demande, je suis malade et au lit. Dussé-je subir la mort dont on m'a menacé, le roi, mon vieux maître, doit être secouru. Quelque étrange événement se prépare, Edmond. Je vous en prie, soyez circonspect.

Il sort.

EDMOND.

—Cette courtoisie qui t'est interdite, je vais — sur-le-champ en parler au duc, ainsi que de cette lettre... Ce beau service prétendu me fera gagner — ce que mon père va perdre, oui, tout ce qu'il possède. — Les jeunes s'élèvent quand les vieux tombent.

Il sort.

SCÈNE XIII.

[Sur la bruyère. Devant une hutte.]

La tempête continue. Entrent LEAR, KENT et LE FOU.

KENT, montrant la hutte.

—Voici l'endroit, monseigneur : mon bon seigneur, entrez. — La tyrannie à plein ciel de la nuit est trop rude — pour qu'une créature puisse la supporter.

LEAR, la main sur son cœur.

Laisse-moi !

KENT.

— Mon bon seigneur, entrez ici.

LEAR.

Veux-tu me rompre le cœur ?

KENT.

— Je me romprais plutôt le mien... Mon bon seigneur, entrez.

LEAR.

— Tu trouves bien pénible que ce furieux orage — nous pénètre jusqu'aux os ; c'est pénible pour toi ; — mais là où s'est fixée la plus grande douleur, — la moindre est à peine sentie. Tu fuirais un ours, — mais, si ta fuite t'entraînait vers la mer rugissante, — tu te retournerais sur la gueule de l'ours. Quand l'âme est sereine, — le corps est délicat. La tempête qui est dans mon âme — m'empêche de sentir toute autre émotion — que celle qui retentit là... L'ingratitude filiale ! — N'est-ce pas comme si la bouche déchirait la main — qui lui apporte les aliments ?... Mais je veux une punition exemplaire... — Non, je ne veux plus pleurer... Par une nuit pareille — me retenir dehors !

Les yeux au ciel.

Tombe à verse, j'endurerai tout... — Par une nuit pareille !... O Régane ! Goneril !... — Votre bon vieux père dont le généreux cœur vous a tout donné !... — Oh ! la folie est sur cette pente ; évitons-la... — Assez.

KENT, montrant la hutte.

Mon bon seigneur, entrez ici.

LEAR.

— Je t'en prie, entre toi-même ; cherche tes propres aises. — Cette tempête me permet de ne pas m'appesantir — sur des choses qui me feraient plus de mal... Mais soit ! entrons.

Au fou.

— Va, enfant, entre le premier... O détresse sans asile !...

Allons, entre... Moi, je vais prier et puis dormir (52).

Le fou entre dans la hutte.

— Pauvres indigents tout nus, où que vous soyez, — vous que ne cesse de lapider cet impitoyable orage, — têtes inabritées, estomacs inassouvis, — comment, sous vos guenilles trouées et percées à jour, vous défendez-vous — contre des temps pareils? Oh! j'ai pris — trop peu de souci de cela... Luxe, essaie du remède ; — expose-toi à souffrir ce que souffrent les misérables, — pour savoir ensuite leur émietter ton superflu — et leur montrer des cieux plus justes.

EDGAR, de l'intérieur de la hutte.

— Une brasse et demie ! une brasse et demie !... Pauvre Tom !

Le fou s'élance effaré hors de la cabane.

LE FOU.

— N'entre pas là, m'n oncle, il y a un esprit. — A l'aide! à l'aide!

KENT.

Donne-moi ta main. Qui est là?

LE FOU.

— Un esprit, un esprit; il dit qu'il s'appelle pauvre Tom.

KENT, à l'entrée de la hutte.

— Qui es-tu, toi qui grognes là dans la paille? Sors.

Entre EDGAR, vêtu avec le désordre d'un homme en démence.

EDGAR.

— Arrière ! le noir démon me suit ! — A travers l'aubépine hérissée souffle le vent glacial. — Humph! va donc te réchauffer sur un lit si froid.

LEAR.

— Tu as donc tout donné à tes deux filles, — que tu en es venu là?

SCÈNE XIII.

EDGAR.

Qui donne quelque chose au pauvre Tom ? Le noir démon l'a promené à travers feu et flamme, à travers gués et tourbillons, par les bourbiers et les fondrières ; il a placé des couteaux sous son oreiller, une hart sur son banc à l'église (53), a mis de la mort aux rats dans son potage ; il l'a rendu orgueilleux de cœur, et l'a fait chevaucher sur un trotteur bai, par des ponts larges de quatre pouces, à la poursuite de son ombre, dénoncé comme traître... Le ciel bénisse tes cinq sens !... Tom a froid. Oh ! doudi, doudi, doudi !... Le ciel te préserve des trombes, des astres néfastes et des maléfices !... Faites la charité au pauvre Tom que le noir démon tourmente. Tenez, je pourrais l'attraper là, et là, et là, et là encore, et là !

L'orage continue.

LEAR.

— Quoi ! ses filles l'ont réduit à cet état ! — N'as-tu pu rien garder ? Leur as-tu tout donné ? —

LE FOU.

Nenni, il s'est réservé une couverture, autrement toutes nos pudeurs auraient été choquées.

LEAR.

— Eh bien, que tous les fléaux qui dans l'air ondoyant — planent fatidiques au-dessus des fautes humaines, tombent sur tes filles !

KENT.

— Il n'a pas de filles, sire.

LEAR.

— A mort, imposteur ! rien n'a pu ravaler une créature — à une telle abjection, si ce n'est l'ingratitude de ses filles. — Est-ce donc la mode que les pères reniés — obtiennent si peu de piété de leur propre chair ? — Juste châtiment! c'est de cette chair qu'ont été engendrées — ces filles de pélican.

EDGAR.

Pillicock était assis sur le mont Pillicock... Halloo, halloo, loo, loo !

LE FOU.

Cette froide nuit nous rendra fous et frénétiques.

EDGAR.

Prends garde au noir démon, obéis à tes parents, tiens scrupuleusement ta parole, ne jure pas, ne te commets pas avec la compagne jurée du prochain, ne pare pas ta bien-aimée d'éclatants atours. Tom a froid.

LEAR.

Qu'étais-tu jadis?

EDGAR.

Un cavalier servant, fier de cœur et d'esprit ! Je frisais mes cheveux, portais des gants à mon chapeau, servais l'ardente convoitise de ma maîtresse, et commettais l'acte de ténèbres avec elle ; je proférais autant de serments que je disais de paroles, et les brisais à la face auguste du ciel ; je m'endormais sur des projets de luxure et m'éveillais pour les accomplir. J'aimais le vin profondément, les dés chèrement, et pour la passion des femmes je dépassais le Turc. Cœur perfide, oreille avide, main sanglante ; pourceau pour la paresse, renard pour le larcin, loup pour la voracité, chien pour la rage, lion pour ma proie !... Que le craquement d'un soulier, le bruissement de la soie ne livrent pas à la femme ton pauvre cœur. Garde ton pied des bordels, ta main des gorgerettes, ta plume de l'usurier, et défie ensuite le noir démon... Toujours à travers l'aubépine souffle le vent glacial ; il mugit *suum, mun! hey! nonnony!* Dauphin, mon gars, mon gars, arrête ! Laissez-le filer.

La tempête continue.

LEAR.

Eh ! mieux vaudrait pour toi être dans ta tombe qu'essuyer sur ton corps découvert les rigueurs de ce ciel...

SCÈNE XIII.

L'homme n'est donc rien de plus que ceci? Considérons-le bien. Tu ne dois pas au ver sa soie, à la bête sa fourrure, au mouton sa laine, à la civette son parfum.

<small>Montrant Kent et le fou.</small>

Ha! nous sommes ici trois êtres sophistiqués... Toi, tu es la créature même : l'homme au naturel n'est qu'un pauvre animal, nu et bifurqué comme toi.

<small>Il arrache ses vêtements.</small>

Loin, loin de moi, postiches!... Allons, soyons vrai!

LE FOU.

Je t'en prie, m'n oncle, calme-toi : cette nuit est impropre à la natation.... Pour le moment un peu de feu dans cette plaine sauvage serait comme le cœur d'un vieux paillard : une faible étincelle dans un corps glacé du reste... Regardez, voici un feu follet.

EDGAR.

C'est le noir démon Flibbertigibbet : il se meut au couvre-feu et rôde jusqu'au premier chant du coq; il donne la cataracte et la taie, fait loucher, et frappe du bec-de-lièvre; il moisit le froment blanc et moleste les pauvres créatures de la terre (54).

> Saint Withold parcourut trois fois la dune,
> Il rencontra l'incube et ses neuf familiers,
> Lui dit de disparaître,
> Et le lui fit jurer;
> Arrière, sorcière, arrière! (55)

KENT.

Comment se trouve Votre Grâce?

<small>Arrive GLOCESTER, portant une torche.</small>

LEAR.

Quel est cet homme?

<small>KENT, à Glocester.</small>

Qui est là? que cherchez-vous?

GLOCESTER.

Qui êtes-vous, là ? vos noms ?

EDGAR.

Le pauvre Tom, celui qui mange la grenouille plongeuse, le crapaud, le têtard, le lézard de muraille et le lézard d'eau ; celui qui, dans la furie de son cœur, quand se démène le noir démon, mange la bouse de vache pour salade, dévore les vieux rats et les chiens noyés, avale l'écume verdâtre des marécages stagnants ; celui qui, d'étape en étape, est fouetté, mis aux ceps, puni et emprisonné, et qui pourtant a eu trois costumes pour son dos, six chemises pour son corps, un cheval entre ses jambes et une épée à son côté.

Mais les souris et les rats et toutes ces menues bêtes fauves
Ont été l'aliment de Tom pendant sept longues années.

Gare mon persécuteur !... Paix, Smolkin ! paix, démon ! (56)

GLOCESTER, à Lear.

Quoi ! Votre Grâce n'a pas de meilleure compagnie ?

EDGAR.

— Le prince des ténèbres est gentilhomme ; — il a noms Modo et Mahu (57).

GLOCESTER, à Lear.

— Notre chair et notre sang, milord, se sont tellement corrompus — qu'ils détestent qui les engendre.

EDGAR.

Pauvre Tom a froid.

GLOCESTER, à Lear.

— Rentrez avec moi ; ma loyauté ne peut se résigner — à obéir en tout aux ordres cruels de vos filles. — Elles ont eu beau m'enjoindre de barrer mes portes — et de vous laisser à la merci de cette nuit tyrannique ; — je me suis néanmoins aventuré à venir vous chercher, — pour vous ramener là où vous trouverez du feu et des aliments.

SCÈNE XIII.

LEAR, montrant Edgar.

Laissez-moi d'abord causer avec ce philosophe.

A Edgar.

— Quelle est la cause du tonnerre ?

KENT.

— Mon bon seigneur, acceptez son offre ; — allez sous son toit.

LEAR.

— Je veux dire un mot à ce savant Thébain : — quelle est votre étude ?

EDGAR.

— Dépister le démon et tuer la vermine.

LEAR.

Laissez-moi vous demander une chose en particulier.

KENT, à Glocester.

Pressez-le encore une fois de partir, milord. — Ses esprits commencent à se troubler.

GLOCESTER.

Peux-tu l'en blâmer ? — Ses filles veulent sa mort... Ah ! ce bon Kent ! — Il avait dit qu'il en serait ainsi. Pauvre banni ! — Tu dis que le roi devient fou ; je te le déclare, ami, — je suis presque fou moi-même. J'avais un fils, — que j'ai proscrit de ma race : il a attenté à ma vie, — récemment, tout récemment. Je l'aimais, ami... — Jamais fils ne fut plus cher à son père. A te dire vrai, — la douleur a altéré mes esprits.

L'orage continue.

Quelle nuit !

A Lear.

— Je conjure Votre Grâce...

LEAR.

Oh ! je vous demande pardon, messire...

A Edgar.

— Noble philosophe, votre compagnie.

316 LE ROI LEAR.

EDGAR.

Tom a froid.

GLOCESTER, à Edgar.

— Rentre, camarade ! là, à la hutte ! Tiens-toi chau

LEAR.

— Allons, entrons-y tous.

KENT, montrant la route du château.

Par ici, milord.

LEAR.

Avec lui ! — Je ne veux pas me séparer de mon phil
sophe.

KENT, à Glocester.

— Mon bon seigneur, cédez-lui ; laissez-le emmener
garçon.

GLOCESTER, à Lear.

— Emmenez-le.

KENT.

Allons, l'ami ; viens avec nous.

LEAR.

— Viens, mon bon Athénien.

GLOCESTER.

Plus un mot, plus un mot. — Silence !

EDGAR.

L'enfant Roland à la tour noire arriva ;
Sa langue était muette... Fi ! pouah ! hum !
Je flaire le sang d'un Breton.

Ils sortent.

SCÈNE XIV.

[Dans le château de Glocester.]

Entrent CORNOUAILLES et EDMOND, un papier à la main.

CORNOUAILLES.

J'aurai ma vengeance, avant de quitter cette maiso

SCÈNE XIV.

EDMOND.

Je puis être blâmé, milord, pour faire céder ainsi la nature à la loyauté, et cette pensée m'inquiète.

CORNOUAILLES.

Je le vois maintenant, ce n'est pas uniquement la disposition criminelle de votre frère qui l'a porté à attenter aux jours de son père; l'indignité de celui-ci ne provoquait que trop chez celui-là une blâmable perversité.

EDMOND.

Que mon sort est cruel! ne pouvoir être honnête sans remords!... Voici la lettre dont il parlait : elle prouve qu'il était l'agent des intérêts de la France. Plût aux cieux que cette trahison n'existât pas, ou que je n'en fusse pas le délateur!

CORNOUAILLES.

Viens avec moi chez la duchesse.

EDMOND.

Si la teneur de cette lettre est exacte, vous avez une sérieuse affaire sur les bras.

CORNOUAILLES.

Vraie ou fausse, elle te fait comte de Glocester. Cherche où est ton père, que nous n'ayons plus qu'à l'arrêter.

EDMOND, à part.

Si je le trouve en train d'assister le roi, cela fortifiera les soupçons contre lui.

Haut.

Je persévérerai dans ma loyauté, si pénible que soit le conflit entre elle et mon sang.

CORNOUAILLES.

Je veux mettre toute ma confiance en toi, et tu retrouveras dans mon amour le plus tendre affection d'un père.

Ils sortent.

SCÈNE XV.

[Une salle dans un bâtiment attenant au château de Glocester.]

Entrent GLOCESTER, LEAR, KENT, LE FOU et EDGAR.

GLOCESTER.

On est mieux ici qu'en plein air; acceptez gracieuse_
ment cette hospitalité; j'en comblerai les lacunes par tou_
tes les prévenances possibles. Je ne serai pas longtem_
éloigné de vous.

KENT, à Glocester.

Toute l'énergie de sa raison a succombé à son déses_
poir. Que les dieux récompensent votre bonté !

Sort Glocester.

EDGAR.

Fraterello m'appelle et me dit que Néron pêche da_
le lac de ténèbres (58). Prie, innocent, et garde-toi c_
noir démon.

LE FOU.

Je t'en prie, m'n oncle, dis-moi donc : un fou est_
gentilhomme ou bourgeois?

LEAR.

Roi ! roi !

LE FOU.

Non, c'est un bourgeois qui a pour fils un gentilhomm_
car fou est le bourgeois qui souffre que son fils soit ger_
tilhomme avant lui (59).

LEAR.

— Oh ! en avoir un millier qui, avec des broches ro_
gies à blanc, — fondraient en rugissant sur elles ! —

EDGAR.

Le noir démon me mord le dos (60).

SCÈNE XV.

LE FOU.

Fou encore est celui qui se fie à la douceur d'un loup, à la santé d'un cheval, à l'amour d'un gars ou au serment d'une putain.

LEAR.

C'est décidé, je vais les accuser immédiatement.
A Edgar.
Allons, assieds-toi ici, très-savant justicier.
Au fou.
Et toi, docte sire, assieds-toi ici.
Le Fou s'assied.
A vous maintenant, renardes !

EDGAR.

Voyez quelle attitude et quelles œillades !... Veux-tu donc séduire tes juges, madame ?

Viens à moi sur la rivière, Bessy.

LE FOU.

Sa barque a une voie d'eau,
Et elle ne doit pas dire
Pourquoi elle n'ose venir à toi.

EDGAR.

Le noir démon hante le pauvre Tom dans la voix d'un rossignol. Hopdance crie dans le ventre de Tom pour avoir deux harengs blancs. Cesse de croasser, ange noir, je n'ai rien à manger pour toi.

KENT, au roi.

— Comment êtes-vous, sire ? Ne restez pas ainsi effaré.
— Voulez-vous vous coucher et reposer sur ces coussins ?

LEAR.

— Je veux les voir juger d'abord... Qu'on amène les témoins.
A Edgar.
— Toi, robin, prends ta place.

Au Fou.

— Et toi, son compère en équité, — siége à côté de lui.

A Kent.

Vous êtes de la commission ; — asseyez-vous aussi.

EDGAR.

Procédons avec justice.

> Que tu veilles ou que tu dormes, joyeux berger,
> Si tes brebis s'égarent dans les blés,
> Un signal de ta bouche mignonne
> Préservera tes brebis d'un malheur.

Pish ! le chat est gris.

LEAR.

Produisez celle-ci d'abord : c'est Goneril. Je jure ici, devant cette honorable assemblée, qu'elle a chassé du pied le pauvre roi son père.

LE FOU.

— Venez ici, mistress. Votre nom est-il Goneril?

LEAR.

Elle ne peut le nier.

LE FOU.

— J'implore votre merci, je vous prenais pour un tabouret.

LEAR.

— Et en voici une autre dont les regards obliques proclament — de quelle nature est son cœur... Arrêtez-la ! — des armes, des armes, une épée, du feu !... La corruption est ici ! — Juge félon, pourquoi l'as-tu laissée échapper?

EDGAR.

Bénis soient tes cinq esprits !

KENT.

— O pitié !... Sire, où est donc cette patience — que si souvent vous vous vantiez de garder?

EDGAR, à part.

— Mes larmes commencent à prendre parti pour lui, — au point de gâter mon rôle.

SCÈNE XV.

LEAR.

Les petits chiens et toute la meute, — Sébile, Blanche et Favorite, aboient après moi. —

EDGAR.

Tom va leur jeter sa tête. Arrière, molosses!

> Que ta gueule soit noire ou blanche,
> Que ta dent empoisonne en mordant,
> Mâtin, levrier, métis hargneux,
> Dogue, épagneul, braque ou limier,
> Basset à queue courte ou torse,
> Tom les fera tous gémir et hurler.
> Je n'ai qu'à leur jeter ainsi ma tête
> Pour que tous les chiens sautent la barrière et fuient.

Loudla! Loudla! allons, rendons-nous aux veillées, aux foires et aux marchés... Pauvre Tom, ton sac est vide.

LEAR.

Maintenant, qu'on dissèque Régane et qu'on voie ce qu'elle a du côté du cœur : y a-t-il quelque cause naturelle qui produise ces cœurs si durs?

A Edgar.

Vous, monsieur, je vous prends pour un de mes cent gardes. Seulement, je n'aime pas votre costume : vous dites qu'il est à la mode persane ; n'importe, changez-en.

KENT.

Voyons, mon bon seigneur, couchez-vous là et reposez un peu.

Lear s'étend sur un lit de repos, dans un retrait, au fond de la salle.

LEAR.

Ne faites pas de bruit, ne faites pas de bruit. Tirez les rideaux... Ainsi, ainsi, ainsi... Nous souperons dans la matinée... Ainsi, ainsi, ainsi.

Il s'endort.

LE FOU.

Et moi, je me mettrai au lit à midi.

Rentre GLOCESTER.

GLOCESTER, à Kent.

— Approche, ami : où est le roi, mon maître ?

KENT.

Ici, seigneur, mais ne le dérangez pas, sa raison est partie.

GLOCESTER.

— Je t'en prie, mon bon ami, enlève-le dans tes bras. — J'ai surpris un complot contre sa vie. — Il y a ici une litière toute prête, étends-le dedans, — et conduis-le à Douvres, ami : là tu trouveras — hospitalité et protection. Enlève ton maître. — Si tu tardes une demi-heure, sa vie, — la tienne et celle de quiconque osera le défendre — sont sûrement perdues. Emporte-le, emporte-le, — et suis-moi, que je te conduise bien vite hors de danger (61).

KENT.

La nature accablée s'assoupit : — Ce repos aurait pu être un baume sauveur pour sa raison brisée ; — si les circonstances le troublent, — la guérison sera difficile.

Au fou.

Allons, aide-moi à porter ton maître ; — tu ne dois pas rester en arrière.

GLOCESTER.

Allons, allons, en marche.

Kent, Glocester et le fou sortent en portant le roi.

EDGAR, seul.

— Quand nous voyons nos supérieurs partager nos misères, — à peine nos malheurs nous semblent-ils ennemis. — Celui qui souffre seul, souffre surtout par imagination, — en pensant aux destinées privilégiées, aux éclatants bonheurs qu'il laisse derrière lui ; — mais l'âme dompte aisément la souffrance, — quand sa douleur a des camarades d'épreuve. — Comme ma peine me semble légère et tolérable — à présent que l'adversité qui me fait courber fait plier le roi... — Il est frappé comme père, et moi comme fils!. Tom, éloigne-toi; — sois attentif aux grands bruits et reparais — dès que l'opinion qui te salissait de ses outrageantes pensées, — ramenée à toi par l'évidence, t'aura réhabilité. — Advienne que pourra cette nuit, pourvu que le roi soit sauvé! — Aux aguets, aux aguets!

Il sort.

SCÈNE XVI.

[Dans le château de Glocester.]

Entrent CORNOUAILLES, RÉGANE, GONERIL, EDMOND et des serviteurs.

CORNOUAILLES, à Goneril.

Rendez-vous en toute hâte près de milord votre mari; montrez-lui cette lettre. L'armée française est débarquée.

Aux serviteurs.

Qu'on aille chercher le misérable Glocester.

Quelques serviteurs sortent.

RÉGANE.

Qu'on le pende sur-le-champ.

GONERIL.

Qu'on lui arrache les yeux.

CORNOUAILLES.

Abandonnez-le à mon déplaisir... Edmond, accompagnez notre sœur. Le châtiment que nous sommes tenu d'infliger à votre perfide père ne doit pas vous avoir pour témoin. Conseillez au duc chez qui vous vous rendez, de hâter ses préparatifs; nous nous engageons à en faire autant. Nos courriers établiront entre nous de rapides intelligences. Adieu, chère sœur.

A Edmond.

Adieu, milord de Glocester.

Entre Oswald, *l'intendant.*

CORNOUAILLES.

Eh bien! où est le roi?

OSWALD.

— Milord de Glocester l'a fait emmener d'ici. — Trente-cinq ou trente-six de ses chevaliers, — ardents à le chercher, l'ont rejoint aux portes, — ainsi que plusieurs des seigneurs feudataires; et tous sont partis pour Douvres où ils se vantent — d'avoir des amis bien armés.

CORNOUAILLES.

Préparez des chevaux pour votre maîtresse.

Oswald sort.

GONERIL.

— Adieu, cher duc; adieu, sœur.

CORNOUAILLES.

Adieu, Edmond.

Goneril et Edmond sortent.

Qu'on aille chercher le traître Glocester,—qu'on le garrotte comme un brigand et qu'on l'amène devant nous.

D'autres serviteurs sortent.

— Bien que nous n'ayons pas le droit de disposer de sa vie — sans forme de procès, notre pouvoir — favorisera notre colère que les hommes — peuvent blâmer, mais non contrôler. Qui est là?... Le traître!

Rentrent les Serviteurs, *amenant* Glocester.

RÉGANE.

— L'ingrat renard! c'est lui.

CORNOUAILLES.

Attachez bien ses bras racornis.

GLOCESTER.

— Que prétendent Vos Grâces?... Mes bons amis, considérez — que vous êtes mes hôtes. Ne me jouez pas quelque horrible tour, mes amis.

SCÈNE XVI.

CORNOUAILLES.

— Attachez-le, vous dis-je.

Les serviteurs attachent Glocester.

RÉGANE.

Ferme, ferme! O l'immonde traître!

GLOCESTER.

— Impitoyable femme, je ne suis pas un traître.

CORNOUAILLES.

— Attachez-le à ce fauteuil... Misérable, tu apprendras...

Régane lui arrache la barbe.

GLOCESTER.

— Par les dieux bons, c'est un acte infâme — de m'arracher la barbe.

RÉGANE.

Si blanche! un pareil traître!

GLOCESTER.

Femme méchante, — ces poils que tu arraches de mon menton — s'animeront pour t'accuser. Je suis votre hôte. — Vous ne devriez pas lacérer de ces mains de brigands — ma face hospitalière. Que me voulez-vous?

CORNOUAILLES.

— Allons, monsieur, quelles lettres avez-vous reçues de France récemment?

RÉGANE.

— Répondez franchement, car nous savons la vérité.

CORNOUAILLES.

Et quel complot avez-vous fait avec les traîtres — récemment débarqués dans le royaume?

RÉGANE.

— A qui avez-vous envoyé le roi lunatique? Parlez.

GLOCESTER.

— J'ai reçu une lettre, toute de conjectures, — qui me vient d'un neutre, — et non d'un ennemi.

CORNOUAILLES.

Artifice!

RÉGANE.

Imposture!

CORNOUAILLES.

— Où as-tu envoyé le roi?

GLOCESTER.

A Douvres.

RÉGANE.

— Pourquoi à Douvres? Ne t'avait-on pas enjoint, au péril...

CORNOUAILLES.

— Pourquoi à Douvres? qu'il réponde à cela!

GLOCESTER.

— Je suis attaché au poteau, et je dois faire face à la meute.

RÉGANE.

Pourquoi à Douvres?

GLOCESTER.

— Parce que je ne voulais pas voir tes ongles cruels — arracher ses pauvres vieux yeux, ni ta féroce sœur,— enfoncer ses crocs d'hyène dans sa chair sacrée. — Par une tempête comme celle que sa tête nue — a supportée dans cette nuit infernale, la mer se serait soulevée — et aurait éteint les feux des constellations; — mais lui, pauvre vieux cœur, — il ne faisait que grossir de ses larmes les pluies du ciel. — Si les loups avaient hurlé à ta porte dans ces moments terribles,— tu aurais dit: *ouvre, bon portier*. — Les plus féroces auraient fléchi... Mais je verrai — la vengeance ailée s'abattre sur de pareils enfants!

CORNOUAILLES.

— Jamais tu ne la verras... Camarades, tenez le fauteuil... — Je vais mettre mon talon sur tes yeux.

SCÈNE XVI.

GLOCESTER.

— Que celui qui espère vivre vieux — m'accorde du secours! O cruels!... ô dieux!

RÉGANE.

— Un côté ferait grimacer l'autre! L'autre aussi!

CORNOUAILLES.

— Si vous voyez la vengeance!...

UN SERVITEUR, à Cornouailles.

Arrêtez, milord. — Je vous ai servi depuis mon enfance, — mais je ne vous rendis jamais de plus grand service — qu'en vous sommant d'arrêter!

RÉGANE.

Qu'est-ce à dire, chien?

LE SERVITEUR.

— Si vous portiez une barbe au menton, — je la secouerais pour une pareille querelle.... Que prétendez-vous?

CORNOUAILLES.

— Mon vassal!

Il se jette sur le serviteur, l'épée à la main.

LE SERVITEUR, dégaînant.

— Eh bien, avancez donc, et affrontez les chances de la colère.

Ils se battent. Cornouailles est blessé.

RÉGANE, à un autre serviteur.

— Donne-moi ton épée!... Un paysan nous tenir tête ainsi!

Elle saisit une épée et frappe par derrière l'adversaire de Cornouailles.

LE SERVITEUR.

— Oh! je suis tué!...

Montrant Cornouailles à Glocester.

Milord, il vous reste un œil — pour voir le malheur qui lui arrive!... Oh!

Il meurt.

CORNOUAILLES.

— Empêchons qu'il n'en voie davantage... A bas, vile gelée! — Où est ton lustre, à présent (62)?

GLOCESTER.

— Tout est ténèbres et désespoir!... Où est mon fils Edmond? — Edmond, allume tous les éclairs de la nature — pour venger cette horrible action.

RÉGANE.

Fi, infâme traître! — Tu implores qui te hait : c'est lui — qui nous a révélé tes trahisons; — il est trop bon pour t'avoir en pitié.

GLOCESTER.

— Oh! ma folie! Edgar était donc calomnié! — Dieux bons, pardonnez-moi et faites-le prospérer.

RÉGANE.

— Qu'on le jette à la porte, et qu'on le laisse flairer son chemin d'ici à Douvres. Qu'est-ce donc, milord? Vous changez de visage?

CORNOUAILLES.

— J'ai été blessé... Suivez-moi, madame. — Qu'on chasse ce scélérat sans yeux... Jetez cet esclave — au fumier... Régane, je saigne à flots. — Cette blessure arrive mal... Donnez-moi votre bras.

Cornouailles sort, soutenu par Régane. Les serviteurs détachent Glocester et l'emmènent.

PREMIER SERVITEUR (63).

— Je consens à commettre n'importe quel forfait — si cet homme prospère.

DEUXIÈME SERVITEUR.

Si elle vit longtemps, — si elle ne trouve la mort qu'au bout de la vieillesse, — les femmes vont toutes devenir des monstres.

PREMIER SERVITEUR.

— Suivons le vieux comte, et chargeons le maniaque de

SCÈNE XVII. 329

Bedlam — de le conduire : sa folie vagabonde — se prête à tout.

DEUXIÈME SERVITEUR.

— Va, toi ; moi, je vais chercher du linge et des blancs d'œufs — pour panser sa face sanglante. Que désormais le ciel l'assiste !

Ils sortent de différents côtés.

SCÈNE XVII.

[Une bruyère.]

Entre EDGAR.

EDGAR.

— Mieux vaut être méprisé et le savoir — qu'être méprisé et s'entendre flatter. L'être le plus vil, — le plus infime, le plus disgracié de la fortune, — est dans une perpétuelle espérance, et vit hors d'inquiétude. — Il n'est de changement lamentable que pour le bonheur : — le malheur a pour revers la joie. Sois donc la bienvenue, — bise impalpable que j'embrasse. — Le misérable que tu as jeté dans la détresse — est quitte envers tes orages. Mais qui vient ici ?

Entre GLOCESTER, conduit par un vieillard.

EDGAR.

Mon père ! si pauvrement escorté !... Monde, monde, ô monde ! — Il faut donc que d'étranges vicissitudes te rendent odieux, — pour que la vie se résigne à la destruction ! —

LE VIEILLARD.

O mon bon seigneur, j'ai été votre vassal, et le vassal de

GLOCESTER.

— Va, éloigne-toi, mon bon ami, pars ; — tes secours me sont inutiles — et peuvent t'être funestes.

LE VIEILLARD.

— Hélas ! messire, vous ne pouvez pas voir votre chemin.

GLOCESTER.

— Je n'ai pas de chemin, je n'ai donc pas besoin d'yeux. — Je suis tombé quand j'y voyais. Cela arrive souvent : — nos ressources nous leurrent, tandis que nos privations mêmes — tournent à notre avantage... Oh ! cher fils Edgar, — toi sur qui s'est assouvie la fureur de ton père abusé, — si je pouvais seulement te voir par le toucher, — je dirais que j'ai retrouvé mes yeux.

LE VIEILLARD.

Hé ! qui est là ?

EDGAR, à part.

— O dieux ! Qui peut dire : *Je suis au comble du malheur?* — Je suis plus malheureux que jamais je ne l'ai été.

LE VIEILLARD.

C'est Tom, le pauvre fou.

EDGAR, à part.

— Et je puis être plus malheureux encore. Le malheur n'est pas comblé — tant qu'on peut dire : *En voilà le comble!*

LE VIEILLARD.

— L'ami, où vas-tu ?

GLOCESTER.

Est-ce un mendiant ?

LE VIEILLARD.

Fou et mendiant à la fois.

GLOCESTER.

— Il lui reste quelque raison : sans quoi il ne pourrait mendier. — Pendant la tempête de la nuit dernière, j'ai vu

SCÈNE XVII.

un de ces gens-là — et je me suis pris à croire que l'homme est un ver de terre. Mon fils — s'est présenté alors à ma pensée; et pourtant ma pensée — ne lui était guère sympathique alors. J'ai été éclairé depuis. — Ce que les mouches sont pour des enfants espiègles, nous le sommes pour les dieux; — ils nous tuent pour leur plaisir.

EDGAR, à part.

Comment cela est-il arrivé?... — Triste métier que de jouer la folie devant la douleur — et de navrer les autres en se navrant soi-même !

Haut.

Sois béni, maître !

GLOCESTER.

— Est-ce là le pauvre déguenillé ?

LE VIEILLARD.

Oui, milord.

GLOCESTER.

Eh bien, je t'en prie, retire-toi. Si, dans ton zèle pour moi, — tu veux nous rejoindre, à un mille ou deux d'ici, — sur la route de Douvres, fais-le, mon vieux serviteur, — et apporte quelques vêtements pour couvrir ce déguenillé ; — je vais le prier de me guider.

LE VIEILLARD.

Hélas ! messire, il est fou.

GLOCESTER.

— C'est le malheur des temps que les fous guident les aveugles. — Fais ce que je te dis, ou plutôt fais comme il te plaira. — Avant tout, retire-toi.

LE VIEILLARD.

— Je lui apporterai le meilleur habillement que je possède, — advienne que pourra.

Il sort.

GLOCESTER.

— Holà, déguenillé !

EDGAR.

— Le pauvre Tom a froid...
A part.
Je ne puis feindre plus longtemps.

GLOCESTER.
Viens ici, l'ami.

EDGAR.
— Et pourtant il le faut...
Haut.
Bénis soient tes doux yeux ! ils saignent. —

GLOCESTER.
Connais-tu le chemin de Douvres?

EDGAR.
Barrières et grilles, chaussée et trottoir, j'en connais tout. De frayeur le pauvre Tom a perdu son bon sens. Le ciel te préserve du noir démon, homme de bien (64) ! Cinq démons à la fois sont entrés dans le pauvre Tom : celui de la luxure, *Obidicut ; Hobbididance*, le prince du mutisme ; le démon du vol, *Mahu ;* celui du meurtre, *Modo ;* celui des grimaces et des contorsions, *Flibbertigibbet*, qui maintenant possède les chambrières et les servantes. Sur ce, sois béni, maître !

GLOCESTER.
— Tiens, prends cette bourse, toi que les fléaux du ciel — ont ployé à tous les coups : ma misère — va te rendre plus heureux. Cieux, agissez toujours ainsi ! — A l'homme fastueux et gorgé de voluptés, — qui foule aux pieds vos lois et ne veut pas voir — parce qu'il ne sent pas, faites vite sentir votre puissance : — en sorte que le partage réforme l'excès, — et que chacun ait le nécessaire... Connais-tu Douvres?

EDGAR.
Oui, maître.

GLOCESTER.

— Il y a là un rocher dont la tête haute et penchée — regarde avec terreur la mer qu'il domine ; — mène-moi seulement au bord de l'abîme, — et je réparerai la misère que tu supportes — par quelque libéralité : une fois là, — je n'aurai plus besoin de guide.

EDGAR.

Donne-moi ton bras ; — le pauvre Tom va te conduire.

Ils sortent.

SCÈNE XVIII.

[Devant le palais du duc d'Albany.]

Entrent GONERIL et EDMOND ; OSWALD vient au-devant d'eux.

GONERIL, à Edmond.

— Soyez le bienvenu, milord ; je m'étonne que notre débonnaire mari — ne soit pas venu à notre rencontre.

A Oswald.

Eh bien, où est votre maître ?

OSWALD.

— Au château, madame ; mais jamais homme ne fut si changé. — Je lui ai parlé de l'armée qui est débarquée ; — il a souri. Je lui ai dit que vous arriviez ; — il a répondu : *Tant pis.* Quand je lui ai appris la trahison de Glocester — et les loyaux services de son fils, — il m'a appelé sot, — et m'a dit que j'avais mis l'endroit à l'envers. — Il semble charmé de ce qui devrait lui déplaire, — et contrarié de ce qui devrait lui plaire.

GONERIL, à Edmond.

Alors ne venez pas plus loin. — Ce sont les lâches terreurs de son caractère — qui l'empêchent de rien oser. Il se refuse à sentir les outrages — qui l'obligeraient à des représailles. Les vœux que nous faisions sur la route — pourraient bien s'accomplir. Edmond, retournez près de mon frère : — hâtez ses levées et commandez ses troupes. — Il faut que je change de titre chez moi, et que je remette la quenouille — aux mains de mon mari.

<small>Montrant Oswald.</small>

Ce fidèle serviteur — sera notre intermédiaire : avant peu vous recevrez peut-être, — si vous savez oser dans votre intérêt, — les ordres d'une maîtresse.

<small>Elle lui remet un nœud de rubans.</small>

Portez ceci ; épargnez les paroles ; — penchez la tête.

<small>Elle lui donne furtivement un baiser et lui parle à voix basse.</small>

Ce baiser, s'il osait parler, — porterait aux nues tes ardeurs ; — comprends, et sois heureux.

EDMOND.

— A vous jusque dans les rangs de la mort !

GONERIL.

Mon très-cher Glocester !

<small>Edmond sort.</small>

— Oh ! quelle différence entre un homme et un homme (65) ! — C'est à toi que sont dus les services d'une femme. — Un imbécile usurpe mon lit.

OSWALD.

Madame, voici monseigneur.

<small>Oswald sort.</small>

<small>Entre ALBANY.</small>

GONERIL.

— Je croyais valoir la peine d'être appelée.

ALBANY.

O Goneril ! — Vous ne valez pas la poussière que l'âpre vent — vous souffle à la face. Je redoute votre caractère. — Une nature qui outrage son origine — ne saurait être retenue par aucun frein. — La branche qui se détache elle-

SCÈNE XVIII.

même — du tronc nourricier, doit forcément se flétrir, — et servir à un mortel usage.

GONERIL.

— Assez! la leçon est ridicule.

ALBANY.

— La sagesse et la bonté semblent viles aux vils ; — la corruption n'a de goût que pour elle-même... Qu'avez-vous fait? — Vous, des filles, non !... Qu'avez-vous commis, tigresses ? — Un père, un gracieux vieillard — dont l'ours à tête lourde eût léché la majesté (66), vous l'avez rendu fou, barbares dégénérées ! — Mon noble frère a-t-il pu vous laisser faire ? — un homme, un prince comblé par lui de tant de bienfaits ! — Si les cieux ne se hâtent pas d'envoyer leurs esprits visibles — pour punir ces forfaits infâmes, — le temps va venir où les hommes devront s'entre-dévorer — comme les monstres de l'Océan.

GONERIL.

Homme au foie de lait, — qui tends la joue au horion et la tête à l'outrage, — qui n'as pas d'yeux pour distinguer — l'honneur de la patience (67), qui ne sais pas — que les dupes seules plaignent les misérables dont le châtiment — a prévenu le méfait !... Où est ton tambour? — Le Français arbore ses bannières sur notre terre silencieuse ; — déjà ton égorgeur te menace du panache de son cimier, — et toi, scrupuleux imbécile, tu restes là, tranquille, à t'écrier : — *Hélas! pourquoi fait-il cela?*

ALBANY.

Regarde-toi donc, diablesse ! — La difformité est moins horrible encore dans le démon — que dans la femme.

GONERIL.

Oh ! vain imbécile (68) !

ALBANY.

— Créature dégradée, et méconnaissable, par pudeur, — ne prends pas les traits d'un monstre ! S'il me convenait — de laisser mes mains obéir à mon sang, — elles pourraient bien te disloquer, — t'arracher la chair et les os ! Tout démon que tu es, — la forme de la femme te protége.

GONERIL.

Morbleu, vous redevenez un homme !

Entre UN MESSAGER.

ALBANY.

— Quelles nouvelles ?

LE MESSAGER.

— Oh ! mon bon seigneur, le duc de Cornouailles est mort, — tué par un de ses gens, au moment où il allait crever — un des yeux de Glocester.

ALBANY.

Les yeux de Glocester !

LE MESSAGER.

— Un serviteur qu'il avait nourri, frémissant de pitié, — s'est opposé à cette action, en tirant l'épée — contre son puissant maître, qui, exaspéré, — s'est élancé sur lui et l'a étendu mort au milieu des autres, — mais non sans avoir reçu un coup fatal, qui depuis — l'a emporté.

ALBANY.

Ceci prouve que vous êtes là-haut, — vous, justiciers, qui savez si promptement venger — nos crimes d'ici-bas... Mais, ô pauvre Glocester ! — Il a donc perdu un de ses yeux ?

LE MESSAGER.

Tous deux, tous deux, milord. — Cette lettre, madame, réclame une prompte réponse ; — elle est de votre sœur.

GONERIL, à part.

Par un côté, ceci me plaît assez. — Mais maintenant qu'elle est veuve et que mon Glocester est près d'elle, — l'édifice de mes rêves pourrait bien s'écrouler tout entier — sur ma vie désolée. Par un autre côté, — la nouvelle n'est pas si amère... Lisons et répondons.

Elle sort.

ALBANY.

— Où donc était son fils, quand on lui ôtait la vue ?

LE MESSAGER.

— Il venait ici avec milady.

ALBANY.

Il n'est pas ici.

LE MESSAGER.

— Non, mon bon Seigneur ; je l'ai rencontré qui s'en retournait.

ALBANY.

Connaît-il l'infamie ?

LE MESSAGER.

— Oui, mon bon seigneur ; c'est lui qui avait dénoncé son père, — et il avait quitté le château, afin que la punition — pût avoir un plus libre cours.

ALBANY.

Glocester, je suis là — pour reconnaître l'attachement que tu as montré au roi — et pour venger tes yeux... Viens, ami, — dis-moi tout ce que tu sais encore.

Ils sortent.

SCÈNE XIX (69).

[Le camp français, près de Douvres.]

Entrent KENT et LE CHEVALIER qui a paru à la scène X.

KENT.

Pourquoi le roi de France est-il reparti si soudainement ? Savez-vous la raison ?

LE CHEVALIER.

— Il avait négligé une affaire d'État, — qui depuis son

départ est revenue à sa pensée ; — elle importe tellement au salut et à l'existence du royaume — que son retour en personne était tout à fait urgent — et nécessaire.

KENT.

Qui a-t-il laissé général à sa place ?

LE CHEVALIER.

— Le maréchal de France, Monsieur Lafare.

KENT.

Votre lettre a-t-elle arraché à la reine quelque démonstration de douleur ?

LE CHEVALIER.

— Oui, monsieur, elle l'a prise, l'a lue en ma présence ; — de temps à autre une grosse larme oscillait sur — sa joue délicate ; on eût dit qu'elle dominait en reine — son émotion qui, rebelle obstinée, — cherchait à régner sur elle.

KENT.

Oh ! elle a donc été émue !

LE CHEVALIER.

— Pas jusqu'à l'emportement : la patience et la douleur luttaient — à qui lui donnerait la plus suave expression. Vous avez vu — le soleil luire à travers la pluie : ses sourires et ses larmes — apparaissaient comme au plus beau jour de mai. Ces heureux sourires, — qui se jouaient sur sa lèvre mûre, semblaient ignorer — les hôtes qui étaient dans ses yeux et qui s'en échappaient — comme des perles tombant de deux diamants... Bref, la douleur — serait la plus adorable rareté, si tous — pouvaient l'embellir ainsi.

KENT.

N'a-t-elle pas fait quelque observation ?

LE CHEVALIER.

Oui, une fois ou deux elle a soupiré le nom de *père*, — haletante comme s'il lui oppressait le cœur. — Elle s'est écriée : *Mes sœurs! mes sœurs!... Opprobre des femmes! mes sœurs!* — *Kent! mon père! mes sœurs! Quoi! pendant l'orage! pendant la nuit!* — *Qu'on ne croie plus à la pitié!* Alors elle a secoué — l'eau sainte de ses yeux célestes — et en a mouillé ses sanglots ; puis brusquement elle s'est échappée — pour être toute à sa douleur.

KENT.

Ce sont les astres, — les astres d'en haut, qui gouvernent nos natures ; — autrement jamais même père et même mère ne pourraient mettre au monde — des enfants si dissemblables. Vous ne lui avez pas parlé depuis ?

LE CHEVALIER.

Non.

KENT.

— Cette entrevue a-t-elle eu lieu avant le départ du roi ?

LE CHEVALIER.

Non, depuis.

KENT.

— C'est bien, monsieur... Lear est dans la ville, le pauvre affligé! — Parfois, dans ses meilleurs moments, il se rappelle — ce qui nous amène ici, et il se refuse — absolument à voir sa fille.

LE CHEVALIER.

Pourquoi, cher monsieur ?

KENT.

— Une impérieuse honte le talonne. La dureté — avec laquelle il lui a retiré sa bénédiction et l'a abandonnée — à de lointains hasards pour transmettre ses droits les plus précieux — à des filles au cœur d'hyène, est — pour son âme un remords si venimeux qu'une brûlante confusion — l'éloigne de Cordélia.

LE CHEVALIER.

Hélas ! pauvre gentilhomme !

340 LE ROI LEAR.

KENT.

— Avez-vous des nouvelles des armées d'Albany et d[e] Cornouailles ?

LE CHEVALIER.

— Oui, elles sont en campagne.

KENT.

— Eh bien, monsieur, je vais vous mener à Lear, not[re] maître, — et vous laisser veiller sur lui. Un intérêt pui[s]sant — m'attache pour quelque temps encore à ce d[é]guisement. — Quand je me ferai connaître, vous ne r[e]gretterez pas — de m'avoir accordé cette familiarité. [Je] vous en prie, venez — avec moi.

Ils sortent.

SCÈNE XX. IV

[La tente royale dans le camp français.]

Entrent CORDÉLIA, *un* MÉDECIN, *des* OFFICIERS *et des* SOLDATS.

CORDÉLIA.

— Hélas ! c'est lui : il a été rencontré à l'instant, aussi frénétique que la mer irritée, chantant à voix hau[te] — couronné de fumeterre sauvage, de folle avoine, de sénevé, de ciguë, d'ortie, de fleur de coucou, — d[e] vraie et de toutes les plantes parasites qui croissent aux dépens de nos blés...

A un officier.

Détachez une centurie ; — fouillez en tout sens les ha[u]tes herbes de la plaine, — et amenez-le devant nous.

L'officier sort.

Que peut la sagesse de l'homme, — pour restaurer [sa] raison évanouie ? — Que celui qui la guérira dispose [de] toutes mes richesses extérieures.

SCÈNE XXI.

LE MÉDECIN.

Il y a un moyen, madame : — le repos est le souverain nourricier de la nature. — C'est le repos qu'il lui faut : pour le provoquer chez lui, — nous avons des simples dont la puissance — fermerait les yeux même de l'angoisse.

CORDÉLIA.

O vous tous, secrets bénis, — vertus encore inconnues de la terre, — jaillissez sous mes larmes ! Soyez secourables et salutaires — à la détresse du bon vieillard !... Cherchez, cherchez-le, — de peur que sa rage indomptée ne brise une existence — qui n'a plus de guide.

Entre un MESSAGER.

LE MESSAGER.

Une nouvelle, madame : — l'armée britannique s'avance.

CORDÉLIA.

— Nous le savions ; nos préparatifs sont faits — pour la recevoir... O père chéri ! — ce sont tes intérêts qui m'occupent. — Aussi la grande France — a-t-elle eu pitié de mon deuil et de mes larmes suppliantes. — Ce n'est pas une vaine ambition qui stimule nos armes, — c'est l'amour, l'amour le plus tendre, c'est la cause de notre vieux père. — Puissé-je bientôt le voir et l'entendre !

Tous sortent.

SCÈNE XXI.

[Dans le château de Glocester.]

Entrent RÉGANE *et* OSWALD.

RÉGANE.

— Mais les troupes de mon frère sont-elles en marche ?

OSWALD.

Oui, madame.

RÉGANE.

S'est-il mis — à leur tête en personne?

OSWALD.

Oui, madame, mais à grand'peine ; — votre sœur est un meilleur soldat.

RÉGANE.

— Est-ce que milord Edmond n'a pas parlé à votre maître au château?

OSWALD.

Non, madame.

RÉGANE.

— Que peut contenir la lettre à lui écrite par ma sœur?

OSWALD.

Je ne sais pas, milady.

RÉGANE.

— Au fait, c'est pour de graves motifs qu'il s'en est allé si vite. — Après avoir retiré la vue à Glocester, ç'a été une grande imprudence — de le laisser vivre : partout où il passera, il soulèvera — tous les cœurs contre nous; je pense qu'Edmond est parti, — prenant sa misère en pitié, pour le délivrer — d'une vie vouée aux ténèbres, en même temps que pour reconnaître — les forces de l'ennemi.

OSWALD.

— Il faut que je le rejoigne, madame, pour lui remettre cette lettre.

RÉGANE.

— Nos troupes se mettent en marche demain ; restez avec nous, — les routes sont dangereuses.

OSWALD.

Je ne puis, madame ; — ma maîtresse m'a recommandé l'empressement dans cette affaire.

RÉGANE.

— Pourquoi écrit-elle à Edmond? N'auriez-vous pas

SCÈNE XXI.

pu — transmettre son message de vive voix? Sans doute, — quelque raison, je ne sais laquelle... Je t'aimerai fort — de me laisser décacheter cette lettre.

OSWALD.

Madame, je préférerais...

RÉGANE.

— Je sais que votre maîtresse n'aime pas son mari; — je suis sûre de cela : la dernière fois qu'elle était ici, — elle lançait d'étranges œillades et de bien éloquents regards — au noble Edmond. Je sais que vous êtes son confident.

OSWALD.

Moi, madame ?

RÉGANE.

— Je parle à bon escient; vous l'êtes, je le sais. — Aussi, écoutez bien l'avis que je vous donne. — Mon mari est mort; Edmond et moi, nous nous sommes entendus; — il est naturel qu'il ait ma main plutôt — que celle de votre maîtresse. Vous pouvez deviner ce que je ne dis pas. — Si vous trouvez Edmond, remettez-lui ceci, je vous prie.

Elle lui donne un anneau.

— Quand vous informerez votre maîtresse de ce que vous savez, — dites-lui, je vous prie, de rappeler à elle sa raison. — Sur ce, adieu. — Si par hasard vous entendez parler de cet aveugle traître, — les faveurs pleuvront sur celui qui l'expédiera.

OSWALD.

— Si je pouvais le rencontrer, madame! je montrerais — à quel parti j'appartiens.

RÉGANE.

Adieu.

Ils sortent.

SCÈNE XXII.

[La campagne aux environs de Douvres.]

Entre GLOCESTER, conduit par EDGAR vêtu en paysan.

GLOCESTER.

— Quand arriverons-nous au sommet de cette côte ?

EDGAR.

— Vous la gravissez à présent : voyez comme nous nous évertuons.

GLOCESTER.

— Il me semble que le terrain est plat.

EDGAR.

Horriblement escarpé. — Écoutez ! entendez-vous la mer ?

GLOCESTER.

Non, vraiment.

EDGAR.

— Eh ! il faut que vos autres sens soient affaiblis — par la douleur de vos yeux.

GLOCESTER.

C'est possible, en effet. — Il me semble que ta voix est changée et que tu parles — en meilleurs termes et plus sensément que tu ne faisais.

EDGAR.

— Vous vous trompez grandement : il n'y a de changé en moi — que le costume.

GLOCESTER.

Il me semble que vous vous exprimez mieux.

EDGAR.

— Avancez, monsieur ; voici l'endroit... Halte-là ! Que

c'est effrayant — et vertigineux de plonger si bas ses regards! — Les corbeaux et les corneilles qui fendent l'air au-dessous de nous — ont tout au plus l'ampleur des escargots. A mi-côte — pend un homme qui cueille du percepierre : terrible métier! — Ma foi, il ne semble pas plus gros que sa tête. — Les pêcheurs qui marchent sur la plage — apparaissent comme des souris; et là-bas, ce grand navire à l'ancre — fait l'effet de sa chaloupe; sa chaloupe, d'une bouée — à peine distincte pour la vue. Le murmure de la vague — qui fait rage sur les galets innombrables et inertes — ne peut s'entendre de si haut... Je ne veux plus regarder; — la cervelle me tournerait, et le trouble de ma vue — m'entraînerait tête baissée dans l'abîme (70).

GLOCESTER.

Placez-moi où vous êtes.

EDGAR.

— Donnez-moi votre main : vous êtes maintenant à un pied — de l'extrême bord; pour tout ce qu'il y a sous la lune, — je ne voudrais pas faire un bond.

GLOCESTER.

Lâche ma main. — Voici une autre bourse, ami ; il y a dedans un joyau — qui n'est pas à dédaigner pour un pauvre homme. Que les fées et les dieux — te rendent ce don prospère! Éloigne-toi; — dis-moi adieu, et que je t'entende partir.

EDGAR.

— Adieu donc, mon bon monsieur.

Il fait mine de s'éloigner.

GLOCESTER.

Merci de tout cœur!

EDGAR, à part.

— Si je joue ainsi avec son désespoir, — c'est pour le guérir.

GLOCESTER.

O dieux puissants! — je renonce à ce monde; et, en votre présence, — je me soustrais sans colère à mon accablante affliction; — si je pouvais la supporter plus longtemps sans me mettre — en révolte contre vos volontés inéluctables, — je laisserais le lumignon misérable de mes derniers moments — s'éteindre de lui-même... Si Edgar vit encore, oh! bénissez-le !... — A présent, camarade, adieu.

EDGAR.

Me voilà parti, monsieur; adieu...

Glocester s'élance et tombe à terre de toute sa hauteur.

— Pourtant je ne sais si l'imagination ne serait pas de force à dérober — le trésor de la vie, quand la vie elle-même — se prête à ce vol. S'il avait été où il pensait, — déjà c'en serait fait pour lui de toute pensée.

Il s'approche de Glocester.

Mort ou vivant? — Holà, monsieur! ami!... Entendez-vous, monsieur?... parlez!... — Il a bien pu se tuer ainsi, vraiment!... Mais non, il se ranime. — Qui êtes-vous, monsieur?

GLOCESTER.

Arrière! laissez-moi mourir.

EDGAR.

— A moins d'être un fil de la vierge, une plume ou un souffle, — tu n'aurais pas pu être précipité de si haut — sans te briser comme un œuf. Mais tu respires, — tu es un corps pesant, tu ne saignes pas, tu parles, tu es sain et sauf! — Dix mâts, les uns au bout des autres, ne mesureraient pas la hauteur — dont tu viens de tomber perpendiculairement. — Ta vie est un miracle. Parle encore.

GLOCESTER.

Mais suis-je tombé ou non?

SCÈNE XXII.

EDGAR.

— De l'effrayant sommet de cette falaise crayeuse. — Regarde là-haut : de cette distance l'alouette stridente — ne pourrait être vue ni entendue : regarde.

GLOCESTER.

Hélas! je n'ai plus d'yeux. — La misère n'a donc pas la ressource — de se détruire par la mort? C'est pourtant une consolation — pour le malheur de pouvoir tromper la rage du tyran — et frustrer son orgueilleux arrêt.

EDGAR, l'aidant à se relever.

Donnez-moi votre bras. — Debout!... c'est cela! Comment êtes-vous? Sentez-vous vos jambes?... Vous vous soutenez !

GLOCESTER.

— Trop bien, trop bien.

EDGAR.

Ceci dépasse toute étrangeté. — Quel était cet être qui, sur la crête de la montagne, — s'est éloigné de vous?

GLOCESTER.

Un pauvre infortuné mendiant.

EDGAR.

— D'ici-bas il m'a semblé que ses yeux — étaient deux pleines lunes; il avait mille nez, — des cornes hérissées et ondulant comme la mer houleuse. — C'était quelque démon. Ainsi, mon heureux père, — sois persuadé que les dieux tutélaires, qui tirent leur gloire — des impossibilités humaines, ont préservé tes jours.

GLOCESTER.

— Je me rappelle à présent! A l'avenir je supporterai — la douleur, jusqu'à ce que d'elle-même elle me crie : — *Assez, assez, meurs!* L'être dont vous parlez, — je l'ai pris pour un homme; il répétait souvent : — *Démon! démon!* C'est lui qui m'a conduit là.

EDGAR.

— Que votre âme reprenne force et patience... Mais qui vient ici?

Entre LEAR, fantasquement paré de fleurs.

EDGAR.

— Jamais cerveau sain n'affublera ainsi — son maître.

LEAR.

— Non, ils ne peuvent me toucher pour avoir battu monnaie : — je suis le roi en personne.

EDGAR.

— O déchirant spectacle!

LEAR.

Sous ce rapport, la nature est au-dessus de l'art... Voici l'argent de votre engagement. Ce gaillard brandit son arc comme un épouvantail à corbeaux : lâche donc ton aune de fer... Voyez! voyez! une souris! Paix! ce morceau de fromage grillé suffira... Voici mon gantelet; je veux le lancer à un géant... Apportez les hallebardes... Oh! bien volé, mon oiseau! Dans le but! dans le but!

A Edgar.

Holà! le mot de passe!

EDGAR.

Suave marjolaine.

LEAR.

Passez!

GLOCESTER.

Je connais cette voix.

LEAR.

Ah! Goneril! une barbe blanche!... On me flattait comme un chien ; on me disait que j'avais eu des poils blancs au menton avant d'en avoir de noirs. On répondait oui et non à tout ce que je disais. Ces oui et ces non n'étaient pas texte sacré. Du moment où la pluie est venue me mouiller, où le vent m'a fait claquer les dents, où le tonnerre a refusé de se taire sur mon ordre, alors j'ai reconnu, alors j'ai senti leur sincérité. Allez, ce ne sont pas des gens de parole : à les entendre, j'étais tout ; c'est un mensonge : je ne suis pas à l'épreuve de la fièvre.

GLOCESTER.

— Je me rappelle le son de cette voix : — n'est-ce pas le roi?

LEAR.

Oui, de la tête aux pieds, un roi ! — Sous mon regard fixe voyez comme mes sujets tremblent ! — Je fais grâce de la vie à cet homme... Quel est ton délit? — L'adultère! — Tu ne mourras pas. Mourir pour adultère ! Non! — Le roitelet s'accouple, et la petite mouche dorée — paillarde sous mes yeux. — Laissons prospérer la copulation : le fils bâtard de Glocester — a été plus tendre pour son père que mes filles, — engendrées entre les draps légitimes. — A l'œuvre, luxure ! à la mêlée ! car j'ai besoin de soldats. — Voyez-vous là-bas cette dame au sourire béat, — dont le visage ferait croire qu'il neige entre ses cuisses, — qui minaude la vertu, et baisse la tête — rien qu'à entendre parler de plaisir ? — Le putois et l'étalon ne vont pas en besogne — avec une ardeur plus dévergondée. — Centaures au-dessous de la taille, femmes au-dessus ! Les dieux ne les possèdent que jusqu'à la ceinture ; au-dessous tout, est aux démons! là, tout est enfer, ténèbres, gouffre sulfureux, incendie, bouillonnement, infection, consomption! Fi, fi, fi, pouah! pouah!... Donne-moi une once de civette, bon apothicaire, pour parfumer mon imagination. Voilà de l'argent pour toi.

GLOCESTER.

Oh! laissez-moi baiser cette main!

LEAR.

Laisse-moi d'abord l'essuyer ; elle sent la mortalité.

GLOCESTER.

— O œuvre ruinée de la nature ! Ce grand univers — sera ainsi réduit à néant !... Me reconnais-tu ? —

LEAR.

Je me rappelle assez bien tes yeux. Tu me regardes de travers ? Bah ! acharne-toi, aveugle Cupido ! je ne veux plus aimer... Lis ce cartel, remarque seulement comme il est rédigé.

GLOCESTER.

— Quand toutes les lettres en seraient des soleils, je ne pourrais les voir.

EDGAR.

— On raconterait cela, que je ne le croirais pas ; cela est, — et mon cœur se brise.

LEAR.

Lisez.

GLOCESTER.

— Quoi ! avec ces orbites vides !

LEAR.

Oh ! oh ! vous en êtes là avec moi ! Pas d'yeux dans votre tête, ni d'argent dans votre bourse ! En ce cas, l'état de vos yeux est aussi accablant qu'est léger celui de votre bourse. Vous n'en voyez pas moins comment va le monde.

GLOCESTER.

Je le vois par ce que je ressens.

LEAR.

Quoi ! es-tu fou ? Un homme peut voir sans yeux comment va le monde. Regarde avec tes oreilles. Vois-tu comme ce juge déblatère contre ce simple filou ? Écoute, un mot à l'oreille : change-les de place, et puis devine lequel est le juge, lequel est le filou... Tu as vu le chien d'un fermier aboyer après un mendiant ?

GLOCESTER.

Oui, seigneur.

LEAR.

Et la pauvre créature se sauver du limier? Eh bien, tu as vu là la grande image de l'autorité : un chien au pouvoir qui se fait obéir ! — Toi, misérable sergent, retiens ton bras sanglant : — pourquoi fouettes-tu cette putain? Flagelle donc tes propres épaules : — tu désires ardemment commettre avec elle l'acte — pour lequel tu la fouettes. L'usurier fait pendre l'escroc. — Les moindres vices se voient à travers les haillons; — les manteaux et les simarres fourrées les cachent tous. Cuirasse d'or le péché, — et la forte lance de la justice s'y brise impuissante : — harnache-le de guenilles, le fétu d'un pygmée le transperce. — Il n'est pas un coupable; pas un, te dis-je, pas un ! Je les absous tous. — Accepte ceci de moi, mon ami; j'ai les moyens de sceller — les lèvres de l'accusateur. Procure-toi des besicles, — et, en homme d'État taré, affecte — de voir les choses que tu ne vois pas..... Allons, allons, allons, allons, — ôtez-moi mes bottes; ferme, ferme ! c'est ça.

EDGAR.

— Oh! mélange de bon sens et d'extravagance ! — La raison dans la folie !

LEAR.

— Si tu veux pleurer sur mon sort, prends mes yeux. — Je te connais fort bien : ton nom est Glocester. — Il te faut prendre patience; nous sommes venus ici-bas en pleurant. — Tu le sais, la première fois que nous humons l'air, — nous vagissons et nous crions... Je vais prêcher pour toi; attention.

GLOCESTER.

Hélas ! Hélas !

LEAR.

— Dès que nous naissons, nous pleurons d'être venus — sur ce grand théâtre de fous... Le bon couvre-chef ! — Ce serait un délicat stratagème que de ferrer — avec

du feutre un escadron de chevaux ; j'en veux faire l'essai ;
— et puis je surprendrai ces gendres, — et alors tue,
tue, tue, tue, tue, tue! (71)

Entre un OFFICIER, suivi d'une escorte.

L'OFFICIER, montrant Lear.

— Oh! le voici ; mettez la main sur lui... Seigneur, — votre très-chère fille...

LEAR.

— Personne à la rescousse ! Quoi ! prisonnier ! Je suis donc toujours — le misérable bouffon de la fortune... Traitez-moi bien ; — je vous paierai rançon. Procurez-moi des chirurgiens, — je suis blessé à la cervelle.

L'OFFICIER.

Vous aurez ce que vous voudrez.

LEAR.

— Pas de seconds! on me laisse tout seul! — Ah! c'en serait assez pour qu'un homme, un homme de cœur, — fît de ses yeux des arrosoirs — et abattît sous ses pleurs la poussière d'automne !

L'OFFICIER.

Bon sire...

LEAR.

— Je veux mourir vaillant comme un nouveau marié... Eh ! — je veux être jovial. Allons, allons, je suis roi ! — Savez-vous cela, mes maîtres?

L'OFFICIER.

— Vous êtes une majesté, et nous vous obéissons. —

LEAR.

Il y a encore de la vie dans cette majesté-là. Même, si vous l'attrapez, vous ne l'attraperez qu'à la course ! Vite, vite, vite, vite !

Il sort en courant. L'escorte le poursuit.

SCÈNE XXII.

L'OFFICIER.

— Spectacle lamentable dans le plus vil des malheureux, — inqualifiable dans un roi !... Lear, tu as une fille — qui rachète la nature humaine de la malédiction — que les deux autres ont attirée sur elle.

EDGAR, s'approchant de l'officier.

— Salut, mon gentilhomme.

L'OFFICIER.

Le ciel vous garde, l'ami : que désirez-vous ?

EDGAR.

— Avez-vous ouï parler, monsieur, d'une bataille prochaine ?

L'OFFICIER.

— Rien de plus sûr et de plus avéré : pour en ouïr quelque chose, — il suffit de savoir distinguer un son.

EDGAR.

Mais, de grâce, — à quelle distance est l'armée ennemie ?

L'OFFICIER.

— Tout près d'ici. Elle s'avance à marches forcées. Ses masses — peuvent être signalées d'un moment à l'autre.

EDGAR.

Je vous remercie, monsieur ; c'est tout ce que je voulais savoir.

L'OFFICIER.

— La reine est restée ici pour des causes spéciales, — mais son armée est en mouvement.

EDGAR.

Je vous remercie, monsieur.

L'officier sort.

GLOCESTER.

— Dieux toujours propices, à vous seuls de me retirer le souffle ! — Que jamais mon mauvais génie ne me pousse — à mourir, avant que cela vous plaise !

EDGAR.

Bonne prière, mon père !

GLOCESTER.

— Maintenant, mon bon monsieur, qui êtes-vous ?

EDGAR.

— Un fort pauvre homme, apprivoisé aux coups de la fortune, — que l'expérience encore douloureuse de ses propres chagrins — a rendu tendre à la pitié. Donnez-moi votre main, — je vais vous conduire à quelque gîte.

GLOCESTER.

Merci de tout cœur. — Que les faveurs et les bénédictions du ciel — pleuvent et pleuvent sur toi !

Entre OSWALD.

OSWALD, désignant Glocester.

A moi ce proscrit !... O bonheur ! — Voilà une tête sans yeux faite tout exprès — pour fonder mon élévation... Misérable vieux traître, — fais vite tes réflexions.

Il dégaine.

L'épée est tirée — qui doit te détruire.

GLOCESTER.

Va ! que ton bras ami — lui donne la force nécessaire !

Edgar se jette devant Glocester.

OSWALD.

Comment, effronté paysan, — oses-tu soutenir un traître hors la loi ? Retire-toi, — de peur que la contagion de sa destinée — ne t'atteigne toi-même. Lâche son bras.

EDGAR, prenant l'accent d'un paysan.

-Je n'le lâcherais pas, monsieu, sans queuque bonne raison.

OSWALD.

Lâche, maraud, ou tu es mort.

EDGAR.

Mon bon gentilhomme, allez votre chemin, et laissez

passer le pouvre monde. Si aveuc des fanfaronades, l'en pouvait me débouter de la vie, ignia plus de quinze jours que ça serait fait. Jarni, n'approchez point du vier homme; tenez-vous à distance, morguienne, ou j'vas éprouver ce qu'ignia de plus dur de votre caboche ou de mon bâton. Je veux être franc aveuc vous.

OSWALD.

Arrière, fumier!

EDGAR, allongeant son bâton.

J'vas vous rompre les dents, monsieu. Avancez, je me soucie bien de vos parades!

Ils se battent. Edgar abat Oswald d'un coup de bâton.

OSWALD.

— Misérable! tu m'as tué!... Manant, prends ma bourse; — si jamais tu yeux prospérer, ensevelis mon corps — et remets la lettre que tu trouveras sur moi, — à Edmond, comte de Glocester; cherche-le — dans l'armée bretonne... O mort prématurée!

Il expire.

EDGAR.

— Je te reconnais bien, officieux scélérat, — aussi complaisant pour les vices de ta maîtresse — que pouvait le souhaiter sa perversité.

GLOCESTER.

Quoi! il est mort!

EDGAR.

— Asseyez-vous, père, et reposez-vous.

Fouillant le cadavre.

— Voyons ses poches: cette lettre dont il parle — pourrait bien m'être amie... Il est mort; je suis fâché seulement — qu'il n'ait pas eu un autre exécuteur.

Il trouve la lettre, puis la décachette.

Voyons. — Permets, douce cire, et vous, scrupules, ne me blâmez pas. — Pour savoir la pensée de nos ennemis, nous ouvririons leur cœurs ; — ouvrir leurs papiers est plus légitime.

Il lit :

« Rappelez-vous nos vœux réciproques. Vous avez maintes occasions
» de l'expédier. Si la volonté ne vous manque pas, le temps et le lieu
» s'offriront avantageusement à vous. Il n'y a rien de fait, s'il revient
» vainqueur. Alors je suis sa prisonnière, et son lit est ma geôle ! Dé-
» livrez-moi de son odieuse tiédeur, et, pour votre peine, prenez sa
» place.

» Votre affectionnée servante qui voudrait
» se dire votre femme !

« GONERIL. »

— O abîme insondé des désirs d'une femme ! — Un complot contre la vie de son vertueux mari, — pour lui substituer mon frère !... C'est ici, dans le sable, — que je vais t'enfouir, messager sacrilége — des luxures meurtrières. Et, le moment venu, — je veux que ce papier impie frappe les regards — du duc dont on conspire la perte. Il est heureux pour lui — que je puisse l'informer à la fois de ta mort et de ta mission.

Edgar s'éloigne, traînant le cadavre.

GLOCESTER.

— Le roi est fou. Combien ma vile raison est tenace, — puisque je persiste à garder l'ingénieux sentiment — de mes immenses souffrances ! Mieux vaudrait pour moi la démence : — mes pensées alors seraient distraites de mes chagrins, — et mes malheurs dans les errements de l'imagination perdraient — la conscience d'eux-mêmes.

EDGAR revient.

EDGAR.

Donnez-moi votre main. — Il me semble entendre au loin battre le tambour. — Venez, père, je vais vous confier à un ami.

Ils sortent.

SCÈNE XXIII.

[Une tente dans le camp français.]

Au fond de la scène, LEAR est sur un lit, endormi ; un MÉDECIN, un GENTILHOMME et des serviteurs sont auprès de lui. Musique. Entrent CORDÉLIA et KENT.

CORDÉLIA.

— O mon Kent, comment pourrai-je vivre et faire assez — pour être à la hauteur de ton dévouement ? Ma vie sera trop courte, — et toute ma gratitude impuissante.

KENT.

— Un service ainsi reconnu, madame, est déjà trop payé. — Tous mes récits sont conformes à la modeste vérité : — je n'ai rien ajouté, rien retranché, j'ai tout dit.

CORDÉLIA.

Prends un costume plus digne de toi. — Ces vêtements rappellent des heures trop tristes ; je t'en prie, quitte-les.

KENT.

Pardonnez-moi, chère madame. — Révéler déjà qui je suis, ce serait gêner mon projet. — Faites-moi la grâce de ne pas me connaître, — avant le moment fixé par les circonstances et par moi.

CORDÉLIA.

— Soit, mon bon seigneur.
    Au médecin.
Comment va le roi ?

LE MÉDECIN.

— Madame, il dort toujours.

CORDÉLIA.

O dieux propices ! — réparez la vaste brèche faite à sa nature accablée ! — Oh ! remettez en ordre les idées faussées et discordantes — de ce père redevenu enfant !

LE MÉDECIN.

Plaît-il à Votre Majesté — que nous éveillions le roi ? Il a dormi longtemps.

CORDÉLIA.

— N'obéissez qu'à votre art, et procédez — selon les prescriptions de votre propre volonté. Est-il habillé ?

UN GENTILHOMME.

— Oui, madame; grâce à la pesanteur de son sommeil, — nous avons pu lui mettre de nouveaux vêtements.

LE MÉDECIN.

— Soyez près de lui, bonne madame, quand nous l'éveillerons ; — je ne doute pas qu'il ne soit calme.

CORDÉLIA.

Fort bien.

LE MÉDECIN.

— Je vous en prie, approchez.

Cordélia s'approche du lit.

Plus haut la musique (72) !

CORDÉLIA, penchée sur son père.

— O mon père chéri !... Puisse la guérison suspendre — son baume à mes lèvres, et ce baiser — réparer les lésions violentes que mes deux sœurs — ont faites à ta majesté !

KENT.

Bonne et chère princesse !

CORDÉLIA.

— Quand vous n'auriez pas été leur père, ces boucles blanches — auraient dû provoquer leur pitié. Cette tête était-elle faite — pour être exposée aux vents ameutés, — pour lutter contre le tonnerre redoutable et profond — en dépit du terrible feu croisé — des rapides éclairs, pour veiller, pauvre sentinelle perdue, — sous ce mince cimier (73) ?

Elle montre les cheveux blancs de son père.

Le chien de mon ennemie, — quand il m'aurait mordue, serait cette nuit-là resté — au coin de mon feu ! Et tu as

SCÈNE XXIII.

été forcé, pauvre père, — de te loger avec les pourceaux et les misérables sans asile — sur un fumier infect! Hélas! hélas!... — C'est merveille que la vie et la raison — ne t'aient pas été enlevées du même coup. *Il s'éveille.*

Au médecin.

Parlez-lui.

LE MÉDECIN.

— Parlez-lui vous-même, madame : cela vaut mieux.

CORDÉLIA.

— Comment va mon royal seigneur? Comment se trouve Votre Majesté?

LEAR, s'éveillant.

— Vous avez tort de me retirer ainsi de la tombe...

A Cordélia.

— Tu es une âme bienheureuse; mais moi je suis lié — sur une roue de feu, en sorte que mes propres larmes — me brûlent comme du plomb fondu.

CORDÉLIA.

Sire, me reconnaissez-vous ?

LEAR.

— Vous êtes un esprit, je le sais : quand êtes-vous morte?

CORDÉLIA, au médecin.

Toujours, toujours égaré !

LE MÉDECIN.

— Il est à peine éveillé ; laissons-le seul un moment.

Ils s'écartent du lit.

LEAR.

— Où ai-je été? où suis-je ? Le beau jour !... — Je suis étrangement abusé... Moi, je mourrais de pitié — à voir un autre ainsi... Je ne sais que dire... — Je ne jurerais pas que ce soient là mes mains... Voyons : — je sens cette épingle me piquer. Que je voudrais être sûr — de mon état !

CORDÉLIA.

Oh! regardez-moi, sire, — et étendez vos mains sur moi pour me bénir...

Lear veut se mettre à genoux devant elle. Elle le retient.

— Non, sire, ce n'est pas à vous de vous agenouiller.

LEAR.

Grâce! ne vous moquez pas de moi! — Je suis un pauvre vieux radoteur — de quatre-vingts ans et au delà... pas une heure de plus ni de moins. — Et, à parler franchement, — je crains de n'être pas dans ma parfaite raison... — Il me semble que je dois vous connaître et connaître cet homme. — Pourtant, je suis dans le doute ; car j'ignore absolument — quel est ce lieu ; et tous mes efforts de mémoire — ne peuvent me rappeler ce costume ; je ne sais même pas — où j'ai logé la nuit dernière... Ne riez pas de moi ; — car, aussi vrai que je suis homme, je crois que cette dame — est mon enfant Cordélia.

CORDÉLIA.

Oui, je la suis, je la suis.

LEAR.

— Vos larmes mouillent-elles? Oui, ma foi. Je vous en prie, ne pleurez pas. — Si vous avez du poison pour moi, je le boirai. — Je sais que vous ne m'aimez pas ; car vos sœurs, — autant que je me rappelle, m'ont fait bien du mal. — Vous, vous avez quelque motif ; elles n'en avaient pas.

CORDÉLIA.

Nul motif! nul motif!

LEAR.

— Est-ce que je suis en France?

KENT.

Dans votre propre royaume, Sire.

LEAR.

— Ne m'abusez pas.

SCÈNE XXIII.

LE MÉDECIN.

— Rassurez-vous, bonne madame : la crise de frénésie, — vous le voyez, est guérie chez lui ; mais il y aurait encore danger — à ramener sa pensée sur le temps qu'il a perdu. — Engagez-le à rentrer ; ne le troublez plus — jusqu'à ce que le calme soit affermi.

CORDÉLIA.

— Plairait-il à Votre Altesse de marcher ?

LEAR.

Il faut que vous ayez de l'indulgence pour moi. — Je vous en prie, oubliez et pardonnez : je suis vieux et imbécile.

Lear, soutenu par Cordélia, le médecin et les serviteurs sortent (74).

LE GENTILHOMME.

Est-il bien vrai, monsieur, — que le duc de Cornouailles ait été tué ainsi ?

KENT.

C'est très-certain, monsieur.

LE GENTILHOMME.

— Et qui commande ses gens ?

KENT.

C'est, dit-on, le fils bâtard de Glocester.

LE GENTILHOMME.

On dit qu'Edgar, — son fils banni, est avec le comte de Kent — en Germanie.

KENT.

Les rapports varient. — Il est temps de se mettre en garde ; les armées du royaume — approchent en hâte.

LE GENTILHOMME.

— La contestation semble devoir être sanglante. — Adieu, monsieur.

Il sort.

KENT.

— Mon plan et mes efforts vont avoir leur résultat, — bon ou mauvais, selon le succès de cette bataille (75).

Il sort.

SCÈNE XXIV.

[Le camp des troupes bretonnes, près de Douvres.]

Entrent, tambour battant, couleurs déployées, EDMOND et RÉGAN suivis d'officiers et de soldats.

EDMOND, à un officier.

— Sachez du duc si son dernier projet tient toujour — ou s'il s'est décidé — à changer d'idée. Il est ple d'hésitation — et de contradictions. Rapportez-nous s volontés définitives.

Un officier sort

RÉGANE.

— Il est certainement arrivé malheur à l'homme notre sœur.

EDMOND.

— C'est à craindre, madame.

RÉGANE.

Maintenant, doux seigneur, — vous savez tout le bi que je vous veux. — Mais, dites-moi, vraiment, avou la vérité, — n'aimez-vous pas ma sœur ?

EDMOND.

D'un respectueux amour.

RÉGANE.

— Mais n'avez-vous jamais pris la place de mon frè — à l'endroit prohibé ?

EDMOND.

— Cette pensée vous abuse (76).

RÉGANE.

— Je soupçonne que vous vous êtes uni — et accol à elle aussi étroitement que possible.

EDMOND.

SCÈNE XXIV.

RÉGANE.

— Jamais je ne pourrai la souffrir. Mon cher seigneur, — ne soyez pas familier avec elle..

EDMOND.

Ne craignez rien. — Elle et le duc son mari...

Entrent ALBANY, GONERIL *et des soldats.*

GONERIL, à part.

— J'aimerais mieux perdre la bataille que voir cette sœur — le détacher de moi.

ALBANY, à Régane.

— Charmé de rencontrer notre bien-aimée sœur.

A Edmond.

— Messire, voici ce que j'apprends : le roi a rejoint sa fille — avec d'autres que les rigueurs de notre gouvernement — ont forcés à la révolte (77). Je n'ai jamais été vaillant, — lorsque je n'ai pu l'être honnêtement. En cette affaire, — si nous nous émouvons, c'est parce que la France envahit notre pays, — mais non parce qu'elle soutient le roi, et tant d'autres qui, je le crains, — ont, pour nous combattre, de trop justes et trop douloureux griefs.

EDMOND, d'un ton ironique.

— Messire, vous parlez noblement !

RÉGANE.

Et à quoi bon raisonner ainsi ?

GONERIL.

— Combinons toutes nos forces contre l'ennemi ; — ces querelles domestiques et personnelles — ne sont pas la question ici.

ALBANY.

Déterminons — avec les vétérans notre plan de bataille.

EDMOND.

— Je vais vous retrouver immédiatement à votre tente (78).

RÉGANE.

— Sœur, venez-vous avec nous ?

GONERIL.

Non.

RÉGANE.

— C'est le plus convenable; de grâce, venez avec nous.

GONERIL, à part.

— Oh! oh! je devine l'énigme.

Haut.

J'y vais.

Au moment où tous vont se retirer, EDGAR, déguisé, entre et prend à part le duc d'Albany.

EDGAR.

— Si jamais Votre Grâce daigne parler à un si pauvre homme, — qu'elle écoute un mot.

ALBANY, à ceux qui s'éloignent.

Je vous rejoins.

A Edgar.

Parle.

Sortent Edmond, Régane, Goneril, les officiers, les soldats, et les gens de la suite.

EDGAR, remettant un papier au duc.

— Avant de livrer la bataille, ouvrez cette lettre. — Si vous êtes victorieux, que la trompette sonne — pour celui qui vous l'a remise : si misérable que je semble, — je puis produire un champion qui attestera — ce qui est affirmé ici. Si vous échouez, — tout en ce monde est fini pour vous, — et les machinations cessent d'elles-mêmes. Que la fortune vous aime.

ALBANY.

— Attends que j'aie lu la lettre.

EDGAR.

Défense m'en est faite. — Quand il en sera temps,

SCÈNE XXIV.

que le héraut donne seulement le signal, — et je reparaîtrai.

Il sort.

ALBANY.

— Soit! adieu; je veux parcourir ce papier.

Rentre Edmond.

EDMOND.

— Mettez vos troupes en ligne; l'ennemi est en vue. — Voici l'évaluation de ses forces effectives — faite sur d'actives reconnaissances; mais toute votre célérité — est maintenant réclamée de vous.

ALBANY.

Nous ferons honneur aux circonstances.

Il sort.

EDMOND, seul.

— J'ai juré amour aux deux sœurs : — chacune fait horreur à l'autre, comme la vipère — à l'être mordu. Laquelle prendrai-je? — Toutes deux? l'une des deux? ni l'une ni l'autre? Je ne pourrai posséder ni l'une ni l'autre, — si toutes deux restent vivantes. Prendre la veuve, — c'est exaspérer, c'est rendre folle sa sœur Goneril; — et je ne pourrai guère mener à fin mon plan, — tant que vivra le mari de celle-ci. En tout cas, servons-nous — de son concours pour la bataille : cela fait, — si elle désire tant se débarrasser de lui, qu'elle trouve moyen — de le dépêcher. Quant à la clémence — qu'il prétend montrer pour Lear et pour Cordélia, le combat une fois fini et leurs personnes en notre pouvoir, — elle ne se manifestera jamais! car mon état, — c'est de me défendre et non de parlementer.

Il sort.

SCÈNE XXV.

[Les abords du champ de bataille.]

Alarme. Passent, tambour battant, couleurs déployées, LEAR, CO-
DÉLIA, entourés de troupes. Dès que l'armée s'est éloignée, entre
EDGAR et GLOCESTER.

EDGAR.

— Ici, père ! acceptez à l'ombre de cet arbre — u[ne]
hospitalité tutélaire. Priez pour que le droit triomph[e].
— Si jamais je reviens près de vous, — ce sera pour vo[us]
rapporter la consolation.

Il sort.

GLOCESTER.

Que la grâce soit avec vous, monsieur !

Alarme, puis retraite au loin. Rentre EDGAR.

EDGAR.

Fuyons, vieillard, donne-moi ta main, fuyons. — L[e]
roi Lear est battu : lui et sa fille sont prisonniers ; —
donne-moi ta main. En marche.

GLOCESTER.

— Non, pas plus loin, monsieur ! un homme peut pou-
rir aussi bien ici.

EDGAR.

— Quoi ! encore de sinistres pensées ! L'homme d[oit]
être passif, — pour partir d'ici comme pour y venir. —
Le tout est d'être prêt. En marche.

GLOCESTER.

Oui, c'est vrai.

Ils sortent.

SCÈNE XXVI.

[Le camp breton, près de Douvres.]

Entre, tambour battant, couleurs déployées, EDMOND, triomphant ; derrière lui viennent LEAR et CORDÉLIA, prisonniers, puis des officiers et des soldats.

EDMOND.

— Que quelques officiers les emmènent, et qu'on les tienne sous bonne garde — jusqu'à ce que soit connue la volonté suprême — de ceux qui doivent les juger.

CORDÉLIA, à Lear.

Nous ne sommes pas les premiers — qui, avec la meilleure intention, aient encouru malheur. — C'est pour toi, roi opprimé, que je m'afflige ; — seule, j'affronterais aisément les affronts de la fortune perfide. — Est-ce que nous ne verrons pas ces filles et ces sœurs ?

LEAR.

— Non, non, non, non. Viens, allons en prison : — tous deux ensemble nous chanterons comme des oiseaux en cage. — Quand tu me demanderas ma bénédiction, je me mettrai à genoux — et je te demanderai pardon. Ainsi nous passerons la vie — à prier, et à chanter, et à conter de vieux contes, et à rire — aux papillons dorés, et à entendre de pauvres hères — causer des nouvelles de la cour ; et causant avec eux nous-mêmes, nous dirons — qui perd et qui gagne, qui monte et qui tombe, — et nous expliquerons les mystères des choses, — comme si nous étions les confidents des dieux. Et nous épuiserons, — dans les murs d'une prison, les séries et les groupes des grands — qu'apportent et remportent les changements de lune.

EDMOND.

Qu'on les emmène.

LEAR.

— Sur de tels sacrifices, ma Cordélia, — les dieux eux-mêmes jettent l'encens. T'ai-je donc retrouvée ? — celui qui nous séparera devra apporter un brandon du ciel — et nous chasser par le feu, comme des renards de leur terrier. Essuie tes yeux. — La lèpre les dévorera jusqu'aux os, — avant qu'ils nous fassent pleurer ! Oui, nous les verrons plutôt mourir de faim. — Viens.

Lear et Cordélia sortent, escortés par des gardes.

EDMOND, à un officier.

Ici, capitaine !... Écoute, — prends ce billet.

Il lui remet un papier.

Va les rejoindre à la prison... — Je t'ai avancé d'un grade ; si tu fais — ce qui t'est commandé ici, tu t'ouvres le chemin — d'une noble destinée. Sache bien ceci : les hommes sont — ce qu'est leur temps ; un cœur tendre — ne sied pas à une épée. Ce grave mandat — ne comporte pas de discussion : ou dis que tu vas l'exécuter, — ou cherche fortune par d'autres moyens.

L'OFFICIER.

Je vais l'exécuter.

EDMOND.

— A l'œuvre ; et estime-toi heureux, quand tu auras agi. — Écoute bien. Je dis : tout de suite ! et expédie la chose — comme je l'ai ordonnée.

L'OFFICIER.

— Je ne saurais traîner une charrette ni manger de l'avoine sèche ; — mais si c'est la besogne d'un homme, je la ferai.

Il sort.

Fanfares. Entrent ALBANY, GONERIL, RÉGANE, *suivis de plusieurs officiers et d'une escorte.*

ALBANY, à Edmond.

— Monsieur, vous avez aujourd'hui montré votre vaillante ardeur, — et la fortune vous a bien guidé. Vous tenez captifs — ceux qui ont été nos adversaires dans cette journée ; — nous les réclamons de vous, pour prendre à leur égard — la détermination que leurs mérites et notre salut — pourront réclamer de notre équité.

EDMOND.

Monsieur, j'ai jugé bon — d'envoyer le vieux et misérable roi, — sous bonne garde, en un lieu de détention. — Son âge et surtout son titre ont un charme — capable d'attirer à lui le cœur de la multitude, — et de tourner nos lances mercenaires contre nous-mêmes — qui les commandons. — Avec lui j'ai envoyé la reine, — pour les mêmes raisons ; et ils seront prêts, — demain ou tout autre jour, à comparaître — là où vous tiendrez votre tribunal (79). En ce moment, — nous sommes en sueur et en sang : l'ami a perdu son ami ; — et les guerres les plus justes sont, dans le feu de l'action, maudites — par ceux qui en subissent les rigueurs. — Le sort de Cordélia et de son père — veut être décidé en un lieu plus convenable.

ALBANY.

Permettez, monsieur, — je vous tiens dans cette guerre pour un sujet, — et non pour un frère.

RÉGANE.

Cela dépend du titre que nous voudrons lui conférer. — Vous auriez pu, ce me semble, consulter notre bon plaisir — avant de parler si haut. Il a commandé nos forces, — il a revêtu l'autorité de mon nom et de ma personne ; — pareil pouvoir peut bien lever la tête — et vous traiter de frère.

GONERIL, à Régane.

Pas tant de chaleur. — Il tient sa grandeur de son propre mérite, — bien plus que de votre protection.

RÉGANE.

Grâce à mes droits, — dont je l'ai investi, il va de pair avec les meilleurs.

GONERIL.

— C'est tout au plus ce que vous pourriez dire, s'il vous épousait.

RÉGANE.

— Raillerie est souvent prophétie.

GONERIL.

Halte! halte! — L'œil qui vous a montré cet avenir était tout à fait louche.

RÉGANE.

— Madame, je ne suis pas bien; autrement je vous renverrais la réplique — d'un cœur qui déborde.

A Edmond.

Général, — prends mes soldats, mes prisonniers, mon patrimoine; — dispose d'eux, de moi-même; la place est à toi. — Le monde m'est témoin que je te crée ici — mon seigneur et maître.

GONERIL.

Prétendez-vous le posséder?

ALBANY, à Goneril.

— A cela votre volonté ne peut rien.

EDMOND, à Albany.

— Ni la tienne, milord.

ALBANY,

Si fait, compagnon à demi né.

RÉGANE, à Edmond.

— Fais battre le tambour et prouve que mes titres sont les tiens (80).

ALBANY.

— Patientez un moment, et entendez raison... Edmond, je t'arrête — pour haute trahison, et, comme

complice de ton crime, — j'arrête ce serpent doré.
Il montre Goneril.

A Régane.

Quant à vos prétentions, charmante sœur, — je les repousse dans l'intérêt de ma femme : — car elle est liée par un contrat secret avec ce seigneur, — et moi, son mari, je m'oppose à vos bans. — Si vous voulez vous marier, faites-moi votre cour. — Madame lui est fiancée.

GONERIL.

Quelle parade !

ALBANY.

— Tu es armé, Glocester... Que la trompette sonne ! — Si nul ne paraît pour te rejeter à la face — tes trahisons hideuses, manifestes, multipliées, — voici mon gage.

Il jette son gantelet.

Je te prouverai par la gorge, — avant de toucher un morceau de pain, que tu es tout — ce que je viens de te déclarer !

RÉGANE, chancelant.

Malade ! oh ! bien malade !

GONERIL, à part.

— Si tu ne l'étais pas, je cesserais à jamais de me fier au poison.

EDMOND.

— Voici mon gage en échange !

Il jette son gantelet.

S'il est au monde quelqu'un — qui m'appelle traître, il en a menti comme un vilain. — Que la trompette fasse l'appel ; et contre quiconque ose approcher, — contre toi, contre tous, je maintiendrai — fermement ma loyauté et mon honneur.

ALBANY.

— Un héraut ! holà !

EDMOND.

Un héraut ! holà ! un héraut ! (81)

ALBANY.

— Compte sur ta seule vaillance : car tes soldats, — tous levés en mon nom, en mon nom ont — été congédiés.

RÉGANE.

Le mal m'envahit.

Entre un héraut.

ALBANY, montrant Régane à ses gardes.

— Elle n'est pas bien ; emmenez-la dans ma tente.

Régane sort soutenue par les gardes.

— Approche, héraut... Que la trompette sonne !... — et lis ceci à voix haute.

Il remet un écrit au héraut.

UN OFFICIER.

Sonne, trompette.

La trompette sonne.

LE HÉRAUT, lisant.

S'il est dans les lices de l'armée un homme de qualité ou de rang qui veuille maintenir contre Edmond, prétendu comte de Glocester, qu'il est plusieurs fois traître, qu'il paraisse au troisième son de la trompette ; Edmond est déterminé à se défendre.

EDMOND.

Sonnez !

Première fanfare.

LE HÉRAUT.

Encore.

Seconde fanfare.

LE HÉRAUT.

Encore.

Troisième fanfare.

Une fanfare répond au fond du théâtre. Entre EDGAR, armé de toutes pièces et précédé par un trompette.

ALBANY, montrant Edgar au héraut.

— Demande-lui quels sont ses desseins et pourquoi il paraît — ainsi à l'appel de la trompette.

SCÈNE XXVI.

LE HÉRAUT, à Edgar.

Qui êtes-vous? — Votre nom, votre qualité? et pourquoi répondez-vous — à la première sommation?

EDGAR.

Sache que mon nom est perdu : — la dent de la trahison l'a rongé et gangrené; — pourtant je suis noble, autant que l'adversaire — avec qui je viens me mesurer.

ALBANY.

Quel est cet adversaire?

EDGAR.

— Quel est celui qui parle pour Edmond, comte de Glocester?

EDMOND.

— Lui-même; qu'as-tu à lui dire?

EDGAR.

Tire ton épée, — afin que, si mes paroles offensent un noble cœur, — ton bras puisse te faire réparation.

Il tire son épée.

Voici la mienne. — Apprends que j'exerce ici le privilége de mon rang, — de mon serment et de ma profession; j'atteste, — malgré ta force, ta jeunesse, ton titre et ta grandeur, — en dépit de ton épée victorieuse, de ta fortune incandescente, — de ta valeur et de ton cœur, que tu es un traître, — fourbe envers les dieux, envers ton frère, envers ton père, — conspirant contre ce haut et puissant prince.

Il montre Albany

— Un traître depuis l'extrême sommet de la tête — jusqu'à la poussière tombée sous tes pieds, — un traître à bave de crapaud. Si tu dis : *non*, — cette épée, ce bras et mon plus ardent courage devront — te prouver, par ta gorge à qui je m'adresse, — que tu en as menti.

EDMOND.

En bonne sagesse, je devrais te demander ton nom; — mais, puisque ton aspect est à ce point fier et martial, —

et puisque ton langage respire je ne sais quelle noblesse, — arrière les objections d'une prudence méticuleuse ! Je pourrais m'en prévaloir, — selon la règle de la chevalerie, mais je les dédaigne et les repousse. — Je te rejette à la tête les trahisons que tu m'imputes ; — mon démenti les refoule sur ton cœur, avec l'exécration de l'enfer ; — elles éclatent au dehors sans que tu en sois froissé, — mais mon épée va leur frayer immédiatement une voie — dans le gouffre où elles doivent s'abîmer pour toujours... Trompettes, parlez!

Fanfares d'alarme. Ils se battent. Edmond tombe.

ALBANY.

— Oh! épargnez-le! épargnez-le!

GONERIL, à Edmond.

C'est un vrai guet-apens, Glocester. — Par la loi des armes, tu n'étais pas tenu de répondre — à un adversaire inconnu ; tu n'es pas vaincu, — mais trompé et trahi.

ALBANY, tirant la lettre que lui a remise Edgar.

Fermez la bouche, madame, — ou je vais vous la clore avec ce papier... Tenez, monsieur.

Il présente le papier à Edmond,.puis à Goneril, qui essaie en vain de le lui arracher.

— Et toi, pire qu'aucun surnom,.lis tes propres forfaits... — Ne l'arrachez pas, madame !... Je vois que vous le connaissez.

GONERIL.

— Et quand je le connaîtrais ! Les lois sont à moi, non à toi. — Qui pourrait me juger?

Elle s'éloigne.

ALBANY.

Monstrueuse!

A Edmond.

— Connais-tu ce papier?

SCÈNE XXVI.

EDMOND.

Ne me demandez pas ce que je connais.

ALBANY, montrant à un officier Goneril qui sort.

— Suivez-la. Elle est désespérée. Contenez-la.

L'officier sort.

EDMOND.

— J'ai fait ce dont vous m'avez accusé, — et plus, bien plus encore. Le temps révélera tout. — Tout cela est passé, et moi aussi. Mais qui es-tu, — toi qui as sur moi un tel avantage? Si tu es noble, — je te pardonne.

EDGAR.

Faisons échange de charité. — Je ne suis pas de moins grande race que toi, Edmond ; — et, si je suis de plus grande, plus grands sont tes torts envers moi. — Mon nom est Edgar, et je suis le fils de ton père. — Les dieux sont justes : de nos vices favoris — ils font des instruments pour nous châtier : — la ténébreuse impureté dans laquelle il t'a engendré — lui a coûté la vue.

EDMOND.

— Tu as dit vrai : — la roue a achevé sa révolution, et me voici.

ALBANY, à Edgar.

— Ta seule allure me semblait prophétiser — une noblesse royale... Que je t'embrasse ! — Et puisse l'affliction me briser le cœur, si jamais j'eus de la haine — contre toi ou contre ton père !

EDGAR.

Digne prince, — je le sais.

ALBANY.

Où vous êtes-vous caché ? — Comment avez-vous connu les misères de votre père?

EDGAR.

—En veillant sur elles, milord. Écoutez un court récit, — et, quand il sera terminé, oh ! puisse mon cœur se fendre !

— Pour échapper à la proclamation sanglante — qui me poursuivait de si près (O charme de la vie, — qui nous fait préférer les angoisses d'une mort de tous les instants — à la mort immédiate !), j'imaginai de m'affubler — des haillons d'un forcené ; j'assumai des dehors — répulsifs aux chiens mêmes ; et c'est sous ce déguisement — que je rencontrai mon père avec ses anneaux saignants — qui venaient de perdre leurs pierres précieuses. Je devins son guide, — je le dirigeai, je mendiai pour lui, je le sauvai du désespoir…
— Jamais (oh ! quelle faute !) je ne m'étais révélé à lui, — quand, il y a une demi-heure, tout armé déjà, — n'ayant pas la certitude, quoique ayant l'espoir de ce bon succès, — je lui ai demandé sa bénédiction, et de point en point— lui ai conté mon pèlerinage. Mais son cœur délabré — était trop faible, hélas ! pour supporter un tel choc : — pressé entre deux émotions extrêmes, la joie et la douleur, — il s'est brisé dans un sourire.

EDMOND.

Vos paroles m'ont remué — et peut-être auront-elles un bon effet. Mais poursuivez, — vous semblez avoir quelque chose de plus à dire.

ALBANY.

— S'il s'agit encore de choses tristes, gardez-les pour vous ; — car je me sens prêt à défaillir — pour en avoir tant appris (82).

EDGAR.

Le malheur semble avoir atteint son période — à ceux qui redoutent la souffrance, mais un surcroît d'affliction — doit amplifier une douleur déjà comble— et en outrer les angoisses. — Tandis que j'éclatais en lamentations, survient un homme, — qui m'ayant vu dans l'état le plus abject, — avait fui jusque-là ma société abhorrée ; mais alors, reconnaissant — l'infortuné qui avait tant souffert, il enlace mon cou — dans l'étreinte de ses bras, pousse des hur-

lements — à effondrer le ciel, se jette sur le corps de mon père, — et me fait sur Lear et sur lui-même le plus lamentable récit — que jamais oreille ait recueilli. Tandis qu'il racontait, — le désespoir le gagnait et les fils de sa vie — commençaient à craquer... C'est alors que la trompette a sonné deux fois, — et je l'ai laissé là évanoui.

ALBANY.

Mais qui était cet homme ?

EDGAR.

— Kent, seigneur ! Kent, le banni, qui, sous un déguisement, — avait suivi le roi, son persécuteur, et lui avait rendu des services — que ne rendrait pas un esclave.

Entre précipitamment un GENTILHOMME, *tenant à la main un couteau sanglant.*

LE GENTILHOMME.

— Au secours ! au secours ! au secours !

EDGAR.

De quel secours est-il besoin ?

OLBANY.

Parle, l'homme.

EDGAR.

— Que signifie ce couteau sanglant ?

LE GENTILHOMME.

Il est chaud encore, il fume, — il sort du cœur même de... Oh ! elle est morte !

ALBANY.

Qui, morte ? parle, l'homme.

LE GENTILHOMME.

— Votre femme, seigneur, votre femme ; et sa sœur — a été empoisonnée par elle, elle l'a confessé.

EDMOND.

— J'étais fiancé à l'une et à l'autre, et tous trois — nous nous marions au même instant.

EDGAR.

Voici Kent qui vient.

ALBANY.

— Mortes ou vives, qu'on apporte leurs corps ! — Cet arrêt du ciel nous fait trembler, — mais n'émeut pas notre pitié.

Sort le gentilhomme.

Entre KENT.

ALBANY, reconnaissant le comte.

Oh ! est-ce bien lui ? — Les circonstances ne permettent pas les compliments — que réclame la simple courtoisie.

KENT.

Je suis venu — pour souhaiter à mon roi, à mon maître, l'éternel bonsoir : — n'est-il point ici ?

ALBANY.

Quel oubli ! — Parle, Edmond : où est le roi ? où est Cordélia ? — Kent, vois-tu ce spectacle ?

On apporte les corps de Régane et de Goneril.

KENT.

— Hélas ! pourquoi ceci ?

EDMOND.

Edmond était aimé pourtant ! — L'une a empoisonné l'autre par passion pour moi — et s'est tuée ensuite.

ALBANY.

C'est vrai... Couvrez leurs visages !

EDMOND.

— Ma vie est haletante... Je veux faire un peu de bien, — en dépit de ma propre nature... Envoyez vite... — sans plus tarder... au château, car mes ordres — mettent en danger la vie de Lear et de Cordélia... — Ah ! envoyez à temps.

ALBANY.

Courez, courez ! oh ! courez !

SCÈNE XXVI.

EDGAR.

— Vers qui, milord?
A Edmond.
Qui est chargé de cet office?... — Envoie ton gage de contre-ordre.

EDMOND.

Bonne idée! prends mon épée; — remets-la au capitaine.

ALBANY.

Hâte-toi, comme s'il y allait de ta vie.
Edgar sort.

EDMOND, à Albany.

Il a reçu de ta femme et de moi le mandat — de pendre Cordélia dans sa prison — et d'accuser son propre désespoir — d'un prétendu suicide.

ALBANY.

— Que les dieux la protégent!
Montrant Edmond à ses gardes.
Emportez-le à distance.
On emporte Edmond.

Entre LEAR, tenant CORDÉLIA morte dans ses bras. EDGAR, un OFFICIER et d'autres le suivent.

LEAR.

— Hurlez, hurlez, hurlez, hurlez!... Oh! vous êtes des hommes de pierre; — si j'avais vos voix et vos yeux, je m'en servirais — à faire craquer la voûte des cieux... Oh! elle est partie pour toujours!... — Je sais quand on est mort et quand on est vivant : — elle est morte comme l'argile.. Prêtez-moi un miroir; — si son haleine en obscurcit ou en ternit la glace, — eh bien, c'est qu'elle vit.

KENT.

Est-ce là la fin promise au monde?

EDGAR.

— Ou bien l'image de son horreur?

ALBANY.

Qu'il s'abîme donc et disparaisse!

LEAR.

— Cette plume remue! Elle vit! S'il en est ainsi, — voilà une chance qui rachète toutes les souffrances — que j'ai supportées jusqu'ici.

KENT, se jetant aux genoux du roi.

O mon bon maître!

LEAR.

— Arrière, je te prie.

EDGAR.

C'est le noble Kent, votre ami.

LEAR.

— Peste soit de vous tous, meurtriers et traîtres! — J'aurais pu la sauver : maintenant elle est partie pour toujours! — Cordélia! Cordélia! attends un peu. Ha! — qu'est-ce que tu dis?... Sa voix était toujours douce, — calme et basse; chose excellente dans une femme... — J'ai tué le misérable qui t'étranglait.

L'OFFICIER.

— C'est vrai, messeigneurs, il l'a tué.

LEAR.

N'est-ce pas, camarade? — J'ai vu le temps où, avec ma bonne rapière mordante, — je les aurais fait tous sauter. Je suis vieux maintenant, — et tous ces tracas me ruinent...

A Kent.

Qui êtes-vous? — Mes yeux ne sont pas des meilleurs... je vais vous le dire tout à l'heure.

KENT.

— S'il est deux hommes que la fortune peut se vanter d'avoir aimé et haï, — l'un et l'autre se regardent.

SCÈNE XXVI.

LEAR.

— C'est un triste spectacle... N'êtes-vous pas Kent?

KENT.

Lui-même, — Kent, votre serviteur. Où est votre serviteur Caïus?

LEAR.

— C'est un bon garçon, je puis vous le dire : — il sait frapper, et vivement encore! Il est mort et pourri.

KENT.

— Non, mon bon seigneur : cet homme, c'est moi.

LEAR.

Je vais voir ça tout de suite.

KENT.

— C'est moi qui, dès le commencement de vos revers et de vos malheurs, — ai suivi vos pénibles pas.

LEAR.

Vous êtes le bienvenu ici.

KENT.

— Non, ni moi, ni personne ; tout est désolé, sombre et funèbre... — Vos filles aînées ont devancé leur arrêt, — et sont mortes en désespérées.

LEAR.

Oui, je le crois.

ALBANY.

— Il ne sait pas ce qu'il voit, et c'est en vain — que nous nous présentons à ses regards.

EDGAR.

Oh! bien inutilement.

Entre un OFFICIER.

L'OFFICIER.

— Edmond est mort, monseigneur.

ALBANY.

Peu importe ici... — Seigneurs, nobles amis, apprenez nos intentions.

<small>Montrant Lear.</small>

— Toutes les consolations qui peuvent venir en aide à cette grande infortune — lui seront prodiguées. Pour nous, nous voulons, — sa vie durant, remettre à l'auguste vieillard — notre pouvoir absolu...

<small>A Edgar et à Kent.</small>

Vous, vous recouvrerez tous vos droits, — avec le surcroît de dignités que votre honorable conduite — a plus que mérité... A tous les amis sera offerte — la récompense de leur vertu; à tous les ennemis — la coupe de l'expiation... Oh! voyez, voyez!

LEAR.

— Ainsi, ma pauvre folle est étranglée!... Non, non, plus de vie... — Pourquoi un chien, un cheval, un rat ont-ils la vie, — quand tu n'as même plus le souffle? Oh! tu ne reviendras plus! — jamais, jamais, jamais, jamais, jamais!... — Défaites-moi ce bouton, je vous prie. Merci, monsieur. — Voyez-vous ceci? Regardez-la, regardez... ses lèvres! — Regardez, là! Regardez, là!

<small>Il expire.</small>

EDGAR.

— Il s'évanouit... Monseigneur, monseigneur!

KENT.

— Cœur, brise-toi! brise-toi, je te prie.

EDGAR, penché sur le roi.

Ouvrez les yeux, monseigneur.

KENT.

— Ne troublez pas son âme... Oh! laissez-le partir! C'est le haïr — que vouloir sur la roue de cette rude vie — l'étendre plus longtemps.

SCÈNE XXVI.

EDGAR.

Oh ! il est parti, en effet.

KENT.

— L'étonnant, c'est qu'il ait souffert si longtemps : — il usurpait sa vie.

ALBANY, montrant les quatre cadavres.

— Emportez-les d'ici... Notre soin présent — est un deuil général.

A Edgar et à Kent.

Amis de mon cœur, tous deux — gouvernez ce royaume et soutenez l'État délabré.

KENT.

— Monsieur, j'ai à partir bientôt pour un voyage ; — mon maître m'appelle, et je ne dois pas lui dire non.

EDGAR.

— Il nous faut subir le fardeau de cette triste époque ; — dire ce que nous sentons, non ce que nous devrions dire. — Les plus vieux ont le plus souffert. Nous qui sommes jeunes, — nous ne verrons jamais tant de choses, nous ne vivrons jamais si longtemps.

Ils sortent au son d'une marche funèbre (83).

FIN DU ROI LEAR.

NOTES

sur

CORIOLAN ET LE ROI LEAR

(1) *Coriolan* est du nombre des pièces de Shakespeare qui n'ont été imprimées qu'après la mort du poëte. Ce drame a été placé, dans l'in-folio de 1623, en tête de la série intitulée : *Tragédies*, série que complètent *Titus Andronicus, Roméo et Juliette, Timon d'Athènes, Macbeth, Hamlet, Lear, Othello, Antoine et Cléopâtre, Cymbeline*. Les commentateurs n'ont pu découvrir jusqu'ici aucun document précis sur l'époque à laquelle *Coriolan* a été composé et représenté. Ce qui est certain pour tous les experts, c'est que *Coriolan* rappelle, par son style si elliptique et si imagé à la fois, la dernière manière du maître. Ce qui est probable, c'est que *Coriolan* est né à la même période et de la même inspiration qu'*Antoine et Cléopâtre* et *Jules César*, et que l'achèvement de cette immense trilogie romaine occupa les dernières années de Shakespeare.

Coriolan a été remanié à quatre reprises différentes pour la scène anglaise : en 1682, pour le Théâtre Royal, par Nahum Tate, sous ce titre : l'*Ingratitude d'une République;* en 1720, pour Drury-Lane, par John Dennis, sous ce titre : *L'Envahisseur de sa patrie, ou le Ressentiment fatal ;* en 1755, pour Covent Garden, par Thomas Sheridan; en 1801, pour Drury-Lane encore, par Kemble.

(2) « Il advint que le Sénat, soutenant les riches, entra en grande dissension avec le menu peuple, lequel se sentait trop durement traité et oppressé par les usuriers qui leur avaient prêté quelque argent, pour ce que ceux qui avaient quelque peu de quoi, en étaient privés par les créanciers, qui leur faisaient saisir ce peu de biens qu'ils avaient, à faute de payer les usures, et puis conséquemment décréter et vendre au plus offrant pour être payés, et ceux qui n'avaient du tout rien, étaient eux-mêmes saisis au corps, et leurs personnes détenues en servitude, encore qu'ils montrassent les cicatrices des blessures qu'ils avaient reçues en plusieurs batailles où ils s'étaient trouvés pour le service et pour la défense de leur chose publique, desquelles la dernière avait été contre les Sabins qu'ils avaient combattus, sous la promesse que les riches leur avaient faite de les traiter à l'avenir plus doucement, et aussi que par autorité du Conseil le prince du Sénat, Marcus Valérius, leur en avait répondu. Mais après qu'ils eurent si bien fait leur devoir encore cette dernière fois, qu'ils défirent leurs ennemis et qu'ils virent qu'on ne les en traitait de rien mieux, ni plus humainement, et que le Sénat faisait l'oreille sourde, montrant ne se point souvenir des promesses qu'il leur avait faites, mais les laissait emmener comme esclaves en servitude par les créanciers, et souffrait qu'ils fussent dépouillés de tous leurs biens, adonc commencèrent-ils à se mutiner ouvertement et à s'émouvoir de mauvaises et dangereuses séditions dedans la ville. De quoi les ennemis étant avertis, entrèrent à main armée dedans le territoire de Rome, brûlant et pillant tout par où ils passaient ; pour à quoi remédier, les magistrats firent incontinent crier à son de trompe que tous ceux qui se trouveraient en âge de porter armes, se vinssent faire enrôler pour aller à la guerre ; mais personne n'obéit à leur commandement.

» A l'occasion de quoi les opinions des principaux hommes, et qui avaient autorité au gouvernement des affaires, se divisèrent aussi pour ce que les uns furent d'avis qu'il était raisonnable qu'on calât et cédât un petit à ce que les pauvres requéraient, et qu'on relâchât un peu la trop raide sévérité des lois; les autres maintinrent le contraire, entre lesquels fut Martius, alléguant que le pis qui fût en cela n'était pas la perte d'argent que viendraient à souffrir ceux qui en avaient prêté, mais que c'était un commencement de désobéissance et un essai de l'insolence et audace d'une commune qui voulait abolir les lois et mettre tout en confusion, pourtant que le Sénat, s'il était sage, devait pourvoir à l'éteindre de bonne heure et amortir dès son commencement. Le Sénat fut en peu de jours assemblé par plusieurs fois là-dessus, sans que toutefois il y eût résolution quelconque. » (VIE DE CORIOLAN, traduite de Plutarque, par Amyot.)

(3) « Ce que voyant, les pauvres et menues gens se bandèrent un jour ensemble, et s'entredonnant courage les uns aux autres, abandonnèrent la ville et s'allèrent planter dessus une motte qui s'appelle aujourd'hui le Mont-Sacré, le long de la rivière du Téveron, sans faire violence quelconque ni autre démonstration de mutinement, sinon qu'ils allaient criant que de longue main aussi bien les riches les avaient chassés de la ville, et que par toute l'Italie ils trouveraient de l'air et de l'eau et lieu pour se faire enterrer, et qu'aussi bien demeurant à Rome, ils n'avaient rien d'avantage, sinon qu'ils étaient blessés et tués en continuelles guerres et batailles qu'ils soutenaient pour défendre l'opulence des riches.

» Le Sénat eut peur de ce département, et envoya devers eux les plus gracieux et les plus populaires vieillards qui fussent en toute leur compagnie, entre lesquels Ménénius Agrippa fut celui qui porta la parole, et après plusieurs raisons franchement remontrées et plusieurs prières doucement exposées à ce peuple de la part du Sénat, finalement il termina sa harangue par une fable assez notoire, leur disant : « Que tous les membres du corps humain se mutinèrent un » jour contre le ventre, en l'accusant et se plaignant de ce » que lui seul demeurait assis au milieu du corps sans rien » faire, ni contribuer de son labeur à l'entretenement com-

» mun, là où toutes les autres parties soutenaient de grands
» travaux, et faisaient de laborieux services pour fournir à
» ses appétits ; mais que le ventre se moqua de leur folie,
» pour ce qu'il est bien vrai, disait-il, que je reçois le pre-
» mier toutes les viandes et toute la nourriture qui fait
» besoin au corps de l'homme, mais je la leur renvoie et
» distribue puis après entre eux. Aussi, dit-il, seigneurs
» citoyens romains, pareille raison y a-t-il du Sénat envers
» vous ; car les affaires qui y sont bien digérées et les conseils
» bien examinés sur ce qui est utile et expédient pour la
» chose publique, sont cause des profits et des biens qui en
» viennent à un chacun de vous. »

« Ces remontrances les adoucirent, moyennant que le Sénat leur octroya que par chacun an s'éliraient cinq magistrats qu'on appelle maintenant les tribuns du peuple, lesquels auraient charge de soutenir et défendre les pauvres qu'on voulait fouler et opprimer. Ils furent élus les premiers tribuns ceux qui avaient été auteurs et conducteurs de cette sédition, Junius Brutus et Sicinius Velutus. »

(4) « Et comme aux autres la fin qui leur faisait aimer la vertu était la gloire, aussi à lui la fin qui lui faisait aimer la gloire, était la joie qu'il voyait que sa mère en recevait ; car il estimait n'y avoir rien qui le rendît plus heureux ni plus honoré que de faire que sa mère l'ouît priser et louer de tout le monde, et le vît retourner toujours couronné, et qu'elle l'embrassât à son retour ayant les larmes aux yeux épreintes de joie ; laquelle affection on dit qu'Épaminondas avoua et confessa semblablement être en lui, réputant son principal et plus grand heur être que son père et sa mère vivant avaient vu la victoire qu'il gagna en la plaine de Leuctres. Or, quant à Épaminondas, il eut ce bien-là d'avoir ses père et mère vivant, participant à sa joie et à sa prospérité. Mais Marcius estimant devoir à sa mère ce qu'il eût encore dû à son père, s'il eût été vivant, ne se contenta pas de la réjouir et honorer seulement, mais à son instance et prière il prit femme de laquelle il eut des enfants, sans toutefois se départir jamais d'avec sa mère. »

(5) « La première guerre où il se trouva, étant encore fort jeune, fut quand Tarquin, surnommé le **Superbe**, qui avait été roi de Rome et depuis en avait été chassé pour son arrogance, après avoir essayé d'y rentrer par plusieurs batailles, où il avait toujours été défait, finalement fit tout son dernier effort, étant secouru des Latins et de plusieurs autres peuples de l'Italie, qui, avec une grosse et puissante armée, avaient entrepris de le remettre en son état, non tant pour lui faire plaisir comme pour diminuer et ravaler les forces des Romains, lesquels ils craignaient et portaient envie à leur accroissement. En cette bataille donc, laquelle eut plusieurs ébranlements en l'une et en l'autre partie, Martius, combattant vaillamment à la vue du dictateur même, vit un Romain qui fut porté par terre assez près de lui ; il ne l'abandonna pas, mais se jeta au-devant pour le couvrir, et occit de sa main l'ennemi qui lui courait sus ; à l'occasion de quoi, après que la bataille fut gagnée, le dictateur ne mit pas un si bel acte en oubli, mais le couronna le premier d'un chapeau de branches de chêne, pour ce que c'est la coutume des Romains que celui qui sauve la vie à un sien citoyen, est honoré d'une telle couronne. »

(6) « Or, y avait-il au pays des Volsques, contre lesquels les Romains avaient la guerre pour lors, une ville capitale et de principale autorité qui s'appelait Corioles, devant laquelle le consul Cominius alla mettre le siége. Par quoi, tous les autres Volsques, craignant qu'elle ne vînt à être prise d'assaut, s'assemblèrent de tous côtés pour l'aller secourir en intention de donner la bataille aux Romains devant la ville même, afin de les assaillir par deux endroits. Ce qu'entendant, le consul Cominius divisa pareillement son armée en deux, et avec une partie s'en alla en personne au-devant de ceux qui venaient de dehors, et laissa en son camp l'autre partie pour faire tête à ceux qui voudraient sortir de la ville, sous la charge de Titus Lartius, l'un des plus vaillants hommes qui fussent pour lors entre les Romains. Par quoi, les Coriolans, faisant peu de compte de ceux qui étaient demeurés

au siége devant leur ville, firent une saillie sur eux, en laquelle pour le commencement ils eurent du meilleur, tellement qu'ils embarrèrent les Romains jusque dedans le fort de leur camp, là où se trouva Martius, lequel se jetant dehors avec peu de gens, mit en pièces les premiers des ennemis auxquels il s'adressa, et arrêta tout court les autres, en ralliant et rappelant au combat à haute voix les Romains qui avaient tourné le dos, pour ce qu'il était tel que Caton voulait que fût l'homme de guerre, non-seulement rude et âpre aux coups de main, mais aussi effroyable au son de la voix, et au regard terrible à l'ennemi. Si y eut incontinent bonne troupe de Romains, qui se rallièrent ensemble autour de lui, dont les ennemis s'épouvantèrent si fort qu'ils reculèrent arrière ; mais Martius, non content de cela, les poursuivit et les chassa fuyant à vol de route jusque dedans leurs portes.

» Et là voyant que les Romains tiraient le pied arrière, pour le grand nombre de traits et de flèches qu'on leur tirait de dessus les murailles, et qu'il n'y avait un seul entre eux qui eût la hardiesse de penser seulement à se lancer pêle-mêle avec les fuyants devant la ville, pour ce qu'elle était pleine de gens de guerre tous bien armés ; il les encouragea de fait et de parole, en leur criant que la fortune avait ouvert les portes plus pour les poursuivants que pour les fuyants. Toutefois il n'y en eut guère qui prissent pour cela cœur de le suivre ; mais lui-même à travers la presse des ennemis se jeta et poussa jusque sur la porte, et entra dedans la ville parmi les fuyants, sans que personne de dedans osât de prime face tourner visage, ni s'arrêter pour lui faire tête ; mais lui, regardant autour de lui qu'il était entré peu de gens avec lui pour le secourir, et se voyant de tout côté enveloppé d'ennemis qui se ralliaient pour lui courir sus, il fit adonc, comme on écrit, des prouesses qui ne sont pas croyables, tant de coups de main que d'agilité et disposition de personne, et de hardiesse de courage, rompant et renversant tous ceux sur lesquels il se ruait, de manière qu'il en fit fuir les uns jusques aux plus reculés quartiers de la ville ; les autres de frayeur se rendirent et jetèrent leurs armes en terre devant lui, et par ce moyen donnèrent tout loisir à Lartius, qui était dehors, d'amener à sûreté les Romains au dedans.

» Ainsi étant la ville prise, la plupart des soldats se mit incontinent à piller et à emporter et serrer le butin qu'ils avaient gagné ; mais Martius s'en courrouça bien aigrement, et cria qu'il n'y avait point de propos qu'eux entendissent au pillage, et allassent çà et là cherchant de quoi s'enrichir, pendant que leur consul et leurs concitoyens étaient à l'aventure attachés à combattre contre leurs ennemis, et que, sous couleur de gagner quelque butin, ils cherchassent moyen de se tirer loin de l'affaire et du danger. Toutefois, quelques raisons qu'il sût alléguer, il y en eut bien peu qui lui prêtassent l'oreille.

» Par quoi prenant avec lui ceux qui volontairement s'offrirent à le suivre, il sortit de la ville et prit son chemin vers le quartier où il entendit que le surplus de l'armée était allé, admonestant et priant souvent par le chemin ceux qui le suivaient de n'avoir point le cœur failli, et souvent tendant les mains au ciel, en priant les dieux de lui faire la grâce qu'il se pût trouver à temps pour être en la bataille, et arriver à point pour hasarder sa vie en défense de ses citoyens. Or, était donc la coutume entre les Romains, quand ils étaient rangés en bataille et qu'ils étaient prêts à prendre leurs pavois sur leurs bras, et à se ceindre par-dessus leurs robes, de faire aussi leur testament sans rien en mettre par écrit, en nommant celui qu'ils voulaient faire leur héritier en présence de trois ou quatre témoins. Martius arriva justement sur le point que les soldats étaient après à le faire de cette sorte, — étant jà les ennemis si près qu'ils s'entrevoyaient les uns les autres. Quand on l'aperçut ainsi qu'il était tout souillé de sang et trempé de sueur avec petite suite de gens, cela de prime face en troubla et étonna quelques-uns ; mais tantôt après, quand ils le virent courir avec une chère gaie vers le consul, et lui toucher en la main, en lui récitant comment la ville de Corioles avait été prise, et qu'on vit aussi que Cominius le consul l'embrassa et le baisa, adonc n'y eut-il celui qui ne reprît courage, les uns pour avoir ouï de point en point conter le succès de cet heureux exploit, et les autres pour le conjecturer à voir leurs gestes de loin.

» Si se prirent tous à crier au consul qu'il fît marcher sans plus attendre et commencer la charge. Martius lui demanda comment était ordonnée la bataille des ennemis, et en quel endroit étaient leurs meilleurs combattants. Le consul lui fit réponse qu'il pensait que les bandes qui étaient au front de leur bataille étaient celles des Antiates qu'on tenait pour les plus belliqueux et qui ne cédaient en hardiesse à nuls autres de l'ost des ennemis. « Je te prie donc, lui répliqua Martius, et te requiers que tu me mettes droit à l'encontre de ceux-là. Le consul lui octroya, louant grandement sa bonne volonté ; et adonc Martius, quand les deux armées furent prêtes à s'entre-choquer, se jeta assez loin devant sa troupe et alla charger si furieusement ceux qu'il rencontra de front, qu'ils ne lui purent longuement faire tête, car il fendit incontinent et entr'ouvrit l'endroit de la bataille des ennemis où il donna ; mais ceux des deux côtés se tournèrent aussitôt les uns devers les autres pour l'envelopper et enserrer entre eux. Ce que le consul craignant, envoya soudain celle part les meilleurs combattants qu'il eût autour de sa personne. Si y eut adonc une fort âpre mêlée à l'entour de Martius, et en peu d'heures y eut beaucoup d'hommes tués sur la place. Mais à la fin les Romains y firent si grand effort qu'ils forcèrent et rompirent les ennemis, et les ayant rompus se mirent à les chasser, priant Martius qu'il se voulût retirer au camp pour ce qu'il n'en pouvait plus, tant il était las du travail qu'il avait enduré et des blessures qu'il avait reçues ; mais il leur répondit que ce n'était point aux victorieux à se rendre ni à avoir le cœur failli, et courut lui-même après les fuyants jusqu'à ce que l'armée des ennemis fut entièrement toute déconfite avec grand nombre de morts et grand nombre de prisonniers aussi.

» Le lendemain au matin, Martius s'en alla devers le consul et les autres Romains semblablement. Et là, le consul montant dessus un tribunal, présent tout son exercite, rendit grâces convenables aux dieux pour une si grande et si glorieuse prospérité, puis tourna sa parole à Martius, duquel premièrement il loua et exalta la vertu à merveilles, tant pour ce que lui-

même lui avait vu faire que pour ce que Martius lui avait raconté, et enfin lui dit que de tous les chevaux prisonniers et autres biens qui avaient été pris et gagnés en grande quantité, il en choisît dix de chaque sorte à sa volonté, avant que rien en fût distribué ni départi aux autres. Et outre cela encore, pour témoigner que ce jour-là il avait emporté le prix de prouesse sur tous les autres, lui donna de plus un beau et bon cheval avec tout son harnais et tout son équipage, ce que tous les assistants louèrent et approuvèrent grandement. Mais Martius, se tirant en avant, déclara qu'il recevait bien le présent du cheval et était très-aise que son capitaine se contentât si amplement de lui et le louât si hautement, mais que, du demeurant qui était plutôt un loyer mercenaire que récompense d'honneur, il n'en voulait point, mais se contentait d'avoir seulement sa part égale aux autres. « Sinon, dit-il, que
» je te demande une grâce de plus, et te prie de me la con-
» céder ; c'est que j'ai entre les Volsques un hôte et ancien
» ami, homme de bien et d'honneur, qui maintenant est pri-
» sonnier, et, au lieu qu'il soulait être riche et opulent en sa
» maison, se trouve maintenant pauvre captif entre les mains
» de ses ennemis ; mais de tous les maux et malheurs qui de
» présent l'environnent, il me suffit de le pouvoir exempter
» d'un seul, c'est de le garder qu'il ne soit point vendu comme
» esclave. »

» Ces paroles de Martius ouïes, il se leva une grande clameur de toute l'assistance, et y en eut plus de ceux qui admirèrent son abstinence, en le voyant si peu mû d'avarice, que de ceux qui haut louèrent sa vaillance. Car ceux mêmes qui avaient quelque peu d'envie et de jalousie à l'encontre de lui, pour le voir ainsi honorer et louer extraordinairement, l'estimèrent de tant plus digne qu'on lui donnât encore plus grand loyer de sa valeur, que moins il en acceptait ; et aimèrent plus en lui la vertu qui lui faisait mépriser tant de bien que celle pour laquelle, comme à personne digne, on les lui déférait. Car plus fait à louer le savoir bien user des biens que des armes, et plus encore fait à révérer le non les appéter que le bien en user. Mais après que le bruit et la clameur de l'as-

semblée furent un peu apaisés, le consul Cominius se prit
à dire : « Nous ne saurions, seigneurs, contraindre Martius
» d'accepter les présents que nous lui offrons, s'il ne lui plaît
» les recevoir, mais donnons-lui-en un si convenable au bel
» exploit qu'il a fait, qu'il ne le puisse pas refuser, et ordon-
» nons que désormais il soit surnommé Coriolanus, si ce n'est
» que l'exploit même le lui avait donné avant nous. » Depuis
ce jour-là il porta toujours ce troisième nom-là de Coriolanus. »

(7) « Peu de temps après, il vint à demander le consulat, et
fléchissait déjà la commune à sa requête, ayant aucunement
honte de rebouter et éconduire un personnage en noblesse de
sang et en prouesse de sa personne, le premier de toute la
ville, et mêmement qui leur avait fait tant et si grands services. Car la coutume était lors, à Rome, que ceux qui poursuivaient aucun magistrat et office public, quelques jours
durant, se trouvassent sur la place, ayant seulement une robe
simple sur eux, sans saye dessous, pour prier et requérir
leurs citoyens de les avoir pour recommandés, quand ce viendrait au jour de l'élection, soit qu'ils le fissent ou pour émouvoir le peuple davantage, le priant en si humble habit, ou
pour pouvoir montrer les cicatrices des coups qu'ils avaient
reçus ès guerres pour la chose publique, comme certaines
marques et témoignages de leur prouesse... Martius donc, suivant cette coutume, montrait plusieurs cicatrices sur sa personne des blessures reçues en diverses batailles par l'espace
de dix-sept ans, qu'il avait continuellement toujours été à la
guerre : tellement qu'il n'y avait celui du peuple qui n'eût
en soi-même honte de refuser un si vertueux homme, et s'entre-disaient les uns aux autres qu'il fallait, comment que ce
fût, l'élire consul. »

(8) « La maison des Martiens, à Rome, était du nombre des
patriciennes, et en sont sortis plusieurs grands personnages
entre lesquels fut Ancus Martius, fils de la fille du roi Numa,
qui fut roi de Rome après Tullus Hostilius ; aussi en furent
Publius et Quintus, qui ont fait conduire dedans Rome la plus
grosse et la meilleure eau qui y soit, et Censorinus, ainsi sur-

nommé pour ce que le peuple romain l'élut censeur par deux fois, et puis à sa persuasion fit l'ordonnance et la loi que de là en avant nul ne pourrait demander ni tenir ce magistrat-là deux fois. »

(9) « Mais quand ce vint au jour de l'élection, que Martius descendit en grande magnificence sur la place, accompagné de tout le Sénat, et ayant tous les plus nobles de la ville à l'entour de lui qui poursuivaient de le faire élire consul, avec plus chaude instance que chose qu'ils eussent onques attentée ; adonc l'amour et la bienveillance de la commune commença à se tourner en envie et en haine, avec ce qu'ils craignaient de mettre ce magistrat de souveraine puissance entre les mains d'un personnage si partial pour la noblesse et qui avait tant d'autorité et de crédit entre les patriciens, de peur qu'il ne voulût ôter au peuple entièrement toute sa liberté; pour lesquelles considérations ils refusèrent à la fin Martius, et furent deux autres poursuivants déclarés consuls. De quoi le sénat fut fort déplaisant, et estima la honte de ce refus lui être plutôt faite que non pas à Martius : lequel la prit encore plus aigrement et la porta plus impatiemment, pour ce qu'il se laissait le plus souvent aller à la colère et à une obstinée opiniâtreté, comme si c'eût été grandeur de courage et magnanimité, n'ayant pas cette gravité, cette froideur et douceur, tempérée par le jugement de bonne doctrine et de raison, qui est nécessairement requise à un gouverneur d'État politique, et n'entendant pas que la chose de ce monde que doit le plus éviter un homme qui se veut mêler du gouvernement d'une chose publique et converser entre les hommes, est l'opiniâtreté, laquelle, comme dit Platon, demeure avec la solitude, c'est-à-dire que ceux qui se aheurtent obstinément à leurs opinions et ne se veulent jamais accommoder à autrui, demeurent à la fin tous seuls ; car il faut que qui veut vivre au monde se rende amateur de patience, de laquelle aucuns malavisés se moquent.

» Ainsi Martius étant homme ouvert de sa nature et entier, et qui ne fléchissait jamais, comme celui qui estimait que vaincre toujours et venir au-dessus de toutes choses, fût acte de magnanimité, non pas d'imbécillité et de faiblesse, laquelle pousse hors de la plus débile et plus passionnée partie de l'âme, le courroux, ni plus ni moins que la matière d'une aposthume, il se retira en sa maison plein d'ire, de dépit et d'amertume, de colère à l'encontre du peuple, là où tous les jeunes gentilshommes, mêmement ceux qui étaient les plus courageux et qui avaient les esprits et les cœurs plus élevés pour la noblesse de leurs maisons, le suivirent, ayant bien accoutumé de tout temps de l'accompagner et honorer ; mais encore plus ils se rangèrent autour de lui, et lui faisant compagnie mal à propos, lui aigrirent et enflammèrent sa colère encore davantage, en se plaignant et se doléant avec lui du tort qu'on lui avait fait, pour ce que c'était leur capitaine et leur maître qui les conduisait à la guerre et leur enseignait tout ce qui appartient à la discipline militaire, allumant tout doucement une contention d'honneur et de jalousie de vertu entre eux, sans envie, en louant ceux qui faisaient bien. En ces entrefaites, arriva grande quantité de blés à Rome, qui avaient été partie achetés en Italie, et partie envoyés de la Sicile en don par Gélon, le tyran de Syracuse, tellement que plusieurs conçurent bonne espérance, s'attendant que quand et la cherté des vivres, dût céder aussi la sédition civile.

» Si fut incontinent le sénat assemblé et le menu peuple tout aussitôt épandu à l'entour du palais, où le conseil se tenait, attendant la résolution de ce qui s'y conclurait, se promettant que ce qui aurait été acheté se vendrait à fort bon marché et que ce qui aurait été donné se distribuerait aussi par tête sans en rien faire payer, mêmement pour ce qu'il y avait aucuns des sénateurs, qui étaient à ce conseil, qui suadaient d'ainsi le faire. Mais Martius, se dressant en pieds, reprit adonc aigrement ceux qui en cela voulaient gratifier à la commune, les appelant flatteurs du peuple et traîtres à la noblesse, et disant qu'ils nourrissaient et couvaient à l'encontre d'eux-mêmes de mauvaises semences d'audace et d'insolence qui jà avaient été jetées parmi le peuple, lesquelles ils devaient plutôt avoir suffoquées et étouffées à leur naissance s'ils eussent été bien conseillés, non pas endurer que le peuple

se fortifiât à leur préjudice par un magistrat de si grande puissance et autorité que celui qu'on leur avait concédé, attendu qu'il leur était déjà redoutable, parce qu'il obtenait tout ce qu'il voulait, et ne faisait rien, s'il ne lui plaisait, et n'obéissait plus aux consuls, mais vivait en toute licence, sans reconnaître aucun supérieur qui lui commandât, sinon les chefs mêmes et auteurs de leurs partialités qu'il appelait ses magistrats. « Pourtant, dit-il, que ceux qui conseillaient
» et étaient d'avis qu'on fît des données publiques et distri-
» butions gratuites de blés à la commune, ainsi qu'on faisait
» ès cités grecques, où le peuple avait plus absolue puissance,
» ne faisaient autre chose que nourrir la désobéissance du
» commun populaire, laquelle en fin de compte se termine-
» rait à la ruine totale de la chose publique. Car jà ne pense-
» ront-ils pas que ce soit en récompense de leurs services,
» vu qu'ils savent bien que tant de fois ils ont refusé d'aller
» à la guerre, quand il leur a été commandé, ni de leurs muti-
» neries, quand ils s'en sont allés d'avec nous,— en quoi fai-
» sant, ils ont trahi et abandonné leur pays, — ni des calom-
» nies que leurs flatteurs leur ont mises en avant et qu'eux ont
» approuvées et reçues à l'encontre du sénat : mais ne fau-
» dront pas d'estimer que nous leur donnons et concédons
» cela en calant la voile, pour ce que nous les craignons, et
» que nous les flattons, de manière que leur désobéissance en
» ira toujours augmentant de pis en pis, et ne cesseront ja-
» mais de susciter nouveaux mutinements et nouvelles sédi-
» tions. Pourtant serait-ce à nous une trop grande folie d'ainsi
» le faire : mais au contraire, si nous sommes sages, nous leur
» devons ôter leur tribunat, qui est tout évidemment la des-
» truction du consulat et la division de cette ville, laquelle
» par ce moyen n'est plus une, comme elle voulait être, mais
» vient à être démembrée en deux partialités, qui entretien-
» dront toujours discorde et dissension entre nous, et jamais
» ne permettront que nous retournions en union d'un même
» corps. »

» En devisant ces raisons et plusieurs autres semblables, Martius échauffa merveilleusement en son opinion tous les jeunes hommes et presque tous les riches, de manière qu'ils criaient qu'il était seul en toute la ville qui ne fléchissait ni ne flattait point le menu populaire. Seulement y en avait-il quelques-uns des vieux qui lui contredisaient, se doutant bien qu'il en pourrait advenir quelque inconvénient, comme il n'en advint aussi rien de bon : pour ce que les tribuns du peuple, qui étaient présents à cette consultation du sénat, quand ils virent que l'opinion de Martius à la pluralité des voix l'emportait, se jetèrent hors du sénat emmi la tourbe de la commune, criant au peuple à l'aide, et qu'on s'assemblât pour les secourir.

» Si se fit incontinent une tumultueuse assemblée du peuple en laquelle publiquement furent récités les propos que Martius avait tenus au sénat : dont la commune se mutina si fort qu'il s'en fallut bien peu que sur l'heure même elle n'allât en fureur courir sus à tout le sénat; mais les tribuns jetèrent toute la charge sur Martius seulement, et quand et quand l'envoyèrent sommer par leurs sergents, qu'il eût à comparoir tout promptement en personne devant le peuple pour y répondre des paroles qu'il avait dites au sénat. Martius rechassa fièrement les officiers qui lui firent cette sommation : et adonc eux-mêmes y allèrent en personne, accompagnés des édiles pour l'amener par force et de fait vinrent sur lui. Mais les nobles patriciens, se bandant à l'entour de lui, repoussèrent les tribuns arrière et battirent à bon escient les édiles; et pour lors la nuit, qui survint là-dessus, apaisa le tumulte. Mais le lendemain au matin les consuls, voyant le peuple mutiné accourir de toutes parts en la place, eurent peur que toute la ville n'en tombât en combustion, et, assemblant le sénat à grande hâte, remontrèrent qu'il fallait aviser d'apaiser le peuple par douces paroles et l'adoucir par quelques gracieux décrets en sa faveur : et que s'ils étaient sages, ils devaient penser qu'il n'était pas lors raison de l'opiniâtrer, ni de contester et combattre pour l'honneur à l'encontre d'une commune, pour ce qu'ils étaient tombés en un point de temps fort dangereux, et où ils avaient besoin de se gouverner discrètement, en y donnant quelque provision amiable, et promptement. La plus grande partie des sénateurs, qui assistèrent à ce conseil, trouva cette opinion la plus saine et s'y accorda : au moyen de quoi les consuls sortant hors du sénat allèrent parler au peuple le plus doucement et le plus gracieusement qu'ils purent et adoucirent la fureur de son courroux, en justifiant le sénat des calomnies qu'on lui mettait sus à tort, et usant de modération grande à leur remontrer et les reprendre des fautes qu'ils avaient faites. Au demeurant, quant à la vente des blés, ils leur promirent que pour le prix ils n'auraient point de différend entre eux.

» Ainsi étant la plupart du peuple apaisée, et donnant à connaître par le bon silence qu'il faisait et la paisible audience qu'il donnait, qu'il se rendait et avait agréable ce que les consuls disaient, les tribuns du peuple se levèrent adonc qui dirent que, puisque le sénat se rangeait à la raison, le peuple, aussi de son côté, en tant que besoin serait, réciproquement lui céderait ; mais nonobstant qu'il fallait que Martius vint en personne répondre sur ces articles : s'il avait pas suscité et sollicité le sénat de changer l'état présent de la chose publique et ôter au peuple l'autorité souveraine ; si ayant été appelé en justice de par eux, il avait pas par contumace désobéi ; si finalement il avait pas battu et outragé les édiles sur la place même, devant tout le monde ; et si en ce faisant il avait pas, tant qu'en lui était, suscité une guerre civile et induit ses citoyens à prendre les armes les uns contre les autres. Ce qu'ils disaient à l'une de ces deux fins : ou que Martius contre son naturel fût contraint de s'humilier et abaisser la hautaineté et fierté de son cœur ; ou bien, s'il persévérait en son naturel, qu'il irritât si âprement la fureur du peuple encontre lui qu'il n'y eût jamais plus moyen de le réconcilier ; ce qu'ils espéraient devoir plutôt advenir qu'autrement, et ne faillaient point à bien deviner, vu le naturel du personnage. »

(10) « Car il se présenta comme pour répondre à ce qu'on lui mettait sus, et le peuple se tut et lui donna coie audience pour ouïr ses raisons ; mais au lieu qu'il s'attendait d'ouïr des

paroles humbles et suppliantes, il commença non-seulement à user d'une franchise de parler qui de soi-même est odieuse, et qui sentait plus son accusation que sa libre défense, mais avec un ton de voix forte et un visage rébarbatif montra une assurance approchant de mépris et de contemnement : dont le peuple s'aigrit et irrita fort âprement contre lui, montrant bien qu'il avait grand dépit de l'ouïr ainsi bravement parler, et qu'il ne le pouvait plus souffrir. Et lors Sicinius, le plus violent et le plus audacieux des tribuns du peuple, après avoir un peu conféré tout bas avec ses autres compagnons, prononça tout haut en public que Martius était condamné par les tribuns à mourir, et à l'instant même commanda aux édiles qu'ils le saisissent au corps et le menassent tout promptement au château, sur la roche Tarpéienne, pour de là le précipiter du haut en bas. Quand les édiles vinrent à mettre les mains sur Martius pour exécuter le commandement qui leur était fait, il y eut plusieurs du peuple même à qui le fait sembla trop violent et cruel ; mais les nobles, ne se pouvant plus contenir, et étant par colère transportés hors d'eux-mêmes, accoururent celle part avec grands cris pour le secourir, et repoussant ceux qui le voulaient saisir au corps, l'enfermèrent au milieu d'eux, et y en eut quelques-uns d'entre eux qui tendirent les mains jointes à la multitude du peuple, en les suppliant de ne vouloir pas procéder si rigoureusement : mais les paroles ni les cris ne servaient de rien, tant le tumulte et désordre était grand, jusqu'à ce que les parents et amis des tribuns ayant avisé entre eux qu'il serait impossible d'emmener Martius pour le punir, comme il avait été condamné, sans grand meurtre et occision des nobles, leur remontrèrent et persuadèrent qu'ils ne procédassent point à cette exécution ainsi extraordinairement et violemment en faisant mourir un tel personnage, sans lui faire préalablement son procès et y garder forme de justice, et qu'ils en remissent le jugement aux voix et suffrages du peuple.

» Adonc Sicinius, s'arrêtant un peu sur soi, demanda aux patriciens pour quelle raison ils ôtaient Martius d'entre les mains du peuple qui en voulait faire la punition ; et au con-

traire les patriciens lui demandèrent pour quelle raison ils voulaient eux-mêmes faire mourir ainsi cruellement et méchamment l'un des plus hommes de bien et des plus vertueux de la ville, sans y garder forme de justice ni qu'il eût été judiciellement ouï et condamné. « Or bien, dit adonc Sicinius,
» s'il ne tient qu'à cela, ne prenez point là-dessus occasion
» ni couleur de querelle et sédition civile à l'encontre du peu-
» ple; car il vous octroie ce que vous demandez, que son
» procès lui soit fait judiciellement. Pourtant nous te don-
» nons assignation, dit-il en adressant sa parole à Martius, à
» comparoir devant le peuple au troisième jour de marché
» prochainement, venant pour te justifier et prouver que tu
» n'as point forfait; sur quoi le peuple, par ses voix, donnera
» sa sentence. » Les nobles se contentèrent pour lors de cet appointement et leur suffit de pouvoir emmener Martius à sauveté. Cependant en l'espace de temps qu'il y avait jusques au troisième jour de marché prochain après, pour ce que le marché se tient à Rome de neuf jours en neuf jours, et l'appelle-t-on pour cette cause en latin *Nundinæ,* survint la guerre contre les Antiates, laquelle leur donna espérance de faire aller en fumée cette assignation, pensant que cette guerre dût si longuement durer que l'ire du peuple en serait beaucoup diminuée ou du tout amortie pour les affaires et empêchements de la guerre. Mais au contraire l'appointement fut incontinent fait avec les Antiates, et s'en retourna le peuple à Rome, là où les patriciens s'assemblèrent et tinrent conseil par plusieurs fois entre eux pour aviser comment ils feraient pour n'abandonner point Martius, et ne donner point aussi d'occasion une autre fois aux tribuns de mutiner et soulever le peuple. Là, Appius Clodius, qui était tenu pour un des plus âpres adversaires de la part populaire, leur prédit et protesta qu'ils ruineraient l'autorité du sénat et perdraient la chose publique, s'ils enduraient que le peuple eût voix et autorité pour juger les nobles à la pluralité des voix. Au contraire, les plus vieux et les plus populaires d'entre les nobles disaient que le peuple, lorsqu'il se verrait la puissance et l'autorité souveraine de mort et de vie en main, ne serait

point sévère ni cruel, mais plutôt doux et humain, et que ce n'était point pour ce qu'il méprisât les nobles ni le sénat, mais pour ce qu'il pensait être lui-même méprisé, qu'il voulait avoir, comme par un reconfort et une prérogative d'honneur, cette puissance de juger; de manière qu'au même instant qu'on leur céderait l'autorité de juger par leurs voix, ils poseraient toute ire et toute envie de condamner.

« Voyant donc Martius le Sénat en peine de se résoudre d'un côté pour la bonne affection que les nobles lui portaient, et de l'autre côté par la crainte qu'ils avaient du peuple, il demanda tout haut aux tribuns de quoi ils entendaient le charger et accuser. Les tribuns lui répondirent qu'ils voulaient montrer comme il aspirait à la tyrannie, et qu'ils prouveraient comme ses actions tendaient à usurper domination tyrannique à Rome. Martius adonc se levant en pieds dit qu'il s'en allait tout de ce pas présenter volontairement au peuple pour se justifier de cette imputation, et, s'il était trouvé qu'il y eût seulement pensé, qu'il ne refusait aucune sorte de punition : « moyennant, dit-il, que vous ne me chargiez que de cela et » que vous ne décevrez point le sénat. » Ils promirent qu'aussi ne feraient-ils, et sous ces conditions fut le jugement accordé, et le peuple assemblé : là où premièrement les Tribuns voulurent à toute force, comment qu'il en fût, que le peuple procédât à donner ses voix par les lignées et non pas par les centaines, pour ce qu'en cette manière la multitude des pauvres disetteux, et toute telle canaille, qui n'a que perdre et qui n'a regard quelconque de l'honnêteté devant les yeux, venaient à avoir plus de force (à cause que les voix se comptaient par têtes) que n'avaient les gens de bien et d'honneur qui allaient à la guerre, et qui de leurs biens soutenaient les charges de la chose publique : et puis laissant le crime de la tyrannie affectée qu'ils n'eussent su prouver, ils commencèrent de rechef à mettre sus les propos que Martius avait tenus au sénat, empêchant qu'on ne distribuât du blé à vil prix au menu peuple, et suadant au contraire de leur ôter le tribunat : et pour le tiers le chargèrent encore d'un nouveau crime, c'est qu'il n'avait pas rapporté en commun le butin qu'il avait gagné à courir les terres des Antiates, mais l'avait de son autorité propre distribué entre ceux qui avaient été ainsi que lui en cette course. Ce fut, à ce qu'on dit, ce de quoi Martius se trouva le plus étonné, pour ce qu'il n'eût jamais estimé qu'on lui eût dû imputer cela comme crime : au moyen de quoi il ne trouva point sur le champ de défense à propos pour s'en justifier, mais se mit à louer ceux qui avaient été avec lui dans cette course. Mais ceux qui n'y avaient été se trouvant en bien plus grand nombre crièrent tant et firent tant de bruit qu'il ne put être ouï. »

(11) « Finalement, quand ce vint à recueillir les voix et suffrages des lignées, il s'en trouva trois de plus qui le condamnèrent et fut la peine de leur condamnation, bannissement perpétuel : de laquelle sentence, après qu'elle fut prononcée, le peuple eut si grande joie que jamais pour bataille qu'il eût gagnée sur ses ennemis il n'avait été si aise ni en avait eu le cœur si élevé, tant il s'en alla de cette assemblée satisfait et réjoui. Mais au contraire le sénat en demeura fort déplaisant et fort triste, se repentant infiniment et se passionnant de ce que plutôt il ne s'était résolu de faire et souffrir toutes choses que d'endurer que ce menu peuple abusât ainsi superbement et outrageusement de son autorité. Si n'était point besoin de différence de vêtements ni d'autres marques extérieures pour discerner un populaire d'avec un patricien ; car on le connaissait assez au visage pour ce que celui qui avait chère joyeuse était de la part du peuple, et celui qui l'avait triste et mélancolique, était de la part de la noblesse : excepté Martius seul lequel, ni en sa contenance, ni en son marcher, ni en son visage, ne se montra onques étonné ni ravalé de courage, mais entre tous les autres gentilshommes qui se tourmentaient de sa fortune, lui seul montrait au dehors n'en sentir passion aucune, ni avoir compassion quelconque de soi-même : non que ce fût par discours de raison ou par tranquillité de mœurs qu'il supportât patiemment et modérément son infortune, mais par une véhémence de dépit et d'un appétit de vengeance qui le transportait si fort qu'il semblait ne sentir pas son mal. »

(12) « Et qu'il soit vrai que Martius fût ainsi lors affectionné, il le montra bien tantôt après évidemment par ses effets : car retourné qu'il fut en sa maison, après avoir dit adieu à sa mère et à sa femme qu'il trouva pleurantes et lamentantes à hauts cris, et les avoir un peu réconfortées et admonestées de porter patiemment son inconvénient, il s'en alla incontinent droit à la porte de la ville accompagné d'un grand nombre de patriciens qui le suivirent jusque là, et de là sans prendre chose quelconque et sans requérir personne de rien qui soit, s'en alla avec trois ou quatre de ses adhérents seulement, et fut quelques jours en ses maisons aux champs agité çà et là de divers pensements tels que sa colère les lui pouvait administrer. »

(13) « Or, y avait-il en la ville d'Antium un personnage nommé Tullus Aufidius lequel, tant pour ses biens que pour sa prouesse et pour la noblesse de sa maison, était honoré comme un roi entre les Volsques ; et savait bien Martius qu'il lui voulait plus de mal qu'à nul autre des Romains, pour ce que souventes fois ès rencontres où ils s'étaient trouvés, ils s'étaient menacés et défiés l'un l'autre, et comme deux jeunes hommes courageux qui avaient une jalousie et émulation d'honneur entre eux, avaient fait plusieurs bravades l'un à l'autre, de manière que, outre la querelle publique, ils avaient encore chargé une haine particulière l'un à l'autre. Ce néanmoins, considérant que ce Tullus était homme de grand cœur et qui désirait, plus que nul autre des Volsques, trouver quelque moyen de rendre aux Romains la pareille des maux et dommages qu'il leur avait faits, il fit un acte qui témoigne bien ce que dit un poëte ancien être véritable :

> Difficile est à l'ire résister,
> Car si elle a de quelque chose envie,
> Elle osera hardiment l'acheter
> De son sang propre au péril de sa vie.

» Ainsi fit-il : car il se déguisa d'une robe et prit un accoutrement auquel il pensa qu'on ne le connaîtrait jamais pour celui qu'il était, quand on le verrait en cet habit, et comme dit Homère d'Ulysse,

Ainsi entra en ville d'ennemis.

Il était jà sur le soir quand il y arriva, et y eut plusieurs gens qui le rencontrèrent par les rues, mais personne ne le reconnut.

» Ainsi s'en alla-t-il droit à la maison de Tullus, là où de prime-saut il entra jusques au foyer, et illec s'assit sans dire mot à personne, ayant le visage couvert et la tête affublée : de quoi ceux de la maison furent bien ébahis, et néanmoins ne l'osèrent faire lever : car encore qu'il se cachât, si reconnaissait-on ne sais quoi de dignité en sa contenance et en son silence et s'en allèrent dire à Tullus, qui soupait, cette étrange façon de faire. Tullus se leva incontinent de table et s'en allant devers lui, lui demanda qui il était et quelle chose il demandait. Alors Martius se déboucha et, après avoir demeuré un peu de temps sans répondre, lui dit :

— « Si tu ne me connais point encore, Tullus, et ne crois
» point à me voir que je sois celui que je suis, il est force que
» je me décèle et me découvre moi-même. Je suis Caïus Mar-
» tius qui ai fait, et à toi en particulier, et à tous les Volsques
» en général, beaucoup de maux, lesquels je ne puis nier
» pour le surnom de Coriolanus que j'en porte : car je n'ai
» recueilli autre fruit ni autre récompense de tant de travaux,
» que j'ai endurés, ni de tant de dangers, auxquels je me suis
» exposé, que ce surnom, lequel témoigne la malveillance
» que vous devez avoir encontre moi : il ne m'est demeuré
» que cela seulement. Tout le reste m'a été ôté par l'envie
» et l'outrage du peuple romain et par la lâcheté de la no-
» blesse et des magistrats qui m'ont abandonné et m'ont souf-
» fert de chasser en exil, de manière que j'ai été contraint de
» recourir comme humble suppliant à ton foyer, non jà pour
» sauver et assurer ma vie : car je ne me fusse point hasardé
» de venir ici si j'eusse eu peur de mourir : mais pour le désir
» que j'ai de me venger de ceux qui m'ont ainsi chassé, ce
» que je commence déjà à faire en mettant ma personne en-

» tre tes mains. Par quoi, si tu as du cœur de te ressentir
» jamais des dommages que t'ont faits tes ennemis, sers-toi
» maintenant, je te prie, de mes calamités et fais en sorte
» que mon adversité soit la commune prospérité de tous les
» Volsques, en t'assurant que je ferai la guerre encore mieux
» pour vous que je ne l'ai jusqu'ici faite contre vous, d'au-
» tant que mieux la peuvent faire ceux qui connaissent les af-
» faires des ennemis que ceux qui n'y connaissent rien. Mais
» si d'aventure tu te rends et es las de plus tenter la fortune,
» aussi suis-je, quant à moi, las de plus vivre : et ne serait
» point sagement fait à toi de sauver la vie à un qui t'était
» mortel ennemi et qui maintenant ne te saurait plus de rien
» profiter ni servir. »

« Tullus ayant ouï ces propos en fut merveilleusement aise et, lui touchant en la main, lui dit : « Lève-toi, Martius, » et aie bon courage, car tu nous apportes un grand bien en » te donnant à nous : au moyen de quoi tu dois espérer de » plus grandes choses de la communauté des Volsques. » Il le festoya pour lors et lui fit bonne chère, sans autrement parler d'affaires : mais aux jours ensuivants puis après ils commencèrent à consulter entre eux des moyens de faire la guerre. »

(14) « Aussi les Romains furent-ils tous unanimement d'avis qu'on envoyât ambassadeurs devers Martius pour lui faire entendre comme ses citoyens le rappelaient et le restituaient en ses biens et le suppliaient de les délivrer de cette guerre. Ceux qui y furent envoyés de la part du sénat étaient familiers amis de Martius, lesquels s'attendaient bien d'avoir pour le moins à leur arrivée un doux et gracieux recueil de lui comme de leur parent et familier ami : mais ils ne trouvèrent rien de semblable, ains furent menés à travers le camp jusques au lieu où il était assis dedans la chaire avec une grandeur et une gravité insupportable, ayant les principaux hommes des Volsques autour de soi : si leur commanda de dire tout haut la cause de leur venue. Ce qu'ils firent ès plus honnêtes et gracieuses paroles qu'il leur fut possible, avec

le geste et la contenance de même. Puis, quand ils eurent achevé de parler, il leur répondit aigrement et en colère, quant à ce qui touchait au tort qu'on lui avait fait : et, comme capitaine et général des Volsques, leur dit qu'ils eussent à rendre et restituer aux Volsques toutes les villes et les terres qui leur avaient été ôtées ès guerres précédentes, et au demeurant, leur décerner pareil honneur et droit de bourgeoisie à Rome, comme ils l'avaient octroyé aux Latins : pour ce qu'il n'y avait autre moyen assuré pour sortir de la guerre, sinon avec conditions égales et raisonnables, et leur donna terme pour en délibérer l'espace de trente jours. »

(15) « Volumnia prit sa belle-fille et ses enfants quant et elle [1], et avec toutes les autres dames romaines, s'en alla droit au camp des Volsques, lesquels eurent eux-mêmes une compassion mêlée de révérence, quand ils la virent, de manière qu'il n'y eut personne d'eux qui lui osât rien dire. Or était lors Martius assis en son tribunal avec les marques de souverain capitaine, et de tout loin qu'il aperçut venir des femmes, s'émerveilla qui ce pouvait être ; mais puis après reconnaissant sa femme qui marchait la première, il voulut du commencement persévérer en son obstinée et inflexible rigueur : mais à la fin, vaincu de l'affection naturelle et étant tout ému de les voir, il ne put avoir le cœur si dur que de les attendre en son siège, ains en descendant plus vite que le pas, leur alla au devant, et baisa sa mère la première, et la tint assez longuement embrassée, puis sa femme et ses petits enfants, ne se pouvant plus tenir que les chaudes larmes ne lui vinssent aux yeux, ni se garder de leur faire caresses, ains se laissant aller à l'affection du sang, ni plus ni moins qu'à la force d'un impétueux torrent. Mais après qu'il leur eut assez fait d'amiable accueil et qu'il aperçut que sa mère Volumnia voulait commencer à lui parler, il appela les principaux du conseil des Volsques pour ouïr ce qu'elle proposerait, puis elle parla en cette manière :

[1] *Quand et elle* pour *avec elle*. Cette phraséologie se retrouve dans le vieux patois français de Guernesey.

— Tu peux assez connaitre de toi-même, mon fils, encore que nous ne t'en disions rien, à voir nos accoutrements et l'état auquel sont nos pauvres corps, quelle a été notre vie en la maison depuis que tu en es dehors : mais considères encore maintenant combien plus malheureuses et plus infortunées nous sommes ici venues que toutes les femmes du monde, attendu que ce qui est à toutes les autres le plus doux à voir, la fortune nous l'a rendu le plus effroyable, faisant voir, à moi, mon fils, et à celle-ci, son mari assiégeant les murailles de son propre pays, tellement que ce qui est à toutes autres le souverain reconfort en leur adversités de prier et invoquer les dieux à leur secours, c'est ce qui nous met en plus grande perplexité : pour ce que nous ne leur saurions demander, en nos prières, victoire à notre pays et préservation de ta vie tout ensemble, mais toutes les plus grièves malédictions que saurait imaginer contre nous un ennemi, sont nécessairement encore en nos oraisons, parce qu'il est force à ta femme et à tes enfants qu'ils soient privés de l'un des deux, ou de toi ou de leur pays. Car, quant à moi, je ne suis pas délibérée d'attendre que la fortune, moi vivante, décide l'issue de cette guerre ; car si je ne te puis persuader que tu veuilles plutôt bien faire à toutes les deux parties que d'en ruiner et détruire l'une en préférant amitié et concorde aux misères et calamités de la guerre, je veux bien que tu saches et le tiennes pour tout assuré, que tu n'iras jamais assaillir ni combattre ton pays, que premièrement tu ne passes par-dessus le corps de celle qui t'a mis en ce monde, et ne doit point différer jusques à voir le jour ou que mon fils prisonnier soit mené en triomphe par ses citoyens, ou que lui-même triomphe de son pays. Or, si ainsi était que je te requisse de sauver ton pays en détruisant les Volsques, ce te serait certainement une délibération trop aisée à résoudre ; car comme il n'est point triste de ruiner son pays, aussi n'est-il pas juste de trahir ceux qui se sont fiés en toi. Mais ce que je te demande est une délivrance de maux, laquelle est également profitable et salutaire à l'un et à l'autre peuple, mais plus honorable aux Volsques pour ce qu'il semblera qu'ayant la victoire en la main, ils nous auront donné de grâce deux souverains biens, la paix et l'amitié, encore qu'ils n'en prennent pas moins pour eux ; duquel bien tu seras principal auteur s'il se fait, et s'il ne se fait, tu en auras seul le reproche et le blâme total envers l'une et l'autre des deux parties : ainsi étant l'issue de la guerre incertaine, cela néanmoins est bien tout certain que si tu en demeures vainqueur, il t'en restera ce profit que tu en seras estimé la perte et la ruine de ton pays; et si tu es vaincu, on dira que pour un appétit de venger tes propres injures, tu auras été cause de très-griéves calamités à ceux qui t'avaient humainement et amiablement recueilli.

» Martius écouta ces paroles de Volumnia, sa mère, sans l'interrompre, et après qu'elle eut achevé de dire, demeura longtemps piqué sans lui répondre. Par quoi elle reprit la parole et recommença à lui dire :

— Que ne me réponds-tu, mon fils ? estimes-tu qu'il soit licite de concéder tout à son ire et à son appétit de vengeance, et non honnête de condescendre et incliner aux prières de sa mère en si grandes choses ? et cuides-tu qu'il soit convenable à un grand personnage se souvenir des torts qu'on lui a faits et des injures passées, et que ce ne soit point acte d'homme de bien et de grand cœur reconnaître les bienfaits que reçoivent les enfants de leurs pères et mères en leur portant honneur et révérence ? Si n'y a-t-il en ce monde homme qui sût mieux observer tous les points de gratitude que toi, vu que tu poursuis si âprement une ingratitude : et si y a davantage que tu as fait payer à ton pays de grandes amendes pour les torts qu'on t'y a faits et n'as encore fait aucune reconnaissance à ta mère : pourtant serait-il plus qu'honnête que sans aucune contrainte j'impétrasse de toi une requête si juste et si raisonnable. Mais puisque par raison je ne te puis persuader, à quel besoin épargné-je plus et différé-je la dernière espérance ?

» En disant ces paroles, elle se jeta elle-même, avec sa femme et ses enfants, à ses pieds. Ce que Martius ne pouvant supporter, la releva tout aussitôt en s'écriant : O mère ! que m'as-tu fait ? Et en lui serrant étroitement la main droite :

— Ha, dit-il, mère, tu as vaincu une victoire heureuse pour ton pays, mais bien malheureuse et mortelle pour ton fils : car je m'en revais vaincu par toi seule.

» Ces paroles dites en public, il parla un peu à part à sa mère et à sa femme, et puis les laissa retourner en la ville : car ainsi l'en prièrent-elles, et, sitôt que la nuit fut passée, le lendemain matin ramena les Volsques en leurs maisons, n'étant pas tous d'une même opinion, ni d'une même affection. »

(16) « Au demeurant, Martius étant retourné de son voyage en la ville d'Antium, Tullus qui le haïssait et ne le pouvait plus endurer pour la crainte qu'il avait de son autorité, chercha les moyens de le faire mourir, pensant que s'il y faillait à cette fois, il ne recouvrerait jamais une pareille occasion. Par quoi, ayant attiré plusieurs autres conjurés avec lui, il requit que Martius eût à se déposer de son État pour rendre compte à la communauté des Volsques de son gouvernement et administration. Martius craignant de se trouver homme privé sous Tullus étant capitaine-général, outre ce que sans cela il avait plus grande autorité que nul autre entre les siens, il répondit qu'il se démettrait volontiers de la charge et la remettrait entre les mains des seigneurs Volsques, si tous le lui commandaient, comme par le commandement de tous il l'avait accepté : et au reste qu'il ne lui refusait point de rendre compte et raison de son gouvernement dès l'heure même à ceux de la ville qui y voudraient assister et l'ouïr. Le peuple fut assemblé là-dessus en conseil, en laquelle assemblée il y eut quelques orateurs apostés qui irritèrent et mutinèrent la commune à l'encontre de lui, et quand ils eurent achevé de parler, Martius se leva pour leur répondre : et combien que la commune mutinée menât un fort grand bruit, toutefois quand elle le vit, pour la révérence qu'elle portait à sa vertu, elle s'apaisa et lui donna paisible audience pour à loisir déduire ses justifications, et les plus gens de bien des Antiates, et qui plus s'éjouissaient de la paix, montraient à leur contenance qu'ils l'écouteraient volontiers et jugeraient selon leur conscience : à l'occasion de quoi Tullus eut peur, s'il le lais-

sait parler, qu'il ne prouvât au peuple son innocence, pour ce qu'il était, entre autres choses, homme très-éloquent, avec ce que les premiers bons services qu'il avait faits à la communauté des Volsques lui apportaient plus de faveur que les dernières imputations ne lui causaient de défaveur ; et qui plus est, cela même qu'on lui tournait à crime était témoignage de la grâce qu'ils lui devaient pour ce qu'ils n'eussent point estimé qu'il eût fait tort en ce qu'ils n'avaient pas pris la ville de Rome, s'ils n'eussent été bien près de la prendre par le moyen de sa conduite. Pour ces raisons estima Tullus qu'il ne fallait point délayer son entreprise ni s'amuser à mutiner et susciter la commune contre lui, mais se prirent les plus mutins des conjurés à crier qu'il ne le fallait point ouïr ni permettre qu'un traître usurpât ainsi domination tyrannique sur la ligue des Volsques, ne se voulant pas démettre de son État et autorité ; et en disant telles paroles se ruèrent tout à un coup sur lui, et le tuèrent sur la place sans que personne des assistants s'entremît de le secourir. »

(17) A la date du 26 novembre 1607, les registres du dépôt de la librairie à Londres contiennent la mention suivante :

Na. Butter and Jo. Busby. M. Willm.
Shakespeare, his Historie of Kinge
Lear, as yt was played before the
King's Majestie at Whitehall upon
St-Stephen's night at Christmas
last, by his Majesties servants
playing usually at the Globe on
the Bank-side.

Traduction :

Na. Butter et Jo. Busby. L'Histoire
du roi Lear par M. Willm.
Shakespeare, telle qu'elle a été jouée devant
Sa Majesté le roi à Whitehall, la
nuit de la St-Étienne, à Noël
dernier, par les serviteurs de Sa Majesté
jouant usuellement au Globe sur
le Bank-side.

Les éditeurs Nathaniel Butter et John Busby, qui avaient acquis ainsi officiellement le droit de publier *le Roi Lear*, en firent paraître trois éditions successives dans le courant de l'année 1608. Ces trois éditions, de format in-quarto, ne diffèrent entre elles que par d'insignifiants détails de typographie et de pagination.

Le Roi Lear ne fut réimprimé que quinze ans plus tard, dans la grande édition in-folio que les libraires Blount et Jaggard publièrent en 1623. Cette édition posthume se distingue des précédentes par d'importantes variations : elle omet deux cent vingt-cinq vers ou lignes qui figurent dans les éditions in-quarto, et contient en revanche cinquante lignes ou vers nouveaux qui manquent à celles-ci. Des discussions passionnées se sont établies entre les critiques d'Angleterre, d'Allemagne et d'Amérique sur la question de savoir si ces nombreuses modifications ont été opérées par Shakespeare lui-même, ou si elles sont l'œuvre de ses éditeurs. Ceux qui les attribuent à l'auteur font remarquer que les passages ajoutés sont d'un style tout Shakespearien. Ceux qui pensent qu'elles ont été improvisées par les éditeurs font observer que les passages omis sont nécessaires à la beauté et à la clarté de l'œuvre, et que Shakespeare n'a pu autoriser ces omissions dégradantes : comment croire que Shakespeare ait traturé de sa propre main deux des plus belles scènes de son drame, celle où le roi Lear traduit Goneril et Régane devant le tribunal de son délire, et celle où le confident de Kent lui peint en vers si touchants l'impression produite sur Cordélia par les malheurs de son père? Comment admettre que Shakespeare ait supprimé volontairement le monologue indispensable qui termine la scène XVI, et sans lequel nous croirions qu'Edgar doit accompagner le roi Lear à Douvres? N'est-ce pas une lacune regrettable que l'omission de ce dialogue si caractéristique dans lequel les valets du duc de Cornouailles, plus humains que leur maître, prennent en pitié Glocester aveuglé ? — Voilà les raisons que font valoir les critiques qui attribuent aux éditeurs de Shakespeare les changements posthumes apportés au texte de son drame, et certes ces raisons ont une incontestable valeur. Mais leurs adversaires leur répliquent toujours par cet argument péremptoire que les cinquante lignes ajoutées au texte primitif n'ont pu être écrites que par Shakespeare.

Et la polémique a duré ainsi depuis longues années sans qu'un médiateur soit encore intervenu pour concilier les deux partis. Quoi de plus facile cependant que la solution de ce problème réputé insoluble? Le texte de l'édition de 1623 porte, selon moi, l'empreinte de deux remaniements successifs : l'un, légitime, opéré par l'auteur lui-même qui, en relisant son œuvre après quelques années de méditation, l'a éclairée par cinquante lignes ou vers nouveaux ; l'autre, illégitime, opéré par les éditeurs seuls qui, dans la hâte de l'impression, ont cru pouvoir tronquer *le Roi Lear*, comme ils avaient tronqué *Hamlet* [1], et ont retranché deux cent vingt-cinq lignes du chef-d'œuvre jugé trop long. Figurez-vous un encadreur rognant au gré de son étroit châssis quelque toile merveilleuse composée et retouchée par un maître. Vous viendra-t-il dans l'idée que le manœuvre a été autorisé par l'artiste à cette dégradation ? Et ne distinguerez-vous pas la main qui a restauré le chef-d'œuvre de la main qui l'a mutilé ?

Le Roi Lear a été composé et écrit à l'époque où le génie de Shakespeare atteignait son zénith, dans l'intervalle qui sépare l'année 1603 de l'année 1606. Car, d'une part, c'est en 1606 qu'en eut lieu la représentation solennelle devant le roi Jacques Ier ; et d'autre part, c'est en 1603 que parut le curieux ouvrage du docteur Harsnet sur *les Impostures papistes*, auquel Shakespeare a emprunté maints détails minutieux. J'ai déjà dit à l'introduction qu'une pièce anonyme avait précédé sur la scène anglaise le drame du maître. Cette pièce intitulée : *La vraie Chronique du roi Leir et de ses Trois Filles*, avait été enregistrée au *Stationers' Hall* le 14 mai 1594 et publiée par le libraire John Wright en 1605. C'est sur le texte de cette rare édition qu'ont été traduits les nombreux extraits que le lecteur trouvera plus loin.

Le Roi Lear a traversé de singulières alternatives d'éclat et d'obscurité. Joué primitivement avec grand fracas à la cour

[1] Dans *Hamlet* les mêmes éditeurs ont supprimé plus de deux cents lignes du texte primitif.

du premier des Stuarts, ce drame était si complétement oublié quatre-vingts ans plus tard que, sous le règne de Jacques II, un scribe, ayant nom Nahum Tate, put, sans être taxé de plagiat, le remanier et le faire représenter comme un ouvrage de sa composition, après avoir avoué toutefois dans un Avis au public qu'il existait sur le même sujet « une pièce obscure qu'un ami avait recommandée à son attention » *an obscure performance commended to his notice by a friend.* La crédulité publique autorisa si bien cette supercherie qu'en 1707 le susdit Nahum, publiant une tragédie de son cru (*l'Amour outragé ou le Mari cruel*), s'intitulait fastueusement *l'auteur du Roi Lear.* Et, ce qu'il y a de plus étrange, c'est que, l'imposture une fois dévoilée, la contrefaçon de Tate n'en continua pas moins à remplacer sur le théâtre l'œuvre originale. Garrick lui-même joua et monta à *Drury Lane* le drame défiguré par Nahum, et les chefs de troupe, fidèles à cette déplorable tradition, le représentaient encore, il y a vingt ans à peine. Mais l'heure de la réparation est enfin venue. La parodie de Tate a été rejetée aux ténèbres comme une calomnie, et le chef-d'œuvre, si longtemps méconnu, a été restauré dans sa splendeur première par l'admiration repentante du genre humain.

(18) *Albany*, ancien nom de l'Écosse.

(19) Toute la phrase commençant par ces mots : *Cornouailles notre fils,* et finissant par ceux-ci : *tout débat futur,* manque aux éditions in-quarto.

(20) Le texte primitif des éditions in-quarto dit tout simplement :

Couvert de forêts ombreuses et de vastes prairies.

(21) Ces paroles adressées par Lear à Cordélia : *Vous dont le vin de France et le lait de Bourgogne se disputent la jeune prédilection,* ont été ajoutées au texte primitif par l'édition de 1623.

(22) *Cher sire, arrêtez!* Cette exclamation est encore une addition au texte primitif.

(23) Voici comment cette première scène était présentée dans le drame anonyme qui précéda sur la scène anglaise l'œuvre de Shakespeare :

Entrent LEIR et PERILLUS.

LEIR.

— Perillus, va chercher mes filles, — dis-leur de venir immédiatement me parler.

PERILLUS.

— J'y vais, mon gracieux seigneur.

Il sort.

LEIR.

— Oh ! quel combat se livrent dans mon cœur pantelant — l'amour de mes enfants et le soin de la chose publique ! — Combien mes filles sont chères à mon âme, — nul ne le sait, hormis celui qui sait mes pensées et mes actes secrets. — Ah ! elles ne savent pas quel tendre souci — je prends de leur avenir ! — Tandis qu'elles dorment nonchalamment sur des lits de plume, — ces yeux vieillis veillent sur leur bonheur. — Tandis que, folâtres, elles jouent avec les colifichets de la jeunesse, — ce cœur palpitant est accablé de cruels ennuis. — Autant le soleil éclipse la plus petite étoile, — autant l'amour du père éclipse celui des enfants. — Pourtant mes plaintes sont sans cause, — car le monde — ne pourrait citer des enfants plus soumis... — Et pourtant mon esprit est troublé — par je ne sais quel pressentiment, et pourtant je crains quelque malheur.

Entre PERILLUS avec les TROIS FILLES de Leir.

— Bon, voici mes filles... J'ai trouvé un moyen de me débarrasser de mes inquiétudes.

GONORILL.

— Notre royal seigneur et père, en toute obéissance, — nous venons savoir la teneur de votre volonté, — et pourquoi vous nous avez mandées si hâtivement.

LEIR.

— Chère Gonorill, bonne Ragane, bien-aimée Cordella, — branches florissantes d'une souche royale, — rejetons d'un arbre qui jadis était verdoyant, — mais dont la végétation est maintenant flétrie par la gelée de l'hiver ! — La pâle et sinistre mort est sur mes pas — et me cite à ses prochaines assises. — Conséquemment, chères filles, si vous tenez à rassurer — celui qui vous donna l'être, — résolvez un doute qui moleste fort mon esprit : — quelle est celle de vous trois qui aurait pour moi le plus de tendresse ? Quelle est celle qui m'aime le plus et qui, à ma requête, — se soumettrait le plus vite aux ordres d'un père ?

GONORILL.

— Mon gracieux père ne doutera, je l'espère, — de l'amour d'aucune de ses filles. — Mais, pour ma part, s'il faut vous prouver un dévouement — qui ne saurait être exprimé par de creuses paroles, — je le déclare, j'estime si haut mon amour pour vous — que la vie me semble peu de chose auprès de mon amour. — Quand vous m'enjoindriez de m'attacher une meule de moulin — autour du cou et de me jeter à la mer, — je le ferais volontiers sur un signe de vous. — Oui, pour vous satisfaire, je monterais — sur la tour la plus haute de toute la Bretagne, — et de son sommet je me précipiterais tête baissée. — Bien plus, si vous me sommiez d'épouser — le plus misérable vassal qui soit dans ce vaste univers, — j'obéirais sans réplique. — Bref, signifiez-moi votre désir ; — et si je m'y refuse, je renonce à toute faveur.

LEIR.

— Oh ! combien tes paroles raniment mon âme mourante !

CORDELLA, à part.

— Oh ! combien j'abhorre cette flatterie !

LEIR.

— Mais que dit Ragane à la demande de son père ?

RAGANE.

— Oh ! si ma simple élocution pouvait suffire — à exprimer les vrais sentiments de mon cœur ! — Mais il brûle pour Votre Grâce d'une ardeur de dévouement — qui ne peut s'éteindre que dans son zèle — à se manifester par des preuves extérieures ! — Oh ! si seulement quelque autre fille osait — jeter à mon amour le défi du sien, — je lui ferais bien vite avouer qu'elle n'a jamais eu — pour son père la moitié de l'affection que j'ai pour vous. — Alors mes actes montreraient, d'une manière plus flagrante, — quel est mon zèle envers Votre Grâce. — Mais que cette preuve suffise à défaut de toute autre, — pour faire éclater mon amour à vos yeux : — j'ai de nobles soupirants, — de race au moins royale, et peut-être aimé-je quelqu'un d'eux. — Eh bien, si vous vouliez que je fisse un nouveau choix, — je réprimerais ma passion et me laisserais gouverner par vous.

LEIR.

— Philomèle a-t-elle jamais chanté note si suave ?

CORDELLA, à part.

— Jamais la flatterie a-t-elle tenu si faux langage ?

LEIR.

— Parle maintenant, Cordella, mets le comble à ma joie, — et verse le nectar de tes lèvres emmiellées.

CORDELLA.

Je ne saurais peindre mon dévouement par des paroles, — et j'espère que mes actions en témoigneront pour moi. —Mais, croyez-le bien, l'amour que l'enfant doit au père, — je l'éprouve pour vous, mon gracieux seigneur.

GONORILL.

— Voilà une réponse qui vraiment n'en est pas une. — Si vous étiez ma fille, j'aurais peine à la supporter.

RAGANE.

— Ne rougis-tu pas, dans ta fierté de paon, —de faire à notre père une si sèche réplique ?

LEIR.

— Qu'est-ce à dire, mignonne ? êtes-vous devenue si fière ? — Est-ce notre tendresse qui vous rend à ce point péremptoire ? — Quoi ! votre affection pour nous est devenue si mince — que vous ne daignez pas nous dire ce qu'elle est ! — Vous nous aimez comme tous les enfants — aiment leur père ? Oui, il est des enfants — qui, par leur désobéissance, abrégent les jours de leur père, — et vous feriez comme eux. Il en est d'autres qui, ennuyés de leur père, — emploient tous les moyens pour l'expédier de ce monde, — et vous feriez comme eux. Il en est d'autres, à qui il est indifférent — que leur vieux père meure ou vive, — et vous êtes de ceux-là ! Ah ! si tu reconnaissais, fille arrogante, — tous les soins que j'ai pris pour t'élever, — alors tu dirais comme tes sœurs : — Notre vie est peu de chose près de l'amour que nous vous devons.

CORDELLA.

— Cher père, ne vous méprenez pas sur mes paroles, — et ne méjugez pas mes vrais sentiments : — ma langue n'a jamais été accoutumée à la flatterie.

GONORILL.

— Gardez-vous de dire que je suis une flatteuse : sinon, — mes actes vous prouveront que je ne le suis guère avec vous. — J'aime mon père plus que tu ne peux l'aimer.

CORDELLA.

— La prétention serait grande, exprimée par une autre bouche ; — mais j'incline à croire qu'ici vous n'avez pas de pareille.

RAGANE.

— Si fait, en voici une ; car je confirme — tout ce qu'elle a dit et pour moi-même et pour elle. — Je dis que tu ne veux pas de bien à mon père.

CORDELLA.

— Cher père !...

LEIR.

— Silence, petite bâtarde! tu n'es pas l'enfant du roi Leir! — Je ne veux plus t'écouter. — Si tu tiens à la vie, ne m'appelle pas ton père, — et ne te permets pas de donner à celles-ci le nom de sœurs. — Désormais n'attends plus de protection de moi ni des miens. — Deviens ce que tu voudras, et fie-toi à toi seule. — Je veux diviser également mon royaume, — pour constituer à tes deux sœurs une dot royale, — et les pourvoir selon leur mérite. — Cela fait, puisque tu ne peux espérer — désormais d'avoir une part dans ma succession, je vais sur-le-champ me déposséder, — et les installer sur mon trône princier.

GONORILL.

— J'ai toujours cru à la chute de l'orgueil.

RAGANE.

— Juste décision, ma sœur. Votre beauté est si éclatante — que vous n'avez pas besoin d'une dot pour vous faire reine.

Sortent Leir, Gonorill, Ragane.

CORDELLA.

— Où irai-je à présent, pauvre abandonnée, — quand mes propres sœurs triomphent de ma disgrâce? — C'est en celui qui protège le juste, — en celui-là seul que Cordella mettra désormais sa confiance. — Ces mains travailleront pour subvenir à mes besoins, — et ainsi je vivrai jusqu'à la fin de mes jours.

Elle sort.

PERILLUS.

— Oh! combien je souffre de voir mon seigneur assez faible — pour se laisser séduire par de vaines flatteries! — Ah! si seulement il avait pesé avec une mûre réflexion — la teneur cachée de son humble réponse, — la raison n'aurait pas cédé la place à la rage, — et la pauvre Cordella n'aurait pas subi une telle disgrâce.

Il sort.

(Extrait de la *Vraie Chronique du roi Leir*, 1605.)

(24) « Edmond appelle la Nature sa déesse, en sa qualité de fils *naturel*; il parle en homme qui n'a de père que selon la loi de la nature et qui n'est l'enfant de personne, *nullius filius*, selon la loi de la société. » — M. MASON.

(25) « EDMOND. Il ne l'est pas, je vous assure.

» GLOCESTER. Envers son père qui l'aime si tendrement, si absolument!... Ciel et terre! »

Ce passage ne se trouve que dans les éditions in-4°.

(26) Ce passage du monologue de Glocester, depuis ces

mots : *ce misérable né de moi,* jusqu'à ceux-ci : *nos tombes,* se trouve pour la première fois dans l'édition in-folio.

(27) Le texte de l'édition in-folio résume les trois répliques qui précèdent en ces simples mots attribués à Edgar :

« Les effets qu'elle énumère ne se manifestent, je vous assure, que trop malheureusement. Quand avez-vous quitté mon père ? »

(28) Les deux répliques qui précèdent sont traduites du texte de 1623. Le texte primitif présentait ainsi le dialogue :

« EDGAR. Quelque scélérat m'aura fait tort auprès de lui.

» EDMOND. C'est ce que je crains, frère, je vous conseille, etc.

(29) Le texte de 1623 supprime les cinq vers qui précèdent ainsi que ces mots dits un peu plus bas par Goneril :

« Je voudrais, et j'y parviendrai, faire surgir une occasion de m'expliquer. »

(30) Allusion à un dicton populaire : « Au temps d'Élisabeth, dit le commentateur Warburton, les papistes passaient, et avec raison, pour ennemis du gouvernement. De là cette phrase proverbiale : *Il est honnête et ne mange pas de poisson.* Laquelle signifiait : Il est ami du gouvernement et protestant. A cette époque c'était faire acte de papisme que de manger du poisson. »

(31) Tout ce qui précède à partir de la réplique de Lear : *Non, mon gars, apprends-moi,* a été retranché du texte de 1623. Il est important de remarquer que la dernière phrase prononcée par le fou est une allusion satirique aux monopoles que la reine Élisabeth et le roi Jacques Ier accordaient à leurs favoris. La suppression du passage pourrait donc être une concession faite par les éditeurs de 1623 à quelque influence politique.

(32) Les deux répliques qui précèdent manquent à l'édition in-folio.

(33) L'édition de 1623 omet ces mots : « Tu le verras, je te le garantis. »

(34) Les treize vers qui précèdent ont été ajoutés au texte primitif par l'édition de 1623.

(35) Pour mettre le lecteur à même de poursuivre le rapprochement si curieux entre l'œuvre de Shakespeare et l'œuvre de son devancier, je traduis les scènes du drame anonyme qui correspondent à celles que nous venons de voir :

Entrent GONORILL et SKALLIGER.

GONORILL.

— Je te prie, Skalliger, dis-moi ce que tu penses. — Une femme de notre qualité peut-elle — endurer les avanies et les réprimandes péremptoires — que je reçois journellement d'un père radoteur ? — Ne suffit-il pas que je le maintienne d'aumônes, — lui qui n'est pas capable de se maintenir lui-même ? — Comme s'il était notre supérieur, il se met en tête — de nous contrarier et de nous brusquer à chaque mot. — Je ne puis me commander une nouvelle robe et y dépenser une somme un peu ronde, — que ce vieux radoteur, cet imbécile à cervelle desséchée, — ne me fasse d'absurdes reproches. — Je ne puis donner un banquet extraordinaire, — pour me faire honneur et répandre au loin ma renommée, — que ce vieux fou ne critique la chose aussitôt, — en déclarant que la dépense devrait suffire pour deux repas. — Dis-moi donc, je te prie, pour quelle raison — je dois supporter seule les frais de son vain entretien. — Pourquoi ma sœur Ragane en est-elle exemptée, — elle à qui il a donné autant qu'à moi ? — Je t'en prie, Skalliger, dis-moi si tu sais — quelque moyen de me débarrasser de cet ennui.

SKALLIGER.

— Les nombreuses faveurs que vous m'accordez sans cesse, — m'obligent à indiquer en toute loyauté à Votre Grâce — comment vous pouvez au plus vite remédier à ce mal. — La large allocation qu'il a de vous — est ce qui le fait s'oublier ainsi. — Conséquemment, diminuez-la de moitié, et vous verrez — que, possédant moins, il sera plus reconnaissant. — En effet, l'abondance nous fait souvent oublier — la source d'où émanent les bienfaits.

GONORILL.

— C'est bien, Skalliger. Pour cet excellent conseil — je ne serai pas ingrate, si je vis. — J'ai déjà restreint sa pension de moitié, — et je vais sur-le-champ réduire l'autre moitié, — afin que, n'ayant plus de moyens de subsistance, — il aille chercher ailleurs un meilleur asile.

Elle sort.

SKALLIGER.

— Va, femme vipère, opprobre de ton sexe ! — Les dieux, sans doute, te puniront, — ainsi que moi, misérable, qui, pour obtenir faveur, — ai donné à la fille un conseil contre le père ! — Mais le monde nous apprend par expérience — que qui ne sait pas flatter ne saurait vivre.

Il sort.

Entrent le roi de Cornouailles, Leir, Perillus et les nobles.

CORNOUAILLES.

— Qu'est-ce qui vous rend si triste, mon père ? — Il me semble que vous ne riez plus comme d'habitude.

LEIR.

— Plus nous approchons de la tombe, — moins les joies mondaines ont de charme pour nous.

CORNOUAILLES.

— Mais savoir s'habituer à la gaieté, — c'est le moyen de prolonger la vie.

LEIR.

— Alors, sois le bienvenu, chagrin, seul ami de Leir — qui désire mettre fin à son existence troublée.

CORNOUAILLES.

— Remettez-vous, mon père. Voici votre fille, — qui s'affligera fort, je n'en doute pas, de vous voir si triste.

Entre Gonorill.

LEIR.

— Mais qui s'afflige plus encore, je le crains, de me voir vivre.

CORNOUAILLES.

— Ma Gonorill, vous arrivez à propos — pour tirer votre père de sa pensive mélancolie. — En vérité, je crains que tout n'aille pas bien.

GONORILL.

— Quoi ! craignez-vous que je l'aie offensé ? — S'est-il plaint de moi à mon seigneur ? — Je le réduirai à la portion congrue, — car bientôt il ne s'occupera plus — qu'à colporter des bavardages de l'un à l'autre. — Son unique occupation est d'allumer des querelles — entre vous, milord, et moi, votre femme dévouée ; — mais je prendrai des mesures, si je puis, — pour arrêter le mal à sa source.

CORNOUAILLES.

— Chère, ne te fâche pas aveuglément. — Jamais de la vie il ne s'est plaint de toi. — Mon père, vous ne devez pas faire attention à des paroles de femme.

LEIR.

— Hélas! non. La pauvre enfant, elle fait peau neuve, — et c'est ce qui la rend si sensible, pour sûr.

####### GONORILL.

— Quoi! faire une peau neuve, déjà! Vous me donnez là une belle réputation, vraiment! — O vieux misérable! qui a jamais entendu pareille chose? — Chercher ainsi à diffamer son propre enfant!

####### CORNOUAILLES.

— Je ne puis rester à entendre ces cris de discorde.

Il sort.

####### GONORILL.

— Si vous connaissez quelqu'un qui aime votre compagnie, — vous pouvez faire vos paquets et chercher un autre lieu — où semer les germes de discorde et de disgrâce.

Elle sort.

####### LEIR.

— Ainsi, quoi que je dise ou fasse, — la chose est immédiatement torturée en sens inverse. — Ce châtiment, mes péchés accablants le méritent — dix millions de fois. — Autrement le vieux Leir ne trouverait pas — si cruelle celle pour qui il a toujours été si bon. — Faut-il donc que je me survive pour voir — la loi de la nature se retourner contre moi! — Ah! douce mort, si jamais une créature — a souhaité ta présence avec ferveur, — c'est moi! Viens, je t'en supplie de tout mon cœur, — viens terminer mes souffrances de ton trait fatal.

Il pleure.

####### PERILLUS.

— Ah! ne vous découragez pas, — ne mouillez pas de larmes funestes vos vieilles joues.

####### LEIR.

— Qui donc es-tu, toi qui as pitié — de la misérable condition du vieux Leir?

####### PERILLUS.

— Quelqu'un qui prend part à sa douleur, — comme à celle du père le plus chéri.

####### LEIR.

— Ah! mon bon ami, que tu es malavisé — de sympathiser avec les malheureux! — Va apprendre à flatter quelque part où tu puisses — trouver faveur au milieu des grands et faire ton chemin. — Car maintenant je suis si pauvre et si besogneux — que je ne pourrai jamais récompenser ton dévouement.

####### PERILLUS.

— Ce qu'on obtient par la flatterie n'est pas durable; — et l'existence des gens en faveur n'est pas la plus sûre. — Ma conscience me dit que, si je vous abandonnais, — je serais le rebut le plus immonde de la terre, — moi qui me souviens du passé et qui sais — que de bontés son seigneur a eues pour moi et les miens.

LEIR.

— T'ai-je jamais élevé au-dessus du rang — qu'avaient occupé tous tes ancêtres ?

PERILLUS.

— Je ne l'ai jamais désiré ; mais grâce à votre faveur, — j'ai pu garder mon rang en toute quiétude.

LEIR.

— T'ai-je jamais donné un traitement pour augmenter — les revenus que t'avait laissés ton père?

PERILLUS.

— J'avais assez, sire, et dès lors, — qu'aviez-vous besoin de me donner davantage ?

LEIR.

— Ah! me suis-je jamais dépossédé pour toi? — T'ai-je jamais donné de mon plein gré la moitié de mon royaume?

PERILLUS.

— Hélas! sire, il n'y avait pas de raison — pour que vous eussiez l'idée de me faire ce cadeau.

LEIR.

— Non, si tu raisonnes, tais-toi; — car je puis te réfuter par une bonne raison. — Si celles qui, selon les lois sacrées de la nature, — me doivent le tribut de leur existence, — si celles pour qui j'ai toujours été d'une bonté et d'une générosité incomparables, — si celles pour qui je me suis ruiné, — pour qui j'ai réduit mes vieux ans à cette détresse extrême, — me rejettent à présent et me dédaignent, me méprisent et m'abhorrent, — quelle raison as-tu de compatir à mes malheurs?

PERILLUS.

— A défaut de raisons, que les larmes ratifient mon dévouement, — et disent combien vos douleurs me touchent! — Ah! mon bon Seigneur, ne condamnez pas toutes vos filles pour la faute d'une seule : — vous en avez deux encore qui, j'en suis sûr, — vous feront le meilleur accueil, s'il vous plaît d'aller à elles.

LEIR.

— Oh! combien tes paroles ajoutent à mon chagrin, — en me rappelant mon injustice envers Cordella ! — Je l'ai dépossédée sans raison, — à la cruelle suggestion de ses sœurs. — Et c'est, je le crois, pour m'en punir que l'arrêt du malheur — m'a frappé : je ne l'ai que trop mérité. — J'ai toujours été bon pour Ragane, — et je lui ai donné la moitié de ce que j'avais ; — cependant il se pourrait, si j'allais chez elle, — qu'elle fût bonne pour moi et qu'elle me traitât bien.

PERILLUS.

— Nul doute qu'elle ne le fasse, et qu'avant peu elle n'ait recours
— à la force des armes pour venger vos injures.

LEIR.

— Soit! puisque tu me conseilles de m'adresser à elle, — essayons
de ce pis aller.

Ils sortent.

(Extrait de *La Vraie Chronique du roi Leir.*)

(36) « Quand le roi dit : « Partez en avant pour *Glocester*;
si vous ne faites pas diligence, je serai là avant vous, » il entend parler de *la ville* de Glocester que Shakespeare attribue
pour résidence au duc de Cornouailles et à Régane, afin de
rendre probable leur soudaine visite au comte de Glocester
dont le château est censé être aux environs de cette cité. Les
anciens comtes anglais résidaient ordinairement dans les com-
tés dont ils portaient les titres. Lear, ne trouvant pas son gendre et sa fille chez eux, les rejoint au château du comte de
Glocester. » — MALONE.

(37) « C'était une croyance alors populaire, que l'alcyon,
communément appelé *martin-pêcheur*, règle toujours son vol
sur la direction du vent. » — STEEVENS.

(38) *Camelot*, ville célèbre dans les romans de chevalerie,
où, selon la tradition, eurent lieu les noces du roi Arthur et
de la princesse Genièvre. Les antiquaires sont en désaccord
sur l'emplacement de cette cité légendaire. Selon le *Roman
de Brut*, la bataille, où Arthur fut blessé mortellement, eut
lieu près de *Camblan*, sur les confins de Cornouailles :

> Joste *Camblan* fu li bataille,
> A l'entrée de Cornouailles.

La ville de *Camelot* ne serait-elle pas la même que cette antique *Camblan*? L'analogie des deux noms le ferait croire.

(39) Les quatre vers qui précèdent ont été retranchés de
l'édition de 1623.

(40) « Dans l'accomplissement de ses ordres... Entravez-lui
les jambes. » Ce vers a été retranché de l'édition de 1623.

(41) Howell, dans son *Dictionnaire des proverbes anglais*, explique ainsi ce dicton : « *Passer d'un ciel tolérable sous un soleil brûlant*, c'est quitter le bien pour le pire. » Kent entend dire ici que Lear va trouver chez Régane un accueil pire que chez Goneril.

(42) Les mendiants de Bedlam (*Bedlam beggars*) étaient des lunatiques qui avaient été effectivement enfermés dans l'hôpital de Bedlam, mais qui, soit qu'ils parussent suffisamment guéris, soit que les fonds manquassent pour les nourrir plus longtemps, avaient été renvoyés de l'hospice avec licence de mendier. Ces malheureux excitaient partout la sympathie ; et c'est pourquoi beaucoup de vagabonds, qui voulaient exploiter la charité publique, assumaient leur costume et contrefaisaient leur démence. Decker, dans son *Sonneur de Londres* (1608), décrit ainsi un de ces *truands* : « Il jure qu'il a été à Bedlam, et parle tout exprès un jargon de frénétique : vous voyez des épingles enfoncées dans maintes parties de sa chair nue, et il s'inflige volontiers cette douleur pour vous faire croire qu'il n'a pas son bon sens. Il se donne le nom de *pauvre Tom*, et, en s'approchant des passants, s'écrie : *Pauvre Tom a froid.* »

(43) Cette courte affirmation de Lear et la réplique de Kent ont été raturées du texte de l'in-folio.

(44) *Hysterica passio*. Shakespeare avait trouvé dans un document contemporain le nom de la maladie mystérieuse dont le roi Lear sent ici les premières attaques. Un pamphlet, publié en 1603 par le docteur Samuel Harsnet, sous ce titre : *Révélation des impostures papistes*, attribue la même maladie à l'un des démoniaques que le jésuite Weston prétendait guérir par ses exorcismes :

« Richard Maynie avait eu, dès sa jeunesse, des accès d'*hys-
« terica passio*. Étant en France, il consulta un docteur écos-
« sais, résidant à Paris, qui appelait cette affection *vertiginem
« capitis*... Elle est produite par des vents au fond du ventre,
« et, se manifestant par un grand gonflement, cause une co-
« lique très-douloureuse dans l'estomac et un étourdissement
« extraordinaire dans la tête. » Pages 25 et 26.

(45) Les deux vers qui précèdent se trouvent pour la première fois dans l'édition de 1623.

(46) Cette question de Lear et la réplique de Régane ont été ajoutées également au texte primitif par l'édition de 1623.

(47) « — Où va-t-il ? — Il commande les chevaux. »
Encore une addition au texte primitif.

(48) Le reste de cette réplique, à partir de ces mots : *Il arrache ses cheveux blancs*, a été supprimé dans l'édition de 1623.

(49) Les huit vers qui suivent ne sont pas dans les éditions in-4°.

(50) Les douze vers suivants ont été retranchés de l'édition in-folio. Ce retranchement, évidemment contraire à la pensée de l'auteur, ne peut être attribué qu'à une étourderie de l'imprimeur ; car, comme le remarquent Pope et Johnson, ces vers sont nécessaires pour annoncer l'arrivée de l'armée française avec Cordélia et pour expliquer la mission que Kent confie au chevalier.

(51) Ce monologue du fou se trouve pour la première fois dans l'édition de 1623. Dans les éditions primitives, le fou quitte la scène en même temps que Lear et Kent.

(52) Ces deux vers manquent aux éditions in-4°.

(53) L'auteur semble avoir emprunté au curieux ouvrage du docteur Harsnet, *Révélation des impostures papistes*, les minutieux détails donnés ici par Edgar sur les persécutions que le démon est censé lui faire subir. Voici le passage que Shakespeare avait sans doute sous les yeux :

« Le témoin (Friswood Williams) déclara en outre qu'un certain Alexandre, apothicaire, ayant apporté avec lui de Londres à Denham *une hart neuve* et *deux lames de couteau*, les laissa sur le plancher de la galerie dans la maison de son maître, et le lendemain se rendit avec le témoin dans ladite galerie. Là, le témoin, apercevant ladite hart et lesdits couteaux, demanda à maître Alexandre ce que cela signifiait.

Maître Alexandre, jouant l'étonnement, déclara qu'il ne voyait rien, bien qu'il eût les yeux fixés sur ces objets. Le témoin alors les désigna du doigt en disant : « Les voyez-vous maintenant ? » puis les ramassa et les présenta à maître Alexandre. « En effet, dit alors celui-ci, je les vois maintenant, mais tout à l'heure je ne pouvais les voir.... Je suis donc certain que c'est le démon qui les a mis là pour vous causer préjudice, à vous qui êtes possédée[1]. » Sur quoi une enquête fut faite pour savoir comment lesdits couteaux et ladite hart avaient été mis là ; on ne pouvait trouver aucune explication, lorsque enfin maître Mainy (un des démoniaques) fut pris d'un nouvel accès et affirma que le démon avait déposé ces objets dans la galerie pour que ceux qui étaient possédés pussent ou se pendre avec la hart ou s'égorger avec les couteaux. » Page 219.

(54) *Frateretto*, *Flibertigibet*, *Hoberdidance*, *Tocobatto*, étaient quatre démons que Sara Williams (une des possédées), faisait danser à la ronde dans ses attaques. Ces quatre démons avaient sous leurs ordres quarante assistants. » — *Révélation des impostures papistes*, p. 49.

(55) Warburton donne l'explication suivante de l'obscure ballade psalmodiée par Edgar : « Saint Withold, traversant la dune, rencontra l'*Incube* qui lui dit son nom ; il l'obligea à quitter les personnes qu'elle étreignait et lui fit jurer de ne plus leur faire de mal. » Selon ce commentateur, saint Withold était le patron sacré dont on invoquait la protection contre le démon du cauchemar.

(56) « Les noms des petits esprits expulsés de Trayford (le domestique du sieur Peckham, un des possédés), étaient ceux-ci : Hilco, *Smolkin*, Hillio, Hiaclito et Lustie le Fierà-bras ; ce dernier semble être un petit diable fanfaron, échappé

---

[1] Le témoin était une femme de chambre au service d'un sieur Edmond Peckham, gentilhomme catholique, qui demeurait à Denham avec sa famille.

de l'échoppe d'un chaudronnier. » —*Révélation des impostures papistes*, par Harsnet, p. 46.

(57) « *Modo*, le démon de maître Mainy, était un grand chef, ayant sous son contrôle les capitaines des sept péchés capitaux: Cliton, Bernon, Hilo, Montubizanto et le reste. Lui-même était un général d'aimable et courtoise disposition. C'est ce qu'affirme Sara Williams, touchant les relations de ce diable avec mistress Plater et sa sœur Fid.

» Sara Williams avait en elle, pour parler crûment, tous les diables de l'enfer. L'exorciste demande à *Mahu*, le démon de Sara, quelle compagnie il a avec lui ; le diable, sans mâcher ses mots, lui dit en termes nets: *Tous les diables de l'enfer*... *Mahu* était dictateur général de l'enfer ; et pourtant, par courtoisie et par bonté d'âme, il faisait mine d'être sous les ordres de *Modo*, le grand diable de maître Mainy. Les démons étaient tous pêle-mêle dans la pauvre Sara. La pauvre fille se démena avec eux, deux années durant ; si bien que, pendant ces deux ans, c'était même chose de dire d'un diable : il est allé en enfer ou dans Sara Williams ; car la pauvre enfant avait tout l'enfer dans son ventre. » — *Révélation des impostures papistes*, p. 47 et suiv.

(58) Peut-être Shakespeare a-t-il ici une vague réminiscence de Rabelais qui dit qu'en enfer « Trajan estoit pescheur de grenouilles et Néron vieilleux. » La *Vie de Gargantua* avait été traduite en anglais vers 1575.

(59) Cette réplique du fou manque aux éditions in-4°.

(60) *Le noir démon me mord le dos*. A partir de ces mots jusqu'à ceux-ci : *juge félon, pourquoi l'as-tu laissée échapper?* tout le dialogue est supprimé dans l'édition posthume de 1623. Comment admettre que Shakespeare vivant eût jamais autorisé une suppression qui fait disparaître une des plus admirables scènes de son œuvre, celle où le roi traduit ses filles coupables à la barre de sa folie ? Un retranchement pareil n'est pas une abréviation, c'est une mutilation : il ne peut être attribué qu'à quelque témérité sacrilége des éditeurs.

(61) L'édition in-folio termine ici la scène et supprime ainsi le beau monologue d'Edgar. — « Ce monologue, remarque Théobald, est absolument nécessaire : Edgar ne devant pas accompagner le roi à Douvres, selon le plan de la pièce, il serait absurde qu'un personnage de cette importance quittât la scène sans dire un mot, sans même nous donner à entendre ce qu'il va faire. »

(62) Les éditions originales ne contiennent aucune indication précise sur la manière dont Glocester est aveuglé. Les éditeurs modernes ont pris sur eux de combler cette lacune en intercalant dans le texte les détails que voici : *Glocester est tenu renversé sur son fauteuil, tandis que Cornouailles lui arrache un œil et l'écrase sous son pied.* Puis, plus loin : *Cornouailles arrache l'autre œil de Glocester et l'écrase.* J'ai dû rejeter ces interpolations apocryphes de ma traduction, qui reste ainsi le calque fidèle du texte primitif. Un traducteur n'a pas le droit de décider ce que son auteur a laissé dans le doute. Or, Shakespeare a omis, probablement à dessein, d'indiquer le mode adopté par le bourreau pour supplicier sa victime. Ce qui est certain, c'est que le vieillard perd la vue. Comment? nous ne le savons pas. Le silence du texte sur ce point prouve évidemment que l'horrible exécution n'avait pas lieu sur la scène propre. Le spectateur ne devant pas la voir, l'auteur n'a pas eu à la décrire. Il est infiniment probable que quelque obstacle matériel, peut-être un décor, peut-être un simple rideau, peut-être une haie de comparses, dissimulait le supplice au public. Tieck conjecture que l'action était transportée momentanément dans l'arrière-scène, pratiquée au fond du théâtre [1]. Voici comment l'éminent critique allemand développe son hypothèse :

« Le siége auquel Glocester est attaché est le même qui était placé sur une plate-forme légèrement exhaussée, au

---

[1] Voir les détails que j'ai donnés sur la construction du théâtre anglais à la note 58 du tome V.

centre de la scène, et sur lequel Lear était assis au commencement du drame. Le petit théâtre central était, quand il ne servait pas, caché par un rideau qu'on écartait en cas de besoin. Shakespeare, comme tous les auteurs dramatiques de son temps, a donc fréquemment deux scènes en même temps. Dans *Henri VIII*, les nobles se tiennent dans l'antichambre ; le rideau est tiré et nous sommes dans la chambre du roi. De même, quand Crammer attend dans l'antichambre, le rideau s'écarte et nous montre la salle du conseil. Cette combinaison avait cet avantage, que, grâce aux piliers qui séparaient le petit théâtre central de la scène propre, un double groupe pouvait être présenté, soit complétement, soit partiellement ; deux scènes à la fois pouvaient être jouées et être parfaitement comprises, lors même que le public ne voyait pas effectivement ce qui se passait dans le plus petit compartiment. — Ainsi Glocester est assis, probablement caché, et Cornouailles se tient à côté de lui, visible. Régane est sur l'avant-scène au-dessus, mais près de Cornouailles, et sur cette avant-scène sont également les serviteurs. Cornouailles arrache un œil à Glocester, mais nous ne le voyons pas absolument ; car quelques-uns des hommes qui tiennent le siége l'entourent, et le rideau n'est qu'à demi écarté (il se séparait en deux moitiés). L'expression employée par Cornouailles doit être prise au figuré, et ce n'est certainement pas en réalité qu'il écrase l'œil arraché. Durant le hideux dialogue de Cornouailles et de Régane, un des serviteurs court sur la scène supérieure et blesse Cornouailles. Régane, qui est au-dessous, saisit l'épée d'un autre vassal et frappe le serviteur par derrière, pendant qu'il lutte contre le duc. Les groupes sont tous en mouvement et deviennent moins distincts, et, tandis que l'attention est absorbée par la rixe sanglante, Glocester perd son second œil. Nous entendons les plaintes de Glocester, mais nous ne le voyons plus, il disparaît par la sortie de l'arrière-scène. Cornouailles et Régane reviennent sur le proscénium et se retirent par les côtés. Les serviteurs concluent la scène par quelques réflexions. Telle était, j'imagine, la conduite de l'action. »

(63) L'édition in-folio omet tout ce dialogue entre les serviteurs de Cornouailles.

(64) La réplique d'Edgar s'arrête à ces mots dans l'édition in-folio.

(65) « Oh! quelle différence entre un homme et un homme! » Cette exclamation manque au texte des in-4°.

(66) Ce dernier vers a été retranché de l'édition de 1623.

(67) L'édition de 1623 termine ici l'apostrophe de Goneril.

(68) Elle retranche les deux répliques qui suivent et fait entrer le messager immédiatement après cette exclamation : « Oh! vain imbécile! »

(69) « Cette scène tout entière a été omise dans l'édition in-folio, sans doute pour abréger la pièce, mais elle est absolument nécessaire à la marche de l'action. » — JOHNSON.

(70) Cette description a été universellement admirée, en Angleterre, depuis qu'Addison a déclaré que « celui qui pouvait la lire sans subir le vertige, devait avoir la tête ou très-forte ou très-faible. »

(71) « Ce *délicat stratagème* avait été effectivement mis à exécution cinquante ans avant la naissance de Shakespeare, ainsi qu'en fait foi La *Vie de Henri VIII*, par lord Herbert, p. 41 :

« Ayant festoyé les dames pendant plusieurs jours, Henry se rendit de Tournai à Lille, où il avait été invité à résider par madame Marguerite. La duchesse lui donna le spectacle d'une joute fort extraordinaire qui eut lieu dans une antichambre, élevée de nombreux degrés au-dessus du sol et pavée de dalles noires. *On avait ferré les chevaux avec du feutre,* pour les empêcher de glisser. » — MALONE.

(72) « Fort bien. — Je vous en prie, approchez... Plus haut, la musique! » Ce passage est supprimé dans l'édition de 1623.

(73) « Sous ce mince cimier! » L'édition de 1623 retranche cet hémistiche et les trois vers qui précèdent.

(74) Après avoir vu cette scène merveilleuse où Lear retrouve définitivement sa fille, le lecteur sera sans doute curieux de connaître la scène qui y correspond dans le drame anonyme antérieur au drame de Shakespeare. La voici, fidèlement traduite :

[Une plage au bord de la mer.]

Entrent le Roi et la Reine de Gaule, suivis de Monfort qui porte un panier. Tous trois sont vêtus comme des gens de la campagne.

LE ROI.

— Cette pénible excursion à pied, ma bien-aimée, — ne saurait être agréable à vos jambes délicates — qui n'ont pas été habituées à ces fatigantes promenades.

CORDELLA.

— Jamais de ma vie je n'ai pris plaisir — à une excursion plus qu'à celle-ci. — Approchez, Roger, avec votre panier.

MONFORT.

— Tout doux, madame! Voici venir un couple de vieux jouvenceaux, — pour me ragaillardir; j'ai besoin de plaisanter avec eux.

Entrent Leir et Perillus, d'un pas défaillant.

CORDELLA, à Monfort.

— Non, n'en fais rien, je te prie! Ils semblent — être accablés par la douleur et la misère. — Rangeons-nous et écoutons ce qu'ils vont dire.

Le roi de Gaule, Cordella et Monfort s'écartent.

LEIR.

— Ah! mon Perillus, je vois maintenant que tous deux — nous finirons nos jours sur ce sol stérile. — Oh! je succombe d'inanition, — et je sais que ton cas n'est guère meilleur. — Pas un arbre secourable qui nous offre un fruit — pour nous soutenir jusqu'à ce que nous rencontrions des hommes; — pas un heureux sentier qui conduise nos pas malheureux — à quelque asile où nous trouvions secours! — Qu'une douce paix soit accordée à nos âmes élues! — Car je vois que nos corps doivent périr ici.

PERILLUS.

— Ah! mon cher seigneur, combien mon cœur se lamente — de vous voir réduit à cette extrémité! — Oh! si vous m'aimez comme vous le déclarez, — si jamais dans ma vie vous avez fait cas de moi, — que cette chair serve à vous nourrir.

Il met à nu son bras.

Les veines n'en sont pas taries ; — et elles contiennent de quoi vous soutenir. — Oh ! acceptez cette nourriture ; si elle peut vous faire du bien, — je sourirai de joie à vous voir sucer mon sang.

LEIR.

— Je ne suis pas un cannibale pour me plaire — à rassasier de chair humaine mes mâchoires affamées. — Je ne suis pas un démon ni dix fois pire qu'un démon — pour vouloir sucer le sang d'un si admirable ami. — Oh ! ne crois pas que j'estime ma vie — aussi chère que ta loyale affection. — Ah ! Bretagne, je ne te reverrai plus, — ingrate qui as banni ton roi ; — et pourtant ce n'est pas toi que j'accuse, — mais celles qui m'étaient bien plus proches que toi.

CORDELLA, à part.

— Qu'entends-je ? cette voix lamentable, — il me semble déjà l'avoir ouïe souvent.

LEIR.

— Ah ! Gonorill, si je t'ai donné la moitié de mon royaume, — était-ce une raison pour chercher à m'ôter la vie ? — Ah ! Ragane, tout ce que je t'ai donné — ne te suffisait-il pas, et te fallait-il mon sang ? — Ah ! pauvre Cordella, si je ne t'ai rien donné, — dois-je renoncer pour toujours à te rien donner ? — Oh ! puissé-je enseigner à tous les siècles à venir — comment on se fie à la flatterie en rejetant la vérité ! — N'importe !... filles ingrates, je vous pardonne à toutes deux, — mais je doute fort que les justes cieux fassent de même. — Et je ne demande pardon — qu'à la bonne Cordella, à toi, mon ami, — à Dieu, dont j'ai offensé la majesté — par mille transgressions, — à cette chère enfant que, sans motif, — j'ai déshéritée de tout, ne prenant conseil que de la flatterie ; — à toi, affectueux ami, qui, sans moi, je le sais, — ne serais jamais venu dans ce lieu de calamité.

CORDELLA, à part.

— Hélas ! fallait-il que je vécusse pour voir — mon noble père dans cette misère !

LE ROI DE GAULE, à part.

— Doux amour, ne révèle pas qui tu es, — avant que nous sachions la cause de tout ce malheur.

CORDELLA, à part.

— Oh ! mais vite des aliments ! des aliments ! ne voyez-vous pas — qu'ils sont près de mourir faute de nourriture ?

####### PERILLUS, à part.

— Seigneur, toi qui aides tes serviteurs dans le besoin, — envoie-nous du secours ou maintenant ou jamais. — O bonheur! ô bonheur! j'aperçois une table mise, — et des hommes et des femmes, milord. Reprenez courage, — car je vois du secours qui nous arrive. — O milord ! un banquet, et des hommes et des femmes !

####### LEIR.

— Oh! puissé une bienveillante pitié attendrir leurs cœurs, — en sorte qu'ils nous assistent en nos extrémités.

####### PERILLUS, au roi et à la reine qui s'approchent.

— Dieu vous garde, amis ! si ce banquet béni — peut nous fournir aliments ou subsistance, — pour l'amour de celui qui nous a tous sauvés de la mort, — daignez nous sauver des étreintes de la faim.

Cordella conduit Perillus à table.

####### CORDELLA.

— Tenez, mon père, asseyez-vous et mangez ; asseyez-vous ici et buvez; — je voudrais pour vous que ce repas fût bien meilleur encore.

Perillus prend Leir par le bras et le mène à table.

####### PERILLUS.

— Je vous remercierai tout à l'heure ; mon ami est défaillant, — et a besoin d'un secours immédiat.

Leir boit.

####### MONFORT.

— Il ne s'arrêtera pas pour dire les grâces, je vous le garantis ! — Oh ! il n'est pas d'assaisonnement qui vaille un bon appétit.

####### PERILLUS.

— L'adorable Dieu du ciel a pensé à nous.

####### LEIR.

— A lui nos remerciments, ainsi qu'à ces bonnes gens — dont l'humanité nous a sauvés.

Ils mangent avidement ; Leir boit.

####### CORDELLA, à part.

— Et puisse cette liqueur être pour lui comme celle — que but le vieil Éson ! puisse-t-elle renouveler — sa vie flétrie et le faire jeune de nouveau ! — Et puissent ces aliments être pour lui comme ceux — qui restaurèrent Élie et lui donnèrent la force — de marcher quarante jours sans défaillir ! — Me cacherai-je plus longtemps de mon père — ou me ferai-je connaître à lui?

####### LE ROI DE GAULE, à part.

Attends un moment; laisse la force lui revenir, — de peur qu'excédé de joie en te voyant, — ses pauvres sens affaiblis ne lui refusent office, — et qu'ainsi notre joie ne se change en tristesse.

PERILLUS, à Leir.

— Eh bien, milord, comment vous sentez-vous ?

LEIR.

— Il me semble que je n'ai jamais mangé d'aliments si savoureux ; — ils sont aussi agréables que la manne divine — qui tomba du ciel au milieu des Israélites ; — ils m'ont restitué toute mon énergie — et m'ont rendu aussi alerte que jamais. — Mais comment remercierai-je leur bonté ?

PERILLUS.

— En vérité, je ne sais comment les récompenser suffisamment, — mais le meilleur moyen que je puisse imaginer est celui-ci : — je vais leur offrir mon pourpoint pour rétribution ; — car nous n'avons pas autre chose à donner.

LEIR.

— Non, arrête, Perillus. C'est le mien qu'ils auront.

PERILLUS.

— Pardon, milord. Je jure que c'est le mien qu'ils auront.

Perillus offre son pourpoint au roi et à la reine qui le refusent.

LEIR.

— Ah ! qui croirait qu'une telle générosité se trouve — parmi des gens ignorants et étrangers au monde, — et qu'une telle haine fermente dans le sein — de ceux qui ont tant de raisons pour être excellents ?

CORDELLA.

— Oh ! bon vieux père, dis-moi ton chagrin. — J'y compatirai, si je ne puis y remédier.

LEIR.

— Ah ! chère enfant, chère fille ! je puis t'appeler ainsi, — car tu ressembles à une fille que j'avais.

CORDELLA.

— Est-ce que vous ne l'avez plus ? Quoi ! est-elle morte ?

LEIR.

— Non, à Dieu ne plaise ! mais je me la suis aliénée — par ma conduite dénaturée. — Ainsi j'ai perdu le titre de père, — et on peut presque dire que je lui suis étranger.

CORDELLA.

— Votre titre subsiste toujours : car c'est chose reconnue de tout temps — qu'un homme peut faire ce qui lui plaît de son bien. — Mais n'avez-vous qu'une fille en tout?

LEIR.

— J'en ai deux de plus, et deux de trop.

CORDELLA.

— Oh! ne parlez pas ainsi ; attendez plutôt la fin : — les méchants peuvent avoir la grâce de se réformer. — Mais comment vous ont-elles offensé à ce point?

LEIR.

— Si je racontais cette histoire dès le commencement, — il y aurait de quoi faire pleurer un cœur de diamant. — Et toi, pauvre enfant, tu as si bon cœur — que tu pleures avant que j'aie commencé.

CORDELLA.

— Au nom du ciel, parlez ; et quand vous aurez fini, — je vous dirai pourquoi je pleurais si tôt.

LEIR.

— Sachez donc d'abord que je suis né en Bretagne, — et que j'ai eu trois filles d'une épouse bien-aimée. — J'ose le dire, elles étaient d'une beauté achevée ; — spécialement la plus jeune des trois, — dont les perfections étaient pour ainsi dire uniques. — Je raffolais d'elles avec une jalouse tendresse, — et j'imaginai, pour savoir laquelle des trois m'aimait le mieux, — de leur demander laquelle ferait le plus pour moi. — La première et la seconde me flattèrent avec des mots, — et jurèrent qu'elles m'aimaient plus que leur existence. — La plus jeune dit qu'elle m'aimait autant qu'un enfant — pouvait le faire : je tins sa réponse pour fort offensante, — et sur-le-champ, dans une boutade furieuse, — je la repoussai de moi pour l'abandonner à la merci des tempêtes. — Je donnai en dot aux deux autres — tout ce que j'avais, y compris même mes vêtements : — et je ne donnai rien que disgrâce et ennui — à celle qui eût mérité la plus belle part. — Maintenant, remarquez ce qui s'ensuivit. Quand j'eus fait cela, — je séjournai chez ma fille aînée. — Pendant quelque temps je fus bien traité ; — je vécus dans une condition qui me suffisait. — Bien que sa sollicitude se refroidît de jour en jour, — je supportais tout avec patience, — en affectant de ne pas voir ce que je voyais. — A la fin pourtant elle se laissa emporter si loin — par un accès de fureur et d'inexplicable haine — que, dans les termes les plus ignobles et les plus humiliants, — elle me dit de faire mes paquets et d'aller me réfugier ailleurs. — Je fus donc obligé de me rendre — chez ma seconde fille pour lui demander asile et secours; — elle me prodigua les mots les plus aimables et les plus courtois, — mais elle se montra plus cruelle dans ses actions — que jamais fille ne s'était montrée. — Elle me pria d'aller un matin de bonne heure — dans un bosquet situé à deux milles de la cour, — en me disant qu'elle viendrait m'y parler; — là elle avait aposté un misérable assassin tout velu — pour nous massacrer, mon fidèle ami et moi. — Jugez donc vous-même, quelque court que soit mon récit, — si jamais homme eut plus grand sujet de chagrin.

LE ROI DE GAULE.

— Jamais pareille impiété ne fut commise — depuis la création du monde.

LEIR.

— Et aujourd'hui je suis réduit à implorer le secours de celle envers qui j'ai été si dur. — Si son arrêt m'infligeait la mort, — je dois le confesser, elle me payerait seulement ce qui m'est dû. — Mais si elle me montre la sollicitude d'une fille aimante, — c'est Dieu, c'est son cœur qu'elle consultera, non mon propre mérite.

CORDELLA.

— Elle le fera, n'en doutez pas; j'ose jurer qu'elle le fera.

LEIR.

— Comment savez-vous cela, ne sachant pas ce qu'elle est?

CORDELLA.

— J'ai moi-même bien loin d'ici un père — qui m'a traité aussi durement que vous l'avez traitée; — cependant, pour voir encore une fois sa face vénérable, — je me prosternerais et j'irais au-devant de lui à genoux.

LEIR.

— Oh! il n'y a d'enfants impitoyables que les miens!

CORDELLA.

— Ne les condamnez pas tous, pour le crime de quelques-uns. — Mais vois, cher père, vois, regarde et reconnais ta fille toute dévouée qui te parle.

Elle s'agenouille.

LEIR.

— Oh! reste debout! c'est à moi de tomber à genoux — et d'implorer le pardon de mes fautes passées.

Il s'agenouille.

CORDELLA.

— Oh! si vous souhaitez que je respire, — levez-vous, cher père, ou je reçois le coup de mort.

LEIR, se relevant.

— Eh bien, je vais me lever pour satisfaire votre désir, — mais je me remettrai à genoux jusqu'à ce que vous daigniez me pardonner.

Il s'agenouille de nouveau.

CORDELLA.

— Je vous pardonne ; le mot ne me convient guère, — mais je le prononce pour soulager vos genoux. — Vous m'avez donné la vie, vous êtes cause que je suis — ce que je suis ; sans vous, je n'aurais jamais été.

LEIR.

— Mais vous-même m'avez donné la vie, ainsi qu'à mon ami : — et sans vous, nos jours auraient eu une fin prématurée.

CORDELLA.

— Vous m'avez élevée quand j'étais toute jeune — et incapable de subsister par moi-même.

LEIR.

— Je t'ai chassée, quand tu étais toute jeune — et incapable de subsister par toi-même.

CORDELLA.

— Dieu, le monde et la nature disent que je vous fais injure — en souffrant que vous restiez si longtemps à genoux.

LE ROI.

— Laissez-moi interrompre cette tendre controverse dont le spectacle réjouit mon âme. — Levez-vous, mon bon père ; elle est votre fille dévouée, — et elle vous honore avec un dévouement aussi respectueux — que si vous étiez le monarque de l'univers.

Leir se lève.

CORDELLA, s'agenouillant.

— Mais moi, je ne me lèverai pas — que je n'aie obtenu votre bénédiction et votre pardon — pour les fautes de toutes sortes que j'ai pu commettre — depuis ma naissance jusqu'à ce jour.

LEIR.

— Puisse la bénédiction que le Dieu d'Abraham donna — à la tribu de Juda descendre sur toi, — et multiplier tes jours en sorte que tu puisses voir — les enfants de tes enfants prospérer après toi ! — Quant à tes fautes qui n'existent pas, que je sache, — que Dieu là-haut te les remette, je te les pardonne ici-bas.

CORDELLA, se levant.

— Maintenant mon cœur est à l'aise et bondit — de joie dans ma poitrine, à cet heureux événement. — Et maintenant, cher père, soyez le bienvenu à notre cour; — vous aussi, soyez le bienvenu près de moi, bon Perillus, — miroir de vertu et de vraie loyauté!

LEIR.

— Oh! il a été pour moi l'ami le plus dévoué — que jamais homme ait eu dans l'adversité.

PERILLUS.

— Ma langue est impuissante à dire ce que ressent mon cœur, — tant je suis transporté par l'excès de la joie.

LE ROI DE GAULE.

— Vous avez tous parlé. Laissez-moi maintenant dire ma pensée — et conclure en peu de mots cette importante matière.

Il s'agenouille.

— Si jamais mon cœur se livre à la joie, — si jamais une vraie satisfaction règne dans mon cœur, — avant que j'aie extirpé cette race de vipères — et restitué à mon père sa couronne, — que je sois traité comme le plus vil parjure — qui ait jamais porté la parole depuis le commencement du monde !

Il se relève.

MONFORT.

— Que je fasse ma prière aussi, moi qui n'ai jamais prié.

Il s'agenouille.

— Si jamais, après avoir revu la terre bretonne, — comme je présume le faire avant peu, — je m'en reviens ici sans fillette, — puissé-je être châtré pour ma récompense !

LE ROI.

— Allons ! courons aux armes pour redresser ce tort. — Il me tarde d'être là-bas.

Tous sortent.

(Extrait de *La Vraie Chronique du roi Leir*.)

(75) Tout ce dialogue entre Kent et le gentilhomme est omis dans l'édition de 1623.

(76) L'édition de 1623 supprime cette réplique et l'observation de Régane qui la suit. D'après le texte de cette édition, Edmond ne cherche pas à éluder par des paroles vagues la question que lui pose son interlocutrice. A la demande de Régane : « N'avez-vous jamais pris la place de

mon frère à l'endroit prohibé ? » il répond immédiatement : *Non, sur mon honneur, Madame.*

(77) L'édition in-folio rature la fin de ce discours et la réplique ironique d'Edmond.

(78) Encore un vers retranché par l'édition de 1623.

(79) L'édition de 1623 termine ici cette réplique.

(80) Les éditions in-4° attribuent à Edmond ce vers en le modifiant ainsi :

« Que le tambour batte ! et prouvons que mes titres sont bons. »

(81) L'édition in-folio retranche ces paroles dites par Edmond, ainsi que l'ordre donné plus bas par un officier : « Sonne, trompette ! »

(82) Après ces paroles d'Albany, l'édition de 1623 suspend le dialogue et fait entrer immédiatement le gentilhomme qui annonce la mort de Goneril.

(83) J'ai dit, à l'introduction de ce volume, que Shakespeare avait donné une conclusion tragique au *Roi Lear* en dépit de la tradition que consacrait la double autorité de l'histoire et du théâtre. En effet, le drame anonyme qui précéda sur la scène l'œuvre du maître avait adopté scrupuleusement la terminaison légendaire et habitué dès longtemps le public anglais à applaudir au triomphe définitif du monarque détrôné. Je traduis ici la dernière scène de cette curieuse pièce. — Le roi Leir, que l'armée française a ramené victorieusement sur la côte bretonne, s'entretient de son succès en compagnie de son gendre, le roi de Gaule, de sa fille, Cordella, de son confident, Perillus, et d'un courtisan fort en gueule, ayant nom Monfort. Sur ces entrefaites, entrent le duc de Cornouailles, le duc de Cambrie, Régane, suivis de quelques comparses qui représentent leur armée :

CORNOUAILLES.

— Présomptueux roi de Gaule, comment oses-tu — pénétrer sur notre côte bretonne ? — Et, pis que cela, prendre nos villes de force — et enlever à leur vrai roi les cœurs de nos sujets ? — Soyez sûr que vous le payerez cher : — votre présomption va vous coûter la vie.

LE ROI DE GAULE.

— Téméraire Cornouailles, sache que nous sommes venus pour défendre le droit — et venger le roi outragé, — que ses filles, cruelles vipères, — ont tenté d'assassiner et de priver de la vie. — Mais Dieu l'a protégé contre leur acharnement, — et nous voici venus pour revendiquer son droit.

CAMBRIE.

— Ni toi ni lui n'avez ici de titre ; — vous ne pourrez rien y acquérir ni y gagner que par la force. — Ces injures que tu déverses sur nos nobles et vertueuses épouses, — nous te les renverrons par la gorge sur le champ de bataille, — à moins que, par crainte de nos bras vengeurs, — tu ne t'enfuies sur la mer, étant trop exposé sur terre.

MONFORT.

— Gallois, je vais vous étriller pour ce mot-là de telle sorte — que, d'ici à un an, vous n'aurez pas envie de recommencer vos fanfaronnades.

GONORILL.

— Ils en ont menti, ceux qui disent que nous avons attenté aux jours de notre père !

RAGANE.

— C'est une calomnie forgée par besoin d'un prétexte — et pour donner couleur à votre invasion. — Il me semble qu'un vieillard prêt à mourir — devrait rougir d'imaginer un si noir mensonge.

CORDELLA.

— Fi, sœur impudente, dépourvue de grâce au point — de dire en face à notre père qu'il est un menteur !

GONORILL.

— Silence, puritaine ! perfide hypocrite ! — Ta bonté sera reconnue bientôt pour la perversité même. — Tout à l'heure, quand je vous tiendrai entre mes mains, — je vous ferai souhaiter d'être en purgatoire.

PERILLUS.

— Silence, monstre ! opprobre de ton sexe ! — démon sous les traits d'une créature humaine !

RAGANE.

— Je n'ai jamais entendu un plus infâme parleur.

LEIR.

— Honte à toi, vipère, écume, immonde parricide, — plus odieuse à ma vue qu'un crapaud. — Connais-tu cette lettre?

Ragane arrache et déchire la lettre que lui montre Leir.

RAGANE.

— Croyez-vous me fermer la bouche avec vos misérables griffonnages? — Vous venez pour chasser mon mari de ses domaines, — sous prétexte d'une lettre fabriquée.

LEIR.

— Qui a jamais entendu pareil blasphème?

PERILLUS, à Ragane.

— Vous nous devez un peu plus de patience. — Nous étions plus patients le jour où nous avons attendu — plus de deux heures dans certain bosquet.

RAGANE.

— Deux heures? Dans quel bosquet?

PERILLUS.

— Eh bien, ce bosquet où vous avez envoyé votre serviteur — avec une lettre, — scellée de votre main, lui ordonnant de nous envoyer tous deux au ciel, — où, je crois, vous n'avez nullement l'intention d'aller vous-même.

RAGANE.

— Hélas! à force de vieillir vous êtes retombé en enfance, — ou vous extravaguez par besoin de dormir.

PERILLUS.

— En effet, vous nous avez fait lever de bonne heure, vous savez. — Pourtant vous auriez bien voulu que nous nous endormissions — pour ne nous réveiller qu'au dernier jour du monde.

CONORILL.

— Silence, silence, vieillard! Tu dors encore.

MONFORT, à Perillus.

— Ma foi, quand vous raisonneriez jusqu'à demain, — vous n'obtiendriez pas d'elle une meilleure réponse. — C'est pitié que deux personnes si belles — aient à elles deux si peu de grâce. — Eh bien, voyons si leurs maris peuvent avec leurs bras — faire autant qu'elles avec leurs langues.

NOTES. 443

LE ROI DE GAULE.

— A l'œuvre, mes braves ! à l'œuvre ! Ne restons pas ainsi à pérorer.

Les deux armées sortent.

Alarme. Mouvement de troupes. Monfort chasse Cambrie, puis s'arrête.

Entre Cornouailles.

CORNOUAILLES.

— La journée est perdue. Nos amis se révoltent tous — et se joignent avec l'ennemi contre nous. — Pas d'autre moyen de salut que la fuite. — Aussi je retourne en Cornouailles avec ma reine.

Il sort.

Entre Cambrie.

CAMBRIE.

— Je crois qu'il y a un diable dans le camp qui m'a hanté toute la journée : il m'a tellement fatigué que je ne puis plus combattre.

Entre Monfort.

CAMBRIE.

Mort-Dieu ! le voici. Vite à mon cheval.

Il sort. Monfort le suit jusqu'à la porte, puis revient.

MONFORT.

— Adieu, Gallois ! tu as eu de moi tout ce que tu méritais ! — Tu as une paire de jambes lestes et agiles — et tu leur es plus redevable qu'à tes bras. — Mais, si je te rencontre encore une fois, — je te les couperai pour leur apprendre à servir un cœur plus vaillant.

Il sort.

Alarme. Mouvement de troupes, puis fanfares de victoire. Entrent Leir, Perillus, le Roi de Gaule, Cordella et Montfort.

LE ROI DE GAULE.

— Grâces à Dieu ! vos ennemis sont vaincus, — et vous reprenez possession de votre domaine.

LEIR.

— Rendons grâce d'abord au ciel, puis à vous, mon gendre. — C'est par votre assistance que j'ai recouvré ma couronne. — Si vous daignez l'accepter vous-même, je l'abdiquerai bien volontiers en votre faveur ; — car elle vous revient de droit, elle ne m'appartient plus. — D'abord vous avez, à vos frais et de votre propre mouvement, — levé une armée de vaillants soldats ; — puis vous avez exposé votre personne ; — enfin, noble prince sans tache, — j'ai regagné par toi mon titre de roi.

LE ROI DE GAULE.

— Remerciez le ciel et non moi. Tel est mon zèle pour vous — que, quand vous m'ordonneriez le sacrifice suprême, jamais je ne vous marchanderais l'obéissance.

CORDELLA.

— Un roi qui traite si tendrement sa femme, — ne saurait desservir le père de sa femme.

LEIR.

— Ah ! ma Cordella, je me rappelle à présent — la modeste réponse qui m'avait paru si ingrate ; — mais je vois, et je ne me trompe pas cette fois, — que tu m'aimes chèrement, et comme un enfant doit aimer. — Toi, Perillus, mon compagnon d'infortune, — je ferai tout ce que je pourrai pour te récompenser ; — et, quoi que je fasse, je ne pourrai jamais — faire assez, si grand est ton dévouement. — Merci enfin à toi, noble Monfort. — Si je te salue le dernier, ce n'est pas que tes services aient été les moindres. — Non ! tu t'es comporté aujourd'hui comme un lion ; — tu as chassé les rois de Cambrie et de Cornouailles — qui, avec mes filles (ai-je dit mes filles?), — ont pris la fuite pour sauver leur existence. — Allons ! mon fils, ma fille, vous qui avez dirigé ma marche, — reposez-vous un moment avec moi, et ensuite en France !

Tambour et trompettes. Tous sortent.

(Extrait de *La Vraie Chronique du roi Leir*.)

En vertu des lois rigoureuses qui gouvernent son théâtre, Shakespeare a dû rejeter de son œuvre le dénoûment *heureux* qui restitue la couronne au roi Lear. La fatalité tragique, qu'il reconnaissait comme la providence suprême du drame, s'opposait absolument à une pareille conclusion, et voilà pourquoi l'auteur y a substitué la sombre catastrophe où succombent le vieux roi et sa fille. Mais la pensée du poëte était trop profonde pour être comprise par les esprits superficiels. Aussi le scribe Nahum Tate, en remaniant l'œuvre de Shakespeare selon le goût de la cour de Jacques II, n'a-t-il pas manqué de condamner la terminaison funeste élaborée par le maître et d'y substituer un dénoûment qui altère complétement le sens de la pièce. Au lieu de périr après leur défaite, les augustes captifs sont délivrés dans leur prison par l'opportune intervention d'Edgar. Albany repentant restitue la couronne au roi Lear. Le roi abdique en faveur de Cordélia qui, devenue reine, épouse son libérateur Edgar, depuis longtemps aimé par elle. Enfin Glocester, loin de mourir d'émotion en reconnaissant son fils, reparaît sur la scène pour bénir les nouveaux époux et assister à leur noce.

Je traduis cette scène finale :

[Une prison.]

Le roi LEAR, endormi, la tête sur les genoux de CORDÉLIA.

CORDÉLIA.

— Que de fatigues, misérable roi, tu as endurées, — pour pouvoir sous les chaînes dormir d'un si profond sommeil ! — Puisse ton bon ange charmer ton âme ravie — par la vision de l'affranchissement ! — La paix loge d'habitude — sur la paille des chaumières; tu as ici le lit d'un mendiant; — tu devrais donc avoir l'insouciance d'un mendiant...
— Et maintenant, mon Edgar, je songe à toi : — quelle destinée t'a saisi dans ce naufrage universel, — je ne sais, mais je sais que tu dois être malheureux — puisque Cordélia t'aime... O Dieu ! une soudaine tristesse m'accable, et l'image — de la mort envahit ces lieux... Ah ! qui vient là ?

Entrent un CAPITAINE DES GARDES, un autre OFFICIER et des soldats munis de cordes.

LE CAPITAINE.

— Maintenant, mes maîtres, dépêchez. Vous êtes déjà payés — en partie : il vous reste à recevoir le principal de votre salaire.

LEAR, rêvant.

— Chargez ! chargez sur leur flanc; leur aile gauche hésite. — En avant ! en avant ! et la journée est à nous. — Leurs rangs sont enfoncés. A bas ! à bas Albany !... — Qui me tient les mains ? —

Il s'éveille.

Oh ! sommeil décevant, — j'étais à leur poursuite, il y a une minute, et maintenant me voici prisonnier... Que prétendent ces esclaves ? — Vous ne voulez pas m'assassiner ?

CORDÉLIA.

— A l'aide ! ciel et terre... — Par le salut de votre âme, cher seigneur, au nom des dieux !

L'OFFICIER.

— Pas de larmes, ma bonne dame! pas d'argument contre l'or et l'avancement! — Allons, mes maîtres, préparez vos cordes.

CORDÉLIA, au capitaine.

— C'est vous, monsieur, que j'adjure! — Vous avez une forme humaine ; et, si les prières ne peuvent obtenir — de votre âme touchée que vous épargniez la vie d'un pauvre roi, — par ce que vous avez de plus cher au monde, — je vous supplie de me dépêcher la première.

LE CAPITAINE.

— Déférez à sa requête! Dépêchez-la la première.

LEAR.

— Arrière, limiers d'enfer! De par les dieux, je vous ordonne de l'épargner. — C'est ma Cordélia, ma fille fidèle et pieuse. — Vous êtes sans pitié?... Eh bien, subissez donc la vengeance d'un vieillard.

Le roi Lear arrache l'épée d'un officier et abat les deux soldats qui avaient saisi Cordélia.

Entrent EDGAR, *le duc* D'ALBANY *et les* CHEVALIERS *du roi Lear.*

EDGAR.

— Mort! enfer! vautours, retenez vos mains impies, — ou recevez la mort avant de la donner.

ALBANY.

— Gardes, arrêtez ces instruments de cruauté.

CORDÉLIA.

— Oh! mon Edgar!

EDGAR.

— Ma Cordélia bien-aimée! Heureuse a été la minute — de notre arrivée. Les dieux ont pesé nos souffrances. — Nous avons traversé la flamme, et maintenant un bonheur éternel luit pour nous.

LE CHEVALIER.

— Regardez, milord! Voyez! le généreux roi — a tué deux d'entre eux.

LEAR.

— N'est-ce pas, camarade? — J'ai vu le temps où avec ma bonne épée mordante — je les aurais fait tous sauter. Je suis vieux maintenant, — et ces vils tracas me ruinent... Hors d'haleine! — O honte! je suis tout hors d'haleine et tout épuisé.

ALBANY.

— Amenez le vieux Kent.

Sort un chevalier.

— Vous, Edgar, guidez jusqu'ici — votre père que vous disiez être aux environs.

Sort Edgar.

Entrent KENT et le CHEVALIER.

LEAR.

— Qui êtes-vous ? — Mes yeux ne sont pas des meilleurs, je vous le dis nettement. — Oh ! Albany !... Allons, monsieur, nous sommes vos captifs, — et vous êtes venu nous voir mourir. — Pourquoi ce délai ?... Est-ce le bon plaisir de Votre Altesse — que nous subissions d'abord la torture ? Est-ce là votre décision ? — Eh bien, voici le vieux Kent et moi, un couple inflexible — comme jamais tyran n'en frappa... Mais ma Cordélia, — ma pauvre Cordélia... Oh ! pitié pour elle !

ALBANY.

Majesté outragée, — la roue de la fortune a maintenant achevé sa révolution, — et les bénédictions d'en haut s'interposent encore entre la tombe et toi.

LEAR.

— Veux-tu donc, maître inhumain, nous ouvrir — le paradis d'une folle espérance, pour rendre ensuite — notre fin plus misérable? Va, nous sommes trop — familiers avec l'infortune pour nous laisser duper — par un espoir menteur. Non, nous ne voulons plus espérer.

ALBANY.

— J'ai à révéler une histoire si étonnante — qu'il est difficile d'y ajouter foi ; — mais, par ta royale tête outragée, c'est la vérité.

KENT.

— Que veut dire Votre Altesse?

ALBANY.

— Apprenez que le noble Edgar — a, depuis la bataille, accusé lord Edmond de haute trahison — et l'a défié à l'épreuve d'un combat singulier. — Les dieux ont confirmé son accusation par la victoire, — et je viens de laisser le traître mortellement blessé.

LEAR.

— Et où tend ce récit?

ALBANY.

— Avant qu'ils combattissent, — lord Edgar a remis entre mes mains ce papier, — le plus ténébreux grimoire de trahison et de luxure — qu'on puisse trouver dans les archives de l'enfer. — Tenez, auguste seigneur, regardez ! C'est l'écriture de Goneril, la fille infâme, — mais l'épouse plus vicieuse encore.

CORDÉLIA.

— Se peut-il qu'il y ait un surcroît à leurs crimes ! — De quoi ne sont pas capables les enfants qui outragent leur père !

ALBANY.

— Depuis lors, mes injures, Lear, se sont jointes aux tiennes, — et j'ai exigé pour toutes le même redressement.

KENT.

— Que dit milord ?

CORDÉLIA.

Parlez ! il m'a semblé entendre — la voix charmante d'un dieu descendu sur la terre.

ALBANY.

— J'ai débandé les troupes levées par Edmond. — Celles qui restent sont sous mes ordres. — Toutes les consolations qui peuvent soutenir votre vieillesse — et guérir vos cruelles souffrances, vous seront prodiguées : — car nous rendons à Votre Majesté — son royaume, moins la part que vous-même nous avez accordée — pour notre mariage.

KENT.

— Entendez-vous, mon souverain ?

CORDÉLIA.

— Ah ! il y a des dieux, et la vertu est leur protégée !

LEAR.

Est-il possible ? — Que les sphères suspendent leur cours, que le soleil fasse halte, — que les vents s'apaisent, que les mers et les sources s'arrêtent, — que toute la nature se taise pour écouter ce changement ! — Où est mon Kent, mon Caïus ?

KENT.

Ici, mon souverain.

LEAR.

— J'ai des nouvelles qui vont te rendre la jeunesse ! — Hé ! as-tu entendu ? ou les dieux qui m'inspirent — n'ont-ils murmuré cela qu'à mon oreille ?... Le vieux Lear sera donc roi encore !

KENT.

— Le prince qui, comme un dieu, tient le pouvoir, l'a dit.

LEAR.

— Alors, Cordélia sera reine, attention ! — Cordélia sera reine ! Vents ! écoutez mes paroles — et portez-les jusqu'au ciel sur vos ailes rosées. — Cordélia est reine.

NOTES

Entre EDGAR *amenant Glocester.*

ALBANY.

— Voyez, sire! voici le pieux Edgar qui arrive, — amenant son père aveuglé. O mon souverain, — le récit de sa merveilleuse aventure mérite bien votre loisir : — que de choses il a faites et souffertes par dévouement pour vous et pour la belle Cordélia!

GLOCESTER.

— Où est mon souverain? Conduisez-moi à ses genoux pour que je salue — la renaissance de son empire. Mon cher Edgar — m'a révélé, en se révélant lui-même, l'heureuse restauration du roi.

LEAR.

— Mon pauvre ténébreux Glocester!

GLOCESTER.

— Oh! laissez-moi baiser encore une fois cette main porte-sceptre.

LEAR.

— Arrête, tu te trompes de Majesté ; agenouille-toi ici : — Cordélia a notre toute-puissance, Cordélia est reine. — Parle, est-ce là Edgar, cette noble victime!

GLOCESTER.

— Mon fils pieux, qui m'est plus cher que mes yeux perdus!

LEAR.

— Je lui ai fait tort; mais voici une belle réparation.

Il montre Cordélia.

EDGAR.

— Votre autorisation, mon souverain, pour un triste message. — Edmond a expiré, mais peu importe. — Ce qui vous touche davantage, c'est que vos impérieuses filles, — Goneril et la hautaine Régane, sont mortes toutes deux, empoisonnées l'une par l'autre dans un banquet; — c'est ce qu'elles ont avoué en mourant.

CORDÉLIA.

— Oh! fatal achèvement d'une vie mal employée!

LEAR.

— Si ingrates qu'elles fussent, mon cœur — se serre encore devant leur chute misérable. — Mais, Edgar, je retarde trop longtemps ton bonheur. — Malheureuse, tu servis Cordélia ; épouse-la, couronnée ; — la grâce impériale vient de s'épanouir sur son front. — Eh! Glocester, tu as ici le droit d'un père : — que ta main m'aide à accumuler les bénédictions sur leurs têtes.

KENT.

— Le vieux Kent y mêlera ses souhaits les plus sincères !

EDGAR.

— Les dieux et le roi me récompensent trop largement — pour ce que j'ai fait : la rétribution frappe le mérite de mutisme.

CORDÉLIA.

— Je ne rougis pas de m'avouer trop payée de toutes mes souffrances passées.

EDGAR.

— Divine Cordélia, tous les dieux peuvent témoigner — combien je préfère ton amour à l'empire. — Ton éclatant exemple prouvera au monde — que, quelques revers de fortune qu'il leur faille subir, — la loyauté et la vertu finissent toujours par triompher.

GLOCESTER.

— Maintenant, dieux propices, donnez à Glocester son congé.

LEAR.

— Non, Glocester, tu as encore de quoi occuper ta vie. — Toi, Kent et moi, retirés tous trois dans quelque mystérieux asile, — nous passerons doucement les courts moments qui nous restent — en calmes causeries sur nos aventures passées, — soutenus par les récits de l'heureux règne — de ce couple céleste. Ainsi nous laisserons — nos derniers jours s'écouler à la dérive de nos pensées, — jouissant de l'heure présente, sans crainte de la dernière.

Tous sortent.

FIN DES NOTES.

APPENDICE.

EXTRAIT DE LA CHRONIQUE BRETONNE

DE GEOFFROY DE MONTMOUTH

(Traduit du latin par F.-V. Hugo).

Après la mort malheureuse de Bladud, Leir, son fils [1], fut installé sur le trône et gouverna noblement son pays soixante ans. Il bâtit sur la rivière Sore une cité, appelée dans la langue bretonne Kaerleir, dans la saxonne, Leircestre. Il était sans postérité mâle, mais il avait trois filles, dont les noms étaient Gonorilla [2], Regau [3] et Cordeilla [4], qu'il aimait passionnément, spécialement la plus jeune, Cordeilla. Dès qu'il se fit vieux, il eut l'idée de partager son royaume entre elles, et de leur donner des époux capables de régner avec elles. Mais, pour savoir laquelle était digne d'avoir la plus belle part de son royaume, il alla demander

[1] Le roi Lear.
[2] Goneril.
[3] Regane.
[4] Cordélia.

à chacune d'elles laquelle l'aimait le plus. La question étant posée, Gonorilla, l'aînée, répondit : « Je prends le ciel à témoin que je t'aime plus que mon âme. » Le père répondit : « Puisque tu as fait plus de cas de ma vieillesse déclinante que de ta propre vie, je veux te marier, ma très-chère fille, à celui que tu choisiras et te donner le tiers de mon royaume. » — Alors Regau, la seconde fille, voulant, d'après l'exemple de sa sœur, en imposer à la bonté de son père, répondit sous la foi du serment « qu'elle ne pouvait exprimer autrement sa pensée, mais qu'elle préférait son père à toute créature. » Sur quoi le père crédule lui accorda, comme à sa fille aînée, le choix d'un mari, avec le tiers de son royaume. — Mais Cordeilla, la plus jeune, voyant combien aisément il se satisfaisait des protestations flatteuses de ses sœurs, désira éprouver son affection d'une manière différente : « Mon père, dit-elle, une fille peut-elle aimer son père plus que ne l'exige son devoir ? Dans mon opinion, celle qui prétend cela doit déguiser ses sentiments réels sous le voile de la flatterie. Je t'ai toujours aimé comme un père, et je ne me suis pas encore départie de ce ferme dévouement. Puisque tu insistes pour obtenir de moi quelque chose de plus, sache donc toute l'étendue de l'affection que je te porte, et accepte cette courte réponse à toutes tes questions : autant tu as, autant tu vaux, autant je t'aime. » Le père, supposant qu'elle parlait ainsi du fond du cœur, fut grandement irrité et répondit immédiatement : « Puisque tu as méprisé ma vieillesse jusqu'à me croire indigne de l'affection que tes sœurs ont exprimée pour moi, tu obtiendras de moi une égale sollicitude, et tu seras exclue du partage de mon royaume. Néanmoins, puisque tu es ma fille, je veux bien te marier à quelque étranger, s'il s'en présente un pour t'épouser ; mais jamais, je te l'assure, je ne me préoccuperai de te pourvoir aussi honorablement que tes sœurs, puisque, bien que préférée par moi jusqu'ici, tu as répondu moins tendrement qu'elles à mon amour. » Et, sans plus de délai, après avoir consulté sa noblesse, il donna ses deux filles aînées aux ducs de Cornouailles et d'Albania [1], leur accordant immédiatement la moitié de l'île et leur promettant, après sa mort, l'héritage de toute la monarchie bretonne.

« Il arriva, sur ces entrefaites, qu'Aganippus, roi des Francs [2], ayant ouï parler de la beauté de Cordeilla, envoya immédiatement ses ambassadeurs au roi Leir pour la demander en mariage. Le père, qui toujours lui gardait rancune, répondit : « Qu'il consentait volontiers à donner sa fille, mais sans argent et sans territoire, vu qu'il avait déjà cédé son royaume avec tous ses trésors à ses filles aînées, Gonorilla et Régau. » Dès qu'Aganippus entendit cela, étant fort épris de la dame, il envoya de nouveau vers le roi Leir pour lui faire dire « qu'il avait assez d'argent et de territoire, puisqu'il possédait le tiers de la Gaule, et qu'il ne demandait rien que sa fille, afin d'en avoir des héritiers. » Enfin le mariage fut conclu ; Cordeilla fut envoyée en Gaule et mariée à Aganippus.

« Longtemps après, le vieux Leir étant devenu infirme, les deux ducs, à qui il avait accordé la Bretagne avec ses deux filles, fomentèrent une insurrection contre lui et le dépouillèrent de ses États et de toute l'autorité royale qu'il avait exercée jusqu'ici avec grande puissance et gloire. A la fin, par une mutuelle transaction, Maglaunus, duc d'Albania, un de ses gendres, s'engagea à le maintenir dans sa propre demeure avec une suite de soixante chevaliers. Après qu'il eut résidé deux ans chez son gendre, sa fille Gonorilla voulut restreindre le nombre de ses hommes, qui commençaient à reprocher aux ministres

---

[1] Albany, dans le *Roi Lear*.
[2] Le roi de France.

de la cour l'insuffisance de leur traitement; et, s'étant entendue avec son mari, elle donna des ordres pour que l'escorte de son père fût réduite à trente hommes et pour que le reste fût congédié. Le père, offensé de cette mesure, quitta Maglaunus et s'en alla chez Henninus, duc de Cornouailles, qui avait épousé sa fille Regau.

» Il trouva là un honorable accueil, mais, avant la fin de l'année, éclata une querelle entre les deux maisons. Regau, indignée, somma son père de renvoyer toute sa suite, hormis cinq familiers qui devaient suffire à le servir. Leir ne put supporter cette seconde affliction : il retourna chez sa fille aînée, dans l'espoir que le malheur de sa condition exciterait en elle quelque sentiment de piété filiale, et qu'il pourrait trouver asile chez elle avec tous ses gens.

» Mais celle-ci, n'oubliant pas son ressentiment, jura par les dieux qu'il ne résiderait chez elle qu'à la condition de renvoyer sa suite et de se contenter d'un seul serviteur, et elle lui exposa avec d'amers reproches combien son goût pour une vaine pompe convenait peu à son âge et à sa pauvreté. Ayant reconnu qu'il n'y avait aucun moyen de la persuader, il dut enfin se résigner à n'avoir qu'un seul serviteur et congédia le reste de ses gens. Mais à ce moment il se mit à réfléchir plus sérieusement à la grandeur qu'il avait perdue, à la misérable condition où il était désormais réduit, et à former le projet d'aller au delà de la mer rejoindre sa fille cadette. Pourtant il doutait de pouvoir exciter sa commisération, à cause de l'indigne traitement qu'il lui avait fait subir (ainsi qu'il a été relaté plus haut). Toutefois, ne pouvant supporter plus longtemps une telle humiliation, il s'embarqua pour la Gaule. Pendant la traversée, il remarqua qu'on ne lui donnait que la troisième place parmi les princes qui étaient avec lui dans le navire, sur quoi, avec des larmes et de profonds soupirs, il se répandit en lamentations :

« O destins dont les arrêts irréversibles ne dévient jamais de leur cours fatidique! pourquoi m'avez-vous jamais élevé à une éphémère félicité, puisque la perte du bonheur est une peine plus cruelle que le sentiment de la misère présente? Le souvenir du temps où de larges masses d'hommes m'aidaient obséquieusement à prendre les villes et à ravager les contrées ennemies est plus douloureux à mon cœur que le spectacle de ma présente calamité, laquelle m'a exposé à la dérision de ceux qui naguère étaient prosternés à mes pieds. Oh! l'inimitié de la fortune! Verrai-je jamais le jour où il me sera donné de rétribuer conformément à leur mérite ceux qui m'ont délaissé dans ma détresse? Combien, Cordeilla, tu répondis juste quand je t'interrogeai sur ton affection pour moi : « Autant tu as, autant tu vaux, et autant je t'aime! » Tant que j'ai eu quelque chose à donner, ils m'ont honoré, — amis, non de moi-même, mais de mes dons. Ils m'aimaient alors, mais ils aimaient surtout mes dons. Quand mes dons ont cessé, mes amis se sont évanouis. Mais de quel front oserai-je t'aborder, ma fille chérie, toi que, dans ma colère, j'ai dotée plus mal que tes sœurs, ces ingrates qui, après les immenses faveurs qu'elles ont reçues de moi, me laissent vivre dans l'exil et dans la pauvreté? »

Tout en déplorant ainsi sa situation, il arriva à Karitia (Calais), où était sa fille, et attendit, devant la cité, où il envoya un messager pour l'informer de ses malheurs et la prier de secourir un père qui souffrait et de la faim et du dénûment. Cordeilla fut stupéfaite à cette nouvelle, et pleura amèrement, et demanda avec larmes combien d'hommes son père avait avec lui. Le messager répondit qu'il n'avait qu'un seul homme, lequel avait été son porte-lance, et attendait avec lui sous les murs de la ville. Alors elle prit la somme d'argent qu'elle crut pouvoir suffire et la remit au messager, avec ordre de mener son père dans une autre ville, et là de répandre le bruit qu'il était malade, et de le baigner, de l'habiller et de lui prodiguer tous les soins. Elle donna également ses recommandations pour qu'il eût à son service quarante hommes, bien vêtus et accoutrés, et pour que, tous les préparatifs étant terminés, il notifiât son arrivée au roi Aganippus et à sa fille. Le messager, étant vite revenu, conduisit Leir à une autre cité, et le tint caché là, jusqu'à ce qu'il eût exécuté toutes les instructions de Cordeilla.

Aussitôt que Leir fut pourvu de son appareil royal, de ses insignes et de sa suite, il envoya dire à Aganippus et à sa fille qu'il avait été chassé de son royaume de Bretagne par ses gendres et qu'il était venu dans l'intention de réclamer leur assistance pour recouvrer ses États. Sur quoi, escortés de leurs principaux ministres et de la noblesse du royaume, ils allèrent à sa rencontre, et lui firent le plus honorable accueil, et remirent entre ses mains le gouvernement entier de la Gaule, jusqu'à ce qu'il fût restauré dans sa dignité première.

Sur ces entrefaites, Aganippus envoya des officiers par toute la Gaule pour lever une armée, afin de rétablir son beau-père dans ses États de Bretagne. Cela fait, Leir retourna en Bretagne avec son fils et sa fille et les forces qu'ils avaient levées, livra bataille à ses gendres et les mit en déroute. Ayant ainsi réduit tout le royaume en son pouvoir, il mourut trois ans plus tard. Aganippus mourut aussi; et Cordeilla, ayant pris le gouvernement du royaume, ensevelit son père dans une crypte qu'elle fit préparer pour lui sous la rivière Sore, à Leicester, et qui, dans l'origine, avait été construite sous terre en honneur de Janus Bifrons.

Après avoir gouverné paisiblement pendant cinq ans, Cordeilla dut faire face à la révolte des deux fils de ses deux sœurs, jeunes gens de grande vaillance, l'un, fils de Maglaunus et nommé Margan ; l'autre, fils de Henninus et nommé Cunedagius. Ceux-ci ayant, après la mort de leurs pères, hérité de leurs duchés, s'irritèrent de voir la Bretagne soumise à une femme et rassemblèrent des forces pour soulever une rébellion contre la reine ; et ils continuèrent sans relâche les hostilités, et enfin, après avoir dévasté ses États et livré plusieurs batailles, ils la firent prisonnière et la jetèrent dans un cachot, où elle se tua dans son désespoir d'avoir perdu son royaume.

EXTRAIT DU ROMAN DE BRUT [1].

L'onors [2] advint à maintenir
Après Bladud, son fils Léir.
Léir en sa prospérité
Fit en son nom une cité.
Kaerleir a nom, sur Sore,
Leecestre l'appelle encore,
Cité Léir cascuns noms sone.
Jadis fut la cité mult bonne,
Mais pour une dissension
Y eut puis grande destruction.
Léir tint l'onor quitement
Soixante ans continuellement ;
Trois filles eut, n'eut nul autre hoir,
Ni plus ne put enfant avoir.
La première fut Gornorille,
Puis Ragaü, puis Cordéille.
La plus belle fut la puînée,
Et le père l'a plus aimée.

Quand Leir alques affaibli,
Comme l'homme qui a vieilli,

---

[1] Je cite cet extrait de l'épopée de Wace, d'après l'édition publiée en 1836 par M. Leroux de Lincy.

[2] L'*Onors*, c'est-à-dire le trône.

Commença soi à pourpenser
De ses trois filles marier ;
Se dit qu'il les marieroit
Et son raine [1] leur partiroit;
Mais primo vouloit essayer
Laquelle d'elles l'avoit plus cher.
Le mieux du sien donner voudroit
A celle qui plus l'aimeroit.
Chacun appela sainglement [2],
Et l'aînée premièrement :
Fille, fait-il, je veux savoir
Comment tu m'aimes, dis m'en voir.
Gornorille lui a juré
Du ciel toute la déité
Mult par fut pleine de boisdie [3],
Qu'elle l'aime mieux que sa vie.
Fille, fait-il, bien m'a aimé,
Bien te sera guerdonné [4],
Car prisé as mieux ma vieillesse
Que ta vie ni ta jeunesse.
Tu en auras tel guerdon
Que tôt le plus prisé baron
Que tu en mon rainc éliras,
Si je puis, à seigneur auras ;
Et ma terre te partirai [5],
La tierce part t'en livrerai.

Puis demanda à Ragaü :
Dis, fille, combien m'aimes-tu ?
Et Ragaü eut entendu
Comme sa sœur eut répondu
A qui son père tel gré savoit
De ce que si formant l'aimoit.
Gré revolt avoir ensement [6],

---

[1] *Son raine*, son royaume.
[2] *Sainglement*, séparément.
[3] *Boisdie*, tromperie.
[4] *Bien te sera guerdonné*, tu seras bien récompensée.
[5] *Partirai*, départirai.
[6] *Ensement*, pareillement.

APPENDICE.

Si lui a dit : certainement
Je t'aime sur toute créature,
Ne t'en sais dire autre mesure.
Mult as si, dit-il, grand amor,
Ne te sais demander grignor;
Et je te donnerai bon signor
Et la tierce part de m'onor.

Adonc appela Cordéille
Qui était sa plus jeune fille.
Pour ce qu'il l'avoit plus chère
Que Ragaü ni la première,
Cuida qu'elle connût
Que plus cher des autres l'eût [1].
Cordéille eut bien écouté
Et bien eut en son cœur noté
Comment ses deux sœurs parloient,
Comment leur père losangeoient [2];
A son père se valt gaber
Et en gabant lui valt montrer
Que ses filles le blandissoient [3]
Et de losenge le servoient.
Quand Léir à raison la mit
Comme les autres, elle lui dit :
Qui a nulle fille qui die
A son père, par présomptie,
Qu'elle l'aime plus qu'elle doit.
Ne sait que plus grand amour soit
Que entre enfant et entre père,
Et entre enfant et entre mère ;
Mon père es et j'aime tant toi
Comme je mon père aimer doi.
Et pour te faire plus certain,
Tant as, tant vaux et tant je t'ain [4].

---

[1] S'imagina qu'elle serait reconnaissante de la préférence qu'il avait pour elle.

[2] *Losangeaient*, égaraient.

[3] *Blandissaient*, flattaient.

[4] *Je t'ain*, je t'aime.

A tant se tait, plus ne veut dire.
Le père fut de si grande ire ;
De maltalent devint tout pers [1],
La parole prit en travers ;
Ce cuida qu'elle l'eschernît [2],
Ou ne daignât, ou ne volsît [3],
Ou par vilté de lui laissât [4]
A reconnoître qu'elle l'aimât
Si comme ses sœurs l'aimoient,
Qui de tel amour s'affichoient.
« En dépit, dit-il, eu m'as,
Qui ne voulus, ni ne daignas
Répondre comme tes sœurs :
A elles deux donnerai seigneurs
Et tout mon raine en mariage,
Et tout l'auront en héritage ;
Chacune en aura la moitié,
Et tu n'en auras plein pié,
Ni jà par moi n'auras signor,
Ni de toute ma terre un tor.
Je te cherissois et aimois
Plus que nul autre, si cuidois
Que tu plus des autres m'aimasses,
Et ce fût droit si tu daignasses [5],
Mais tu m'as rejailli affront
Que tu m'aimes moins que ne font :
Tant comme j'ai toi plus en cherté,
Tant m'eus-tu plus en vilté ;
Jamais n'auras joie du mien,
Ne ja ne m'i ert bel de ton bien [6].

La fille ne sut que répondre,
D'ire et de honte cuida fondre,

---

[1] De colère devint tout livide.
[2] S'imagina qu'elle le dédaignait.
[3] *Volsit*, voulait.
[4] Ou par mépris pour lui se refusait.
[5] Et ce serait juste que tu daignasses m'aimer.
[6] Je ne me soucierai plus de ton bien.

APPENDICE.

Ne peut à son père estriver [1],
Ni il ne la veut écouter.
Comme il ains pot n'i demora [2];
Les deux aînées maria.
Mariée fut bien chacune,
Au duc de Cornuaille l'une
Et au duc d'Escoce l'aînée;
Si fut la chose pourparlée
Que après lui la terre auroient
Et entr'eux deux la partiroient.
Cordéille qui fut li mendre
N'en put el faire, fors attendre [3];
Ni je ne sais qu'elle a féist.
Le roi nul bien ne lui promit,
Ni il, tant fut fel, ne sofri [4]
Que en sa terre eut mari.
La mescine [5] fut angoisseuse
Et moult marrie et moult honteuse
Plus pour ce qu'à tort la haoit [6],
Que pour le prou qu'elle en perdoit.
La pucelle fut moult dolente,
Mais ne portant belle ert et gente,
Et moult en étoit grand parlance.
Aganippus, un roi de France,
Ouit Cordeille nommer,
Et qu'elle étoit à marier.
Brefs et messages envoya,
Au roi Léir si lui manda
Que sa fille à moillier vouloit [7],
Envoyât lui, il la prendroit.
Léir n'avoit mie oublié
Comment sa fille l'eût aimé,

---

[1] *Estriver*, s'expliquer.

[2] Il ne resta pas à son regard ce qu'il avait été.

[3] Cordeille qui était la moindre (la plus petite) ne put rien faire qu'attendre.

[4] Il ne souffrit pas, tant il fut cruel, qu'elle eût un mari dans sa terre.

[5] *Mescine*, fillette.

[6] *Haoit*, haïssait.

[7] *Moillier*, épouse.

Ains l'eut bien souvent ramembré [1];
Et au roi de France a mandé
Que tout son raine a divisé
Et à ses deux filles donné :
La moitié à la primeraine,
Et l'autre après à la moyenne ;
Mais si sa fille lui plaisoit,
Il lui donroit, plus n'i prendroit.
Cil cuida qu'il l'eut demandée
Que pour cherté, lui fit vée ;
De tant l'a il plus désirée
Qu'à merveille lui ert louée [2] :
Au roi Léir de rechef mande
Que nul avoir ne lui demande ;
Mais seul sa fille lui octroie
Cordeille, si lui envoie.
Et Léir la lui octroya ;
Outre la mer lui envoya
Sa fille et ses draps seulement,
Ni eut autre appareillement.
Puis fut dame de toute France
Et reine de grant puissance.

Ceux qui ses sorors eurent prises [3],
Qui les terres furent promises,
Ne volrent mie tant souffrir
A la terre prendre et saisir,
Que le sire s'en démit
Et il de gré leur guerpit [4].
Tant l'ont guerroyé et destroit
Qui son raine lui ont toloit [5]
Le roi de Cornuaille à force
Et Malgramis li roi d'Escoce
Tout leur a le sire laissé ;

[1] Mais s'en était bien souvenu.
[2] Il la désirait d'autant plus qu'on lui en faisait de merveilleux éloges.
[3] *Sorors*, sœurs.
[4] Ils ne voulurent attendre, pour prendre et saisir la terre, que le roi s'en démît et la leur cédât de gré.
[5] *Toloit*, enlevé, du latin *tollere*.

APPENDICE. 463

Mais ils lui ont appareillé
Que li uns d'als l'ara od soi,
Si li trovera son conroi [1]
A lui et à ses écuyers,
Et à cinquante chevaliers
Que il eut honorément,
Quel part que il aura talent [2].
Le raine ont cil ainsi saisi
Et entr'eux deux par mi parti
Que Léir a leur offre pris,
Si s'est del raine tout démis.
Malglamis ot od soi Léir [3];
De primes le fit bien servir,
Mais tôt fut li cors empirié
Et li livraisons retaillié [4] :
Primes faillirent à leurs dons,
Puis perdirent leurs livraisons.
Gornorille fut trop avère
Et grand escar tint de son père
Que si grand maisnie tenoit [5]
Et nulle chose n'en faisoit ;
Moult lui pesoit del costement
A son seigneur disoit souvent :
Que sert cette assemblée d'hommes
En ma foi, sire, fous sommes
Que tels gens avons ci atrait.
Ne sait mon père ce qu'il fait.
Il est entré en folle riote [7],
Jà est vieux homme et radote.
Honni soit qui mes l'an croira [8],
Ni qui tels gens pour lui paîtra.
Le sien sergant as nos astrivent [9],

[1] Ils sont convenus que l'und'eux leprendra chez lui et fournira les vivres.
[2] Partout où il lui plaira.
[3] Malgamis prit Leir chez lui.
[4] Mais la cordialité empira vite et les livraisons furent réduites.
[5] Qui avait si nombreuse suite.
[6] Les dépenses lui pesaient fort.
[7] *Riole*, débauche. De là le mot anglais *Riot*, encore employé dans ce sens.
[8] Honni soit qui jamais se fiera à lui.
[9] Ses gens se querellent avec les nôtres.

Et les leurs les notres esquivent.
Qui pourroit souffrir si grant presse ?
Il est faux et sa gent perverse,
Jà n'aura hom gré qui le sert [1] ;
Qui plus y met et plus y perd.
Moult est fous qui tel gent conroie.
Trop en i a, tignent lor voie [2].
Mes pères est soi cinquantisme,
Désormais soit soi quarantisme
Ensamble od nous, ou il s'en alt
A tot son poeple, et nous que calt [3] ?
Moult a poi feme sans visse [4]
Et sans racine d'avarice.
Tant a la dame admonesté
Et tant à son seigneur parlé,
De cinquante le mit à trente,
De vingt lui retailla sa rente.
Et le père ce dédaigna ;
Grant avillance lui sembla [5]
Qu'ainsi l'avoit-on fait descendre.

Allé est à son autre gendre,
Hennin qui Ragaü avoit
Et qui en Escoce manoit.
Mais n'y eut mie un an été
Qu'ils l'eurent mis en celle vilté :
Se mal fu ains, or est mult pis [6] ;
De trente homme l'ont mis à dix,
Puis le mirent de dix à cinq,
« Caitif moi, dit-il, mar i vinc,
Se vix sui la, plus vils sui ça [7]. »
A Gornorile s'avala,

[1] Il ne saura gré à personne de le servir.

[2] Bien fou qui défraie tant de gens ; il y en a trop, qu'ils partent.

[3] Qu'il ne garde plus qu'une quarantaine d'hommes chez nous, ou qu'il s'en aille avec tout son monde, n'importe où.

[4] Il y a bien peu de femmes sans vice.

[5] Grand avilissement lui sembla.

[6] Si les choses ont été mal auparavant, elles sont bien pires à présent.

[7] Misérable que je suis, je suis venu ici pour mon malheur ; plus j'y resterai, plus je serai avili.

APPENDICE.

Ce cuida qu'elle s'amendât
Et comme père l'honorât.
Mais celle le ciel en jura
Que jà od lui ne remanra
Ne mais que un seul chevalier [1].
Al pere l'estut otroier [2] :
Dont se commence à contrister
Et en son cœur à pourpenser
Les biens qu'il avoit eus,
Mais or les avoit tous perdus :
Las moi, dit-il, trop ai vécu,
Quand je ai ce mal tant vu ;
Tant ai eu, or ai si poi.
Où est alé quanque jo oi [3] ?
Fortune, par trop es muable,
Tu ne peux être un jour establc.
Nul ne se doit en toi fier,
Tant fais ta roue fort tourner.
Moult as tôt ta couleur muée,
Tôt es chaoite, tôt levée [4].
Qui tu veux de bon œil véoir,
Tôt l'as monté en grand avoir ;
Et dès que tu tournes ton vis,
Tôt l'as d'auques à néant mis [5].
Tôt as un vilain haut levé,
Et un roi en plus bas tourné.
Comtes, rois, ducs, quand tu veux plesses
Que tu nulle rien ne leur laisses [6].
Tant com je sui rices manans [7],
Tant ai jo amis et parens,
Et dès que jo, las ! appauvri,
Sergans, amis, parens perdi.

[1] Qu'avec lui ne restera jamais qu'un seul chevalier.
[2] Force fut au père de consentir.
[3] Qu'est devenu tout ce que je possédais ?
[4] *Chaoite*, participe de l'ancien verbe *chaoir*, choir.
[5] Tu l'as bientôt réduit de quelque chose à néant.
[6] Rien a ici le sens de *chose*.
[7] Tant que je suis riche propriétaire. *Manant* signifiait alors *possesseur du sol*.

Je n'ai si bon appartenant
Qui d'amour me fasse semblant.
Bien me dit voir ma jeune fille,
Que je blamois, Cordéille,
Qui me dit tant comme je aurois,
Tant aimé et prisé serois.
N'entendis mie la parole,
Mais la haïs et tins pour folle.
Tant comme j'eus et tant valus,
Et tant aimé et privé fus.
Tant trouvoi-je qui me blandit [1]
Et qui volontiers me servit.
Pour mon avoir me blandissoient,
Or se détournent, s'ils me voient.
Bien me dit Cordéille voir,
Mais je nel sus apercevoir,
Ni l'aperçus, ni l'entendis,
Mais la blamai et la haïs,
Et de ma terre la chassai,
Que nulle rien ne lui donnai.
Or me sont mes filles faillies
Qui lors étoient mes amies,
Qui m'aimoient sur tout rien,
Tant com jo oi alques de bien [2].
Or m'estuet celc aler requerre [3]
Que je chassai en autre terre;
Mais je comment la requerrai
Qui de mon raine la chassai ?
Et nonporquant savoir irai [4],
Si je nul bien y trouverai.
Jà moins ni pis ne me fera
Que les aînées m'ont fait ça.
Elle dit que tant m'aimeroit
Comme son père aimer devoit :
Que lui dois-je plus demander ?
Devoit moi elle plus aimer ?

[1] *Blandit*, du latin *blandiri*, flatter.
[2] Tant oue j'eus quelque bien.
[3] Maintenant il faut que j'aille requérir celle, etc.
[4] *Nonporquant*, nonobstant.

APPENDICE. 467

Qui autre amour me promettoit,
Pour me losanger le faisoit.
Léir forment se démenta [1]
Et longuement se pourpensa,
Puis vint as nés, en France alla,
A un port en Chaus arriva [2].
La reine a tant demandée
Qu'assez lui fut près indiquée,
De fors la cité s'arestut [3]
Qu'homme ni femme nel connut :
Un écuyer a envoyé
Qui à la reine a noncié
Que son père à elle venoit
Et par besoin la requerroit ;
Tout en ordre lui a conté
Comment ses filles l'ont jeté.

Cordéille comme fille fit,
Avoir, que elle avoit grand, prit.
A l'écuyer a tout livré
Si li a en conseil rové [4]
Qu'à son père Léir le porte
De par sa fille, et se conforte,
Et od l'avoir tot a célé [5],
A un châtel ou à cité
Fasse soi bien appareiller,
Paitre, vêtir, laver, baigner,
De royaux vêtements s'atourne,
Et à grand honneur se séjourne,
Quarante chevaliers retienne
De maisnie qui od lui vienne [6],
Après ce fasse au roi savoir
Qu'il vienne sa fille véoir.

Quand cil eut l'avoir recueilli

---

[1] Léir se lamenta fortement.
[2] Puis s'embarqua, en France alla,
  Au port de Calais arriva.
[3] Hors de la cité s'arrêta.
[4] Puis l'a prié en secret.
[5] Et avec cet avoir en toute hâte.
[6] Retienne pour sa suite quarante chevaliers qui viennent avec lui.

Et son commandement oui,
A son seigneur porta nouvelles
Qui lui furent bonnes et belles.
A une autre cité tournèrent,
Hôtel prirent, bien s'atournèrent.
Quand Léir fut bien séjourné,
Baigné, vêtu, et atourné,
Et maisnie eut bien conré [1],
Bien vêtue et bien atournée,
Au roi manda à lui venoit,
Et sa fille véoir vouloit.
Le roi même par grant noblesse
Et la reine à grand liesse,
Sont bien loin contre lui allé
Et volontiers l'ont honoré.
Le roi l'a moult bien reçu
Qui onques ne l'avoit véu ;
Partout son raine fit mander
Et à ses hommes commander
Que son sire trèstot servissent
Et son commandement féissent,
Déist lor ce que il valroit
Et tot fust fait que il diroit [2],
Tant que son raine lui rendit,
Et en s'onor le rétablit.
Aganippus fit que courtois
Assembler fit tous les François,
Par lor los et par lor aïe
Appareilla mult grand navire [3],
Avec son sire l'envoya
En Bretagne, si lui livra
Cordéille qui od lui fût,
Et après lui son raine eût,
S'ils le pouvoient délivrer
Et des mains aux gendres ôter.
Cils eurent la mer tôt passée.

[1] Et eut une suite bien entretenue.
[2] Qu'il leur dirait tout ce qu'il voudrait, et que tout ce qu'il dirait fût fait.
[3] Par leur avis et par leur aide.
Appareilla une bien grande flotte.

Et ont la terre délivrée,
Aux félons gendres la tolirent [1]
Et Léir de toute saisirent.

Léir a puis trois ans vécu
Et tout le raine en paix tenu,
Et à ses amis a rendu
Ce que ils avoient perdu,
Et après les trois ans mourut
En Léecestre où le corps jut [2].
Cordéille l'enseveli
En la crote el temple Jani [3],
Puis a cinq ans tenu l'honneur :
Mais jà ert veuve, sans seigneur.
Après longtemps l'ont guerroyé
Et la terre bien calengié [4]
Deux fils à ses sorors aînées
Que Léir avoit mariées :
Pour la terre l'antain haïrent [5],
Et maintes fois se combattirent,
Primes dessous et puis dessus
Margan et Cinedagius
A la fin Cordéille prirent
Et en une charte la mirent,
N'en voulurent avoir rançon,
Mais la tinrent tant en prison
Qu'elle s'occit en la geole
De mariment, si fit que folle [6].

[1] *Tolirent*, enlevèrent.
[2] *Jut*, gît.
[3] Dans la crypte du temple de Janus.
[4] *Calengié*, disputé.
[5] *Antain*, tante (atava).
[6] *Mariment*, douleur.

EXTRAIT DE L'ARCADIE

DE SYDNEY [1]

[Traduit de l'anglais par F.-V. Hugo].

LIVRE II, CHAP. X.

La pitoyable condition et histoire du méchant Roi de *Paphlagonie* et de son fils, relatées d'abord par le fils, puis par le père aveugle. Les trois Princes assaillis par *Plexirtus* et son escorte, assistés par le roi de *Pont* et ses troupes. *Plexirtus* secouru et sauvé par ses deux frères qui aimaient vertueusement un homme très-vicieux, assiégé par le nouveau Roi : il se soumet et est pardonné.

C'était dans le royaume de *Galatie ;* la saison était froide comme au cœur de l'hiver et avait dégénéré soudainement en une tempête si furieuse et si sombre que jamais aucun hiver n'avait, je pense, mis au monde un plus sombre enfant : aussi les princes furent forcés par la grêle, que l'insolence du vent leur jetait à la face, de chercher un abri dans le creux d'un rocher qui le leur offrait, et s'en firent un bouclier contre la furie de l'orage.

Tandis qu'ils attendaient là que la violence en fût passée, ils ouïrent parler un couple qui, sans les voir (cachés comme ils étaient sous ce dôme grossier), tenait la plus étrange et la plus lamentable conversation. Ils s'avancèrent donc, mais de façon à rester inaperçus, et alors ils virent un vieillard et un jouvenceau, à peine parvenu à l'âge d'homme, tous deux pauvrement accoutrés et extrêmement hâlés, le vieux homme aveugle, et le jeune homme le conduisant : et pourtant, en dépit de toutes ces misères,

---

[1] Ce roman pastoral, qui eut un si grand retentissement en Angleterre, à la fin du règne d'Élisabeth, fut publié, pour la première fois, en 1591, cinq ans après la mort de son auteur, sir Philipp Sidney, le fameux chevalier-poëte par qui fut refusé le trône de Pologne. — C'est sur le texte de cette édition qu'est faite notre traduction.

chez tous deux paraissait une sorte de noblesse peu conforme à une telle détresse. Les premières paroles qu'ils entendirent furent celles du vieillard.

— Eh bien, *Léonatus*[1], disait-il, puisque je ne puis te décider à me mener là où je pourrais mettre fin à mon malheur et à ta peine, je te supplie de m'abandonner : ne crains rien, ma misère ne peut être plus grande qu'elle ne l'est, et la misère seule me convient ; ne redoute pas le danger de ma marche aveugle, je ne saurais tomber plus bas que je ne suis. Et ne t'obstine pas, je te prie, à t'embarrasser de ma détresse. Mais fuis, fuis de cette région qui n'est bonne que pour moi.

— Cher père, répondit le jeune homme, ne m'enlevez pas le seul bonheur qui me reste : tant que je puis vous rendre service, je ne suis pas tout à fait misérable.

— Ah ! mon fils, dit le vieillard en soupirant comme si la douleur s'efforçait de briser son cœur, combien il me sied mal d'avoir un tel fils, et combien ta bonté accuse ma perversité !

Ces douloureuses paroles, et d'autres encore, prouvant bien que les deux interlocuteurs n'étaient pas nés pour la condition dans laquelle ils étaient, décidèrent les princes à aller à eux et à demander au plus jeune qui ils étaient.

— Messieurs, répondit-il avec une bonne grâce que rendait plus agréable un certain ton d'attendrissement, je vois bien que vous êtes étrangers, puisque vous ignorez notre misère, si connue ici que pas un homme n'ignore combien nous devons être misérables. En vérité, notre situation est telle que, bien que nous ayons surtout besoin de pitié, rien n'est plus dangereux pour nous que de nous faire connaître de façon à exciter la pitié. Mais votre physio-

---

[1] Edgar, dans *Le roi Lear*.

nomie n'annonce aucune cruauté qui puisse devancer la haine qui nous poursuit, et, en tout cas, notre condition n'est plus même à la hauteur de la crainte. Ce vieillard que je guide était naguère le prince légitime de ce royaume de *Paphlagonie* [1]; mais un fils ingrat l'a privé non-seulement de ses États, dont aucune puissance n'avait pu le dépouiller, mais de sa vue, de cette richesse que la nature accorde aux plus pauvres créatures. Ces actes, et d'autres également dénaturés, l'ont réduit à un tel désespoir que tout à l'heure encore il voulait que je le menasse au sommet de ce rocher, pour se précipiter tête baissée dans l'abîme de la mort; et ainsi il aurait fait de moi, qui ai reçu de lui la vie, l'instrument de sa destruction. Mais, nobles gentilshommes, si aucun de vous a un père et ressent la respectueuse affection qui est greffée dans un cœur de fils, je vous supplie de mener ce prince affligé en un lieu de repos et de sécurité. Entre toutes vos nobles actions ce ne sera pas la moindre d'avoir en quelque sorte secouru un roi si auguste, si renommé et si injustement opprimé.

Mais avant qu'ils pussent lui répondre, son père commença à parler : — Ah ! mon fils, dit-il, quel mauvais historien tu es de laisser de côté le nœud principal de tout le récit : ma faute, ma faute ! Que si tu le fais pour ménager mes oreilles, (ce seul sens propre à la connaissance qui me reste désormais) sois convaincu que tu te méprends. J'en prends à témoin le soleil que vous voyez (et ce disant, il leva ses yeux aveugles, comme pour saisir la lumière), et je souhaite voir dépasser les vœux que je fais pour mon malheur, si je ne parle pas sincèrement : rien n'est plus agréable à ma pensée que la publicité de mon déshonneur. Ainsi sachez, seigneurs, — et je souhaite de tout mon cœur que la rencontre d'un misérable tel que moi ne soit

Glocester.

pas pour vous un gage sinistre de malheur, — sachez que mon fils (ô Dieu ! que la vérité me force à l'injurier du nom de mon fils!) n'a rien dit qui ne soit vrai. Mais, outre ces vérités, ceci aussi est vrai : que j'eus en légitime mariage, d'une mère digne de donner le jour à des rois, ce fils (que vous connaissez déjà un peu, mais que vous connaîtrez mieux par ma courte déclaration), et qu'après avoir caressé les espérances que le monde fondait sur lui jusqu'au temps où il était devenu assez grand pour justifier ces espérances (si bien que je n'avais à envier à aucun père cette consolation suprême de l'humanité mortelle, laisser un autre soi-même après soi), je fus entraîné par un mien bâtard (si, du moins, je suis tenu de croire sur parole cette femme vile, ma concubine, sa mère) d'abord à prendre en aversion, puis à haïr, enfin à perdre, à faire tout mon possible pour perdre ce fils qui (je pense que vous le pensez) n'avait pas mérité sa perte. Si je vous disais les moyens qu'il employa pour me déterminer, j'aurais à vous faire le fastidieux récit de la plus venimeuse hypocrisie, de la fraude la plus damnable, de la malice la plus insinuante, de l'ambition la plus perfide, de l'envie la plus souriante que puisse recéler le cœur d'un vivant. Mais je laisse cela de côté : le souvenir de mes propres fautes est le seul qui me charme ; récriminer contre ses artifices serait, il me semble, excuser en quelque sorte mon crime, et c'est ce que je répugne à faire. Bref, je donnai à quelques-uns de mes gens, que je croyais aussi disposés que moi-même à ce genre de charité, l'ordre de le mener dans une forêt et de le tuer. Mais ces brigands (plus humains envers mon fils que moi-même) épargnèrent ses jours et le laissèrent échapper, pour qu'il apprît à vivre misérablement : ce qu'il fit en s'engageant comme simple soldat dans la contrée voisine. Mais comme il était près de recevoir un bel avancement pour quelques services signalés qu'il avait rendus, il entendit parler de moi, de moi, qui, enivré de mon affection pour ce fils illégitime et dénaturé, me laissais gouverner par lui de telle sorte que toutes les récompenses et tous les châtiments étaient décidés par lui, que tous les offices, toutes les places importantes étaient distribués à ses favoris, et que, sans le savoir, je ne gardai plus que le nom de roi. Bientôt, ennuyé de m'avoir laissé ce titre même, il m'accabla d'outrages indignes (si toutefois il peut y avoir quelque outrage dont je sois indigne), me renversa de mon trône et me creva les yeux; et alors, fier de sa tyrannie, il me laissa aller, dédaignant de m'emprisonner ou de me tuer, et prenant plutôt plaisir à me faire sentir ma misère, — misère réelle s'il en fut jamais, pleine de dénûment, plus pleine de déshonneur, pleine surtout de remords. De même qu'il avait obtenu la couronne par d'iniques moyens, de même il la garda à force d'iniquités, par la violence des soldats étrangers, assassins de la liberté, qu'il entretenait dans les citadelles, nids de la tyrannie; désarmant tous ses compatriotes afin d'empêcher qu'aucun d'eux ne manifestât ses sympathies pour moi. Et à vrai dire, peu d'entre eux, je crois, m'étaient sympathiques, considérant ma folle cruauté envers mon bon fils et ma tendresse imbécile pour mon ingrat bâtard. Mais s'il s'en trouvait parmi eux qui compatissent à une si grande chute, et qui eussent encore quelque étincelle de dévouement inaltérable pour moi, ils osaient tout au plus le manifester, en me faisant l'aumône à leur porte : et cette aumône était alors la seule ressource de ma triste existence, personne n'osant se montrer assez charitable pour m'offrir la main et guider mes pas ténébreux. C'est alors que ce mien fils (Dieu sait combien il était digne d'un père plus vertueux et plus fortuné!) oubliant mes torts abominables, sans souci du danger, se détournant du chemin qu'il s'était frayé lui-même vers le bien-être, accourut ici pour remplir auprès de moi le généreux office dont il s'acquitte si bien pour mon inexprimable remords : car non-seulement sa générosité est le miroir de ma cruauté pour mes yeux aveugles, mais entre toutes mes peines, ce qui me peine le plus, c'est de le voir risquer désespérément sa précieuse existence pour la mienne qui n'est pas encore quitte envers l'adversité, — comme un homme qui porterait de la fange dans une urne de cristal. Car, je ne le sais que trop bien, celui qui règne à présent, quel que soit pour moi, méprisable créature, son juste dédain, saisira toutes les occasions de perdre celui dont les titres légitimes, ennoblis par le courage et par la bonté, peuvent ébranler un jour le trône d'une tyrannie toujours précaire. Et voilà pourquoi je l'ai supplié de me mener au sommet de ce rocher, avec l'intention, je dois l'avouer, de le délivrer de ma funeste compagnie. Mais lui, découvrant mon intention, se montra désobéissant à mon égard, pour la première fois de sa vie. Et maintenant, Messieurs, que vous connaissez ma véritable histoire, publiez-la, je vous prie, dans le monde entier, afin que mes coupables procédés rehaussent la gloire de sa piété filiale, — seule récompense qu'il me soit possible de décerner à un si grand mérite. Et, si cela se peut, puissé-je obtenir de vous ce que mon fils me refuse ! Car il y a plus de charité à me perdre qu'à sauver qui que ce soit ; en terminant mes jours vous mettrez fin à mon agonie, et du même coup vous sauverez cet excellent jeune homme qui autrement provoque sa propre ruine.

Cette aventure lamentable par elle-même, lamentablement racontée par le vieux prince (qui n'avait pas besoin de simuler les gestes de l'attendrissement, car son visage n'avait cessé d'en porter les marques), excita chez les deux princes une vive compassion qui ne put rester dans leurs cœurs sans vite apporter secours à une telle détresse. Bientôt l'occasion se présenta : car *Plexirtus* [1] (ainsi s'appelait le bâtard) survint avec quarante cavaliers, dans la seule intention d'assassiner son frère dont l'arrivée lui avait été bien vite signalée. Ne se fiant en pareille matière qu'à ses yeux seuls, il avait voulu venir lui-même pour être à la fois spectateur et acteur. Et aussitôt qu'il arriva, ne tenant pas compte de cette faible escorte de deux hommes, il ordonna à quelques-uns de ces gens de lui prêter main forte pour tuer *Léonatus*. Mais le jeune prince, quoique armé seulement d'une épée et si perfidement attaqué par ses adversaires, ne voulut pas se rendre; mais dégaînant bravement, il tua le premier qui l'assaillit, comme pour avertir ses camarades de l'approcher avec plus de précaution. Alors *Pyrocles* et *Musidorus* se mirent vite de la partie, (une si juste cause méritant leur concours autant qu'une vieille amitié), et se démenèrent de telle sorte au milieu de cette troupe (plus injurieuse que vaillante), que beaucoup perdirent la vie pour leur méchant maître.

Cependant peut-être le nombre eût-il fini par l'emporter, si le roi de *Pont* n'était venu au secours à l'improviste. Ce roi, ayant eu un rêve, qui avait frappé son imagination, de quelque grand danger couru en ce moment par les deux princes qu'il aimait si tendrement, était accouru en toute hâte avec cent cavaliers, suivant de son mieux la trace de ses amis dans ce pays qu'il croyait (considérant qui y régnait) devoir être le théâtre de quelque tragédie. La partie devenait si mauvaise pour *Plexirtus* que sa coupable existence et sa puissance mal acquise semblaient vouées à la destruction; mais alors arrivèrent pour le défendre *Tydeus*

---

[1] Edmond, dans *Le roi Lear*.

et *Telenor*, escortés de quarante ou cinquante hommes. Ces deux frères, de la plus noble maison de ce pays, avaient été dès leur enfance élevés avec *Plexirtus*... Ayant appris que celui-ci s'était aventuré, avec un si faible cortége, dans un pays si plein d'esprits mal disposés pour lui, et ne sachant pas la cause de ce brusque départ, ils l'avaient suivi et enfin retrouvé dans une situation telle qu'ils devaient risquer leur vie, ou lui perdre la sienne. Ils s'exposèrent, en effet, avec une telle énergie d'âme et de corps que jamais, je puis le dire, *Pyrocles* et *Musidorus* n'avaient rencontré d'adversaires qui leur fissent répéter si bien leur plus rude leçon d'armes. Bref, ils se conduisirent de telle sorte que, s'ils ne vainquirent pas, ils ne furent pas vaincus, et que, malgré tous les efforts des princes, ils purent emmener leur maître ingrat en un lieu de sûreté... Sur ces entrefaites, le roi aveugle rentra dans la capitale de son royaume et mit la couronne sur la tête de son fils *Léonatus*. Puis, avec des larmes de joie et de douleur, il exposa au peuple entier sa propre faute et la vertu de son fils; sur quoi il embrassa celui-ci, le força à accepter son hommage comme celui d'un nouveau sujet, et expira aussitôt, son cœur, brisé par l'ingratitude et l'affliction, avait été tellement dilaté par l'excès de la joie qu'il n'avait pu contenir plus longtemps ses augustes esprits.

Le nouveau roi, ayant rendu tous les honneurs au mort avec la même piété filiale qu'au vivant, alla assiéger son frère, à la fois pour venger son père et pour assurer sa propre tranquillité. *Plexirtus*, reconnaissant que la famine, à défaut d'autres moyens, amènerait infailliblement sa destruction, trouva qu'il valait mieux ramper humblement là où il ne pouvait marcher la tête haute. Car la nature l'avait si bien formé et l'habitude de la dissimulation l'avait si bien conformé à tous les détours de la ruse que, bien que personne n'eût dans l'âme moins de bonté que lui, personne mieux que lui ne savait trouver l'endroit sensible où pouvaient germer chez autrui les inspirations de la bonté. Quoique nul ne ressentît moins la pitié, nul ne savait mieux exciter la pitié. Nul n'était plus impudent pour nier, quand les preuves n'étaient pas manifestes. Nul n'était plus prompt à avouer ses propres fautes en les aggravant même d'un air contrit, alors que les dénégations n'eussent servi qu'à les rendre plus noires. Ce fut à ce moyen qu'il eut recours : ayant obtenu un sauf-conduit pour s'aboucher avec le roi, son frère, il alla lui-même, la corde au cou et pieds nus, s'offrir à la merci de *Léonatus*. A quel point il simula la soumission, avec quelle astuce il amoindrit sa culpabilité en exagérant sa faute, avec quel artifice il peignit les tourments de sa propre conscience et les remords dont l'accablaient ses ambitieux désirs, avec quelle adresse, affectant de désirer la mort et d'être honteux de vivre, il mendia la vie en la repoussant, — je ne suis pas moi-même assez astucieux pour le dire. Aussi, quoiqu'à première vue *Léonatus* ne vît en lui que le meurtrier de son père, et quoique dans sa colère il esquissât déjà maints plans de vengeance, *Plexirtus* parvint bien vite à obtenir non-seulement pitié, mais pardon; et, s'il ne fit pas excuser ses torts passés, il fit croire néanmoins à son amendement futur. Ce fut de cette façon que nos princes laissèrent les deux frères réconciliés.

FIN DE L'APPENDICE.

TABLE

DU TOME NEUVIÈME

	Pages.
Introduction...	7
CORIOLAN..	75
LE ROI LEAR...	231
NOTES..	385

APPENDICE :

EXTRAIT DE LA CHRONIQUE BRETONNE DE GEOFFROY DE MONMOUTH, traduit du latin par F.-V. HUGO............................ 451

EXTRAIT DU ROMAN DE BRUT................................. 457

EXTRAIT DE L'ARCADIE DE SIR PHILIPP SYDNEY, traduit de l'anglais par F.-V. HUGO.. 470

www.ingramcontent.com/pod-product-compliance
Lightning Source LLC
Chambersburg PA
CBHW072113220426
43664CB00013B/2100